JN301578

商学への招待

石原武政・忽那憲治 編

有斐閣ブックス

はしがき

　日本の大学に「商学部」はいくつあるのか。正確なところはわからないが，戦前からの伝統を誇る商学部は現在もかなりの数が存在するはずである。商学部の歴史は古い。しかし，そのわりには商学部のイメージが今ひとつ明確にならないきらいがある。

　商学部が経済学部や経営学部とどう違うのかと問われると，明確に答えられる人はそれほど多くないのではないか。お互いに重なり合う部分があるのだから，明確な境界は確かに引きにくい。それでも，経済学はどちらかといえばマクロ的な経済の動きや経済政策と結びつき，経営学は企業経営に結びつけてイメージされるであろう。では，商学とは何かと問われると，どう答えるのだろうか。

　本書の共編者の1人である石原は1969年に大阪市立大学商学部に職を得てから今日まで，同大学，関西学院大学，そして現在の流通科学大学を含め，今年で45年目の商学部生活を過ごしている。しかし，その間，商学部で「商学とは何か」を語りかける授業科目はまったく設置されていなかった。かつては，「商学総論」や「商学概論」といった科目が必置科目として置かれていたという。しかし，いつの頃からか，多くの大学でこれらの科目は姿を消していった。今日でもこれらの科目を維持している大学はあるようだが，それでもその内容はほとんど「商業論」に近くなっているのが現状ではないか。

　戦後になると，「商学とは何か」を問いかけた書物は極端に少なくなった。林周二『現代の商学』（有斐閣，1999年）が，唯一の書物ではないか。林は同書の中で，戦前の商学が幅広い分野をカバーしていたのに対して，戦後の商学は商業学に矮小化されてしまった現実を指摘し，商学を新たに実学としての「商人の学」として再構築すべきだと提唱した。それは商学部に身を置くものにとって大きな衝撃であった。これを機に，石原は「商学とは何か」を考え始めるようになった。

　商学が「取引」と密接に関連していることは明らかであった。しかし，取引をどのように見るのか。明確な答えを見いだせないまま，数年の時が経過した。

いつ頃であったか，正確な記憶はないが，「リスク」という概念が頭をよぎるようになった。取引にはリスクがつきものである。そのリスクをどのように処理するのか。その観点から考えれば，戦前の広い商学の分野をカバーできるのではないか。ぼんやりとそんなことを考え始めた。

　ちょうど別件で，石原と有斐閣の書籍編集第2部，柴田守氏がかなり頻繁に意見を交換する機会があった。その中で，石原は柴田氏に，商学全体が見えにくくなっているのではないか，リスクを鍵概念とすれば何とか先が見えるような気がするといった趣旨のことを話した。石原に確たる見通しがあったわけではないが，柴田氏はそれに大きな興味を示した。しかし，その時点では，当然ながら当面の仕事が優先した。それから数年，その仕事が一段落したところで，柴田氏がこの話を改めて石原に持ち出した。石原自身，決して忘れていたわけではないが，それ以降，きちんと考えたこともなく，前向きに思考が進んだわけでもなかった。柴田氏は，躊躇する石原を何度となく励まし，一歩前に進むことを勧めた。

　おぼろげながらに考えるうちに，「循環」という言葉が改めて浮かび上がってきた。経済活動は企業や消費者との取引が重なり合い，循環することによって営まれる。その循環を阻害するのがリスクであり，このリスクをうまく制御することによって循環が円滑に進む。その仕組みを捉えるのが商学だと考えると，何か1つの見方ができるように思えたのだった。しかし，1人でこの広大な商学の領域をカバーすることなどできるはずもない。石原は自らが最も不得意とするファイナンスの専門家である忽那憲治に声をかけ，意見を求めた。忽那はこの趣旨に賛同するとともに，循環とリスクを鍵概念とすることにも理解を示し，共編者となることを快諾した。

　それからは石原と忽那と2人で，あるいは柴田氏を交えた3人で，何度となく打ち合わせを重ねた。商学とは何かをわかりやすく，商学部の新入生に語りかけられるようなテキストにしたい。商学部に入学した学生に，商学とは雑多な研究分野の単なる寄せ集めではなく，1つの見方を持った研究のひろがりだということを理解してもらいたい。そのためには，どのような領域を取り上げ，全体をどう構成するのか。数回の議論を重ねて，おおよその章構成ができ上がった。

　それから後は執筆者に趣旨を説明してご協力をいただくことになった。幸い，

執筆をお願いした方々には，お忙しい中ご快諾をいただくことができた。執筆者全員が一堂に会する機会はなかったが，石原と忽那が各執筆者に会って趣旨を説明する中で，執筆者から率直かつ建設的なコメントを頂戴した。その過程で基本的ないくつかの概念についての理解が深まり，章構成や各章に盛り込むべき内容の変更も行った。こうしてでき上がったのが本書であるが，執筆段階でも相互に粗原稿を交換して議論し，それをもとに各執筆者が推敲(すいこう)を重ねた。その意味で，各章はもちろん執筆者の独自の意見であり，成果であるが，他の執筆者の意見が反映されている章も少なくない。

　すでに述べたとおり，本書では循環とリスクを鍵概念として商学の世界に切り込もうとしている。商学部の学生には商学部の科目群がどのように関連し合っているのかを理解し，経済の流れを見る見方として，経済学でもなく，経営学でもないもう1つの見方があることを感じ取ってほしい。そして願わくは，そうした商学的な見方に興味を持ってもらえることを祈念している。

　しかし，私たちはこれが商学の唯一の正しい見方だと思っているわけではない。むしろ，もっと別の見方があってもいいのでないかと思う。林の『現代の商学』が私たちを刺激したように，本書が「商学とは何か」を考え，改めて議論を呼び起こすきっかけとなり，それによって「商学的なものの見方」に改めて関心が高まることになれば，この上もない喜びである。

　上に記した経過のとおり，有斐閣の柴田守氏はいわば本書の生みの親である。氏の粘り強く，辛抱強い勧めがなければ，本書のおぼろげな構想が実を結ぶことはなかった。さらに，執筆段階に入ってからも，氏は辛抱強く，そして実に丁寧に支えてくださった。心からお礼を申し上げたい。さらに，いつものことながら，実に丁寧な校正をしていただき，執筆者たちの思い違いやわかりにくい表現をご指摘いただいた。本書が読みやすく仕上がっているとすれば，有斐閣編集部の皆さんのご努力に負うところが大きい。そのことを記して，とくに感謝申し上げたい。

　　2013 年 6 月吉日

石原　武政
忽那　憲治

● **執筆者紹介** （執筆順，☆は編者）

☆石原　武政（いしはら たけまさ）　　　　担当：序章，第 9 章，第 10 章，終章
　大阪市立大学名誉教授（専攻：商業論，流通政策論）

　清水　　剛（しみず たかし）　　　　　　　　担当：第 1 章，第 2 章
　東京大学大学院総合文化研究科教授（専攻：経営学，法と経済学）

　清水　泰洋（しみず やすひろ）　　　　　　　担当：第 3 章
　神戸大学大学院経営学研究科教授（専攻：財務会計，会計史）

☆忽那　憲治（くつな けんじ）　　　　担当：第 4 章，第 5 章，第 6 章
　東京大学応用資本市場研究センター特任教授・センター長，神戸大学名誉教授
　（専攻：アントレプレナー・ファイナンス，アントレプレナーシップ）

　米山　高生（よねやま たかう）　　　　　　　担当：第 7 章
　一橋大学名誉教授（専攻：保険学，経営史）

　加藤　篤史（かとう あつし）　　　　　　　　担当：第 8 章
　早稲田大学大学院アジア太平洋研究科教授（専攻：経済発展論，産業組織論）

　村上　英樹（むらかみ ひでき）　　　　　　　担当：第 11 章
　前・神戸大学大学院経営学研究科教授（専攻：国際交通，国際物流）

　木山　　実（きやま みのる）　　　　　　　　担当：第 12 章
　関西学院大学商学部教授（専攻：日本経営史）

　西川　英彦（にしかわ ひでひこ）　　　　　　担当：第 13 章
　法政大学経営学部教授（専攻：マーケティング，ユーザー・イノベーション）

● 目　　次

はしがき

序　章　取引，循環およびリスク ―――――――――――――― 1
　　　　　――「商」を学ぶ意味

1　商学とは ……………………………………………………………… 1
　時代を切り開く企業（1）　経済社会の循環（3）　経済学の視角（4）　経営学の視角（5）　商学の視角（6）

2　循環，リスク，信頼 ………………………………………………… 7
　循環を阻害する4種のリスク（7）　市場リスク（8）　価格変動リスク（10）　純粋リスク（11）　取引リスク（12）　リスクへの対応――社会制度と信頼（12）　本書の構成（14）

3　経済の大きな循環と小さな循環 …………………………………… 15
　大きな循環（15）　小さな循環（16）

第1部　事業を営むための仕組み
　　　　――事業主体はどのように生まれるのか

第1章　会社という制度 ――――――――――――――――――― 20
　　　　――会社とは何だろうか

はじめに　20

1　そもそも会社とは …………………………………………………… 21
　会社をつくる（21）　仲間が増えて，管理が難しくなる（22）　会社という仕組み（23）

2　会社の重要性 ………………………………………………………… 26

3　会社の制度的仕組み ………………………………………………… 27
　法人格と独立財産（27）　会社に対する出資者の権利（29）　無限責任と有限責任（32）　経営の委任（33）　いくつかの会社形態（35）

4　会社の機能と発展 …………………………………………………… 38
　会社の出現（38）　所有と支配，そして経営の分離（40）　現代における会社（41）

おわりに　45

●コラム1-1　業界団体　24

  1-2　「所有と支配の分離」と「所有と経営の分離」　42
  1-3　会社以外の法人――協同組合を中心に　44

第2章　競争と経営 ─────────────── 48
  ──市場競争にさらされる中で経営者の役割とは何か

 はじめに　48

1　組織は何をしているのか ………………………………………… 49
  事業とは何か（49）　意思決定を分担するための仕組み（51）

2　マネジメントの役割 ……………………………………………… 53
  マネジメントは何をするのか（53）　マネジメントの階層と意思決定（55）
  マネジメントの意思決定と経営戦略（56）

3　どのような意思決定が必要なのか ……………………………… 57
  全社レベルの意思決定（57）　事業分野レベルの意思決定（61）　機能レベルの
  意思決定（64）

 おわりに　67

 ●コラム 2-1　競争とは何か　65

第3章　資金と債権の管理 ───────────── 70
  ──どのようにしてお金を管理するのか

 はじめに　70

1　記録でリスクを管理する ………………………………………… 71
  資金にかかるリスク（71）　統合的な記録の必要性（73）

2　企業会計の記録機構 ……………………………………………… 73
  資本とは何か（73）　利益とは何か（76）　会計的利益の計算方法（78）
  複式簿記による記録（80）　発生主義による会計利益の計算（80）

3　会計記録の利用 …………………………………………………… 85
  財務会計と管理会計（85）　管理会計情報の特徴とその利用（86）　財務会計
  情報の特徴とその利用（89）

 おわりに　91

 ●コラム 3-1　複式簿記の仕組み　81
    　3-2　貸付金なのに借方？　92

第2部　事業を支える仕組み
――どのようなシステムに支えられているのか

第4章　貨幣という制度 ─────────────── 96
――お金とは何だろうか

はじめに　96

1. 物々交換の世界 ･･･ 97
2. 貨幣（硬貨）の登場 ･･･ 99
3. 紙幣（銀行券）と預金通貨の登場 ･････････････････････････････ 102
4. 電子マネーの登場 ･･･ 106
5. 通貨の分類と定義 ･･･ 108
6. 通貨価値の変動 ･･･ 110
7. 決済システム・金融システムの安定と中央銀行の役割 ･･･････････ 111

おわりに　115

- コラム 4-1　銀行および決済システムに対する信頼崩壊と取り付け騒ぎ　105
-   　　 4-2　国際通貨と地域通貨　114

第5章　金融という制度 ─────────────── 117
――銀行の役割とは何だろうか

はじめに　117

1. 資金の融通 ･･･ 118
   資金余剰主体と資金不足主体（118）　直接金融と間接金融（120）　企業の財務構造（122）
2. 間接金融を担う金融機関 ･････････････････････････････････････ 125
   民間金融機関（125）　政府系金融機関（127）
3. 銀行融資における信用割当 ･･･････････････････････････････････ 129
4. 信用保証制度 ･･･ 132

おわりに　134

- コラム 5-1　日本企業とアメリカ企業の財務構造の比較　124

第6章　証券市場という制度 ───────────── 136
――証券市場の役割とは何だろうか

はじめに　136

1 融資と出資 137
  2 非上場から上場へ 140
    ベンチャー・キャピタルの役割（140）　新規公開市場（143）
  3 証券市場 146
    発行市場（146）　流通市場（148）　証券会社の役割（149）
  4 上場から非上場へ 150
  おわりに　152
    ●コラム 6-1　グーグルとフェイスブックのベンチャー・キャピタルからの資金
          調達　144
         6-2　上場していない大企業　153

第7章　損失金融のための制度 ─────────────── 157
　　　　　──どのようにしてリスクを移転してきたか，
　　　　　　これからどのようにリスクをマネジメントするのか

  はじめに　157
  1 リスクとは何か 158
  2 取引におけるリスクへの対応 160
    地中海貿易の商人（160）　金融機能と保険機能の融合──原始的な海上保険
    （161）　ロイズ・保険会社──保険機能の専門化とその要因（162）
    先物取引──保険以外の歴史的なリスク移転手法（164）　新たな融合──
    証券化によるリスクヘッジ手法の開発（164）
  3 リスクマネジメントの手法 166
    ロス・コントロール（166）　ロス・ファイナンス（166）　内部リスク軽減
    （169）
  おわりに──全社的リスクマネジメント，事業継続リスクマネジメント　169
    ●コラム 7-1　時価会計とリスク　168

第8章　取引制度の意味 ───────────────────── 171
　　　　　──どのような役割を担っているのか

  はじめに　171
  1 取引制度 172
    制度とは（172）　制度はどのように作られるか？（172）　取引における制度
    の2つの役割（174）
  2 公的な取引制度 178
    民法（178）　商法・会社法（180）　独占禁止法（180）　取引主体の集団に

よって形成される公的な制度（182）
3　私的な取引制度 ……………………………………………………… 186
契約（186）　慣習（188）　私的制度を支える公的制度（189）
4　取引制度の変化 ……………………………………………………… 190
私的な取引制度の変化（190）　公的な取引制度の変化（191）

おわりに　192

● コラム 8-1　修学旅行ビジネスにおける価格カルテル　183
　　　　8-2　景品表示法　184

第3部　市場が広がった背景
――どのようにしてマーケットは拡張してきたのか

第9章　取引の信頼性の確保 ───────────────── 196
――どのように品質を保証し，価値を高めるのか

はじめに　196

1　取引にまつわるリスク ………………………………………………… 197
買い手のリスク（197）　売り手のリスク（199）
2　取引における信頼性の確保――店舗とブランド ……………………… 200
売り手と買い手の間の情報の非対称性（200）　反復的取引（201）　ブランド（204）
3　商品の品質評価 ………………………………………………………… 206
商品学の誕生（206）　消費者組織による品質確認（208）
4　消費者政策の進展 ……………………………………………………… 210
消費者政策の誕生（210）　消費者政策の進展（212）

おわりに　214

● コラム 9-1　消費者の権利と責任　211
　　　　9-2　商品規格　214

第10章　市場の拡大 ─────────────────────── 217
――市場はどのように成立し，どのような役割を果たしたのか

はじめに　217

1　流通と商業 ……………………………………………………………… 217
直接流通と間接流通（217）　流通に必要な費用（220）
2　商業の内部編成 ………………………………………………………… 222
卸売商と小売商（222）　流通における品揃え形成過程（224）　取引の

計画性の調整（226）　小売業における業種店と商業集積（228）　小売業における業種と業態（229）

　3 流通機構の再編成 231
　　　メーカーのマーケティングと系列化（231）　大規模小売業の成長（232）　情報化の進展による取引関係の変化（234）

　おわりに　237

　●コラム 10-1　中央卸売市場　223
　　　　　 10-2　小売業の外部性　236

第 11 章　ロジスティクスの展開 ——————————— 238
　　　　　——物流の役割はどのように変化したのか

　はじめに　238

　1 生活に身近な物流 239
　　　経済活動において大きな役割を果たす物流業（239）　日本の主要な物流企業（240）

　2 ロジスティクスが果たす役割 241

　3 物流需要と供給のミスマッチ——リスクとその管理 242
　　　派生的需要としての物流需要（242）　確率的需要と在庫不可能性（244）

　4 物流需要の運賃負担力 245

　5 海運業の変遷 246
　　　海運市場（246）　海運業の市場リスク回避——海運同盟と航路協定（248）

　6 国際航空貨物輸送業の変遷 251
　　　2 国間協定とその変化（251）　ハブアンドスポーク・システムの仕組み（251）

　7 複合一貫輸送——陸・海・空の統合 253
　　　複合一貫輸送の担い手（253）　複合一貫輸送の形態（254）　物流事業者の担う最適化の問題（255）

　おわりに——物流業の課題　256

　●コラム 11-1　航空貨物専用機の中身は？　247
　　　　　 11-2　東日本大震災と物流　257

第 12 章　国際取引のひろがり ——————————— 259
　　　　　——どのような仕組みで成り立っているのか

　はじめに　259

　1 国際取引の特徴——国内取引とどこが違うか 259
　　　通関業務（259）　異なる言語（260）　荷為替手形（逆為替）（261）　異なる

通貨での取引（264） 外国為替相場の決定要因（266）

2 貿易の担い手 ··· 269
総合商社と専門商社（269） 総合商社のビジネスモデル（273） 総合商社の成立（275） 外国の貿易商社（281）

おわりに 283

● コラム 12-1 財閥と企業集団 277
　　　 12-2 眠り口銭 282

第13章 eコマースによる拡大 ———————————— 284
　　　——どのような世界が待ち受けるのか

はじめに 284

1 インターネットというインフラの登場 ···························· 285

2 インターネットによる商品概念の変化 ·························· 285
リアル経済——情報とモノの一体（285） ネット経済——情報とモノの分離（288）

3 4つのリスクの変化 ··· 291
市場リスク（292） 価格変動リスク（293） 純粋リスク（294） 取引リスク（294）

4 リスクへの対応 ·· 296
ナビゲーション機能（296） 市場リスクへの対応（296） 取引リスクへの対応（298）

5 インフラや制度の変化 ··· 299
個人情報保護法（299） セキュリティ技術と証明（300）

おわりに——さらなる新しい世界 300

● コラム 13-1 デジタルコンテンツの販売 302

終　章　改めて商学の意義を考える ———————————— 305

はじめに 305

1 本書の構成を振り返る ··· 305

2 リスクを処理する仕組み ·· 309
大量にまとめて処理する（309） 同種と異種（311） 大企業体制と商学（312）

むすび 313

索　引 ———————————————————————— 315

本書のコピー, スキャン, デジタル化等の無断複製は著作権法上での例外を除き禁じられています。本書を代行業者等の第三者に依頼してスキャンやデジタル化することは, たとえ個人や家庭内での利用でも著作権法違反です。

> 序　章

取引，循環およびリスク
——「商」を学ぶ意味

1　商学とは

❖ 時代を切り開く企業

　私たちの身の回りを観察することから始めよう。私たちは毎日たくさんの種類の財を消費して生活を営んでいる。衣食住といった基礎的な財だけではない。一昔前にはないことが当たり前だった車やパソコン，携帯電話なども，今ではなくてはならない財になっている。私たちはより多くの種類の財を消費する中で，より豊かな暮らしを実現してきたといってよい。

　私たちはそれらの財を，当たり前のように小売店から買ってきている。食品スーパーへ行けばありあまるほどの食品が陳列されているのが当たり前，衣料品店にはそのシーズンに向けて開発された衣料品が陳列されているのが当たり前。パソコンも携帯電話も園芸用品も，何でも関連の小売店に行けば，いつでも商品が山のように積まれている。それを当たり前のように感じながら暮らしている。

　でも，それは本当に当たり前なのだろうか。いや，どうしてそれが当たり前になってきたのだろうか。今から50年前といえば，もうずっと大昔のように聞こえるかもしれないが，その頃は今日私たちが当たり前に見る商品の多くはまだ存在すらしていなかった。ようやく白黒テレビが出始めた頃だから，もちろんパソコンや携帯電話などはない。インスタント・ラーメンこそ発売されていたが，冷凍食品や調理済み食品もほとんど小売店には並んでいなかった。小売店の店頭は，今日では想像もできないほどわずかな種類の商品を，もっと少量取り扱っているだけだった。何よりも，小売店は百貨店を除けば，ほとんど

が青果物商、鮮魚商、精肉商、衣料品店、荒物・金物店といった業種別の中小専門店であり、まだスーパーは生まれたばかりで、コンビニは存在もしていなかった。

この間に多種大量の消費財が商品として提供されるようになったのは、もちろん高度成長期以降に消費財の産業化が急速に進んだからである。その過程で、多くの製造企業（メーカー）が誕生して成長し、多くの技術革新が行われてきた。それは多くの企業家やそこで働いたさらに多くの人々のたゆみない努力のお陰であるのだが、同時にそれを可能にした社会・経済の仕組みに負うところも大きい。企業の努力は欠かせないが、企業は単独で存在しているのではなく、実に多くの他の企業や買い手に依存して存在しているのである。

何でもいい、消費財のメーカーを想像してみよう。事業を行おうとすれば資金を準備しなければならない。自分で準備できなければ、誰か他人から調達しなければならない。工場用地を確保すれば、工場を建設して機械を備え付けなければならない。そのためには、建設業者や商社のお世話になるだろう。原材料の調達も同じことで、必要な財がどこから調達できるのかという情報がなければならないし、その上で取引の交渉を行い、契約を締結し、その後に実際に商品を搬入してこなければならない。その上さらに労働者を雇って、これらの機械と原材料を使って新しい製品を作ると、今度はそれを販売しなければならない。販売されなければ商品は何の価値も持たない。そのためには、販売を専門とする商業者の手を借りなければならないし、広告代理店も必要になるかもしれない。

これらは必要な業務のごく一部である。それらをすべて数え上げることが、ここでの目的ではない。ここで確認したいことは、メーカーの活動は実に多くの他のメーカーなどと関わっているという事実である。簡単にいえば、メーカーは他のメーカーから何らかの製品を買い、自ら新しい製品を生産した後にはその製品を他のメーカーや商業者に販売する。たんに「製品」といったが、直接、具体的な物財のかたちをとったものばかりではない。近年ではインターネットで配信される音楽をはじめとする各種の情報やサービスもまた、この製品に含まれる。そのサービスは、さらに詳しく見れば、広告代理店やコンサルタント、会計士のような純粋なサービス業と、鉄道・道路・通信などのように、長期にわたって使用される施設の利用をサービスとして提供するものに分けて

理解することもできる。

❈ 経済社会の循環

　製品は取引の過程を通して次々と事業者の間を循環していく。事業者はメーカーだけではなく，商業者であったり，サービス業者であったりする。事業者がメーカーである場合には，彼が手に入れた製品は別の製品に加工されて新たな事業者たちに引き継がれるが，商業者の場合には原則として手に入れた製品は加工されることなく次の事業者に引き継がれる。1つ1つの製品の流れを見ると単純にも見えるが，私たちの生活はほとんど無数の製品が複雑に関連し合いながら循環することによって支えられている。この製品の循環（circulation）は取引ないし売買というかたちをとって行われるので，製品の循環には必ずお金の循環が付随する。さらに，この循環を実際に準備し，実現させるのは多くの人々の労働である。取引を準備し，実現させること自体も労働であるが，それがさまざまな製品の加工に携わる生産者たちを結びつけるのであり，私たちの生活はこうした壮大な循環の上に成り立っている。

　要するに，製品と貨幣と仕事が密接にからみ合って循環し，その循環の中に1つ1つの事業者の活動が位置づけられ，役割を果たすようになるのである。誰かがこの全体を計画して，指示を出しているわけではない。それでも，それぞれの事業者や人々の活動は他の事業者や他の人々の活動と密接に関連し合い，全体としての大きな循環の1つの不可欠の要素を形成することになる。

　もちろん，膨大な数の主体間を，膨大な量の製品や貨幣，仕事が循環するのだから，1つ1つの活動がすぐに全体に影響を及ぼすということはない。「大海の一滴」という言葉がある。大海ももとをただせば一滴の水からできているのだが，水一滴が増減したからといって大海の水量に影響があるわけではない。それと同じで，きわめて大きな全体の中では，その構成員の1つ1つはきわめて小さな地位しか占めず，全体に対しては無視できるほどの影響しか与えない。それでも，経済全体がうまく働くためには，この循環が大きなよどみを伴うことなく継続しなければならない。分業社会はこうした循環が健全に進むことを前提として成り立っているのである。

❖ 経済学の視角

　こうした経済の活動を分析する視角は，大きくいって3つある。経済学，経営学，商学である。相互に関連し合うこの3つの視角は，それぞれに重なり合いながらも独自の分析視角を持っている。その違いを明らかにするために，やや誇張するところもないではないが，それぞれの学問の基本的な考え方を整理することによって，商学がどのような角度から経済活動を捉えようとしているのかを確認しておくことにしよう。

　経済学は大きくいってミクロ経済学とマクロ経済学に分かれる。そのうち，マクロ経済学は主として国レベルでの経済活動を取り扱っている。そこでの関心は，国民所得，国民総生産，総需要，利子率，失業率，物価変動，経済成長率など，国レベルで集計された変数の動向である。そのため，個々の企業や産業における具体的な事業活動には直接的な関心はほとんど寄せていない。

　他方，ミクロ経済学は企業（生産者）と家計を最小の経済活動主体と考え，彼らの活動が取引と競争を通してどのような成果をもたらすかを考えている。経済学では「資源の希少性」が前提とされ，その有効利用を図るための資源配分に関心を持っている。その際，企業が直接的に競争し合うひろがりとして製品市場を想定し，その製品市場における需要量と供給量，および価格がどのように変動するかを分析する。ある価格水準の下で需要量が供給量よりも多ければ価格が上昇し，それによって需要量が減少する反面で供給量が増加して需給のアンバランスが改善される。逆に，供給量が需要量よりも多ければ価格が低下する結果，供給量が減少し，需要量が増加するため，ここでも需給のアンバランスが改善される。この動きを繰り返す中で，需要量と供給量が一致する水準の価格に到達することが期待されると考える。この働きは価格メカニズムと呼ばれる。この価格メカニズムの分析単位は基本的に1つの製品市場=産業であり，経済学ではこの産業が最も基本的な分析単位として想定される。

　経済活動は無数ともいえるほどの多数の企業や消費者が主体となって，膨大な種類の製品（サービスを含む）の交換をし合いながら進行する。ミクロ経済学はそこからある製品について形成される競争域としての市場を取り出し，その市場の中での競争行動と競争成果に関心を持っているのである。したがって，各産業分野にどのように資源が配分されるかを考えるときにも，基本的には利潤率の低い産業から利潤率の高い産業に生産要素が移動することによって，す

べての産業での利潤率が等しくなる方向に誘導されると考える。経済学の父といわれるアダム・スミスはこれを「見えざる手（invisible hand）」と呼んだが，まさにその働きは容易には見えざる部分であるが，その働きを分析しようとするのが経済学である。

❖ 経営学の視角

　経済学がアダム・スミスによって確立されたとすれば，それは18世紀後半のことであるのに対して，**経営学が誕生するのはほぼ20世紀になってから**のことである。詳しくは後の章で学ぶが，この頃になると大企業体制が確立し始め，1つ1つの企業の運営の重要性が飛躍的に高まり，個々の主体はもはや「大海の一滴」などではなく，もっと直接的に経済社会全体に大きな，目に見える影響を持つようになる。そうなると，個々の企業がどのように行動するかに強い関心が向けられるようになるのはむしろ当然である。こうして，経済活動の個別の主体としての企業の運営にもっぱらの関心を寄せる経営学が誕生する。生産管理，販売管理，財務管理，労務管理などは，経営学の最も初期からの関心事であった。

　大企業ともなれば出資者も多くなるし，そこで働く従業員も多数にのぼるから，その経営の影響力は個人事業の場合とは比較にならないほど大きくなる。それだけに，企業は現在だけではなく，将来にわたっても安定して経営が続けられるように事業に取り組む必要がある。企業のこうした長期的視点を強調するとき，「継続企業（going concern）」という言葉が用いられる。このような視点に立てば，企業の組織をどのように編成し管理するかという問題とともに，企業が長期的にも短期的にもどのように行動するかが重要な問題となって浮かび上がってくる。

　企業は孤立して活動しているわけではないから，当然，取引相手や顧客，さらには競争企業など外部の関係者の行動に関心を持つし，それらを考慮に入れながら行動する。その意味で，経営学も企業の外に関心を持つが，それは基本的には企業が自身の組織や戦略について，どのような意思決定を行うかという観点から捉えられる。この企業の意思決定の視点というのが，経営学的なものの見方の最も大きな特徴である。

❖ 商学の視角

　この経済学と経営学のちょうど中間的な位置にあって，企業の活動が相互に関連し合い，循環する状態にそのまま関心を寄せるのが**商学**である。商学は個々の企業の活動そのものではなく，それが他の企業の活動とどのように関連し合うかに関心を持つ。1つの製品市場を想定してその内部に関心を集中させるのではなく，多くの製品市場を取り結んで営まれる循環に関心を持つ。商学は英語では commerce といわれるが，それは狭義の意味での商業を指すのではなく，企業活動が循環しながら経済を構成するその仕組み全体を指している。比喩的にいえば，経済学は人体の全体的な構造に関心を持ち，経営学が個々の臓器の健康法に関心を持つのに対して，商学は各臓器の機能とそれらを結びつける血液や神経の循環に関心を持つということもできる。商学の誕生も経済学に比べると遅いが，経営学よりも早く，ほぼ19世紀の後半頃から，主としてヨーロッパ諸国を中心に誕生した。

　戦前の日本の大学でいえば，東京大学や京都大学に代表される旧帝国大学が国家を単位とした経済学を中心に学部を構成したのに対して，東京高商（現・一橋大学），大阪高商（現・大阪市立大学），神戸高商（現・神戸大学）の3高商を中心に，その他の多くの大学では経済活動を実際に動かすメカニズムに関心を持つ商学を中心に学部が構成された。それが今日の多くの大学における商学部の源流となっている。それに対して，経営学部が日本の大学に多く設立されるようになるのは，第2次世界大戦後のことである。

　その誕生の経緯からも推察されるように，商学的な考え方は，戦前期にはドイツを中心としたヨーロッパ諸国で一般的であった。しかし，戦後になって商学的な伝統が希薄なアメリカ経営学が優勢となる一方で，商学の研究対象の細分化が進み，経済全体の関連を見る商学の地位は徐々に低下していった。その背景には，戦後になって大企業体制がさらに進化し，経済全体の中で個別企業が占める役割や影響力が飛躍的に高まったという事情もあった。その結果，商学を構成していた個別の研究分野が独立するようになり，他の研究分野とのつながりを希薄にしていかざるをえなかった。大学の講義科目の中では「商学総論」や「商学概論」が長く残されていたが，その内容は狭義の「商業論」となることが多く，それが「商学」への関心のいっそうの希薄化を招く結果となった。

しかし，いくら大規模化しても，企業は他の企業と取引をし，相互に関連し合わなければならない。大企業もまた経済活動の循環の中から逃れることなどできないのであり，その経済活動の循環の中で自らの位置を築いていかなければならない。今日においても，多くの大学が商学部を存続させているのも，経営学では捉えきれないひろがりが存在しているからである。その経済の循環の世界を，商学はどのように理解するのだろうか。本書では，そのことをテーマに考えていくことにしよう。

2 循環，リスク，信頼

◈ 循環を阻害する4種のリスク

　私たちの身体は，平常時には普通に動いている。もちろん，すべての臓器が完全で，循環もまったく問題がないということは稀である。部分的には小さな怪我や異常があったり，軽い機能障害が発生していることはある。それでも，ほとんどそんなことは気にすることなく，日常生活を営むことができる。しかし，ときには自覚症状を伴い，体調が不良になることがある。その多くは，臓器のもう少し深刻な機能障害によると考えられる。

　経済社会の場合も同じである。主体としての企業や企業と企業を取り結ぶ循環は，多少の機能障害が生じてもほぼ正常に機能するが，重大な障害に直面すると，経済全体の様子がバランスを欠くことになる。そうした障害をもたらす要因を「リスク」と呼ぶことにしよう。リスクとは，一般的には将来の不確実性を指す言葉であるが，ここではそれを経済活動における循環の阻害要因との関連で理解しようとしている。

　若干の但し書きが必要かもしれない。「行為主体」という言葉を用いているが，基本的には企業と個人である。以下では，企業に即して説明するが，個人の場合もほとんど同じだと考えてよい。企業はさまざまなかたちで経済活動に参加し，そこから何らかの「利益」を得ようとするが，彼らは一度限りの活動として参加するのではなく，継続的にその活動を続けることを前提として活動するものと考える。企業は継続企業であると理解するのは，経済学でも経営学でも同じである。1回限りの活動で利益をあげようとすれば，たとえば詐欺のような活動も行われるかもしれない。もちろん，そうした行動をとる企業も現

実に存在するけれども，継続的に事業を営むことを前提として行動する行為主体の場合には，その可能性はきわめて少ない。しかし，それでも循環はさまざまな要因によって阻害される。

　このように考えたとき，リスクには大きく分けて次の4つの種類が考えられる。事業そのものにまつわるリスク（市場リスク），将来の価格変動に伴って発生するリスク（価格変動リスク），外生的な要因によって発生する「事故」的なリスク（純粋リスク），取引関係や市場の拡大など対外的な関係の中で発生するリスク（取引リスク）である。順に簡単に見ていくことにしよう。

❖ 市場リスク

　第1の事業そのものにまつわるリスクとは，基本的には事業が市場で受け入れられるか否かという問題である。企業活動は，自分のためではなく，他の人人のために商品（モノとサービス）を生産し，販売する活動である。自ら生産に従事する事業者は生産者と呼ばれ，自分では生産せず，他の企業が生産した商品を購入して他人に再販売する事業者は商業者と呼ばれる。農業や水産業などの第一次産業に従事する人もまた生産者に含まれるが，これらの人を除いて第二次産業に従事する事業者をとくに「製造業者」といって区別することもある。いずれにしても，他の人々の消費のために商品を生産し，販売するという点では共通している。

　何をどれだけ生産し，販売すればいいのか。それを決めるのには大きくいって2つの方式がある。買い手があらかじめ欲しい商品の明細と数量などを生産者に指示し，それに従って生産者が実際に生産する方法であり，これは**受注生産**と呼ばれる。この生産方式の場合には，生産をする前にすでに販売先が決まっているので，商品が売れるかどうかわからないという意味でのリスクは存在しない。生産された商品は確実に販売されていく。もう1つは買い手からの注文を受ける前に，生産者が自らの判断に基づいて商品の種類と数量を決定して生産するもので，**見込み生産**と呼ばれる。この場合には，生産者の事前の判断が正しいとは限らず，後になって見込み違いであったことが判明するかもしれない。

　生産者が市場に投入する商品は，同種の商品を供給する他の生産者の商品と競争しながら，市場での評価を求める。各生産者は商品の基本的な働きだけで

はなく，デザインやサービス，価格など，さまざまな要素をもって市場に働きかけ，受け容れを求める。しかし，その中で，どの生産者の商品が，どれだけ受け容れられるかは事前に正確に知ることはできない。さまざまな需要予測を駆使することで，かなり正確な予測を立てることはできるものの，それとて決して完全とはいえない。競争者がどのような提供物を投入するのか，それに対して消費者がどのように反応するのかを，事前に知ることはできないからである。

　まったく新しい商品分野を開拓する場合には，さしあたり競争者はいないので競争の影響を受けることはない。しかし，この場合には，そもそもこの商品が市場でどのように受け止められるのか，どれほどの需要量に結びつくのかという点は，なおいっそう不確かだといわなければならない。実際，ヘッドホンステレオにしろスポーツ飲料にしろ，後に大ヒットする商品も，その導入時には社内を含めて大きな不安を抱えていたのであった。

　こうした見込み違いは見込み生産のいわば宿命のようなものといってよい。そして，この見込み違いは直接的にはその生産者の問題であり，生産者はそれを受け止めながら時代を切り開いていくのである。しかし，その結果として，その生産者の経営状態が不安定になることがあるかもしれない。そうなれば，取引関係にある多くの他の企業の事業活動に影響を及ぼさずにはおかない。万一，その企業が倒産したり事業規模を縮小するということになれば，従業員の購買力を介して他の多くの産業分野の事業にまで影響を及ぼすかもしれない。こうした販売の不確実性を循環の停滞要因として捉えれば，これを市場リスクということができる。

　この点だけを強調すると，受注生産方式を採用すれば市場リスクは発生せず，問題は容易に解決できるように思えるかもしれない。しかし，受注生産には重大な3つの欠点が存在する。第1に，注文を受けてから製品の生産を開始するのだから，買い手が実際に製品を手に入れるまでの時間（リードタイム）は長くならざるをえない。リスクを完全になくそうとすれば，受注してから原材料の調達を開始することになるが，それでは何カ月もの時間が必要かもしれない。第2に，注文は個々の買い手からばらばらに行われるので，受注単位が小さくなり，しかも安定しない可能性が高い。こうなると，生産の段階で規模の経済を働かせることが難しくなる。第3に，とくに買い手が最終消費者である場合，

事前に何がどれくらい必要かを確定することはとりわけ難しくなることは，私たちの身の回りのものを考えてみればわかるであろう。

かつての社会主義国家のような計画経済では，国家が全体の生産計画を立て，それを各企業に割り当てるというやり方が行われた。これも一種の受注生産であるが，市場経済の下ではそのような計画中心は存在せず，企業が自らの意思で何をどれだけ生産するかを決定する。もちろん，受注生産に近い状況がまったくないわけではないが，市場経済の大原則は見込み生産である。そうである以上，生産者は自分が生産した商品が，すべて確実に販売できるという確証を持つことはできない。そのことから発生する市場リスクは，市場経済のもとでは避けることができないものと考えなければならない。

❖ 価格変動リスク

第2のリスクは，時間の経過に伴って発生する価格変動によるものである。生産者は生産設備や原材料，労働力などの生産要素を市場から調達し，生産活動を経て製品を市場に販売する。商業者は商品を市場から調達し，原則として大きな変更を加えることなくその商品を他の市場に販売する。いずれにしろ，調達市場と販売市場において取引を行うが，そこでの取引価格は安定しているとは限らない。事業主体は取引に際してはそれぞれ価格交渉を行うが，それは価格を自由に決定できることを意味しない。交渉によって多少の変更の余地はあるものの，取引価格は大きくは市場での一般的な取引価格によって規定されるのが普通である。事業計画を立てた時点と調達時点，販売時点との間に価格が大きく変動すると，それは企業の事業活動に大きな影響を与えずにはおかない。

インフレ基調のときには計画時点よりも調達価格が高騰するにもかかわらず，販売市場でそれを十分に転嫁できないかもしれない。逆にデフレ基調の場合には販売価格が下落して，期待した利益を確保できないかもしれない。経済活動がグローバル化した今日では，調達市場も販売市場も地球規模に広がっているが，そうなると為替の変動もまた価格変動の重要な要因となる。

価格変動はこうした経済的な要因によってのみ起こるとは限らない。自然災害は生産活動に影響したり，商品の移動を制約することによって，調達市場でも販売市場でも，取引される商品の供給量を大きく制限するかもしれない。あ

るいは地域間の紛争や戦争もまた，価格変動の要因となりうる。

　生産者にしろ商業者にしろ，調達市場と販売市場の両方に直面するのであるから，こうした外生的な要因による価格変動はその両側で相殺されるようにも見える。高く買わなければならないときには高く販売でき，安くしか販売できないときには安く買うことができるというのであれば，確かにそのようにも見える。しかし，実際には，調達時点と販売時点との間には時間差があり，しかも取引を確実に進めようとすれば高く販売したり安く購買するというかたちで相殺できるとは限らない。むしろ，価格変動の影響は事業者自身が吸収しなければならないことが多く，それが循環を妨げるリスクとなる。

❖ 純粋リスク

　第3のリスクは，外部的な要因によって発生する事故的なリスクである。実際に事業を始めると，事業そのものとはほとんど関係のない事故に直面する可能性がつきまとう。盗難や火災，交通事故などは，主体側の努力によって事故そのものを回避または軽減することができる。実際，多くの企業や個人は長期にわたってこの種の事故に遭遇することなく済ませている。しかし，それでも経済全体として見た場合には，どこかでそうした事故は発生しており，それが経済全体の循環を阻害することは避けられない。

　それに対して，台風や地震などの自然災害は，人間の努力によってもそれ自体を回避することはできない。私たちにできることは，起こりうる災害に備えることであるが，それでもいったん災害が発生すれば，何らかの被害は避けられないし，当初の備えを上回るような規模の災害が起こる可能性も否定はできない。

　これらはあわせて純粋リスクと呼ばれる。とくに，輸送手段が未発達であった時代には，こうした事故に対する備えが十分ではなく，海難事故なども決して珍しくはなかった。そのことはロビンソン・クルーソーの物語を思い出せば，容易に想像できるだろう。ひとたび海難事故に遭遇すれば，全財産を失うばかりか，命までもが犠牲になったのであり，商人はまさに冒険商人だったのである。今日では，こうした事故や災害に対する備えは飛躍的に高まってきており，この種の純粋リスクはずいぶんと小さくなったのは確かであるが，それでもそれらが皆無になったわけでは決してない。

❖ 取引リスク

　第4のリスクは取引そのものにまつわるものである。たとえば，取引を行ったが，受け取った製品が事前に確認した製品と同じでなかったり，たとえ同じ製品でも期待どおりの機能を持たない場合もありうる。そうなると，その製品を用いて計画された活動を円滑に行うことはできない。この種の製品にまつわるリスクは基本的には買い手が負う。ラテン語に Caveate Emptor という言葉がある。英語でいえば Let the buyer beware で，買い手がリスクを負うという原則を示した言葉であるが，それを本書では「買い手ご用心」と表現することにしよう。買い手ご用心は洋の東西を問わず，取引における古来の大原則であり，だからこそ買い手は取引に先立って製品の内容を十分に吟味するのである。

　もちろん，取引にまつわるリスクは買い手が負うだけではない。売り手は製品と引き換えに代金を受け取るが，この代金回収についてのリスクは売り手が負うことになる。決済が即金で行われる場合には，取引はその場で完結するため，偽造貨幣の問題を度外視すればリスクは発生しない。しかし，信用取引が発達すると，実際の代金回収は将来に持ち越されるため，不渡りのリスクを負うことになる。これを信用リスクという。

　取引にまつわるリスクはこの他にもさまざまなものが存在するはずである。先に，事業者は継続企業であり，1回限りの利益を求めることはないと仮定したが，実際の取引では悪意を持った詐欺的な買い手もないわけではない。それらも含め，取引が両当事者にとって，当初の期待どおりの成果をもたらさない場合にも，経済の循環は阻害される可能性を持つ。

❖ リスクへの対応——社会制度と信頼

　実際の事業の中でリスクを発生させる要因を数え上げれば，まだまだあるであろう。しかし，おおよその要因はここに例示したものの中に含めて理解できるはずである。これらの要因によって実際にリスクが発生してしまえば，事業者は大きな損害を被り，事業そのものの継続に支障を来すかもしれない。したがって，それぞれの事業者は可能な限りリスクによって生じるコストを小さくするような対応が求められることになる。

　このリスクへの対応は，第一義的には個々の事業者の問題であるように見える。たとえば，上に挙げたリスクの要因に即していえば，市場リスクに対して

は市場調査を丹念に行って，どのような製品が求められ，どれほどの需要が見込めるかを，できるだけ正確に予測しようとするであろう。あるいは，事故としての純粋リスクは，自らそれを起こさないように細心の注意を払うであろうし，取引リスクについては事前に製品や取引相手について入念に調査するかもしれない。

　このように個々の事業者が自らリスクを削減ないし回避しようとすることはきわめて重要ではあるが，個々の事業者の取り組みだけでは十分な対応が困難で，多くの事業者が共同で取り組むことによってより有効に対応できる場合がある。というよりも，多くのリスク要因は，多数の事業者が直面するリスクをまとめて取り扱うことによって，経済全体としてより有効に処理することができる。

　詳しくは後の章で取り上げるが，ほんの一例を挙げておこう。取引を行う場合，財と財が直接交換される形態を物々交換と呼ぶが，これでは交換の効率はきわめて低くなる。物々交換が成立するためには，交換当事者が互いに相手の欲しいものを所有し合っていなければならない（欲望の両面一致）だけではなく，交換比率と交換単位も一致しなければならないからである。そこにどんな財とも交換できる貨幣が登場すると，欲望は片面一致で十分で，交換比率と交換単位の合意もはるかに容易になり，市場リスクが低減される。貨幣が登場すれば，交換当事者はその貨幣を用いて交換を行うであろうが，貨幣そのものは個々の当事者が生み出したものではない。このような個々の事業者の意思を超えて生み出される社会的な仕組みを，ここでは広い意味での社会制度と理解しておく。

　この貨幣はもともとは自然発生的に誕生したものと考えられているが，現在ではほとんどが国家によって管理されるようになっている。この例に見られるように，ここでいう社会制度は，自然発生的に誕生するものと，国家や社会が意識的につくり出し管理するものとを含んでいる。そして，いったんこのような制度が生み出されると，個々の事業主体はその社会制度を活用して自らのリスクに対処しようとする。それは先に指摘した個々の取り組みとともに，事業主体のリスクマネジメントの問題であり，基本的には経営学の関心事となる。

　それに対して，個々の事業主体の意思からは独立した社会制度そのものに関心を寄せるのが商学である。その詳細は本書を通して学ぶが，こうした社会制

度は取引の効率性を高めるだけではなく，取引における信頼性を高めることに貢献する。その信頼性は，取引相手に対するものであることもあれば，取引条件や予期しなかった事態への対応であることもある。そして，その信頼性の高まりがさらに取引のいっそう円滑な連鎖をもたらし，経済全体の循環に貢献することになる。その意味では，信頼は循環，リスクとともに，商学にとって最も基本的な概念であるということができる。

❖ 本書の構成

　このような観点から，以下，本書では，およそ次のような順序で議論を進める。第1部では事業主体の形成という観点から，会社制度を取り上げる。リスク要因が何であれ，実際にリスクが発生すると，事業主体はさまざまなかたちで損害ないし被害を受ける。会社はリスクに効率的に立ち向かうとともに，それでも発生する被害や損害の吸収能力を高めることで，取引の効率性と信頼性の向上に貢献する。会社制度が確立することによって，取引関係を通したリスクの連鎖は，各取引主体に吸収されながら外部に広がっていくことになる。

　その会社が事業活動を行う上で最も重要なのが金融の仕組みである。貨幣，銀行，証券，保険などはその中でも最も代表的な制度であるが，その内容は時代とともに大きく変化してきた。しかも，それらは現在ではすべて国家による法制度によって管理されている。そのそれぞれが，どのような問題に対処するために生み出され，どのような意味でリスクに対処する社会的制度であるのかを考えるのが，第2部である。

　第3部では，市場が広がる中で発生するリスクとそれに対する対応の中で生まれる制度を取り上げる。商業，物流，国際取引や近年における商品形態の多様化に伴う問題が議論される。

　以上はきわめて簡略化した構成であるが，現実の制度はさまざまに関連し合っているから，第1部から第3部までの各部で取り扱われる内容が，ぴったりとその部の中に収まるわけではない。それらの関連を意識しながら，それでも何らかの方法で整理し，順序立てて理解するしか方法はないので，ここではおおよそ以上のような視点での整理を試みようとしている。相互に関連するところは，振り返って参照しながら，全体像が理解できるよう努力してほしい。

3　経済の大きな循環と小さな循環

◈ 大きな循環

　もう一度，身の回りを観察してみよう。私たちが使用している財はどこで生産され，どのようにして私たちの手元まで届いたのかを考えてみよう。衣料品の多くは中国製と表示されているかもしれない。しかし，その中国製のシャツの原材料である綿はアメリカ産であるかもしれない。電子機器の多くも韓国や中国で生産されているが，その部品の生産国は広くアジア全域に広がっているはずである。食料品にしても，近海魚や野菜を除けば，ほとんど世界中から集まってきている。経済活動はまさに地球規模で営まれており，商品と貨幣と仕事が地球規模で循環していることになる。これがグローバル経済の現実である。

　たとえば，2008年9月にアメリカで発生した投資銀行，リーマン・ブラザーズの破綻は，瞬く間に世界を駆け巡り，世界全体に大きな影響を与え「リーマン・ショック」と呼ばれるようになった。2011年にはかねてから指摘されていたヨーロッパにおける信用不安がギリシャで現実化すると，たちまちにしてEU諸国を巻き込み，その影響は全世界に広がった。日本の東日本大震災やタイの大水害なども，その被害は1地域や1国にとどまらず，全世界に及んでいる。あらゆる経済活動は世界を駆け巡り，もはやその影響から逃れることはほとんど不可能だといっても過言ではない。

　私たちはこうした現実にすっかり慣れっこになってしまっているが，ここまで経済活動がグローバル化したのは，社会主義国家が相次いで崩壊した1990年以降のことであるから，まだ二十数年しか経っていない。もちろん，それ以前にも国際貿易は盛んに行われていたし，資源に恵まれない日本は，とくに戦後，輸出の振興に力を注いできた。しかし，日本を含めて多くの国が自国産業の保護育成を目的として輸入関税を課したり，外国資本の直接投資に制限を設けていた。現在でもそれらが完全に撤廃されたわけではないが，以前に比べればはるかに自由に商品や資本が国境を越えて循環するようになった。

　この大きな循環のおかげで，私たちが手にすることのできる財の種類は飛躍的に増加したし，しかもそれらをより安価に入手できるようになっている。より安い地域で原材料を調達し，人件費のより安い地域で生産を行うというのは

分業の基本原則であるが，それが地球規模で展開されるようになったのである。それは，私たち先進国の人々の消費生活を支えているだけではなく，発展途上国の産業化の進展に貢献することも確かである。経済的な豊かさを実現するためには，産業化は避けて通ることのできない過程であり，経済のグローバル化はそれを発展途上国にまで拡大しているのである。

❖ 小さな循環

　しかし，よく見れば，私たちの周りはそうした地球規模の大きな循環ばかりに囲まれているわけではない。日本の各地には，それぞれの土地と風土を活かした伝統的な地場産業が存在している。中には日本が近代化の道を歩み始める明治以前から引き継がれたものもあれば，近代化の初期に確立されたものもある。その歴史的な長短はあるものの，それぞれの地域を特徴づける産業として定着してきた。個々の企業の生産規模は決して大きくはないが，その地域で産出される資源を使って地域の中で加工され，その加工は何段階にも及ぶことがある。その全課程を通して製品と貨幣が地域の中を循環し，そこで仕事が生み出されていく。それはグローバル経済に比べればはるかに小さな循環ではあるが，それが**地域経済**を支えてきたのである。

　もちろん，地域内の小さな循環といっても，初めから終わりまで，すべてが地域内で完結しているわけでは決してない。たとえば，原材料の大半が地域外から，あるいは遠く外国から調達されている製品も多く，その場合には地域の小規模な生産もグローバルな大きな循環と結びついている。あるいは，地域の原材料を使って生産された製品であっても，そのすべてが地域内で消費されるとは限らず，多くは地域外へ販売先を求めているはずである。今日では，完全に地域内で完結するような循環はほとんど姿を消しているといってもいいだろう。しかし，それでも，地域の産業は地域の中に雇用を生み出し，小さな循環を駆動させる役割を果たしてきた。しかも，この小さな循環の場合には，その生産過程や取引の連鎖までもが地域社会の中で実際に目で見て確認できるという特徴を持っている。

　グローバル化の進展はこうした地域産業を窮地に追い込むことがある。外国の安い商品に押されて，地域で育ってきた伝統的な産業が窮地に追い込まれたり，後継者を見いだせないまま衰退化しているといった話を聞いたことはない

だろうか。それは，伝統的な地域産業が外国の安価な製品との競争に敗れ，姿を消そうとしている様子である。もちろん，伝統的な産業だけが地域産業であるわけではなく，新しい時代には新しい地域産業が誕生するかもしれない。だから，簡単に伝統的産業を保護すべきだという結論を出すことはできないが，地域内での小さな循環が地域社会を支えていく上で重要な役割を果たすことは間違いない。私たちは，グローバル化が進む中での大きな循環とともに，地域内での小さな循環にも関心を持つ必要がある。

第1部

事業を営むための仕組み

事業主体はどのように生まれるのか

Commerce for Beginners

第1章

会社という制度
―― 会社とは何だろうか

はじめに

　私たちの身の回りを見ると，「会社」と呼ばれているものが数多くあり，それが経済活動を担っている。たとえば，誰かがものを買う，働く，サービスを受ける，というような局面のすべてで会社といわれるものが関わっている。
　私たちはこの会社がどういうものか，なんとなく知っている。会社はたとえばどこかのビルにオフィスを構えており，働いている人はそこに出勤していく。そして，そこで働く人々は電話をかけたり，パソコンを叩いたり，会議をしたりしている。あるいは，他の会社に出かけていってそこの人と話しているかもしれない。また，会社は工場を持っていたり，どこかにお店を構えていたり，あるいは線路を敷いて電車を動かしていたりする。そうやって，会社は私たちにものを売り，サービスを提供している。そして，たぶん私たちは，会社というものは何らかのかたちで作ることはできるものである，ということも知っている。新聞や雑誌を見ていると，開業やベンチャーという言葉をしばしば目にすることができる。さらに，私たちは大きな会社から小さな会社まで，たくさんの実際の会社の名前を挙げることもできるだろう。
　また，少し考えてみると，会社というものが太古の昔からあったものではない，ということも思い出すことができる。日本史でも世界史でも，歴史の教科書で会社というものが登場するのはかなり後の方になる。たとえば「東インド会社」という名前を，受験勉強の記憶とともに思い出す人がいるかもしれない。いずれにせよ，会社というものは，歴史のどこかの時点で出現してきたものであり，言い換えれば自然にそこにあるようなものではなく，何らかのかたちで人々が考え出し，発展させてきたものなのである。

しかし，それでは私たちはそもそも会社とはいったい何であるか，知っているのだろうか。会社とはそもそもどのようなものを指しているのだろうか，そしてなぜそのようなものが作られたのだろうか。また，会社とはどのような仕組みに基づいているのだろうか。そして，いつごろ私たちの歴史に登場し，どのように発展してきたのだろうか。本章ではこんなことを考えていこう。

1 そもそも会社とは

❖ 会社をつくる

　上で述べたことから，会社というものが何なのかはよくわからなくても，会社というものがものを売り，あるいはサービスを提供するために作られるもの，言い換えれば事業をするために作られるものということはわかる。そこで，私たちが実際に事業を行うときにどんなことが生じるか，ということから考えていこう。

　今この本を読んでいるあなたが，何かの事業を始めることになった，と考えてみよう。事業は，たとえばインターネットのウェブサイト構築のような仕事かもしれないし，近所の小中学生向けの塾，というものかもしれない。セレクトショップみたいに，何か洒落たものを仕入れて売る，なんていうのもあるだろう。

　さて，では実際に事業を始めるときには何が必要だろうか。もちろん事業をやる人が必要であるが，それだけでは事業はできない。インターネットの仕事であれば最低パソコンは必要だろうし，塾をやるなら塾用のスペースが必要になる。また，塾の場合にはパソコンやプリンター等も必要だろう。セレクトショップであれば，スペースと陳列用の設備，売るための商品が必要になる。そしてこれらのものを調達するには，まず先立つお金，つまり事業のための資金が必要である。つまり，人と資金があれば，事業を始めることができる。

　事業を始める段階では，自分の貯金を使って，人も自分1人だけで始められるかもしれない。インターネットの仕事はパソコンさえあれば1人でできるし，塾も，昔の寺子屋みたいに1人の先生が何人かの生徒を教える，というのであれば大した設備はいらない。たまたま自宅に広めのスペースがあるのであれば，あとはちょっとした投資で済むだろう。

ところが，その後事業が順調に発展してくると，そうはいかなくなってくる。塾で生徒がたくさん増えてくれば，広めの教室スペースも借りなくてはいけないし，パソコンとプリンターだけでなく，コピー機，電話，教材開発のための資料とそれを入れる棚……とたくさんのものが必要になってくる。また，自分1人だけでは教えられないので，人を雇わなくてはならないかもしれない。人を雇ったら，またデスクなども必要になってくる。

　このように，事業が拡大してくると資金が必要になってくる。もちろん，この問題は，一緒に事業をやってくれる仲間がいればある程度解決できる。仲間同士で資金を持ち寄れば，ある程度，大きな資金になるかもしれない。そうでなくても，いちいち人を雇うのではなくて仲間に教えてもらえば，給料は払わなくてもよいかもしれない（その代わり，儲かったらみんなで分けることになる）。

❖ 仲間が増えて，管理が難しくなる

　しかし，仲間が増えると今度は別な問題が発生する。たとえば，友だち同士3人で塾をやっているとすると，利益が出たときにその友だち同士でどうやって分け合えばよいのだろうか。3人だから3分の1ずつということになるのだろうか。逆に事業に失敗し，損失が出たらどうすればいいのだろう。この損失もみんなで3分の1ずつ負担するのだろうか。また，塾のために買ったプリンターは誰のものとなるのだろうか。やはりみんなで共有なのだろうか。それとも買った人のものなのだろうか。塾が大きくなって自社ビルを購入する場合にはどうだろう。そもそも誰がどうやってものを買うのだろう。人を雇うときにはどうするのだろう。

　つまり，仲間は確かに必要なのだが，今度は仲間が事業からどのくらい利益を得られるかとか，逆に事業が失敗した場合の損失（序章で述べたリスク）をどのように負担するか，どうやって事業用の設備を扱うか，人はどうやって雇うか，といったさまざまな問題が出てくる。

　さらに，仲間というよりも，事業がうまくいっているのに目をつけてお金を出してくれる人が出てくるかもしれない。たとえば，塾がうまくいっているのを知った親戚のおじさんが，うまくいったら利益の一部を渡すという条件でお金を出してくれるかもしれない。一緒に事業をやる仲間とはまた違い，このよ

うな資金を提供してくれる人の存在は確かにありがたいが、そうであればその人たちとの関係も考えなくてはいけない。たとえば、利益を分配するときにはどうすればよいのだろうか。あるいは、損失が出たらどうすればいいのだろうか。また、仲間とは違い事業に関わっていないのであれば、事業を知ってもらうために何かしなくてはいけないのではないだろうか。

　いずれにせよ、事業が拡大してくると、そのための資金を確保しなくてはならず、資金を確保しようと思えば、仲間やお金を出してくれる人を探す必要がある（実はもう1つ、借金をするという方法があるのだが、これについては後で述べる）。そして、仲間やお金を出してくれる人が増えてくると、その人たちと事業との関係を決めなくてはならない。

　また、先にも触れたように、事業が拡大してきて自分や仲間だけでは対応できなくなってくれば、人を雇わなくてはならない。そしてそのような多くの人々を使って、拡大した事業をきちんと動かせるように、手続きなどを整備しなくてはならない。たとえば、塾の例であれば、新しく増えた先生の勤務管理をしなくてはいけないだろうし、先生によって授業の質にばらつきがでないような研修なども考えなくてはいけない。

　そうなると、最初にやっていたような、仲間だけで塾をやっていくというのは難しくなってくる。たとえば、先生が増えてくれば、教科ごとに分けて主任を置き、その主任に先生方の管理や研修、指導を任せなくてはならないかもしれない。また、事務も先生がやるというのではなく、事務の人を別に雇ってやってもらう、ということになるかもしれない。簡単にいえば、事業が拡大すると組織を作り、管理していく必要が出てくるのである。

❖ 会社という仕組み

　会社とは、以上のような問題、つまり、仲間や資金を出してくれる人との関係をどのように構築し、いかに事業のリスクを分担するか、あるいは拡大した事業をいかに管理するか、というような問題を解決するための制度的な仕組みである。言い換えれば、会社とは、事業を行う際に1人ではできないことを行うための仕組みであるといえる。

　もう少し具体的にいうと、まず法律的には、会社とは、上で述べたような仲間やお金を出してくれる人、すなわち事業に対して資金を提供する人々（以下

● コラム 1-1　業界団体

　この章では，事業主体としての会社というものを取り上げて説明している。しかし，序章でも述べられているように，実際には会社というのは他の会社の活動と関連しながらその活動を進めていくものである。その中で，しばしば会社は他の会社と繋がり合い，ネットワークをつくって事業活動を進めていく。

　その1つのかたちが，業界団体といわれるものである。業界団体とは，ある特定の産業に属する企業や個人，あるいはより広く，産業横断的に企業や団体，個人が団体を構成するものである。たとえば，業界横断的な団体である経団連（日本経済団体連合会）や日本商工会議所，特定産業の団体である日本鉄鋼連盟や石油連盟，あるいは個人の団体である日本医師会や日本公認会計士協会などを挙げることができるだろう。実際には，上のような大きな団体以外にも，より小さな地域や産業分野をカバーするような業界団体が数多く存在している。

　それでは，いったいこのような業界団体はどのような機能を果たしているのだろうか。しばしばいわれるのは，業界の各社が協力して政府に圧力をかけるという圧力団体としての機能や，あるいは業界で集まって談合をするような，いわゆるカルテルとしての機能である。このような機能から，業界団体にはしばしばネガティブなイメージが付きまとってきた。

　しかし，実際には業界団体はこのような機能ばかりを果たしているわけではない。たとえば，業界団体は政府が行う政策の「受け皿」として，行政からの情報を会員となっている会社に伝達し，製品の規格の統一化を進め，あるいは補助金の交付に協力する，という機能もある。

　さらに，より注目すべき機能として，政府（とくに中央・地方省庁）と業界各社とのコミュニケーションの経路というものがある（米倉［1993］）。すなわち，業界が持っている情報を伝え，また政府からの情報を受け取ることで，政府の政策立案を行いやすくするのである。たとえば，環境政策を立案するには，実際にどのような環境規制がどのような影響を産業に与えるのか，といったことを考えなくてはならない。このような情報は政府よりも業界の方が持っているため，その情報を業界団体から得ることで，政策立案を行うわけである。

　このような業界団体の役割は，とくに戦後の日本の経済発展の中で，それを支えた1つの要因として注目されてきた。最近では，以前に比べ注目される程度は低くなったものの，最近の筆者らによる調査（2011年）からは，なおその機能は維持されていることがわかる。もう少し具体的にいえば，業界団体は政治家や政党への働きかけはあまり行っていないものの，官庁へは一定程度働きかけを行っている。また，政策の受け皿としての機能も行政情報の周知や規格の採用，規制の実施など

を行っており，それより数は少ないものの補助金交付への協力も行っている。さらに，コミュニケーション経路としての機能も健在であり，官庁と意見交換を行い，そして官庁から意見を求められることもある。

　すなわち，業界団体は政府との間でコミュニケーションを行い，その中で政府に働きかけを行い，あるいは政府の政策立案や実施に協力する。このようにすることで，大きな経済の循環をうまく回し，その業界が発展していけるようにしているのである。

では出資者と呼ぶ）と，事業の関係やあるいは出資者と出資者以外の関係を規律する法的枠組みということになる（江頭［2011］参照）。後で詳しく説明することになるが，法律上は，まずある事業に対する出資者の集団を1つの団体（社団）とみなし，それ自体を出資者とは異なる独自の存在——それ自体があたかも人であるかのように，契約をし，財産を保有することができる存在であり，法人と呼ばれる——として取り扱う。法人として取り扱われ，事業を行うこの団体が，会社といわれるものである。そして，上で述べたようなさまざまな関係はすべてこの会社を通じて取り扱われることになる。事業に伴うリスクもまた，この会社にまず帰属し，この会社を通じてリスクが分配されることになる。また，この会社の下で会社との関係を通じて組織を作り出すことで，出資者やその他の関係者との関係を考えることなく組織を作り，動かしていくことができる。会社には株式会社，合名会社などいくつかの種類があり，それぞれの種類に応じて上で述べたような関係の内容も決まってくる。

　ただし，実際には，人々はこのような法的な仕組みとしての会社だけでなく，その法的な仕組みの下で作られた組織をひとまとめにして会社と呼んでいる。つまり，会社とは法的な仕組みであるとともに，実際にその法的な仕組みの下で事業を行っている組織，言い換えれば，ある特定の場所にオフィスを構え，人々が働き，製品やサービスを作り，販売する組織のことをも意味している。たとえば，私たちが「会社に行く」とか「会社で働く」という場合の会社とは，法的な枠組みの方ではなく，実際の組織の方を指している。

2　会社の重要性

　上で述べてきたことは，事業が拡大してくると，資金の調達やそれに伴うリスクの負担，そして管理の面から会社というものが必要になってくるということだった。そうであれば，ある程度発達した経済においては，個人ではなく会社というものが経済において主要な位置を占めると予想される。

　実際，トヨタ，パナソニックのような大企業や，街で見かけるさまざまな会社を考えればわかるように，日本において経済活動は主として会社によって担われている。この点を簡単に確認しておこう。

　日本には，いわゆる会社，すなわち，大小さまざまなものを含めて実際にある場所で事業活動を行っている会社（会社企業）が150万社から200万社程度存在する。たとえば，『平成21年 経済センサス』を見ると，上のような会社が約180万社存在することがわかる。もっとも，このうち過半数は従業員数が4人以下の小さな企業であり，私たちが会社という言葉で想像するような会社の数はもっと少ない点には注意が必要である。

　さらに，これ以外に特定の場所で事業を行っているわけではない会社（たとえば金融のためだけに作られているような会社）や，そもそも事業活動を行っていない，いわゆるペーパー・カンパニーを含めると数が増え，『平成22年度 国税庁統計年報書』によると，およそ250万社ということになる。

　一方，会社ではなく個人で事業を行っている人々も，数でいえばかなり多い。個人事業主は，統計にもよるが，およそ数百万といわれており，たとえば『平成22年 労働力調査』から個人事業主の数を見てみると，約600万人となっている（図1-1）。

　こうして見ると，数でいえば個人事業主の方が多いように思われる。しかし，上の統計でいえば大きな会社であっても1社としてカウントされるのに対して，個人事業主の方は（会社の数ではなく）人の数であることを考えると，この数の差は必ずしも実態を表しているとはいえない。実際，会社は中小企業から大企業までさまざまではあるものの，平均的には数十人（『平成21年 経済センサス』などから大雑把に計算すると20人前後）の従業員を抱えているのに対して，個人事業主は手伝いの家族などを含めてもせいぜい数人（同じく3人程

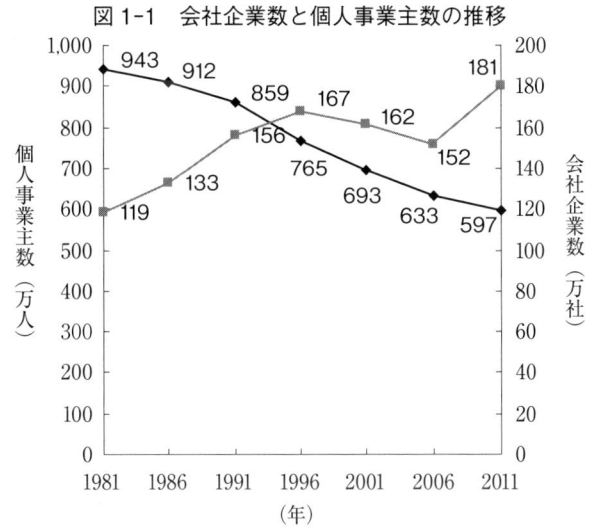

図 1-1 会社企業数と個人事業主数の推移

個人事業主数（万人）: 1981年 943, 1986年 912, 1991年 859, 1996年 765, 2001年 693, 2006年 633, 2011年 597

会社企業数（万社）: 1981年 119, 1986年 133, 1991年 156, 1996年 167, 2001年 162, 2006年 152, 2011年 181

出所：会社企業数は『事業所・企業統計調査』，『経済センサス』，個人事業主数は『労働力調査』。

度）であり，経済活動の規模でいえばまったく異なる。雇用規模で見ると，会社で雇用されている人々（役員を含む）がおよそ4000万〜5000万人であるのに対して，個人事業主および個人事業主に雇用されている人々は700万〜800万人程度（『平成22年 労働力調査』による）ということがわかる。もちろん，人数と経済規模が比例しているというわけではないが，上で述べた経済活動の主要な担い手が会社であることは明らかだろう。

3 会社の制度的仕組み

　すでに述べたように，会社というのは何よりもまず法的な仕組みであり，その仕組みによって出資者と事業との関係や出資者と他者との関係が規律されている。この仕組みについてはすでに簡単に説明したが，ここでもう少し細かく見てみることにしよう。また，いくつかの会社の種類についても説明しよう。

❖ 法人格と独立財産

　会社というのは基本的に，事業のための資金を提供した人であるすべての出

第 1 章　会社という制度　　27

資者が構成する団体として理解されている（ただし，例外的には労働で出資することも認められている）。そして，この団体を法律上「ヒト」として扱うことにより，この団体がそれ自体としてヒトのように振る舞うこと，具体的には事業のための財産を保有し，契約をすることを認めるわけである。このような，法律上のヒトとしての扱いのことを法人格といい，法人格を与えられた存在を法人という。

　この法人格が与えられることによって，出資者の団体である会社は，個々の出資者からは法的に独立した存在になり，事業のための財産は個々の出資者の財産からは独立することになる。つまり，事業のために会社が保有している財産——お金だけでなく，購入されたオフィスビルや机・椅子，パソコンや営業用の自動車，さらには仕入れた商品など——は出資者個人とは関係のない，会社の財産なのである。岩井克人が指摘するように，あるスーパーの出資者がスーパーに行って，そこで売っているリンゴを勝手に食べてしまえば犯罪になってしまう（岩井［2003］）。

　ゆえに，たとえば出資者の誰かが借金をし，返済できなくなって破産をしたときでも，借金取り立てのために会社の財産を取り上げる，ということはできない。つまり，出資者個人が借金をしたというような事情は，事業には何の影響も与えないのである。この結果，事業を行う人々は安定的に事業を行うことができる。

　逆に，1人で，あるいは仲間同士で会社を作らずに事業を行っている場合には，事業のための財産と個人の財産というものを原則としては区別できない。そうすると，たとえば仲間の誰かにお金を貸している人は，仲間が個人的に所有しているものではなく，事業に使っている財産，たとえばオフィスビルや営業用自動車を差し押さえることができるかもしれない。こうなってしまうと，仲間のうちの1人が失敗や不運によって借金を負ってしまうと，すべての事業に差し支えが出てくるかもしれない。言い換えれば，仲間の失敗や不運という，会社の事業から見ると純粋リスクのようなものが事業に影響を与えてしまう。

　会社の重要な機能の1つは，このようなかたちで，事業のための独立の財産を作り出す点にある（Hansmann and Kraakman［2000］，森田［2009］）。実際には，会社を作らずに事業を行っているような場合であっても，会社と同様に事業を行っている場合には，上のような独立の財産を法的に認めることが多い（日本

における民法上の組合，アメリカのパートナーシップ等）のだが，それはこの出資者から事業の財産が独立することの重要性を示しているともいえる。

また，会社が法人であることにより，たとえば人を雇うような契約やものを売る契約もすべて会社が結ぶことになる。また，ビルを買ったような場合の不動産登記も会社が行う。これにより，誰が契約をするのか，仲間で事業をしている場合には全員が契約書にサインをして契約を結ぶのか，それとも誰かが代表で結ぶのか，といったような複雑さを回避できる。また，法人には死亡というものがないため，契約関係やさらには上で述べた所有関係が会社の死亡により終了してしまうということは起こらない（高橋［2006］）。

これに対して，たとえば仲間で会社を作らずに事業を行っている場合には，契約は原則としてはすべての仲間がサインをする必要がある（実際には，代表者名などで済んでしまうことが一般的だが）。とりわけ，自社ビルを購入して不動産登記をするような場合に，共有であることを示すためにはすべての人間の名前で登記をしなくてはならず，いささか面倒なことになる。

また，1人あるいは少数の仲間で事業を行っている場合に，その本人あるいは仲間の1人が急に亡くなったというような場合には，さまざまな契約関係が不安定になる可能性がある。少なくともビルの名義などは変更しなくてはならないし，仲間なしに1人で人を雇って事業をしていた場合には，労働契約の扱いが問題となる。たとえば事業を子どもが引き継ぐというような場合であれば，契約は維持される可能性が高いが，それでも本当に維持されるかどうかはわからない。

このように，契約を会社が行うことで，法律関係を整理し，また事業に関する契約関係と出資者個人の契約関係を分けることも，会社の機能の1つである。

❖ 会社に対する出資者の権利

さて，次に出資者と事業との関係について見ていこう。上で述べたように，会社と出資者は異なる存在とされているとはいえ，会社とは出資者の団体である以上，出資者は会社に対して何らかの権利を持っているはずである。というより，事業に対する何らかの権利がないのであれば，そもそも出資をしようとはしないだろう。

それでは，出資者にはどのような権利が与えられているのだろうか。これを

考えるには，まず出資者にどのような権利を与えれば出資をするのか，という点を考えてみる必要がある。

　これまであまり説明してこなかったが，実をいえば，事業のための資金を調達するために，出資者を探すというのは唯一の方法ではない。もう1つの方法として「お金を借りる」（融資を受ける）という方法がある。たとえば，事業が拡大してくれば，銀行や信用金庫，あるいはそれこそ親戚からお金を借りて資金を確保すればいい。

　しかし，実をいうと，事業が拡大していく局面ではこれは必ずしも好ましい方法ではない。借金は，一定期間後に利子をつけて返済することを約束してお金を借りるものであり，つまり必ず返済をしなくてはならない。言い換えれば，借金であれば，事業が成功しようが失敗しようが返さなくてはいけない。しかし，序章で述べたとおり，事業にはさまざまなリスクが伴う。もちろん，事業が成功すればよいが，事業がうまくいかず，返済できない場合にはすべてのものを叩き売って返済しなくてはならなくなるかもしれない。つまり，事業を始める人がすべてのリスクを負担することになってしまう。

　これに対して，事業を一緒に行っている仲間の場合には，資金を提供しても何年後に返してくれというようなことはいわない。この意味で，リスクを分担してくれているわけである。その代わりに，利益が出たら仲間で分配する。このようなかたちの資金提供，すなわち返済は求めないが，利益が出たら分配するというのが出資であり，出資の場合であれば事業がうまくいかないときでも返済の義務がないので資金を得ようとする側にとってのリスクはかなり小さくなる。つまり，事業の失敗のリスクの一部を出資者に分配しているわけであり，これによって事業自体のリスクが吸収されている。

　一緒に事業を行っている仲間であれば，失敗したらみんなで責任を負うのはある意味で当然であり，そのことに特段の問題はないだろう。しかし，仲間以外からさらに出資を求めようとする場合，つまり事業に関わらない人に出資をしてもらうことまでも考える場合には，自分が関わらない事業のリスクを分担してもらうために，いくつかの権限を与える必要がある。

　1つは利益の配分を受け取る権利（残余利益請求権）である。これについては，通常は，毎年の利益の一部を配当というかたちで，原則として出資額に比例するかたちで分配する。ただし，配分額に比例しないような分配をすること

も考えられる．また，配分をせずに，出資者が権利を持つ資金であることを明らかにした上で会社の中でためておく（留保利益）ということもできる．

　もう1つ必要な権利は，事業に参加する権利，すなわち，事業を自分で直接行う権利か，そうでなければ事業を監視し，その重要な意思決定に関与する権利（事業の責任者を選ぶ権利を含む）である．この後者の権利をここではコントロール権と呼んでおこう．

　このコントロール権，とくに事業に直接関わらない人に，事業を監視し，重要な意思決定に関与する権利を持たせなくてはいけない理由は，このような権利がないと，出資し事業を行っている人に騙される可能性があるためである．

　すでに述べたように，出資の場合，事業が失敗しても「出資したお金を返せ」とはいうことができない．そうなると，もし出資者に上のような権利がないのであれば，事業を行っている人々は，事業を行ったことにして実際には出資したお金を使い込み，出資者に「事業は失敗しました」と報告するかもしれない．事業を行う側にすれば，監視の目がないのであれば，いちいち苦労して失敗するかもしれない事業をするより，出資されたお金を使い込んでしまったほうが楽をして確実に贅沢(ぜいたく)ができる，と考えても不思議はない．

　そのような事態を防止する1つの方法は自分が経営することだが，自分が経営に関わらないのであれば，経営を監視し，重要な意思決定をチェックし，事業の責任者をクビにする，という一連の権限を与えることで，事業を行っている人々に「騙したのがわかったらクビにするぞ」とプレッシャーをかけるしかない．つまり，経営に関わらない出資者に安心して出資してもらうためには，このような権利が不可欠なのである．

　具体的には，事業を自分で直接行う権利であれば，会社に関するさまざまな業務を自分で決め，実行する権利（業務執行権）と対外的に会社を代表する権利（代表権）というかたちをとる．事業を監視し，その重要な意思決定に関与する権利については，事業に責任を負う人々（いわゆる経営者）の選任・解任，会社自体の解散や形態の変更，会社の基礎的ルール（定款）の変更といった重要な意思決定に関与する権利（議決権）を中心として，事業に関する書類や帳簿を閲覧する権利，経営者に問題があるときに訴える権利といったものがある．

　なお，会社がまず出資者の団体として観念され，また具体的には残余利益請求権とコントロール権を持っていることから，株主は会社の「所有者」である

とされることが多い。ただし，この場合の所有者は私たちがパソコンを所有する，というのとは若干意味が異なっており，あくまでも残余利益請求権とコントロール権を指していることに注意してほしい。

❖ 無限責任と有限責任

　以上が出資者に出資をしてもらうために必要な権利であるが，この権利のあり方，つまりどのような人にどのような権利を持たせるか，という点は，しばしば出資者がどの程度事業に対して責任を負っているか，という出資者の義務の問題と関わっている。

　すでに述べたように，会社は事業のための独立の財産を持っている。ということは，言い換えれば事業に関する支払いはすべてこの独立の財産から行われるということになる。それでは，事業が失敗し，すべての契約相手に対して支払いをすることができなくなってしまったらどうすればよいのだろうか。塾の場合であれば，先生方や事務の人々への給料を払えなくなってしまった，というような状況である。

　塾を作った仲間たちがその後も塾を経営していたというような状況であれば，いくら塾のための財産が独立しているとはいっても，やはり仲間たちで分担して先生方や事務の人々には給料を払うというのが自然だろう。つまり，出資者が責任を持って事業を運営しており，事業を自分で直接行う権利（とくに業務執行権）も保持していたのであれば，事業の失敗により他人に損を与えてしまった場合には，自分自身の財産を提供してでも返済をすることが自然に思える。これは，会社を作らずに1人で，あるいは仲間で事業を行っていた場合と基本的には同じ扱いになる。つまり，会社を作らずに事業を行っていた場合には独立の財産という概念が理屈の上では存在しないので，このような場合には自分自身と財産を提供しなくてはならない。会社があっても自分が直接事業を行っているのであれば，それと同じような責任を負うということである。この場合には，事業のリスクは仲間たちが完全に負担することになる。

　ところが，塾の例でいうところの親戚のおじさん，つまり，自分は直接経営に関わっていない出資者について，「先生方の給料や事務の人々の給料を負担してほしい」というのはちょっと酷な要求に思える。直接自分が関わっていない事業の失敗を突然持ってこられても，出資者の側も困惑するだろう。このよ

うな考えから，直接事業に関わらず，そのような権利も保有しない出資者については，事業のリスクの負担に一定の限度を付ける方がいいように思われる。そして実際に，事業が失敗して出資したお金が全部なくなってしまったら，それ以上の責任は負わない——責任は出資額を限度とする——というかたちが一般に見られる。これを「有限責任」といい，これに対して事業の失敗に対して自分の財産を提供しなくてはならないことを「無限責任」という。

　以上の説明から明らかなとおり，一般的には自分が直接事業に関わる権利を持っていることと無限責任とが結びついており，つまり「実際に自分自身で事業を行うなら事業の失敗の責任も取る」というかたちになっている。逆に事業に直接関わらないのであれば，提供した資金以上の責任は負わない，ということになる。このようなかたちで，リスクの適切な分担が図られるわけである。

　とはいえ，実際にはこのように常にすっきりしているわけではない。事業を行っている人々にとっては，いくら自分が責任を持って事業を行っているからとはいえ，事業が失敗したら私財をなげうって返済しなくてはならない，というのでは事業を行いたくなくなるかもしれない。そうであれば，出資者はすべて有限責任とした上で，他の出資者の同意を得て改めて事業に責任を負う経営者として事業を行う，というようなこともありうる（後で見る株式会社や合同会社の例）。

　また，雇用される人や取引先の目から見れば，ある会社に有限責任の出資者だけしかいないとなると，その会社の事業が失敗したときに，自分の財産をなげうって支払いをしてくれる人がいない，という意味で信用できない，ということも考えられる。そうすると，やはり無限責任の出資者がいることにも意味はあるだろうし，場合によっては直接経営に関わらない無限責任の出資者もいるかもしれない（後で見る合名・合資会社で無限責任社員が業務執行社員とならない場合）。

❖ 経営の委任

　これまで見てきたように，出資者には，事業を自分で行っている出資者——これまで「仲間」と呼んでいた人々——と事業に関わらない出資者がいる。そして，事業が拡大してくると，後者の事業に関わらない出資者がどんどん増えてくることになる。もちろん，事業に関わる出資者，つまり仲間も増やすこと

はできるだろうが，事業まで行ってくれる人はそんなにたくさんはいないだろうし，事業の資金を確保するという観点からはとりあえず出資者が増えてくれることが好ましい。この結果，事業が拡大すると，出資者のほとんどは事業に関わらない，という状況が生まれてくる。

一方で，事業が拡大すればするほど人を増やさなくてはならず，手続きなども整備しなくてはならない。そうなると，組織を作り，そして管理するための人々を雇うことになる。先の塾の例でいう教科ごとの主任や，普通の会社でいう部長・課長といった人々である。そして，そのような人々が事業をうまく管理できるのであれば，そもそも出資者が自分で事業を行う必要はなくなり，そのような人々が社長や副社長のような，いわゆる経営者の地位にまで上り詰めることになる。つまり，出資者はすべて事業に関わらず，事業を管理するような人々に経営を委ねるというかたちができあがってくる。

このような状況においては，すべての出資者は事業に関わらないため，有限責任でよいことになる。そして，実際に事業を行う権利を出資者には与えずに，出資者とは別な組織を作ってそこに事業を行う権利を委ねるということになるだろう。これが後で見る株式会社の仕組みであり，株式会社においては，経営は出資者が行うのではなく，取締役会という別な組織に委ねられる（取締役「会」ではなく，個々の取締役に委ねられることもある）。この取締役会のメンバーがいわゆる経営者ということになるだろう。

もちろん，経営者が出資者であってはならない，というわけではない。すでに述べたように，事業を直接行う出資者が，自分の責任の範囲を限定するために，自分の会社を株式会社にし，その経営者，すなわち取締役に自らなるということは十分に考えられる。というより，歴史的にはそのようなかたちの株式会社——出資者が取締役となって経営する株式会社——の方が先に存在しており，上で述べたような，事業を管理する人々に経営を委ねる形態はもっと後になって発生してくる。

しかし，出資者が経営者である場合でも，仕組みとしては出資者の地位と経営者の地位は切り離されており，あくまでその2つを同じ人が兼ねるだけ，ということになる。この点は株式会社の特色の1つであり，他の種類の会社とは大きく異なる点である。もっとも，現在，日本に存在する会社のほとんど，とくに大企業であればほぼすべて株式会社であり，この意味で，このように経営

が経営者に委任された形態こそが一般的な形態であるといえる。

❖ いくつかの会社形態

すでに述べたとおり，上で述べてきた会社に対する出資者の権利や，出資者の義務（有限責任か無限責任か），経営が委任されるかどうかといった点は会社の形態によって変わってくる。というより，上のような点についていくつかのパターンがあり，それぞれによって異なる会社のかたちとされている，というほうが正しいだろう。さらにいえば，法人格を持たない事業の形態（たとえば，有限責任事業組合といわれるもの）もあるのだが，日本ではそれほど数が多くなく，法人格を持つ「会社」がよく使われる。そのため，ここでは会社についてのみ説明する（神田［2012］参照）。

なお，すでに述べたように実際にある場所で事業活動を行っている会社（会社企業）は日本に150万～200万社ほどあるが，そのうちの約99％は株式会社である（たとえば，『平成21年 経済センサス』では178万社で全会社企業の98.6％）。残りのほとんどは合名・合資会社であり（同じく約2万社，1.1％），その残りが合同会社ということになる（約4000社，0.2％）。なお，これ以外に保険業にだけ見られる相互会社という形態や，上記の統計には含まれない特定目的会社といわれる，金融目的の特殊な形態等はここでは取り上げない。また，2005年まで存在していた有限会社についても取り上げない。

(1) 合名会社

合名会社とは，すべての出資者が無限責任を負う会社である。なお，合名会社に限らず，一般に出資者は出資者の団体（社団）の構成員という意味で社員と呼ばれる（法律上，「社員」は従業員のことではない。たとえば会社法では従業員は「使用人」と呼ばれる）。合名会社は，これまでに使ってきた例でいえば，立ち上げたばかりの塾のように仲間同士が集まって出資し，事業を営むような場合を考えると想像しやすい。実際には，昔からある卸売・小売の会社や，酒造業のような昔からの製造業にときどき見られる。

合名会社においてはすべての出資者――社員――が事業を直接行う権利（業務執行権と代表権）を持つが，社員のうちの誰かを特定して業務執行権・代表権を与えることもできる。この場合にはそれぞれ業務執行社員・代表社員と呼

ばれる。

　なお，ある社員が事業から退くような場合，あるいはそうでなくても出資を回収したい場合には，その社員は自分の会社財産に対する持分（出資した財産プラスこれまでの利益で会社に蓄積されているものに対する自分の取り分）を他人に譲渡するか，払い戻しを請求するか，あるいは社員の地位そのものを退いて払い戻しを受けることができる。なお，持分の譲渡については全社員の同意が必要であるが，払い戻しの請求は基本的には個人のみで可能である。ただしいずれの場合にも，会社の基本的なルールである定款に定めがある場合にそれに従う。また，退社は基本的には自由意思で，定款による制限がある場合でも全社員の同意等により可能である。

(2) 合資会社

　合資会社は，無限責任の出資者（無限責任社員）と有限責任の出資者（有限責任社員）の両方がいる会社である。これまで使ってきた例でいえば，仲間同士でやっていた塾に親戚のおじさんが出資したような状況を考えるとわかりやすい。なお，合資会社も合名会社と同様に，昔からの卸売・小売の会社や酒造業などに見られるが，それ以外にも会社法施行以前に新しく起業した会社で合資会社を使っている例もある（会社法施行前には下記の合同会社がなく，株式会社を設立する際には原則として資本金が最低1000万円必要であったため）。

　合資会社においても，合名会社と同様に，すべての出資者——社員——が事業を直接行う権利（業務執行権と代表権）を持つ。これは無限責任社員か有限責任社員かを問わない。これは，事業を行う権利の所在と無限責任とを関連づけた上の説明とささか矛盾しているが，実は2006年の会社法施行前には有限責任社員は業務執行権・代表権を持つことができなかった。会社法によってこの取り扱いが変わり，有限責任社員も業務執行権・代表権を持つことができるようになったのである。現在では有限責任か無限責任かと業務執行権とは必ずしも関係していないようだが，少なくとも対外的に会社を代表する代表社員については無限責任社員が就いている例が多いように思われる。

　持分の譲渡や退社についての規定は，合名会社とほぼ同様である（業務を執行しない有限責任社員については例外がある）。

(3) 合同会社

　合同会社は会社法施行時に新しく導入された会社形態であり，合名会社・合資会社と同様に出資者である社員（あるいはその一部）が事業を行うが，すべての社員が有限責任である会社である。合名会社・合資会社とこの合同会社をあわせて会社法では**持分会社**と呼ばれ，基本的には同一の仕組みを持っている。つまり，原則として社員すべてが業務執行権と代表権を持つが，社員の中から業務執行権・代表権を持つ社員を選ぶこともできる。また，持分の譲渡や退社についても基本的に合名会社・合資会社と同じであるが，払い戻しについては制限がある。

　合同会社については，先に述べた，出資者が自分の責任を制限するために有限責任にするケースを考えるとわかりやすい。先の塾の例でいえば，塾が大きくなり，それなりの財産を持つようになった一方で，もし事業が失敗したら仲間にとって大きな負担になる場合には，合同会社にして有限責任にするということが考えられる。実際には，最近起業したベンチャー，とくに介護サービス等で利用されている一方で，上で述べたように取締役会がなく，また株式会社のように出資者すべてが集まって意思決定をする場（株式会社であれば株主総会）を開催する義務がないため，大企業でも海外の会社の子会社になっている場合（アップルジャパン，西友，ユニバーサルミュージック等）に，合同会社にしている例が見られる。

(4) 株式会社

　株式会社は，出資者がすべて有限責任であり，かつ事業を出資者が自ら行うのではなく，取締役会あるいは個々の取締役に委ねられるものである。なお，株式会社においては，出資者は**株主**と呼ばれ，その出資に伴う地位（つまり，株主としての地位）を**株式**と呼ぶ。

　株式会社においては，会社の重要事項について株主が集まって決定する**株主総会**と，実際に業務について意思決定を行い，それを実行する**取締役**が必ず置かれる。多くの株式会社においては，取締役は個別に業務を行うのではなく，**取締役会**という組織で業務を行う。取締役会は会社の事業（業務執行）に関して意思決定を行うとともに，会社を代表し，実際の業務執行に責任を持つ**代表取締役**を選任し，また監督する。代表取締役は，取締役会の決定に従って実際

第1章　会社という制度

に経営を行う。また，取締役会を置く会社には，これ以外に取締役の職務の執行を調査し，それが違法あるいは不当なものでないかを監査する**監査役**（あるいはその集合体としての監査役会）が置かれる。

　株式会社において一般的に見られる仕組みは以上のようなものだが，実際には必ずしも理念どおりには動いていない。まず，本来は取締役は会社の意思決定に当たる人々であり，会社の従業員ではないのだが，多くの会社において取締役は事業本部長や事業部長といった従業員としての仕事を兼務（これを**使用人兼務取締役**という）しており，また実際に従業員から取締役になった人が多い。この意味で，実際には経営に責任を持つ代表取締役，とくに社長の部下として動いており，また通常は同じく従業員出身である社長とは長い関係を持っている。この意味で，取締役会による代表取締役の監視は機能しにくい。また，監査役もしばしば従業員出身であるか，あるいは取引先や社長の友人関係から選ばれているため，やはり監視機能は果たしにくい。さらに，株主総会もこれまで必ずしも経営に関して積極的に影響を与えようとはしてこなかった。このため，社長を中心とした実際の経営に対する監視はなかなかできていない，という状況にある。

　なお，このような状況に対する対応の1つとして，アメリカの取締役会の仕組みにならって，取締役会が監督機関となり，別に執行役といわれる実際の経営に当たる人々を選任し，取締役会内に指名委員会・監査委員会・報酬委員会等の委員会を設置して執行役による経営の監督に当たる，委員会設置会社と呼ばれる形態も作られている。上の各種の委員会においては社外の取締役，すなわち過去にも現在にもその会社の従業員等でない取締役が過半数を占めなくてはならず，その意味で監視機能が高まることが期待されていた。ただし，この形態を利用している会社は100社前後のごく少数の会社のみであり，実態にはあまり影響を与えていない。

4　会社の機能と発展

❖ 会社の出現

　これまで，会社というものがなぜ必要であるか，社会の中でどのような位置を占めているか，どのような制度的な仕組みになっており，どのような形態が

あるかといったことを説明してきた。ここでは，これまでの説明の背景となっている，会社の発展の過程とそこで果たしてきた機能について簡単に見ておくことにしよう。

歴史的に見ると，会社はまず，事業の中で必要な資金を確保する手段として発達してきた。実のところ，何が会社の淵源であり，どのように発達してきたかという点に関してはさまざまな説がある。しばしばその淵源として指摘されるものに，中世にイタリアの諸都市，とくにその海上貿易の世界で発達し，ヨーロッパ各地に広がったコンメンダ（これはジェノヴァの用語であり，ヴェネツィアではコレガンツィアと呼ばれていた）と呼ばれるものと，やはりイタリア諸都市で，ただしとくに陸上商業において発達し，そしてヨーロッパ各地に広がったソキエタスの2つがある（大塚［1938］，高橋［2006］）。

コンメンダとは，海上貿易のような場合において，実際に船に乗り組んで商売を行う貧しい商人に対して，都市にとどまるような別の商人が資金を出して商売を行わせる，という形態である。たとえば，すべての資金を出資者である商人が出し，実際に船に乗って営業をする商人が戻ってくると，その1回の航海で得た利益の4分の3を出資者が，4分の1を営業者が受け取る，というようなものであった（狭義のコンメンダ）。なお，この場合に営業者が失敗をして損失を被った場合には，出資者はその出資を放棄し，それ以外は営業者が責任を負う（出資者の有限責任）ことになっていた。この意味で，まさにリスクに対応するための仕組みだったのである。その後，船に乗り組む営業者の方が主体となって，たとえば3分の2を出資者が出資し，営業者が3分の1を出して利益は折半するというような形式が出てきた（ソキエタス・マリスあるいはロガディア）。しかも，1回の航海に対して，複数のコンメンダが成立する，すなわち1人の営業者が複数の出資者から出資を受け，航海を行うという形式が成立した。つまり，「事業を行う人に対して事業を行わない人が出資をする」という形式が成立したのである。また，当初はこれらの出資は航海ごとであったが，その後，一定の期間となり，徐々に永続性を増していった。言い換えれば，序章で述べた「継続企業（going concern）」に近づいていったのである。

この形式は10世紀ぐらいから見られたが，15, 6世紀までにはヨーロッパ各地に広がったとされる。たとえばハンザ同盟都市においても，「ゼンデーヴェ」および「真正会社」と呼ばれる類似の仕組みが見られた（高橋［1980］）。

また，これとは別に，これまで説明してきたような「仲間」的な，あるいは合名会社的な存在として，ソキエタスといわれるものが発展する。これは，共同で事業を行う人々がお互いの契約に基づいて財産を出資し，1つの事業体を構成するもので，各人はそれぞれ事業を代表するが，事業に関しては合議の上で決定し，各人は事業に対して無限責任を負う。この意味で，これもリスクの分担の仕組みといえるだろう。当初，これは一定の契約期間の間存続するというかたちになっていたが，これも徐々に永続的なものになっていった。すなわち，「実際に事業を行う人々が1つの事業体を構成する」という概念が生まれたのである。

　大塚久雄は，この「実際に事業を行う人々がひとつの事業体を構成する」ソキエタスと，「事業を行う人に対して事業を行わない人が出資をする」コンメンダが結びついて，「事業を行う人と行わない人が集まって事業体を構成する」という合資会社の仕組みができ，この合資会社に出資者全員の有限責任と取締役会という経営を行う機関とが導入されて株式会社が成立したと考えている（大塚［1938］）。17世紀に成立し，発展していくオランダ東インド会社やイギリス東インド会社はこのようなかたちで成立してきた。

　もっとも，株式会社に関していえば，取締役会という機関が独立に経営を行うという仕組みではあったものの，19世紀以前には出資者たる株主と経営者たる取締役が実際に分離していたわけではなく，株主のうちの誰かが取締役となって自ら経営を行い，あるいは少数の事業を管理する人々を雇って経営するという形式が一般的であった（Chandler［1977］）。

❖ 所有と支配，そして経営の分離

　しかし，19世紀半ば以降，産業革命の影響により，技術は急速に発展してきた。また，市場も拡大していったため，経済活動の量が急速に拡大していった。この結果，企業は新しい技術を使って急速に拡大した経済活動を行うという問題に直面することになった。このことはまず，とりわけ新しい技術を活用した産業──たとえば鉄道業や通信業，そして自動車工業を含む機械工業や鉄鋼業等──において巨額の資金が必要となったことを意味する。このために，これらの大規模な資金を必要とする会社においては，自らは経営に関わらない出資者＝株主の数が急速に増加し，株主が持つコントロール権は多くの株主の

間に分散してしまった。この結果，本来は株式会社という団体の構成員として株式会社を（ある意味で）所有し，かつコントロール（支配）しているはずの株主のコントロールの権限は，実質的に意味のないものになってしまい，株主は名目上会社を所有しているものの，実際には利益を受け取る権限だけを持っており，コントロールの権限は，実際に経営を行っている人々，たとえば自分たちは株式を持たない，管理のために雇われた人々が行使するようになっていった。これが「所有と支配の分離」といわれる現象である（Berle and Means [1932]）。

　また，このような新しい技術を使って急速に拡大した経済活動を管理するために，複雑な組織とそれを管理できるような人々を必要とするようになった。すでに触れているように，これらの人々は自分では株式を必ずしも所有せず，通常はある会社に従業員として入社し，そこで経験を積みながらその会社で，あるいは他の会社で管理を行うようになっていく。このような人々を「専門経営者」，あるいは給与をもらって管理をする人々という意味で「俸給経営者」と呼ぶが（この中には，取締役のようないわゆる「経営者」だけでなく，部長・課長のような実際に組織を管理する人々を含んでいる点に注意），これらの専門経営者たちが次第に事業活動に責任を負うようになっていく。このような状況は，株主と実際に経営を行う専門経営者が分かれていったという意味で「所有と経営の分離」と呼ばれる。そして，上で述べた「所有と支配の分離」は，結果的にこれらの専門経営者たちが，まさに経営者として会社の事業活動をコントロールするようになる，という帰結をもたらす。このような状態が経営者支配と呼ばれる状態である。

❖ 現代における会社

　現代の株式会社，とりわけ大規模な株式会社は，このようなプロセスの結果として，専門経営者たちが経営に責任を負う（その意味で，経営者が支配する）会社となっている。たとえば，今の日本の大企業の経営者は株主という地位とは関係なく，組織の管理者をして経験を積み，経営者になっていく。このような状況は，実は19世紀の終わりぐらいにようやく確立した状況なのである。

　もっとも，経営者支配が進展し，株主の影響力が低下したことへの反発とし

●コラム1-2 「所有と支配の分離」と「所有と経営の分離」

　実をいうと，本文で紹介したこの2つの概念は，教科書などを見ても同じものとして扱われることが多い。つまり，19世紀における株式会社の規模の拡大によって株主が経営に対する影響力を失い，専門経営者が会社の経営に対するコントロールを確立していく，という意味で同じ両者を捉えているわけである。確かに，この点ではこの2つの概念は同じようなことをいっているように思えるのだが，実際に「所有と支配の分離」を最初に示したA. A. バーリ=G. C. ミーンズ『近代株式会社と私有財産』と，「所有と経営の分離」を（おそらく）最初に示したA. D. チャンドラー『経営者の時代』の両者を読むと，この2つが関連しているが，実は異なった概念であることがわかる。

　「所有と支配の分離」は，所有が分散化した株式会社において，株主が株式会社に対して持っていた所有権（つまり，株式会社の構成員として保有している残余利益請求権とコントロール権のこと）の中でコントロール権が分散してしまい，株主が意思統一をすることができないために，実際にはたとえば経営者やごく少数の株式を保有する株主の意向に従って株主総会での決定がなされてしまい，株主は残余利益請求権（名目上の所有権）のみを保有する状態になる，ということを意味している。とりわけ，バーリ=ミーンズは支配権を「取締役会を選出する実際的権限」として定義しているため（第1編第5章），支配権をたとえば取締役等の経営者が握ることで，永続的に取締役であり続けることができることになる。これが，「所有と支配の分離」である。なお，所有と支配が分離しても，その支配をごく少数の株式しか持たない株主が持つこともありうるため，所有と支配の分離がそのまま経営者による支配を意味するわけではない。

　一方，チャンドラーは「所有と経営の分離」について，最初に紹介する際には，専門経営者がトップマネジメントを支配し，長期的な政策を決定し，一方で株主たちが企業を管理せずに所得の源泉（つまり利益配分）とのみ見るようになったことを述べており（序論），一見すると「所有と支配の分離」と同じようなことをいっているように見える。しかし，実際に本文を見てみると，たとえば鉄道企業において，広い範囲にわたる複雑な鉄道運行を管理するために，ミドルクラスの専門経営者たちが管理し，トップマネジメントとしての専門経営者たち（最初は取締役会の部下で後には取締役会のメンバー）が指揮をし，責任と権限および伝達のような組織構造を備えた組織が形成されたこと，これに対して株主はその運営に必要な知識を持って管理することができなかったため，次第に経営を専門経営者に任せるようになってきたことが描かれている。つまり，チャンドラーのいう「所有と経営の分離」は「所有と支配の分離」を1つの背景としているものの，一方でより組織に注

目して、事業のために形成された組織の複雑化と自律化によって株主から経営が分離したことを意味しているのである。

この2つはタイミングを同じくして起こっているが、別に同じときに発生する必然性があるわけではない。たとえば、出資者が1人しかいない事業＝個人事業の場合であっても、組織が拡大し、複雑化すれば、出資者は専門経営者を雇って経営を任せ、自分は悠々自適の生活を送るかもしれない。実際、チャンドラーが最初に「所有と経営の分離」が起こったと考えている鉄道業においても、バーリ＝ミーンズが考えている「所有と支配の分離」が起こり、経営者が支配するようになった企業は1930年時点の大企業において（経営者が支配するようになった企業に支配される企業を含めて）62％となっており（決して少ない数ではないが）、それ以外には特定の家族や金融業者等がなおかなりの影響力を保持していたのである（Berle and Means［1932］第1編第5章。なお高橋［2006］も参照）。

こうして見ると、この2つはかなり異なるものであることがわかってくる。それでは、なぜこの2つの概念は同じものだと思われたのだろうか。1つの可能性は、従来は会社形態を資金の確保（資金調達）のためのものと認識する見方が強かったため（大塚久雄はまさにそのように考えている。大塚［1938］）、バーリ＝ミーンズの「株主と支配の分離」という現象を先に考えてしまい、チャンドラーの「所有と経営の分離」をそこに読み込んでしまった、というものである。あるいは他の理由があるのかもしれない。

しかし、いずれにせよ、上で見たとおり、チャンドラーの「所有と経営の分離」は実際には専門経営者により管理される組織が形成され、経営が所有から分離したことを意味しており、必ずしも「所有と支配の分離」を必要とするわけではない。一方で、「所有と支配の分離」は「所有と経営の分離」を無条件の前提とするわけではないものの、「所有と支配の分離」の結果発生する経営者支配については、無意識のうちに「所有と経営の分離」が前提とされている。このことは、「所有と支配の分離」にいわば引きずられることなく、「所有と経営の分離」を考えなくてはいけないことを示しているといえるだろう。

て、今度は株主からの経営に対する影響力がアメリカでは1960年代ぐらいから拡大し、日本でも近年（おそらく1990年代ぐらいから）株主の影響力が拡大した結果として、現在では株主を重視する見方が強まっており、会社のあり方もそれに合わせて変わってきているといえるだろう。

●コラム 1-3　会社以外の法人——協同組合を中心に

　本文では会社に対して「法人格」というものを与えることで，会社はヒトと同様に，財産を保有し，契約をすることができるようになる，ということを述べた。
　しかし，実際のところ，会社以外にも法人というものは数多く存在しており，その中で事業活動を行っているものも多い。ここでは，会社以外の法人について概観したうえで，とくに協同組合と呼ばれる類型について少し詳しく見ておこう。
　法人を分類するのは簡単ではないが，たとえば国税庁の分類に従って整理すると，①公共法人，②公益法人，③協同組合，④普通法人，という4つに分けられる。①の公共法人とは，都道府県・市町村などの地方公共団体や印刷局・造幣局等の独立行政法人，国立大学法人，日本放送協会等である。②の公益法人には，社会福祉法人や宗教法人，学校法人，NPO法人（特定非営利活動法人），弁護士会や税理士会のような職能団体や公益目的であると認定された財団法人・社団法人等が含まれる。③の協同組合については後で述べるが，農協（農業協同組合）や漁協（漁業協同組合），生協（消費生活協同組合）だけでなく，中小企業等の協同組合や信用金庫なども含まれる。④のほとんどは本文で述べた会社だが，国税庁の扱いでは会社以外にも病院（医療法人）や，協同組合の一種である協業組合，企業組合が含まれる。
　これらの法人の数は必ずしも明らかではないが，『平成21年 経済センサス』では実際に活動を行っている「会社以外の法人」の数を25万としており，150万～200万と考えられる会社の数と比べても無視できる数ではない。もっとも，そのうちの多くは医療法人や社会福祉法人，宗教法人，政治・経済・文化団体だと考えられるため，会社に近いかたちで事業活動を行っている法人はせいぜい5, 6万法人程度であろう。そして，そのほとんどは，上で述べた③の協同組合（国税庁により④に分類されているものを含む）であろうと考えられる。
　この協同組合は会社とは違うもののように見えるが，それでは協同組合とはそもそも何だろうか。簡単にいえば，協同組合とは，相互扶助を目的として人々あるいは事業者が集まり，共同で何らかの事業を行うものである，ということになるだろう。協同組合の特徴としては，一般に組合への加入・脱退は自由であり，議決権や選挙権は出資した金額にかかわらず1人1票である，といった点がある（中小企業等協同組合法第5条，消費生活協同組合法第2条）。
　理念としては，協同組合とは「自発的に手を結んだ人々」が「共同で所有し民主的に管理する」自治的な組織であるといわれる（「協同組合のアイデンティティに関するICA声明」1995年）。実際，上で述べた特徴は，このような協同組合の理念を反映している。そして，このような協同組合の理念は事業を行う際に組合員のコントロールが難しい，といった協同組合に共通する問題を生み出している。

しかし，実際には協同組合といってもさまざまな種類があり，すべての組合が上のような理念に忠実に従っているわけではない。協同組合の種類としては，上で述べた農協や漁協，生協や中小企業の協同組合（事業協同組合等），協業組合，企業組合のほかにも，商工組合や商店街振興組合，生活衛生同業組合等と呼ばれるものがある。たとえば，引っ越しで名前を聞くことがある赤帽は事業協同組合であり，個人や小規模な運送業者が集まって，受注などを共同で行っているものである（赤帽首都圏軽自動車運送協同組合等）。また，川下りなどでは事業そのものを統合して1つの協同組合が行っている例もある（保津川遊船企業組合）。事業協同組合は，独立の事業主が集まって，一部の事業を共同で行う，というのが主な使い方であるのに対して，企業組合の場合には事業そのものが統合されており，より会社に近いかたちで使われることが多い。

　この2つや協業組合，あるいは農協や漁協などは，いずれも自発的な参加者が寄り集まって事業の一部または全部を共同で行い，業務を効率化あるいは高度化させること，を目的としている。このような協同組合を事業型の協同組合と呼ぶことにしよう。

　さらに異なる形態として，事業よりも業界の秩序を作り出すことを目的とした協同組合もある。たとえば，生活衛生同業組合は，飲食業や食肉販売業（いわゆる肉屋さん）あるいは旅館業などについて，衛生管理の改善や向上を主な目的として設けられているものであるが，サービスや衛生管理などのマニュアル・ガイドラインを作成するのみならず，必要と認められる場合には価格や営業方法を制限することもできることになっており，実際に価格制限も行われていた。このような協同組合を統制型と呼ぶことにすると，これは事業型とはまた異なる形態である。

　このように，実際の状況を見ると，上で述べた理念に従っているものもあれば，むしろ会社に近いかたちで使われていたり，業界秩序を作り出すために使われているものもある。この意味で，単純に「会社とはこのようなもの」「協同組合とはこのようなもの」と類型化して考えてしまうことはできない。言い換えれば，会社や協同組合を考える際には，あくまでこれらの法的な枠組みが現実にどのように使われているか，を考えなくてはいけないのである。

おわりに

　本章では，事業を行う際に「1人ではできないこと」を行う仕組みとしての会社というものについて，その法的な構造や制度，歴史的な発展について述べてきた。

簡単にまとめてしまえば，会社とは事業の資金を確保し，リスクを分担し，そして拡大した事業を管理するためのものである，ということになる。このような目的のために，私たちは法人格などを使って独立した財産を構成し，出資者を切り離す一方で，出資者に事業に関する一定の権利を与え，また有限責任というかたちで出資者の財産を保護し，また取締役会という経営のための独立した組織を作ってきた。ただし，このような仕組みを実際にどのように組み合わせるかについては，合名会社のように出資者が実際に事業を行うことを想定しているような形態から，株式会社のように出資者は必ずしも経営に関わらない形態まで，さまざまなものが存在している。

　このようなさまざまな会社の形態は，歴史的な変化の中で発展してきた。リスクを分担し，資金を集めるためのいくつかの仕組みが組み合わさり，また事業の発展によって組織が拡大し，その管理のために会社形態（とくに株式会社）が利用される中で，現在のような株式会社が見られるようになったのである。

　今，私たちが見ている会社は，このような歴史的な積み重ねの中で，現在の私たちの社会において事業を行う仕組みとしてできあがってきたものであり，すでに述べたとおり，私たちの社会の経済活動のかなりの部分は会社を通じて行われている。この本の各章ではそのような経済活動の姿を見ていくことになるが，そこでは常に会社というものが大きな役割を果たしていることに気をつけながら学んでいってほしい。

▶ 参考文献──次に読んでみよう

岩井克人［2003］『会社はこれからどうなるのか』平凡社
江頭憲治郎［2011］『株式会社法〔第4版〕』有斐閣
大塚久雄［1938］『株式会社発生史論』有斐閣
神田秀樹［2012］『会社法〔第14版〕』弘文堂
高橋理［1980］『ハンザ同盟──中世の都市と商人たち』教育社
高橋伸夫［2006］『経営の再生──戦略の時代・組織の時代〔第3版〕』有斐閣
森田果［2009］『金融取引における情報と法』商事法務
米倉誠一郎［1993］「業界団体の機能」岡崎哲二・奥野正寛編『現代日本経済システムの源流』日本経済新聞社
Berle, A. A., Jr. and G. C. Means［1932］*The Modern Corporation and Private Property*, Macmillan.（北島忠男訳［1958］『近代株式会社と私有財産』文雅堂書店）

Chandler, A. D., Jr. [1977] *The Visible Hand: The Managerial Revolution in American Business*, Belknap Press. (鳥羽欽一郎・小林袈裟治訳 [1979]『経営者の時代――アメリカ産業における近代企業の成立』東洋経済新報社)

Hansmann, H. and R. Kraakman [2000] "The Essential Role of Organizational Law," *Yale Law Journal*, 110, 387-440.

第2章

競争と経営
——市場競争にさらされる中で経営者の役割とは何か

はじめに

　本章では，社長や会長のようないわゆる「経営者」や，あるいは部長や課長といった人々も含めて，これらの人々がいったい会社の中で何をしているのか，とりわけ，企業の外部との関係においてどのようなことを行っているのか，ということを考えていく。本章では，この社長や会長から部長や課長といった人々を含む，いわゆる管理を行うような人々をマネジメントと呼ぶことにし，このマネジメントの役割を考えていくことにする。

　前章では，組織の複雑化に伴い，管理を行うことを専門にする人々，すなわち専門経営者たちが進出し，事業に責任を負うようになっていったことを述べた。

　しかし，そこでは，そこでいう「管理」とはいったい何なのか，については必ずしも明確に述べなかった。もちろん，この管理には，たとえば前章で出てきたような，部門を増やし，手続きを作り，人を雇い，研修を行う，といったことを含んでいるのは想像できる。しかし，それらをひっくるめてそもそもこれらの人々がいったい何をしているのか，ということに対して答えようとすると途端に難しくなる。

　また，「管理」というとどうしても企業の内部を管理するというイメージになりがちである。しかし，序章で述べられたとおり，企業とは独立に存在しているわけではなく，常に外部の主体との相互作用の中で事業を行っている。たとえば，顧客に対して財・サービスを提供し，これに対してお金をもらい，株主から資金を調達し，配当を払い，政府から許認可を獲得し，一方で税金を払う。もちろん，陳情のようなことも行うかもしれない。このような外部との相

互作用がうまくいかなければ企業は事業を続けていくことができない。この意味で，マネジメントはこの外部との関係において重要な役割を果たしているはずである。

また，マネジメントは事業に伴うさまざまなリスクに対応しているはずである。そうでなければ，事業を進めていくことはできない。しかし，マネジメントがいったいどのようにリスクに対応しているのか，ということは必ずしも明らかではない。

なお，マネジメントがしている仕事の内容も人によって異なるかもしれない。たとえば，社長や会長の仕事はおそらく部長や課長の仕事とは若干異なるだろうし，サークルや部活動の代表者とも異なるだろう。おそらく，社長や会長はより会社全体に関わるような仕事をしているだろう。また，新聞や雑誌における「社長インタビュー」のようなものを想像すれば，彼らの仕事は広い社会全体との関係に関わっている（少なくともその度合いが大きい）ことも想像できる。

それでは，本当のところこのマネジメントとここで呼ぶ人々はいったい何をしているのだろうか。本章ではこのことを考えていこう。

1　組織は何をしているのか

❖ 事業とは何か

このことを考えるために，若干回り道のようだが，まず組織はいったい何をしているのかということから考え始めることにしよう。組織が何をしているのかがわかってくれば，組織を管理するという意味でのマネジメントの仕事もわかってくるはずである。

前章で述べたことからすれば，組織というのはとりあえず，1人でできないことをするためのものであることは間違いない。たとえば，すごく小さなお菓子屋さんであれば，店主1人で仕入れから生産，販売，お金の管理に至るまでできるかもしれない。しかし，だんだん商売が順調に行くようになると，アルバイトを雇うようになるだろう。

まず，「1人でやっているとき」に店主が何をやっているかを考えてみよう。店主は，ある日にどのような商品がどれぐらい売れるかを考え，それに基づい

て何をどれぐらい作るかを決定する．それに基づいてどのような材料をどの程度購入するかを決め，発注する．実際に作る際には最初に考えていたことに従って，具体的にどんなものを，どのようなかたちで作るかも決めなくてはいけない．店主のオリジナル商品というのもあるだろうし，そうでなくても少しアレンジを加える，ということも十分に考えられる．その上でそれを実際に作ることになる．

　売るときにはまず値段を決めなくてはいけない．大口のお客さんやなじみのお客さんであれば割引をすることも考えられる．夕方になれば値引きをするというのもあるだろう．また，どこにどんな感じで並べるのか，ということも決めなくてはいけないだろう．お金の管理については，何がどれぐらい売れたのかを把握し，その上で次にどのようなものを作るかを考えなくてはいけない．さらにいえば，事業がうまくいっているのであれば店舗を拡張するのかどうか，内装を変えるかどうか，といったことも考えなくてはいけないだろう．

　ここで，何かを決めることを「意思決定」と呼ぶことにしよう．そうすると，店主がやっていることは基本的には意思決定の連続であることがわかってくる．何をどれぐらい作るか，どうやって作るか，値段をいくらにするか，どこに並べるか，店舗を拡大するか……このようなさまざまな意思決定を行い，その結果を実行していくことで，事業が営まれているのである．

　実際には，意思決定にはそのためのさまざまな情報が必要である．たとえば，何をどれぐらい作るのか，という意思決定には，何がどれぐらい売れるかという情報が必要であり，それは過去の経験だけでなく，今日の町内のイベント（運動会があればパンがたくさん売れるかもしれない）のような情報が必要だろう．あるいは，原材料の値段という情報も必要かもしれない．値段を決める際には，他のお菓子屋さんやスーパーが何をどのような値段で売っているか，という情報が必要になる．このような情報を，意思決定の前提となる情報という意味で「意思決定前提」と呼ぶことにしよう．そして，このような意思決定前提は自分で調べ，あるいは他人（たとえば町内会の人）から教えられることで手に入れることになる．この意味で，事業とは，意思決定前提を収集し，あるいは受け取り，これに基づいて意思決定を行い，これを実行する，ということの積み重ね，であるといえる．

　事業のリスク，とくに市場リスクや価格変動リスクへの対応は，この意思決

定の積み重ねの中で行われている。何がどのぐらい売れるかはわからない（市場リスク）し，材料の値段や他の店で売っている商品の値段も変化する（価格変動リスク）。しかし，店主は自分の経験に基づき，何がどれぐらい売れるのか，そしてその場合の費用はどの程度かを予測し，それに基づいて何をどれぐらい作るか決めているわけである。もちろん，予測は外れるかもしれないが，意思決定の繰り返しの中で，情報を収集し，予測を修正し，それに基づいて意思決定を行っていくわけである。

　実際には，上で述べたような意思決定のすべてを毎日毎日繰り返し店主が行っているわけではない。町の小さなお菓子屋さんというのであれば，大体何がどれぐらい売れるかというのもある程度決まっているだろうから，毎日何をどれぐらい作るかは大体決まっているだろう。作り方のレシピも多くの商品については決まっているだろうし，値段や売り方（商品の陳列方法）なども大体において決まっているものと思われる。

　このような「決まったやり方」，つまり，あらかじめ定められた発注量や作業の手順といったものを「プログラム」と呼ぶ。すなわち，あたかもコンピューターのプログラムと同じように，いったん決まったやり方を開始したら，とくに考えることなく自動的に作業が進んでいく。意思決定というのは，さまざまな情報を頭の中で処理しなくてはならず，それなりに手間がかかる。それよりは，ここでいうプログラムに従って意思決定をしてしまう方が楽なときがあるのである（March and Simon［1958］）。このような場合には，意思決定前提に基づいて判断するというよりも単に決められたことを実行する，ということになる。

　すなわち，事業とは意思決定前提に基づいて意思決定を行い，実行することを繰り返すものであり，その中で一部の意思決定ではプログラムを利用するということになる。なお，プログラムを利用する場合にはリスクに対応しにくい，という部分もあるが，ある程度の部分は「ある条件の下ではこのプログラムを利用する」というかたちでプログラムを作っておくことで対応できる。たとえば，気温が30度を超えたらゼリーの数を増やす，というようなかたちである。

❈　意思決定を分担するための仕組み

　ここで，アルバイトを雇ったという状況に話を戻してみよう。アルバイトを

雇うと，たとえば販売をそのアルバイトに任せるとか，お菓子作りを手伝ってもらう，ということになる。もちろん最初は，あらかじめ定められた手続きに従うような仕事しか与えられないだろう。たとえば販売であれば，定められた値段で，定められたやり方に従って，商品を渡してお金を受け取る，ということになる。手順に定められていない事態，たとえばなじみの顧客が値段を負けてくれ，といってきた場合には，店主に報告し，店主が対応することになるだろう。つまり，アルバイトはプログラムに従って動いているわけである。

　しかし，アルバイトが慣れてくれば，いくつかの意思決定がこのアルバイトに任せられることになる。たとえば，陳列の仕方を任されるかもしれない。なじみのお客さんには値引きをすることが認められるかもしれない。さらに慣れてくれば，お客さんと一番接しているという理由で，何をどれぐらい作ればよいかということに関する提案を要望されるかもしれない。この場合には，お客さんとの会話等に基づいて，何をどれぐらい作ればよいかを提案することになる。このような提案の内容を決めることもある種の意思決定である。

　そして，店主はこのような意思決定の結果の報告を受け，それに基づいて別な意思決定を行う。たとえば，何をどれぐらい作ればよいか，という提案を受けて，実際に何をどれぐらい作ればよいかを自分の判断も加えて決める。また，陳列の仕方についての報告を受けた店主は，今日の売上げを見てその売上げがよければ，その陳列の仕方を引き続き使うという決定をするかもしれない。

　つまり，事業を構成する一連の意思決定のうち，いくつかのものをこのアルバイトが担当し，このアルバイトの意思決定の結果が店主に報告され，しばしばその報告に基づいて店主が別な意思決定を行うのである。言い換えれば，事業を構成する意思決定がいわば分担され，ある人が自分が分担した意思決定を行い，その結果を伝達することで，他の人がそれを受けて自分の分担する意思決定を行う，という構造ができあがる。

　このとき，ある人（この場合であればアルバイト）の意思決定が別な人（店主）の意思決定に影響を与えていることに注意してほしい。この構造がわかりやすいのは先の何をどれぐらい作るか，という提案であり，店主はこのような提案を受ければ，かなりの程度これに従うことになるだろう。この意味で，アルバイトの意思決定は店主の意思決定に影響を与えているのである。先に使った「意思決定前提」という言葉を使っていえば，ある人の意思決定の結果は，

そのことを伝えられた人の意思決定の前提となる。

このような状況を意思決定の連鎖と呼ぶ。そして，このような意思決定の連鎖こそが，組織が行っていること（正確にいうと，組織の中で人々が行っていること）なのである。この意味でいえば，組織とは意思決定を分担するための仕組みといっても良いだろう（Simon [1997]）。

意思決定を分担しなくてはならない理由は，先にも述べたとおり，1人ではすべての意思決定ができないからである。いくら小さなお菓子屋さんであっても，店主が1人ですべてのことを決め，そして実行していくのは大変だろう。アルバイトを雇い，組織を作ることで，実行のみならず意思決定をも分担して進めていくことができるわけである。

ただし，上の例でいえば，リスクへの対応の程度には差が生じていることには注意してほしい。アルバイトの意思決定は店主の意思決定に影響を与えているが，アルバイトが対応するリスクとはせいぜい陳列による売れ行きの変化といったものである。何をどれぐらい作るのか，についてはもう少し大きなリスクを考慮しているが，あくまで提案であり，最終的にリスクを考慮した上で決定しているのはあくまで店主である。この点については後で触れる。

2 マネジメントの役割

❖ マネジメントは何をするのか

次に，この「組織とは意思決定を分担する仕組みである」いうことを踏まえて，今度はマネジメントの役割を考えてみよう。

先に述べたように，マネジメントとは組織の管理を行う人々である。たとえば，先ほどの小さなお菓子屋さんの例で，もう少し規模が拡大し，お菓子を作るのも，販売をするのも，収支を計算するのもすべて従業員かアルバイトが行うようになった，という状況を考えてみよう。このような場合において，店主はいったい何をするのだろうか。

たとえば，文字どおりの従業員の管理を行うというのも仕事だろう。あるいは前章のように，組織を作ったり，研修を行ったりということもあるかもしれない。さらには，店舗のデザインをどうするか，そもそもこの店舗でよいのか，もっと大きな店舗に引っ越した方がいいのではないか，というようなことを考

えるのも仕事に違いない。あるいは，情報収集のために他のお店の店長と話し，新しい材料について仕入れ業者と話すというようなことも仕事だろう。

すなわち，ここで店主が行っているのはお菓子を作るとか，販売をするというようなことではない。店主が行っているのはあくまで，意思決定をして，その結果を伝達することにより，他人に影響を与えることなのである。

このような状況は，たとえば軍隊のようなものを想像するとわかりやすいかもしれない。部隊長は自分では銃を撃ったり，大砲に弾をこめたりはしないが，しかし「部隊長は機関銃手一人一人のだれよりも，おそらく，戦闘の結果により大きな影響をあたえる」(Simon [1997])。そしてそれは，部隊長の決定が実際の部隊の構成員に影響を与えることによって発生する。

そして，このような意思決定を行う場合には，マネジメントは自分の部下たちだけでなく，自分の同僚や上司，そして企業の外部と接触を行い，情報を収集し，あるいはそのような情報を伝達することになる。この中には，いわゆる企業の外部とのやりとりが含まれる。たとえば，上のお菓子屋さんの例で，顧客との接触は販売の担当者が行うとしても，町内会への出席や他のお菓子屋さんとの接触，仕入れ業者との会話などは社長が行う可能性が高い。時には直接顧客と話をすることもあるだろう。そのようなやりとりを通じて得られた情報に基づいて社長は意思決定を行うのである。また，このようにして得られた情報を従業員やアルバイトに流すことによって，従業員やアルバイトの意思決定も変化するかもしれない。このように，情報収集や伝達もマネジメントの仕事ということになる (Mintzberg [1973])。

いずれにせよ，マネジメントの主な仕事は意思決定を通じて他人に影響を与えることであり，その意思決定のためにマネジメントは情報を収集し，あるいは（他人の意思決定のために）伝達するということになる。

なお，ここで注意してほしい点は，マネジメントは意思決定を通じてリスクに対応している，という点である。先に述べたように，事業におけるリスクは，意思決定の連鎖の中で取り扱われる。そして，先の店主とアルバイトの例で見たように，実際にはアルバイトは大きなリスクには対応せず，店主が大きなリスクに対応している。これは，マネジメントが意思決定を主な仕事とするのに対して，マネジメントでない人々はその意思決定の影響の下で，より小さな意思決定，たとえばマネジメントの意思決定を実行する際に必要な意思決定しか

しないことが通常であるためである。このことは，アルバイトがしばしばプログラムに従って動き，この意味であまりリスクに対応していないことからも明らかだろう。

この点を踏まえれば，マネジメントの仕事とは，意思決定を通じてリスクに対応し，他人がリスクに対応しなくてはならない程度を緩和することである，というふうに表現することもできよう。つまり，部隊長は戦闘に関して，リスクを考えて意思決定を行うことで，機関銃手たちは自分たちでリスクを考えることなく，命令に従って機関銃を撃てばよいということになる。

もちろん，このリスクをとる程度はすぐ後に出てくる，マネジメントの階層によって異なってくる。社長や会長が対応するリスクと，部長や課長が対応するリスクは異なるだろう。

※ マネジメントの階層と意思決定

この章の冒頭で述べたように，マネジメントには階層がある。社長や会長のようなトップレベルと，部長や課長のようなミドルレベルでは意思決定の内容も異なるだろう。

そこで，先のお菓子屋さんよりもう少し大きな企業を想像しながら，それぞれのレベルでどのような意思決定が行われているかを考えてみよう。

まず，全社レベルで見ると，企業全体の方向性を方向づけるような意思決定が必要だろう。たとえば，この企業は何をする企業であるのか，企業の基本的な理念や哲学は何か，どのような分野で事業をするのか，全社的にどのような構造にするか，といったようなことに関する意思決定である。このような意思決定を担当するのは，社長や会長といったトップマネジメントであろうし，そのために社長や会長は市場の状況や他社の状況に関する情報を集めることになるだろう。このレベルで対応するのは，市場や経済全体の変化に関するリスクである。このレベルのリスクはしばしば予測不能であり，そうであるがゆえに，確率的な計算，というよりも，個人のしばしば独断的な判断や意思によってリスクへの対応がなされる（Knight［1921］）。

次に，複数の事業分野を持っている場合には，それぞれの事業分野において，どのような商品をどのような方向性に従って作り，売るのか，という意思決定がある。たとえば，高性能ではないが低価格で普及しやすい製品を作るのか，

それとも高付加価値で高価格の製品を作るのか，あるいは市場全体ではなく市場の一部のみをターゲットとするのか，といった意思決定が必要になる。また，これに関連して，それぞれの事業について他の企業とどのような関係を作るか，といったことについての意思決定も必要になる。このような意思決定は，事業本部長とか事業部長といわれる人々が中心になり，その下の部長や課長まで含めて情報収集を行い，考えていくことになるだろう。

一方で，ある事業の中で，あるいは事業をまたがる中で，どのようなかたちで研究開発を進めていくか，どのような方針で人々を雇うか，昇進や昇給の仕組みをどうするか，どこに工場を立地させ，何を生産するか，といったようなことの意思決定も必要になる。これは今度は研究開発部長や人事部長，といった人々やその部下で考えていくことになる。

これらの2つのレベルでは，トップマネジメントのレベルに比べると，リスクというのはもう少し予測可能な，言い換えれば確率的に把握でき，計算可能なものになる。この意味で，対応するリスクの種類が少し異なってくる。

この上で，もう少し具体的な個々の作業をどのように進めるか，というようなオペレーション・レベルの意思決定があり，実際の業務がなされる，ということになるだろう。

❖ マネジメントの意思決定と経営戦略

さて，このように書いてくると，ここでいう意思決定とは実際にはいわゆる「経営戦略」のことではないかと考える人もいるかもしれない。そこで，マネジメントの意思決定と経営戦略との関係について，ここで触れておこう。

経営戦略にはさまざまな定義があるが，ここでは「企業の将来像とそれを達成するための道筋」という定義に従っておくことにしよう（青島・加藤[2012]）。すなわち，企業をどのような方向に持っていくか，そしてそれを達成するにはどうすればよいかということを意味する。また，経営戦略にはもう1つ「企業と環境との関わり方」に関するものであるという側面がある。すなわち，企業外部に対してどのような働きかけをするか，ということをとくに扱っているのである。

このような意味での経営戦略を全社的な視点で見れば，企業の目的や事業領域の選択といった問題になり，個々の事業について考えれば，個々の事業にお

いてどのような方向性で製品を作っていくかということになり，機能について見れば，たとえばどのようなかたちで製品を売り込むかというような問題になってくる。

この内容が，すでに述べた意思決定の内容とオーバーラップしていることは明らかだろう。すなわち，マネジメントの主たる仕事の1つは上のような意味での戦略を作ることなのである。本章では企業と外部との関わり方に注目していることから，主としてこの戦略に重なる部分，すなわち「企業の将来像とそれを達成するための道筋」に関わる意思決定に焦点を当てて考えていくことになる。

ただし，マネジメントの仕事は戦略を作ることだけではない。マネジメントが行わなくてはならない意思決定はさまざまな範囲に及び，その中には上でいう戦略の範囲には必ずしも含まれないものもある。たとえば，組織の象徴的な代表としての意思決定や，予期せぬ問題への対応，あるいは組織内のコミュニケーションの維持に関わる意思決定のような，大雑把にいって組織の維持に関わる意思決定は上の意味からしても戦略とはいえないが，マネジメントがなすべき意思決定の範囲には入っているといえるだろう（Mintzberg [1973]）。本章ではこれらの意思決定についてはあまり取り上げないが，戦略を考えることだけがマネジメントの仕事ではないことは，改めて確認しておきたい。

3　どのような意思決定が必要なのか

以上のことから，ここでは企業外部に対する働きかけというところを中心にしながら，マネジメントの意思決定について考えていく。とりわけ，ここでは，マネジメントの意思決定を3つのレベル，すなわち全社レベル，事業分野レベル，機能レベルに分け，それぞれについてどのような意思決定が必要なのかを述べていく。

❖ 全社レベルの意思決定

全社レベルの意思決定については，すでに述べたようにその企業全体を方向づけるような意思決定が中心となる。すなわち，企業の基本的な理念や哲学を決め，それに従ってどのような事業に進出するか，会社の基本的な構造をどの

ようにするか，といったことを決めていくことになる。

　まず，企業の基本的な理念や哲学の設定というところから見ていこう。企業には，その企業が何をめざしているのか，つまり「何をする」企業なのか，という基本的な理念や哲学，あるいは価値観といったものが必要である。そのようなものは，いわば企業が事業を行っていく際に，企業内の人々の基本的な行動の指針となる。言い換えれば，このような理念や哲学は，企業内のすべての人が意思決定をする際に最も基本となる意思決定前提であり，このようなものがないと組織内の意思決定はお互いに矛盾しかねない。

　このような基本的な理念や哲学がもう少し具体化されると，企業の目的ということになる。理念や哲学と目的とは厳密に区別されるようなものではなく，実際同じようなものとして扱われることもあるが，本章では理念や哲学を人々の頭の中にある考え方やものの見方であると考え，これに対して目的というものをもう少し明確に文章で表現されるようなものと考えよう。このような目的が共有され，またこの目的に従って個々の事業部やさらには部・課といったものの目的が設定されることにより，人々は意思決定において企業全体の目的に沿って意思決定を行うことができるようになる。

　このような理念や哲学，目的を作ることを，「時を告げる時計を作ること」にたとえている本もある（Collins and Porras［1994］）。ここで「時を告げる」とは，その時々の経営の方針や製品のアイディアが企業に伝えられることであり，理念や哲学，目的のようなものが確立されていれば，経営者がその場その場ですばらしい経営方針や製品開発のアイディアを伝えなくても，理念や哲学，目的に従って判断することで，そのようなものが企業の中から生み出されていくということを意味している。この意味で，理念や哲学，目的の設定は企業の中で最も基本的で，かつ最も重要な意思決定といえるだろう。

　なお，企業全体の理念や哲学，目的といったものは簡単には変わらないが，事業部や部・課の目的のようなものは状況に応じてある程度変化する。また，場合によっては目的が再定義され，それに従って各部門の目的も変化するということもありうる（Barnard［1938］）。このようなことが起こると，この結果として事業分野，組織の基本的構造といったものもまた変化することになる。

　次に，このような企業の理念や哲学，目的の設定と平行して，企業の**事業領域**（ドメインとも呼ばれる）が定義される（Abell［1980］）。事業領域とは，企

業が自分の事業活動を行う領域であり，自分たちがどのような顧客に対して何を提供するのか，もう少し細かくいえば，どのような財・サービスに関わる何を誰に対してその企業が提供するかということを意味している。たとえば，お菓子屋さんでもその町の人だけをターゲットにするのか，それともより広い人をターゲットにするのか，自分たちは「お菓子」を売っているのかそれとも「甘いもの」であればよいのか，というような点である。このような点は，このお菓子屋さんの商品がケーキや焼き菓子だけなのか，それに加えてパンも作るのか，逆に焼き菓子だけにするのか，ケーキと焼き菓子としたときに，原材料となるものはどこまで外部から調達するのか，たとえば牛乳や卵は買ってくるのか，それとも自分で牛やにわとりを育ててそこから牛乳や卵を得るのか（牧場に併設されたお菓子屋さんのようなケース）といったようなことに結びついている。

　そして，以上のような決定は先に挙げた企業の理念や哲学，目的に結びついている。言い換えれば，企業の理念や哲学，目的に結びつくかたちで，企業の事業領域が定義される。

　このような事業領域の定義がなされると，これに従って具体的にどの事業に参入し，あるいは退出するか，といったことが決まってくる。すなわち，たとえばやはり自分で牛やにわとりを育てるべきだということになれば，牧場や養鶏場を買ってくるか，あるいは自分で作ることになるだろう。逆に，販売部門を持たずに，すべてスーパーに売るということになれば，販売するためのお店は不要になる。このようなかたちで，全社の事業分野の構成を組み換えるのが**企業戦略**といわれるものの主要な構成要素であり，そこでは企業を合併・買収したり，新規事業に参加するというようなことを通じて，事業分野の構成をいかにするかということが問題となる。

　経営戦略という言葉の1つのイメージは，このような事業分野の構成をデータに基づいて決めていくような手法であり，たとえばプロダクト・ポートフォリオ・マネジメント（PPM）というような手法が有名である。このPPMでは，ある企業が参入しているそれぞれの事業分野について，その事業分野全体の成長率，そしてその事業における自社のマーケットシェア（市場占有率，すなわちその事業分野の売上げ全体における自社の売上げの構成比率）と自社以外で最も大きな企業のマーケットシェアの比（相対マーケットシェア）を考え，そ

図2-1　プロダクト・ポートフォリオ・マトリックス

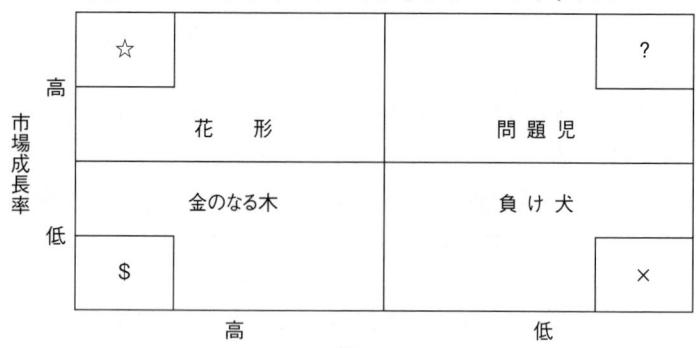

	高 相対市場シェア 低	
高 市場成長率 低	☆ 花　形 $ 金のなる木	? 問題児 × 負け犬

出所：Henderson［1979］より作成。

れぞれを縦軸と横軸にとった2次元の図の中に位置づける（図2-1）。そして，それぞれが図の中のどこに位置するかによって，それぞれを「花形（star）」「金のなる木（cash cow）」「問題児（question mark）」「負け犬（dog）」の4種類に分ける。

　そして，「金のなる木」である事業分野を資金源として，「問題児」に投資して「花形」にし，さらに「花形」に投資して「金のなる木」にする，という方向が考えられる。一方で，「負け犬」からは撤退することが推奨される（Henderson［1979］，青島・加藤［2012］）。

　もちろん，実際にはこれだけで決まるものではなく，これをもう少し複雑にしたような戦略的事業計画グリッドと呼ばれるような手法もある。しかし，基本的には事業分野ごとの競争条件を考えて事業の構成を決めようとするものであることに変わりはない。

　しかし，実際のところ，経済や市場全体の動きなどは確率的に予測できるようなものではない。ゆえにこのような各事業分野の競争条件に基づいて合理的に事業構成を決定しようとしても，実際のところ完全に合理的に決定ができるわけでもない。このような意味で，最終的には事業構成のようなものは，企業の理念や哲学，目的が設定され，それに従って行われるものなのである。

　たとえば，企業の「将来像」とそこにおける各事業分野の位置づけを考える中で，技術を維持し，発展させるために，「負け犬」であっても投資されるか

もしれない。それが結果的にその企業の技術能力を高めれば、結果的に全社レベルでは正しい意思決定をしたということになる。このように考えてくると、全社レベルでのリスクは、合理的な計算よりも、企業の理念や哲学、目的のようなかたちで対応されるということになるだろう（Knight [1921]）。

最後に、会社の基本的な構造の選択という点に触れておこう。今まで各事業分野を担当する部門という意味での**事業部**という言葉をとくに前提条件をつけずに使ってきたが、実際のところ事業部を独立にするかどうか、ということは、全体的な組織のあり方をどのように考えるかということに関連して決まってくる。全体的な組織のあり方とは、たとえば意思決定をどのように分担するか（意思決定の権限をどのように分配するか）、意思決定の結果をどのように伝達するか、といったような点である。この延長線上に、たとえば事業部を独立させるか、それとも購買・生産・販売といった機能ごとに独立させるか、あるいは地域ごとに独立させるか、といった問題や、それぞれの独立した組織（事業部や地域ごとの支社・支店等）にどの程度の意思決定を任せるか、といった問題がある。

この中にはさまざまな組み合わせがありうる。たとえば、日本国内は購買部門、生産部門、販売部門のように機能ごとに分割するが、海外は地域ごとに支社を作る、というのは十分にありうる選択である。また、購買や生産は事業ごとに行うが、販売だけは事業部を超えて全社で1つというようなこともありうる。

このような基本的な構造の選択は、上で述べたような企業の理念や哲学、目的や事業領域の定義に従って行われる。たとえばある企業がある特定の製品を供給するということを基本的な目的としているのであれば、1つの事業しかないことになり、事業部ごとに分けることにはほとんど意味がない。全世界で複数の事業を展開しようとするのであれば、ある程度は地域ごとに独立の支社や支店を置いた方がいいだろう。ここで、事業領域もまた企業の理念や哲学に従って定義されることを考えれば、最終的には、これらの意思決定は企業の理念や哲学、目的に関する意思決定に基づいて行われることになる。

❖ 事業分野レベルの意思決定

次に、事業分野レベルの意思決定について見ていこう。ここで**事業分野**とは、

大体「産業」とか「市場」に近い概念で，ある企業から見た「他とは独立した一群の製品のかたまり」というぐらいに理解しておけばよい。たとえば，先ほどの例のお菓子屋さんがケーキやパンを売っている限り1つの事業分野（細かくいえばケーキとパンは違うかもしれないが）といえるが，突然，店主の趣味である木彫りの彫刻を売り始めたら，まったく違う事業ということになるだろう。おにぎりとかスープとなるとちょっと微妙で，製造工程がまったく違うものの，「すぐに食べられるもの」という意味でパンと同じ事業分野であるといえるかもしれない。このあたりは，企業によって考え方が異なるであろう。とりあえずここでは，同じ産業や市場だとみなされる一群の製品のかたまり，という程度でかまわない。

さて，その事業分野のそれぞれにおいて，企業はどのような意思決定をしなくてはならないのだろうか。それぞれの市場分野においては，まずその製品をどのような方向性で作り，売っていくかということが基本的に考えるべきことになる。もちろん，事業部の目的は企業全体の理念や哲学，あるいは目的といったものから決まるわけだが，その中で実際にどのような製品を作り，売っていくのかということは（事業部ごとの目的に従って）事業部が決める必要がある。

たとえば，これまでの例で使ってきたお菓子屋さんは，他のお菓子屋さんと対抗するために高級なお菓子にシフトし，高いけれども良い材料を使って作るかもしれない。あるいは，逆に庶民的な方にシフトして，値段は高くなくて材料などは普通，というものを作るかもしれない（スーパーなどで売っている「100円のケーキ」を思い浮かべるといい）。もちろん，「安くておいしい」をめざすことは重要だが，その結果として味も値段も中途半端になるとおそらく売れないだろう。基本的には，「安くて味がそこそこ」か「高くておいしい」のどちらかに近いかをまず考え，その上で「安くておいしい」をめざすことになる。

もう1つ，ありうる方法は，お菓子の中でも焼き菓子に特化するとか，あるいはケーキに特化するというように，広い事業分野のすべてに注力するのではなく，特定の部分を選んでそこに全力を傾けるという方法がある。その中でも「安くて味がそこそこ」か「高くておいしい」という選択があるのだが，たとえば焼き菓子だけにしてしまえば，原料費がかさむケーキを作る場合よりも

「安くておいしい」という評判を立てやすいかもしれない。そう考えれば，事業分野の中のある特定の分野に集中する，という選択肢はありうる。

　以上の3つの選択肢，すなわち「安くて味がそこそこ」「高くておいしい」「特定の部分だけに絞る」の3つは，それぞれコスト・リーダーシップ戦略，差別化戦略，ニッチ戦略と呼ばれ，ある事業分野における戦略の基本型だと考えられている（Porter [1980]）。どれがいいということは簡単に決められないが，事業部の目的，さらには企業の理念や哲学，目的といったものに照らして選択することになる。あるいは，企業がどちらが得意なのか，ということにもよる。たとえば，お菓子屋さんの店主がいわゆる名店で修行した人なら，「高くておいしい」という戦略は有効だろうが，逆に自己流であるならば「安くて味がそこそこ」というほうがよいだろう。これらのことを考えながら，基本的な方向性を選択することが事業分野レベルの意思決定の中で基本的なものということになる。

　なお，個々の事業にも当然リスクが存在しているため，この3つの方向性のうちどれを取ればよいか，という点は簡単には決められない。しかし，全社レベルの意思決定とは異なり，この事業のレベルではある程度合理的な計算が可能になる（もちろん，市場の予測には不確実性が存在するが）。この意味では，全社レベルのリスクよりは合理的な計算で対応可能であると考えてよい。

　もちろん，事業分野レベルにおいて，このような方向性の問題だけを考えればいいわけではない。とりわけ，マネジメントはある時期だけのことを考えればいいわけではなく，長期的にその事業分野でどのように競争していくかということを考えなくてはならない。このためには，たとえば今はケーキはうまく作れないが，将来うまく作れるようになるために作り続けて安く売るとか，「安くておいしい」ものを将来作るために新しい設備を入れる，というような長期的な競争を視野に入れた意思決定が必要になってくる（青島・加藤 [2012]）。以上のような意思決定もまた，上で述べた事業部の目的や，企業の理念・哲学・目的，事業領域の定義といったものの影響の下で行われる。

　さて，上のような基本的な意思決定が行われると，たとえば何をどこまで自分で作って，何を材料として買ってくるか，というような意思決定が行われる。これはある程度，事業領域の定義に関わっているが，一方で事業分野レベルの選択でもある。たとえば，「高くておいしい」ケーキを作ろうと思ったら，そ

もそも小麦粉を買ってくるのではなく，小麦を買ってきて自分で粉にする方がいいのかもしれない。あるいは逆に，有名な高級小麦粉を買ってくる方がいいのかもしれない。同じ小麦粉でも，種類が違うかもしれない。そうすると，ある特定の種類の小麦粉を供給してくれる業者を探して取引をすることになるかもしれない。また，「安くて味がそこそこ」であればそこまで気を使わなくていいのかもしれないが，逆にいえば安くてもそれなりにおいしいケーキが作れる小麦粉を探さなくてはいけないかもしれない。また，そのような小麦粉を供給してくれる業者は限られるだろう。そう考えると，このような何をどこまで作るのかという意思決定は，事業領域の定義とともに，個々の事業領域における基本的な方向性によって決められている部分がある。

さらに，このようなかたちで「何を誰に任せるか」が決まると，今度は具体的にそのような業者とどのような関係を築くかというようなことも決めなくてはいけない。たとえば，どのようなかたちで契約をするのか，情報共有をどの程度するか，といった問題である。

このような問題は，一方でその事業分野における**組織の構造やコミュニケーション**といったことに関わっている。たとえば，材料を適切なかたちで発注する，あるいは業者とのコミュニケーションを保っておくということのためには，まずお菓子屋さんの内部でのコミュニケーションとか情報共有が不可欠になる。その場合に，たとえば発注は誰が行い，それに必要な情報は誰がどのようなかたちで提供するか（たとえば，販売担当が今日の売上げとこれから売れそうなものを店主に報告し，それに従って店主が材料を発注する）といったことを決めておかなくてはならない。このような意思決定は，いわば事業を行うための仕組みを規定するのである。

❖ 機能レベルの意思決定

次に，機能レベルの意思決定について見ていこう。機能レベルの意思決定は，ある程度，事業分野レベルの意思決定とオーバーラップしている部分がある。というのは，事業分野ごとの競争をするための意思決定は，一方でさまざまな機能──研究開発，生産，マーケティング，人事等──における意思決定と結びついているためである。たとえば，ある事業分野で競争をするために製品の生産コストを下げようとすれば，生産の過程においてコストを下げるような意

●コラム 2-1　競争とは何か

　本文中では「競争」とか「競争戦略」という言葉を使ってきたが，この競争とは何か，というのは簡単に見えて簡単ではない問題である。

　企業間の競争，あるいは市場競争という言葉を見ると，たとえば大きな家電量販店が「他店より1円でも高い場合にはお安くします」といって実際に値引きをする，という状況や，町のラーメン屋さんがお互いにサービス券を配ってお客さんを集めようとする，というような状況を想像する人が多い。つまり，ある程度の数の企業が存在しており，その企業が価格をめぐって競争する，というのが典型的なイメージだろう。

　そして，たとえば「経済の活性化には市場競争が重要である」というような発言をテレビや新聞で見る場合には，多くの場合，その発言をした人の頭の中ではこのような競争のイメージがあると考えてよい。もう少し正確にいうと，無数の小さな企業が存在し，それらの企業が基本的には同じ財・サービスを生産し（つまり，差別化による競争は考えない），企業は価格のみで競争する，というようなイメージである。経済学においては，このような場合には（他にいくつかの条件が必要だが），企業が競争をすることによって社会全体の経済的な利益は最大化されるものと考えられてきた（いわゆる完全競争モデル）。

　しかし，実際には競争とはそのような簡単なものではなく，もっと複雑かつ多面的なものである。

　まず，当たり前のことながら企業は価格だけで競争するわけではない。競争において価格が非常に重要だと思われるような商品，たとえばガソリンのようなものですら，高性能なガソリン（いわゆるハイオク）で商品を差別化したり，宣伝をしてイメージを向上させたり，いいところに立地して集客をしたり，と価格以外のさまざまな要素が競争に影響している。さらに，携帯電話のような商品であれば，インターネット・電子メールの使用やアプリケーションの種類，性能といったような機能の面が重要であり，価格はさほど重要ではなくなる。このような意味で，まず競争というものが価格だけではなく，製品のさまざまな局面について起こっており，この意味で多面的なものであるということがまずいえる。

　また，DVDプレイヤーやゲーム機のように，ソフトウェア（DVDやゲームソフト）が一定の「規格」に従って作られている製品について考えると，規格が違っているとそもそもプレイヤーやゲーム機が使用できないために，まずこの規格を統一しなくてはならない。この際に，話し合いでうまく統一ができないのであれば，複数の規格に基づく製品が並行して市場に出回る，という状況が出現する。

　たとえば，現在の形・大きさ・記録方式のDVDの代わりに，その1.5倍の大き

さで記録方式も異なるような○○ディスクというようなものを利用するプレイヤーが売り出されたと考えてみよう。この○○ディスクがDVDと競争し，勝つためには，まずこの○○ディスクを使って映画やバラエティ番組などを販売しようとする企業が増えなくてはならず，また○○ディスクを使ったプレイヤーを作る企業も増えなくてはならない。そうでないと，DVDに対抗することはできないだろう。この意味で，規格のレベルでは，いかに仲間を増やすかが重要なのである。しかし，一方で，プレイヤーの製造業者にとっては同じ○○ディスクプレイヤーの製造業者は競争相手であり，コンテンツの販売業者にとっては同じ○○ディスクのコンテンツの販売業者は競争相手である（淺羽［1995］）。この意味で，競争とは競争相手を単純に敵とみなしうるようなものではなく，敵対的な関係と協力的な関係が入り混じる，複雑なものである。

　こう考えると，競争というのは単純に価格だけの問題でもなければ，敵対的な関係だけの問題でもない，よりややこしいものであることが理解できるだろう。

　競争という言葉は，教科書的に（この本も教科書であるが）理解するのではなく，実際にどのような競争が起こっているのか，という視点から理解しなくてはならないのである。

思決定を行う必要がある。あるいは，逆に製品を差別化しようとすれば，その製品にどのような価格設定をし，どのように売り込むか，というマーケティングに関する意思決定を行う必要がある。この意味で，機能レベルの意思決定と事業分野レベルの意思決定は結びついてしまっており，お互いに区別できない部分がある。しかし，一方で，機能レベルの意思決定にも独自な部分がある。

　すなわち，ある機能が全社的にまとまったものとして捉えられている場合には，その機能に関する基本的な意思決定はそれぞれの事業分野とはある程度独立して，全社的な理念・哲学や目的に従ってなされることになる。このような機能として考えられるのは，人事（人の雇い方や昇進・賃金の決め方），財務（資金の調達や運用），研究開発（新技術・新製品の開発）などである。たとえば，先のお菓子屋さんのような例で「高くても手作りで安心できるお菓子を作る」ことを企業の目的としていれば，お菓子を作る職人の育成には時間をかけるだろうし，そうであればまず若いうちに雇って一から仕込んでいくことになる。逆に，そこまで手作りにこだわらないのであれば，きちんとした製造マニュアルを作り，機械を導入することで安定した品質を保つという方法もある。

この場合，職人を一から仕込む必要はなく，アルバイトを雇うことで解決するかもしれない。このように，全社的な理念や哲学，目的に従って人事の基本的な方針は定められる。財務や研究開発に関しても同様であり，全社的な方向性に沿うかたちで資金の運用や研究開発の方向性が定められる。

　このような基本的な方向性に従って，より具体的な仕組みややり方に関する意思決定がなされることになる。人事であれば上でも触れたような採用の方針や昇進・昇給に関する仕組み，そこでの評価基準，研修や訓練に関する方針といったようなことを決めていくことになる。財務であれば，資金の調達の方法（前章で述べた出資か融資か，融資であればどのようなかたちか）や資金の運用に関する方針（どの程度新しい事業に投資するか），研究開発であれば，どのような分野で研究開発を行うか，製品の基礎となる技術に対する投資と，具体的な製品開発に対する投資とのバランスをどのようにとるか，どのようなかたちで他の研究機関と協力していくか，といったようなことを考えていく。

　一方で，より個々の事業分野と結びついている機能，たとえばマーケティング（製品の宣伝・販売）や生産といった機能については，個々の事業部の目的なども考えながら，具体的な仕組みややり方といったものについての意思決定がなされることになる。マーケティングであれば，どのような製品をどのような価格にし，どのようなかたちで売り込むか，いかにブランド・イメージを確立するか（これは全社にも関わる）ということを考えていく必要がある。生産であればどこでどのような製品を生産するか，どのような製品をどのようなかたちで作っていくか（手作り的な一品生産か，連続工程による大量生産か）といったようなことを決めていく。なお，以上のような意思決定におけるリスクも，事業分野レベルと同様に，ある程度，合理的に対応可能であろうと考えられる。

　以上のような意思決定が，上で述べた事業領域レベルの意思決定と組み合わさることによって，全体としてどのように企業を動かすか，あるいは企業の外部に働きかけていくか，ということが決まってくる。

おわりに

　これまで，組織はいったいどのように動いているのか，という話から，マネジメントの仕事がさまざまな意思決定であること，そしてその意思決定の内容

について述べてきた。

　改めて述べておけば，マネジメントとは「組織を管理する」人々であり，組織を管理するとは，さまざまな情報を得て，それをもとに意思決定を行い，それを伝えることである。そして，マネジメントはそのような意思決定を通じてリスクに対応し，結果として企業に対して影響を及ぼす。

　意思決定にはさまざまな階層があり，そこで行われることも異なっている。全社レベルの意思決定では，企業全体の方向性を決め，事業領域を定義しなくてはならない。事業分野レベルでは，その事業でどのような製品を作り，どのように売っていくか，外部との関係をどのように作り上げるか，といったことを考えなくてはならない。そして，機能レベルでは，どのようなかたちで人事や研究開発といった機能を進めていくかという全体的な方向性と，その下でどのように具体的にその機能を動かしていくかという方針を決めていかなくてはならない。それぞれのレベルで考慮すべき内容も異なり，対応すべきリスクも異なっている。

　また，これらの「戦略的」な意思決定以外にも，マネジメントはさまざまな意思決定を行い，実行している。たとえば，予期されていなかった問題に対応し，何でも言い合える雰囲気を作るために飲み会やパーティを開き，部下のモティベーションを上げるために褒め，仕事のやり方を教えていく。これらの意思決定は戦略的な意思決定にももちろん関わっているが，何よりも自分が関わっている組織を維持し，機能させるために必要なのである（Barnard [1938]）。

　このように，マネジメントは実にさまざまな意思決定を行い，それが複雑に絡み合う中で組織というものが動き，財・サービスが生産され，リスクも対処されていく。自分が所属する組織の自分が関わる部分に関してはイメージできても，一般に「組織」がどのように動くかということは意識にしくい。しかし，このような組織の動きがあってはじめて，企業は財・サービスを生産できるのである。自分が働いているときや，みんなで何か仕事をしているときに，組織とはどのように動いているかときどき考えてみてほしい。

▶ 参考文献──次に読んでみよう
青島矢一・加藤俊彦［2012］『競争戦略論〔第2版〕』東洋経済新報社

淺羽茂 [1995] 『競争と協力の戦略――業界標準をめぐる企業行動』有斐閣

Abell, D. F. [1980] *Defining the Business: The Starting Point of Strategic Planning*, Prentice-Hall.（石井淳蔵訳 [2012] 『新訳 事業の定義――戦略計画策定の出発点』碩学舎）

Barnard, C. I. [1938] *The Functions of Executives*, Harvard University Press.（山本安次郎・田杉競・飯野春樹訳 [1956] 『経営者の役割――その機能と組織』ダイヤモンド社）

Collins, J. C. and J. I. Porras [1994] *Built to Last: Successful Habits of Visionary Companies*, Harper Business.（山岡洋一訳 [1995] 『ビジョナリー・カンパニー――時代を超える生存の原則』日経BP出版センター）

Henderson, B. D. [1979] *Henderson on Corporate Strategy*, Abe Books.（土岐坤訳 [1981] 『経営戦略の核心』ダイヤモンド社）

Knight, F. H. [1921] *Risk, Uncertainty and Profit*, Houghton Mifflin.（奥隅榮喜訳 [1957] 『危険・不確実性および利潤』文雅堂書店）

March, J. G. and H. A. Simon [1958] *Organizations*, Wiley.（土屋守章訳 [1977] 『オーガニゼーションズ』ダイヤモンド社）

Mintzberg, H. [1973] *The Nature of Managerial Work*, Harper Collins.（奥村哲史・須貝栄訳 [1993] 『マネジャーの仕事』白桃書房）

Porter, M. [1980] *Competitive Strategy*, Free Press.（土岐坤他訳 [1982] 『競争の戦略』ダイヤモンド社）

Simon, H. A. [1997] *Administrative Behavior: A Study of Decision-Making Processes in Administrative Organizations*, 4th ed., Free Press.（二村敏子・桑田耕太郎・高尾義明・西脇暢子・高柳美香訳 [2009] 『新版 経営行動――経営組織における意思決定過程の研究』ダイヤモンド社）

第3章

資金と債権の管理
―― どのようにしてお金を管理するのか

はじめに

　企業をお金という側面から見ると，その目的は資金を獲得することである。では，企業が資金を増加させるためには何が必要だろうか。まず，より多くの資金が流入するようにすることが必要であろう。また，企業の資金の流出を最低限にすることも必要となってくるだろう。つまり，資金の流入と流出の2つが問題となる。

　当然のことであるが，資金の流入量の増加，資金の流出量の減少は自動でなすことはできない。より多くの商品を販売するために人を雇用すれば，必要となる給与の支払額が増加するのは当然である。さらに，人を雇用したからといっても，雇用が即時かつ確実に資金流入を増やすとは限らない。企業は確実ではない資金の獲得のために，常に資金を流出させているのである。

　資金が涸渇すれば，企業はその活動を維持することができなくなる。資金は企業にとっての血液であり，それを管理することは企業活動に伴うリスクを管理する上で必須の活動である。そして管理を行うために必要なのは，資金の流れを記録することである。貨幣という共通単位を用いて経済事象を記録し，それを集計して利用者に報告する一連の行為を会計という。資金の管理のために，会計は求められる。

　しかしながら会計記録のもたらす情報は，資金の管理にとどまらない。今日の会計情報は，企業の内外のさまざまな利害関係者が企業に関する意思決定を行う上での貴重な情報源である。会計情報は企業経営者にとっては航空機の計器盤のようなものであり，これなくして経営が行えないものであり，外部株主にとっては経営の成果に関する成績表のようなものである。

本章では，資金に関連するリスクを回避する手段としての非組織的な会計記録の必要性を出発点として，企業全体の活動を統一的に把握でき，より大規模な企業に適用可能な複式簿記という記録機構の仕組みを説明する。そして，企業の成績の中心にある会計上の利益概念について，そして会計情報が企業の内外でどのように利用されているかについて考える。

1　記録でリスクを管理する

❖ 資金にかかるリスク
　企業に流入する資金は，大きく分けると3つの活動によって成立している。第1が財やサービスの販売によって得られる販売代金，第2が投資の成果として配当や利息などのかたちで企業に還流した資金，そして第3が株式の発行や銀行からの借入れなどの資金調達によって入ってくる資金である。それぞれの活動に簡単に名称をつけると，**営業活動**，**投資活動**，そして**財務活動**となる。リスクやそれに対する管理，という側面からこれらの活動を見ると，投資活動と財務活動にかかるリスクは全社的なものであり，経営上のより高度な意思決定が求められるマネジメントに属する活動である。リスクの高い資金のうち，日々の企業の営みの中で管理されるのは，営業活動による資金である。資金という面から見ると，企業の営業活動の究極の目的は資金を増大させることにある。そのための営業活動において，企業は資金の流入を増大させ，また流出を減少させようとする。

　営業活動による資金の流入を大きくする活動に関する問題は，いかにより多くの販売をするかという側面と，その販売からの回収をいかに確実に行うか，という側面に分かれる。第9章でも触れるが，取引が現金での即時決済によらず信用取引となる場合，売り手に回収のリスクが発生する。リスクを回避するために，信用取引が行われる前に企業は買い手となる取引先の信用状態の調査を行い，取引先は販売代金を確実に支払うことができそうかを確認する。さらに，実際の販売が行われた後，取引先に対する請求は売り手側が行わなければならない。締め日（決済日）に買い手に対する債権額を確定させ，当該金額を買い手に対して請求して初めて買い手は支払いを行う。支払いを手形や小切手で受領する場合，これらは取引銀行に持ち込まれ，最終的な資金の取り立ては

銀行を通じて行われることとなる。販売資金の回収は，多くの段階と日数を必要とする過程であり，しかもそれらは自動では行われない。

そのため，売り手が確実に回収を受けるためには，どれだけの金額が買い手より回収可能であるかを日常的に管理し，後日の請求が可能な状態に管理しておく必要性がある。ここに記録の必要性が生まれる。最低限記録すべきものは，販売が行われた日付，買い手の名称，販売額と回収額である。実務上はより多くの情報が記録されるであろうが，これだけの情報があれば請求書を作成することはできる。

次に，企業から流出する資金について考えてみよう。資金は日々実にさまざまな理由で企業から流出していく。企業にはたとえば商品の仕入代金，従業員の給与，広告宣伝費，光熱費等の経費などの支払い理由があり，利益を獲得すると税金の支払いが必要となる。ここでも記録は資金の流出を管理する有効な方法である。資金がどれだけ流出したかを継続的に記録することにより，資金の使途や手元にあるべき資金を知ることができる。このとき，実際に存在する資金と記録上あるべき資金との間に差が生じている場合，記録されていない資金の流出の可能性がある。単純な記録漏れであればまだ問題が少ないだろうが，そうでない場合，企業内での不正の可能性が疑われることとなる。資金の流出は常に管理しておかなければならない。

このように，資金の流入と流出の管理のためには継続的な記録が欠かせないことがわかるだろう。しかしながら，資金の出入りを管理するだけの記録であれば，記録機構はそれほど複雑なものである必要はない。債権債務の記録であれ，資金の記録であれ，それぞれのことがらについて記録される事項はわずかである。多くの企業はそれだけでも経営を成り立たせることができていたのである。たとえば江戸時代の日本で用いられた「大福帳」と呼ばれる帳簿は，半紙を長辺で2つ切りにしたものを用いるのが一般的であり，そこで記録されるものは，一部の大規模な商家を除くと債権と債務の記録が主なものであったという。さらに，それらが決済されると斜線等によって，債権あるいは債務が存在しないものとなった旨の抹消の記録がなされており，記録を組織的・永続的に保存しようとする意識は乏しかったようである。企業がさしあたり存続するために必要な記録は，単純なもので十分に事足りていたのである。

❖ 統合的な記録の必要性

　しかしながら，小規模な企業はさておき，企業規模やその活動が大規模になると，このような債権債務や現金のみの単純な記録だけで経営を行うことはできない。企業活動は営業活動だけではなく，投資活動や財務活動などさまざまな活動も同時に行っている。このとき，債権債務のみに関わる断片的な記録を集合させただけでは，企業全体の状況を管理できるような集約された情報を得ることが難しくなるのである。

　たとえば外部者から広告等のサービスを購入したとき，当該サービスの受入額と，支払額が記録される。支払いが即時でないならば，債務額が記録され，支払いが行われた時点で債務の取り消しと現金の減少が記録される。後者の取引は別個のものだが，明らかに前者が原因である。このように，ある取引は他の取引と関連していることが少なくない。このとき，広告宣伝費，営業債務，現金をそれぞれ別個に管理するために個別の帳簿を作成することは可能だろう。しかし，それでは個々の情報の断片から企業全体で何が起こったかを把握するためには非常な労力が必要となる。個々の帳簿を集計し，情報を総合し，集約する必要があるのである。さらに，個別的に記録された帳簿の間で矛盾が発生すると，事実による確認が不可能な場合，どちらが正しいのかを判断することは容易ではない。

　ここで必要になるのは，企業に発生したすべての事象を記録することのできる統合的な記録機構である。現在，企業で用いられている記録機構のことを**複式簿記**という。現在の企業は複式簿記を用いて記録を行い，さまざまな管理活動や情報提供に利用している。複式簿記は，現在の企業経営に欠かせない記録機構なのである。以下では利益とは何か，ということを出発点として複式簿記を考えてみよう。

2　企業会計の記録機構

❖ 資本とは何か

　特定の目的のために当座的に組織されるジョイント・ベンチャーなどを除くと，企業は永続的に活動を継続することを前提としている。これを**継続企業**（going concern）と呼ぶことは序章や第1章でも記したとおりである。当座的

企業の場合，現金での出資からすべての財産を清算して現金化し，解散するまでの期間の利益は，全収入と全支出を比較することにより求めることができる（これを全体利益という）。しかし，継続企業は近い将来での清算を前提としていないため，継続企業に対して全体利益を計算するためには清算を待たなければならず，非現実的である。そこで継続企業では，利益はたとえば1年間など，決められた期間を単位として利益を計算することとなる。これを**期間利益**という。

期間利益を計算するとき，資金の増減は利益とは密接に関わっているものの，利益そのものでは決してない。その理由はいくつか挙げられる。単純化のために，すべての取引が現金でなされる場合を考えてみよう。このとき，仕入れ商品すべてが期間内に販売されず，売れ残りが生じたらどうなるだろう。さらに，前期の売れ残りが今期中に販売されたら利益はどうなるだろう。現金収支を利益とみなすと，売れ残りの分だけ前期の利益は減り，今期の利益が増えることとなる。つまり，現金の増減を利益とする場合，売れ残りの多寡が利益の金額を決定することとなる。とくに，期末の直前に仕入れた商品がまったく販売されないまま期末を迎えたならば，購入代金は全額その期の損失になる。逆に翌期にすべてが販売されると，販売代金の全額が利益として計算されることとなる。販売活動は期間にかかわらず継続的に行われる活動であるのに，現金の増減をもって利益を計算すると，期末の訪れるタイミングによって利益が大きく変わることとなる。

さらに，現金の増減の理由には，営業活動によるもの以外に投資活動や財務活動によるものがある。もし現金有高の増減だけで利益が計算されるならば，期末が訪れる直前に銀行から借入れを行ったり，有価証券を購入したりすることにより容易に利益が調整できてしまう。利益数値は経営活動の成果を示す指標であり，これをもとにさまざまな意思決定が行われる重要な数値である。新たな経営資源をどこに投下するかという資源配分や，得られた成果として配当をいくら分配するかという成果の分配にも，それがすべてではないにしろ利益情報が大きく影響を与える。このとき，利益数値が経営者の裁量によって自由に操作可能であれば，信頼されるものとはならないであろう。

そこで，会計上の利益は現金以外のもので定義されなければならない。用いられるのは**資本**という抽象的な概念である。制度的な要請を抜きに考えると，

資本とは**資産**と**負債**の差額と定義される。等式として表現すれば，資産－負債＝資本，という関係が常に成立することとなる。ここで資産とは現金預金や商品，機械装置，あるいは土地など企業が所有する経済的資源，負債とは借入金など企業が負う経済的な負担として，大まかに定義される会計上の概念である。資産を企業に属する積極的な財産，負債を企業が外部者に対する消極的な財産であるととらえるならば，資本は積極財産と消極財産との差額としての**純財産**と考えることもできる。株主は，資本，あるいは純財産に対する請求権を有することとなる。

　資本について注意しなければならないのは，資本が具体的・個別的な資産に対しての請求権を意味するものではないということである。第5章でも論じられるが，株式会社の資金調達は負債によるものと株式の発行によるものとがある。資本とは，株式の発行により調達された資金がその出発点であるが，その資金は別の資産へと運用されるのが通常である。ここで株主が払い込んだ資金と株主が有する請求権としての資本とのつながりが途切れる。株主は法的には会社所有者であり，株主は配当請求等の経済的利益を受け取る権利である自益権と，経営に参画する権利である共益権とを有する。しかし，配当は株主総会あるいは取締役会によって具体的に時期と金額が宣言されるまでは，具体的な金額を受け取る権利とはならない。その他の権利についても同様で，株主の権利はあくまで企業財産全体に対し，所有割合に応じて与えられる抽象的な財産に対する権利であり，会社機関の決議なしに具体的な資産を受け取ることはない。

　また，上記の等式の負債を右辺に移項すれば，**資産＝負債＋資本**，という関係が導き出される。この等式の右辺を資金という側面から考えると，負債とは外部者が企業に対して提供した資金であり，資本とは株主等の資本主が企業に対して提供した資金である。右辺は企業の資金がどこからもたらされたか，つまり資金の源泉を表す。他方，左辺は調達された資金がどのような資産に使用されているか，つまり資金の運用形態を表す。この資金の調達源泉と運用形態の関係を**財政状態**といい，企業の一時点の財政状態を一覧表の形式にまとめたものを**貸借対照表**という。

　貸借対照表は時点に関する財務表であるため，企業の資産，負債，あるいは資本に変化をもたらす事象が起こるたびに刻々と変化する。このとき，取引の

内容によって資本に増減をもたらすものもあればもたらさないものもある。たとえば，土地を購入するとき，手元資金での購入であるならば現金および預金が減少し，同じ金額の土地が増加する。もし借入金により資金調達したならば，土地の増加と対応するのは借入金の増加である。いずれの形態での土地の購入であっても，資本の額に変化はない。他方，借入れに伴い利息を支払った場合，当該利息の支払額は資本の減少をもたらす。ある期間の期首と期末の両者で貸借対照表を作成した場合，企業活動の結果，両時点の資本の金額には差が生じることとなる。この差，すなわち期末の資本額が期首の資本額と比べてどれだけ大きくなっているかが，企業が求める利益である。

❖ 利益とは何か

　先ほど利益とは，期末と期首の間での資本の増加額であると述べた。これを具体的に図式化した貸借対照表を用いて考えてみよう（図3-1）。図中の2つの貸借対照表は，それぞれ期首と期末のものをあらわしている。資産，負債，資本の諸項目のグラフの高さは，金額の大きさと対応していると考えよう。ここで期首と期末の資本を比較すると，期末の貸借対照表の資本の方が大きくなっていることがわかる（資産＝負債＋資本，という等式より資本の増加は，資産の増加あるいは負債の減少の両者に関係するものであることは明らかだが，この例では負債の額は変化していないと仮定している）。期中に資本提供者（株主）との直接的な資本のやりとり，たとえば株主からの追加出資や配当等による資本流出（これらを総称して**資本取引**という）がないと仮定すると，期首の資本と期末の資本の間の差額が利益である。このような，期首と期末の資本の比較により利益を求める方法を，**財産法**と呼ぶ。

　この貸借対照表の比較，すなわち財産法による利益計算にはいくつかのメリットがある。まず，貸借対照表作成時点での資産と負債のリストがあればそれだけで作成することができる。すなわち，組織的かつ継続的な記録なしに利益を求めることができる。さらに，資本は目に見えない概念であるが，資本の裏づけとなる財産は容易に把握可能なものである。そのため，純財産としての資本比較は実感としても受け入れやすい利益概念であるといえる。

　他方，この利益計算方法には大きな問題点がある。それは，利益がいくらで，その結果，財産がどうなったかは理解できるが，利益がいかにして得られたか

図3-1　2つの利益計算の仕組み

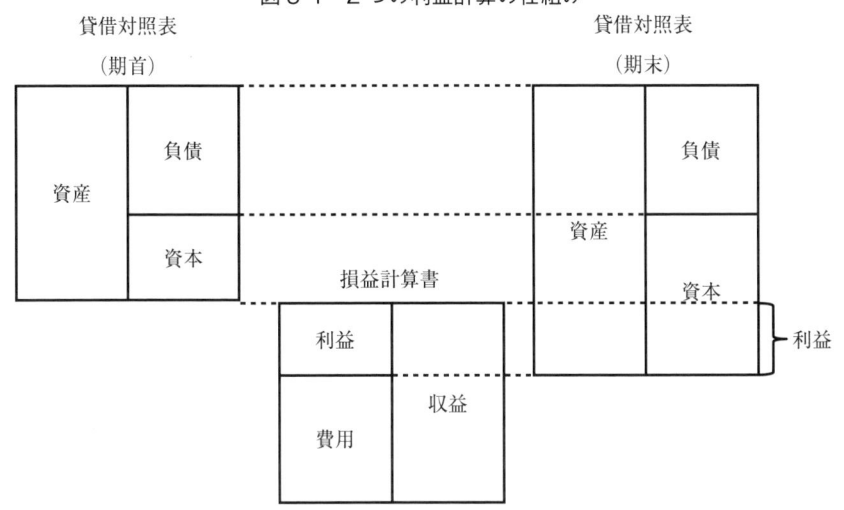

貸借対照表（期首）／損益計算書／貸借対照表（期末）

についての情報がまったく得られないことである。利益をもたらす項目は，たとえば商品の販売や，利息の受け取りなどである。これらの事象について，資産・負債の増減は目に見えてもその増減をもたらした原因は目に見えない。繰り返しになるが，貸借対照表を見てわかるのは利益の結果であり，利益の原因はわからないのである。

　利益の原因を把握するためには，資本の増減をもたらした事象を直接的に把握する必要がある。原因は事象ごとにさまざまであるから，このような事象を資本そのものの増減として毎回記録するのは適切ではない。資本の増減の原因について，その種類ごとに名称を付け，区分して計算する必要がある。会計では，資本取引を除く資本の増加をもたらすさまざまな原因を総称して**収益**，資本の減少をもたらす原因を総称して**費用**と呼ぶ。収益と費用を継続的に記録することにより，両者の差額として利益が計算されることとなる。このような収益と費用を一覧表のかたちで示した表を**損益計算書**と呼ぶ。図3-1の中央に位置するのが損益計算書である。貸借対照表は時点に関わる表であるのに対し，損益計算書は期間に関わる表である。費用が収益を上回るとき，その期間は利益ではなく**損失**が発生したこととなる。このような，収益と費用の比較により利益を求める方法を，**損益法**と呼ぶ。損益法による利益計算を行うためには，

収益と費用が発生するたびに記録を行わなければならないので,継続的な記録が必須である。

❖ 会計的利益の計算方法

収益と費用は資本の増減を,その原因がわかるかたちで言い換えたものであるから,収益と費用との差額で計算される利益は,上の資本の比較によって求められた利益と等しくなる。換言すると,財産法による利益数値と損益法による利益数値は一致する。この関係を数式を使って考えてみよう。

まず,期首の状態を考えてみる。期首の状態では利益はいまだに発生していないので,収益と費用の期首の金額はゼロである。期首においては,

$$期首資産 = 期首負債 + 期首資本 \tag{1}$$

という関係が成立することがわかる。同様に,

$$期末資産 = 期末負債 + 期末資本 \tag{2}$$

となる。財産法による利益計算によれば,期中に資本取引が行われなかったと仮定すると,

$$利益 = 期末資本 - 期首資本 \tag{3}$$

である。また,利益は,損益法によれば,

$$利益 = 収益 - 費用 \tag{4}$$

と計算できる。ここで,(3)式の期首資本を左辺に移項したものを(2)式に代入すれば,

$$期末資産 = 期末負債 + 期首資本 + 利益 \tag{5}$$

となり,これに(4)式を代入すれば,

$$期末資産 = 期末負債 + 期首資本 + (収益 - 費用) \tag{6}$$

となる。(6)式の時点は「期末」であり,それは(2)式で決定されたが,(2)式の貸借対照表はどの時点であっても成立する。また,期首には収益や費用は発生していない。そのため,期首の資産,負債,資本の金額が正しく維持されている限り,(6)式は期首以降のどの時点であっても成立することとなる。ここで,(6)式を t_0 および t_1 という2つの時点について考え, t_0 と t_1 の間で1つの取引しか存在しなかったとしよう。まず,(6)式の「期末」をそれぞれ t_0, t_1 に置き換えることにより,

$$資産(t_0) = 負債(t_0) + 期首資本 + (収益(期首 \sim t_0) - 費用(期首 \sim t_0)) \tag{7}$$

$$資産(t_1) = 負債(t_1) + 期首資本 + (収益(期首～t_1) - 費用(期首～t_1)) \quad (8)$$

が成立する（括弧内の t_0 および t_1 は時点を表し，期首～t_0 および期首～t_1 はそれぞれ期首から t_0, t_1 までの期間を表している）。(7)式および(8)式の左辺右辺それぞれの差分を取り，資本取引についても考慮に入れると，

$$\varDelta 資産 = \varDelta 負債 + \varDelta 資本 + (\varDelta 収益 - \varDelta 費用) \quad (9)$$

という関係が成立する。仮定より，(9)式の変化は1つの取引によってもたらされたものである。これを一般化すると，個々の取引は，(6)式上の諸要素の変動，すなわち，(6)式の時点間の差分として表現される。その結果，個々の取引は(9)の等式で表現することができ，それを期首から期末まで累積することにより期中の記録が完結する。ここで注意しておくべき点は，(9)式は差分の計算であるから，式中のすべての要素が変化するわけではないことである。

　それでは，(9)式を用いて簡単な取引の分析を行ってみよう。ただし，具体的な分析を行う前に勘定という概念を先に定義しておこう。これまでの説明では資産・負債・資本・収益・費用という，概念を示す総称的名称を用いてきた。しかし個々の取引に関連する諸要素を管理する上で，総称的名称を用いると不適切である。実務上は，それぞれの取引に含まれる個別の要素に対してその詳細を表す名称が付され，それを単位として会計上の計算が行われる。このような計算の単位のことを**勘定**と呼んでいる。代表的な勘定として，たとえば「現金」，「商品」，「土地」，「建物」（資産）や「借入金」（負債），「受取手数料」（収益），「支払利息」（費用）があげられる。

　勘定は，その目的に応じてより細かいものに分割することもできるし，逆により総称的なものへと集合することもできる。仕入れに関わる商業信用であれば，すべての商業信用を合算した「買掛金」という一般勘定を持つこともできれば，仕入先ごとに仕入先の名称を持つ個別の勘定を持つこともできる。どこまで細かく勘定を分割するかは，慣習とコスト・ベネフィットの問題である。

　では具体的な取引の分析をいくつか行ってみよう。たとえば，1000万円を銀行より借り入れ，その資金によって同額の土地を購入したという取引を考えてみよう。このとき，

$$+1,000 \text{（土地：資産）} = +1,000 \text{（借入金：負債）}$$

という等式が成立する。また，当該借入金のうち元本500万円，金利15万円の合計515万円を返済したならば，

－515（現金：資産）＝－500（借入金：負債）－15（支払利息：費用）
という等式が成立する（すべて単位は万円）。個々の取引は一部の要素のみを変化させる場合がほとんどであり，すべての要素に関係するわけではない。しかし，取引を追加していくと企業全体の変化を把握することができる。そして，すべての取引を勘定ごとに合算することにより，期末時点の資産・負債・資本・収益・費用を求められるのである。

❖ 複式簿記による記録

　実は，前述した複式簿記とは，ここで見た会計上の等式の変化の差分を，取引という事象ごと，勘定という計算単位ごとに記録・集計し，これをもとに貸借対照表と損益計算書を作成する計算記録機構である。

　そのエッセンスだけを簡単に述べると，それぞれの勘定に**借方**と**貸方**という方向を2つもうけ，いずれか一方を増加，他方を減少を表すこととする。複式簿記の通則によれば，資産の増加は借方に，負債・資本の増加は貸方に，そして収益は貸方，費用は借方に記録される。(9)式上で表現される取引について，左辺の項目は借方に，右辺の項目は貸方に，ただしマイナス項目についてはその反対側に記入する，という規則を適用すると，すべての取引は借方と貸方の両者を含む取引で表現でき，かつ借方に記入された合計額と貸方に記入された合計額は等しくなる。これを**貸借平均の原理**という。複式簿記は，この貸借平均の原理の上に，企業で発生するすべての取引を勘定の借方と貸方に集約させ，勘定の記録から貸借対照表や損益計算書などの計算書を誘導する仕組みである（コラム3-1に複式簿記の記録の簡単な事例を取り上げているので，参考にしてほしい）。

❖ 発生主義による会計利益の計算

　ここまでで，利益は財産法と損益法という2種類の方法で計算することが可能であり，また両者の計算による利益は複式簿記の記録機構の中で同時的に計算され，その金額は一致することが確認された。しかしながら，利益計算を行うためにはもう少し必要な概念がある。

　収益と費用は資本を増加・減少させる項目として定義された。しかし，何が収益になり，あるいは何が費用となるのかは簡単な問題ではない。収益と現金

● コラム 3-1　複式簿記の仕組み

ここで簡単な取引を5つ考えることとする。なお，期首は現金100，資本金100という状態であったとする。

① 現金20で備品を購入した。4年間使用する予定で，使用後の価値は0である。
② 30で商品を購入した。代金は後日支払うこととする。
③ 上記商品のうち半分（原価15）を40で販売し，代金は後日受け取ることとする。
④ 上記の商品代金のうち20を現金で回収した。
⑤ 備品について，1年分の減価償却を行う。4年使用するので，減価償却費は購入価額の4分の1を計上する。

これらの取引を，本文中の(9)式に当てはめて考えよう。ここで，現金，売掛金（取引③の得意先に対する債権を売掛金という），商品，備品は資産，買掛金（取引②の仕入先に対する債務を買掛金という），資本は資本金である。資産・負債・資本・収益・費用を構成する諸要素を勘定ごとに集計すると，下表のように，期首から期末に至る取引を記録することができる。すべての取引を上下段階的に加減する計算方法を階梯式計算法という。

③の取引は，収益（売上高）の計上と売上に伴う商品の減少（売上原価の発生），という2つの事象から構成されている。⑤の取引では直接備品の計上額を減少させる手続きを採用している。

階梯式計算法は，使用する勘定の数が増加するにつれてより多くのスペースを必要とする。そこで勘定を用いた計算法へと変更する。変更するための規則は，(1)上記等式の左辺を借方，右辺を貸方といい，等式の左辺右辺に現れた項目は，それぞ

	資産				=	負債	+資本	+収益−費用		
	現金	売掛金	商品	備品	=	買掛金	資本金	売上	売上原価	減価償却費
期首	100				=		100			
①	−20			+20	=	0				
②			+30		=	+30				
③		+40			=			+40		
			−15		=				−15	
④	+20	−20			=	0				
⑤				−5	=					−5
期末	100	+20	+15	+15	=	+30	+100	+40	−15	−5

れ借方，貸方に勘定科目名と金額を記録する．ただし(2)マイナスの数字が現れた場合はマイナスを除き，反対側に記録を行う．である．すると①から⑤の取引は以下のように記録される．

	借　　　方	貸　　　方
①	備　　品　20	現　　金　20
②	商　　品　30	買　掛　金　30
③	売　掛　金　40	売　　上　40
	売 上 原 価　15	商　　品　15
④	現　　金　20	売　掛　金　20
⑤	減価償却費　5	備　　品　5

　このように取引を分解する手続きを仕訳という。仕訳された取引は，個々の勘定ごとに集計される．仕訳で借方に記入された勘定の借方に，貸方に記入された勘定の貸方に移記することによって勘定への集計が行われる．仕訳の記録を個々の勘定に書き移すことを転記という．

　取引に現れた勘定を示すと，以下のとおりである．おのおのの勘定の残高は，借方（左）・貸方（右）それぞれの合計額を計算し，多い方から少ない方を減算することによって求められる．たとえば，現金残高は，借方合計の120から貸方合計の20を減算することにより求められる100である．実際の現金の残高が100より少ない場合，記入ミスや記入漏れが考えられる．それでも原因が明らかでない場合，現金が盗まれた可能性も考えなければならない．

現　　金	売　掛　金	商　　品
期首 100　① 20	③ 40　④ 20	② 30　③ 15
④　20		

備　　品	買　掛　金	資　本　金
① 20　⑤ 5	② 30	期首 100

売　　上	売 上 原 価	減価償却費
③ 40	③ 15	⑤ 5

収入,費用と現金支出とを同じだとする利益計算も可能である。しかし現在の利益計算は,先にも述べたとおり現金によっては定義されていない。なぜだろうか。問題点をより具体的な事例で考えてみよう。

ここで a, β, γ という3つの商品を扱う企業があるとする。ここで単純化のため商品はすべて1個当たり2万円で現金で仕入れ,1個当たり3万円で現金で販売すると仮定しよう。それぞれの商品の期首から期末にわたる変動が,次に示す表3-1のとおりであった場合,期中のそれぞれの商品販売による利益はいくらになるだろうか。

表3-1より商品 a は前期末の売れ残り5個がすべて販売され,商品 β は期中に仕入れた商品がすべて販売され,商品 γ は期中に仕入れた商品の一部が売れ残ったことがわかる。現金収支差額を利益であると定義したならば,商品 a から利益15万円(総収入 5×3 万円 − 総支出0円),商品 β から利益10万円(総収入 10×3 万円 − 総支出 10×2 万円)が獲得されるが,商品 γ からは14万円の損失(総収入 2×3 万円 − 総支出 10×2 万円)が発生する。現金収支を基礎として利益計算をすると,期首・期末の売れ残りの個数が利益を大きく左右する。期末に仕入れた商品は,期首に仕入れた商品より損失を出しやすいのである。このような利益計算を採用すると,利益を大きく見せたい企業は期首のみに商品を仕入れようとし,利益の圧縮を望む企業は期末に仕入れようとする,ゆがんだインセンティブを持つ。仕入れたタイミングによって利益が変化する利益計算は,経営管理目的でも外部との利害調整目的であっても不合理である。

そこで,より合理的な発生主義と呼ばれる利益計算方法が考案される。発生主義によれば,現金収支に関わりなく,収益・費用をその発生を意味する経済的事実に基づいて計上し,一定期間に利益獲得のために払われた努力を費用,また,それによってもたらされた成果を収益として把握するのである。収益は,外部に対する財やサービスの提供でもって判断され,費用はそのために費やされた価値の犠牲として把握される。すると,上記の例での商品の販売による収益の大きさは変わらないが,費用は販売のために費やされた価値の犠牲,すなわち企業から出て行った商品の仕入価額でもって計算されることとなる。これを売上原価という。すると,それぞれの商品の販売による利益は,a から5万円(売上高 5×3 万円 − 売上原価 5×2 万円),β から10万円(売上高 $10 \times$

表 3-1　各商品の期中変動　（単位：個）

商　品	期　首	期中仕入	期中販売	期　末　残
α	5	0	5	0
β	0	10	10	0
γ	0	10	2	8

3万円－売上原価10×2万円），γから2万円（売上高2×3万円－売上原価2×2万円）と計算される。すべての商品で同じ利益計算方法が用いられているため，発生主義による利益計算は仕入れのタイミングに対するインセンティブを持たない合理的な利益計算である。

　また，発生主義は現金支出を伴わない費用を計上する必要性についても明らかにしてくれる。自動車等の有形固定資産を購入することを考えてみよう。支出は，購入した時点で生じるが，自動車は複数の期間にまたがって使用されるのが通常である。このとき，発生主義会計では，自動車の使用によりその価値が決められた割合で減少するという費用を認識する。この価値を規則的に減少させる手続きを減価償却といい，減価償却費という費用が計上される。通常，価値の減少は時の経過に応じて発生するとみなされるため，有形固定資産の購入に要した支出額は減価償却費の計上により，使用される期間にわたって規則的に費用とされる。減価償却費は目に見えない費用であり，現金主義では発生しない。減価償却費は発生主義による利益計算にのみ現れる代表的な項目である。したがって現在の利益計算は，企業規模の大小にかかわらず，発生主義に基づいてなされているのである。

　ただし，発生主義による利益計算が，現金収支とまったく無関係なわけではない。基本的には収益は収入の金額が基礎となるし，費用もまた支出の額を基礎としている。収入・支出がどの期間の費用となるのかを，経済的事実を基礎として計算を行うのが発生主義である。

　発生主義による利益は，資金の出入りを異なる期間で配分し，平準化しているため，利害調整のための指標として有用である。また，利益の計算のためには，減価償却費の計算における資産の利用可能年数など，経営者の予測が必要である。このような経営者の予測や意見が利益計算に含まれているのである。企業の現状について最も詳しいのが経営者であり，その意見を反映した利益数値は企業の実態を最も適切に示すはずである。そのため，会計上の利益数値は

配当の支払可能額の計算や会社証券の価値評価など，さまざまな側面で利用される企業の成績を表す上で非常に有用な指標であるとされる。

しかしながら，利益数値には一定の限界がある。利益は現金の増減ではなく，資本の増減で表される抽象的な数字であることはすでに述べた。利益はそれがどの資産の増加に，あるいはどの負債の減少に反映されるかを決定しないのである。利益が現金の増加に反映される場合もあれば，販売に時間がかかる商品の増加に反映されている場合もある。後者の場合，利益が計上されていても，現金が存在しないために短期の仕入債務の支払いが滞る可能性も否定できない。「黒字倒産」とは，このように利益は存在しても資金の管理に行き詰まったときに生じる現象である。

そこで，資金情報の管理には利益情報とは異なる情報が必要となる。このような利益情報の限界を補う目的で，日本では2000年以降，公開会社による作成・公表が義務化されたのがキャッシュ・フロー計算書と呼ばれる財務表である。この報告書は現金および容易に換金できる現金同等物をキャッシュと定義し，期中のキャッシュの増減を原因ごとに明らかにした報告書である。現金主義による利益の不十分さを補うために理論化・精緻化が行われてきた発生主義による利益計算であるが，近年になってその限界が指摘され，資金に関する情報開示が新たに追加されたのは興味深い。

3 会計記録の利用

◈ 財務会計と管理会計

ここまでの話で，企業が資金を管理する単純な記録は，拡張していくと複式簿記という統合的な記録となり，そこでは2つの利益計算が同時に行われていることが理解できただろうか。このような会計記録，そして会計記録から誘導される貸借対照表と損益計算書はさまざまな利用者に有用な情報となる。

誰が会計情報を利用するだろうか。まず考えられるのが，企業の経営者である。毎年の利益は計画どおりに獲得できているか，あるいは営業活動を行うのに十分な資金量が維持できているかなど，経営者はさまざまな意思決定を行い，その多くが会計情報に基づいて行われるのである。すなわち，企業内部者が会計情報の第1の利用者であり，情報の利用目的に応じてさまざまな情報が集計

される。

　また，未集計の生の会計情報は外部者に公表されることはまれであるが，それを集計した貸借対照表や損益計算書はそうではない。貸借対照表，損益計算書を中心とする会計情報を集約した表の集合のことを**財務諸表**といい，財務諸表は多くの場面で作成・提示することが要求されている。会社法はすべての株式会社に対して年に1回，**決算公告**として各年度終了時点の貸借対照表を一定の方法で公開することを義務づけているし，株主に対してはより詳細な**事業報告書**の作成を要求している。銀行に対して借入れを依頼する場合，銀行はより詳細な財務諸表を要求するかもしれない。株主や債権者等の外部利害関係者は，これらの財務諸表を用いてさまざまな意思決定を行うのである。株式が証券市場で取引されている公開会社に対しては，金融商品取引法という法律が詳細な財務諸表を含む，**有価証券報告書**や**四半期報告書**という名称の書類を定期的に作成することを義務づけ，企業外部者の情報ニーズに応えている。

　このように，会計情報の利用者は企業の内部と外部とに区分することができる。前者の企業内部者向けの会計のことを**管理会計**，外部者向けの会計を**財務会計**という。注意しなければならないのは，両者がまったく別個のものではなく，共通した情報が多く用いられていることである。ただし一般的な傾向として，管理会計情報には外部に公表されない内部情報が含まれることが多く，また財務会計情報は要約的な情報が多くなる。

❖ 管理会計情報の特徴とその利用

　管理会計情報はいかに利用されるだろうか。その利用方法はさまざまであるが，その目的は大きく分けて**業績管理**，そして**意思決定支援**という2つに分類される。管理会計情報として用いられる情報は多種多様であり，複式簿記による継続的な記録の他にその時々で作成される情報や，将来についての予測情報も含まれることがある。管理会計情報は，制度によって規制されることがないため，どのような利用者が作成されるかは，管理される手段や，意思決定の内容によって異なったものとなりうる点にその特徴がある。

　管理会計情報の利用の第1として業績管理を考えてみよう。企業がその目的を達成するために活動するとき，目標となる値が定められることが少なくない。むしろ定性的な目的は，定量的な数値目標へと具体化されることが通例であろ

う。定められた企業全体の目標値は，組織内でさらに再分割され，組織内の部分単位，すなわち部・課レベル，あるいは少人数のグループ，さらには個人の目標値へと細分化が行われる。たとえば，次年度の企業全体の利益目標が定められると，それぞれの部や事業部ごとに達成すべき利益が求められ，それはさらに課ごとの目標利益へと分解されていくのである。組織内の部分単位やそれを構成する成員は，目標値を意識しながら行動し，期間の終了後には目標値と比較することにより成果が評価されるのである。実際の利益が目標を達成できると，賞与や人事評価に反映されるかもしれない。

　このような業績管理のための目標値として用いられる数値は，会計上の数値，たとえば利益や売上高であることが多い。これらは日常的に集計され，管理されているためである。そして業績管理のための会計情報の利用は，活動が終了してから初めて行われるものではなく，計画を定める段階，活動が進捗していく段階，また活動が終了した段階のそれぞれで行われる。事前の計画において作成される目標値は，それぞれの組織部分単位の過去の実績や競争環境等を基準に定められるだろう。また，期中の活動の進捗，そして最終的な成果は，先に定められた目標値と比較される。もしも設定した目標値が現実性のないものであることが明らかとなったならば，期中であっても現実的な数字に改められるであろう。そして期末には実際の成果に対して評価が行われ，評価は次期の活動の改善に反映され，また計画の基礎となるのである。

　業績管理は組織部分単位の管理者の評価にも利用される。業績管理の単位として最も多く用いられるのは事業部であり，管理会計情報は事業部長の業績評価のための指標となる。最も伝統的な管理会計の指標は，鉄道業や製造業における能率であった。すなわち，作業活動の標準化を前提として，決められた原材料や労働力等のインプットから最大のアウトプットを生み出すかが評価された。科学的管理法と相まって管理会計情報が企業内部の管理に有効であることが認識されると，業績管理情報は原価管理をもたらし，利益管理へと拡張されるに至る。現在では指標として，事業部として管理可能な利益（管理可能利益）や，使用資本に対する利益率（資本利益率）などが多く用いられる。

　このようにして定められる組織や組織部分単位の目標や成果の指標は，管理者だけでなくその中の成員の行動様式に対する大きなインセンティブとなる。たとえば，ある事業部の達成すべき目標が売上高で定められるか，あるいは利

益で定められるかは成員の行動に大きな違いを生むことがある。利益率が低いが金額が大きい売上げの機会が目前に存在する場合，目標数値が売上高で表現されているならば販売が強行されるだろうが，利益が目標の場合，別の利益率の高い得意先が優先されることになるかもしれない。目標が低すぎると成員は改善の努力を怠るし，高すぎる目標は短期的な視点を生み，場合によっては不正を生み出す温床となる。目標の設定に問題があると，個々の事業部の利益のみを優先するという部分最適を生み，全社的な目標達成に関心を示さないようになる。現状を無視した，行きすぎた数値による管理は，時として組織に悪い結果をもたらす。

　管理会計情報の利用の第2が，意思決定支援のための情報である。ここで意思決定とは，企業全体にかかる総合的な計画についての意思決定と，プロジェクトごとになされる個別的な意思決定とに分類される。企業が長期的な成長をめざすため，今後，数年間の自社の先行きについて検討するとしよう。すると，その期間の全社的な行動指針が作成され，その利益目標が定められるだろう。目標とされる利益の指標とその目標値は，現行あるいは計画される個別のプロジェクトの利益と比較され，具体的な行動指針をもたらし，近い将来に行うべき行動を明確にする機能を持つ。現実に多くの企業が3年ないし5年にわたる期間の中期計画を公表しているが，そこでは定量的な目標値と，それを達成するためのプロジェクト，あるいは詳細な実行計画などが示されている。中期計画は経営者による意思決定の1つであり，会計数値は達成すべき目標として利用される。

　また，管理会計情報は，プロジェクトの採択の可否においても用いられる。現行の生産施設を更新すべきか，更新するのであればいかに資金調達を行うか，新規のプロジェクトを開始すべきか，複数ある新規プロジェクトのうちどれを採択すべきかなど，経営者は企業の将来に影響する意思決定を行う必要がある。それぞれのプロジェクトについて，将来予測を行い，対案や現状と比較することにより企業経営者の意思決定を支援するのである。意思決定に関連して資本利益率法，回収期間法，現在価値法，内部利子率法などさまざまな投資計画の評価方法があるが，これらは代替案を比較・評価するのに有用な方法である。

❖ 財務会計情報の特徴とその利用

　企業外部の利害関係者に対する会計情報の役割は，**利害調整機能**と**情報提供機能**の2つがある。利害調整機能とは，資金提供者と資金の管理・運用を委託された受託者たる経営者の間に生ずる利害を調整する手段として会計報告が用いられてきたことに端を発する機能である。受託者は委託者（資金提供者）の期待どおりに資金を管理・運用するとは限らない。そこで委託者は，受託者に対して資金の管理・運用を行う受託責任に加え，その成果を報告するという会計責任を課したのである。一定期間の終了後，受託者は委託者に対して結果の報告を行う。この結果を受託者が受け入れたならば受託責任は解除される。もし委託者が受託者に対する財産の委託を継続するならば，管理・運用に関する新たな受託責任が受託者に発生し，責任の設定と解除に関する新たなサイクルが始まる。受託責任の設定と解除において，委託者と受託者の利害を調整する手段として会計情報は中心的な役割を果たしたのである。

　しかし，企業，とくに株式会社の周辺にはさらに多くの利害関係者が存在している。商品の売り手は販売代金が回収可能かを必ず評価するだろうし，買い手は商品の品質や継続的な商品の提供可能性に関心を持つ。また，金融機関は企業に対する貸付金が回収可能かを評価するだろうし，政府機関は企業が規制を守り，合法的な活動を行っているかに関心を持つ。税務当局は会社が納める税金の額とその回収可能性に興味を持つだろう。労働者は企業の労働条件や賃金・給与の支払いについて関心を持つだろうし，消費者は企業が販売する商品の価格や品質，安全性等に関心を持っている。

　このように外部の利害関係者が持つ企業に対する関心は，さまざまである。場合によっては，利害が対立する場合もある。利害関係者同士の利害対立で最も重要なのが，債権者と株主の間，そして株主間での利害対立である。債権者は企業に対する債権の回収をより確実にするために，企業外部への資金流出が最小限になることを望む。他方，資本主が投資の早期回収を求めるならば，できるだけ多くの利益の分配，すなわち配当を求めるだろうが，これは債権者の利害と対立する。また，資本主がより長期的な視点を持つならば，外部への利益分配は将来に向けた投資を減少させるために反対するかもしれない。ここで会計情報は，利益の計算を行い，外部に流出可能な金額の基準値を定めるのである。さらに，会計数値を指標とする私的な契約によって，債権者の利害を保

護する場合もある．利害調整機能は拡張され，さまざまな場面での利害調整に用いられているのである．

　企業の周辺には多くの利害関係者が存在し，それぞれが多様な関心を有している．今日では，企業は経済活動を行う社会的な存在とみなされ，企業の財務情報への需要はさらに高まることとなった．その中で，とくに証券市場で取引される株式や債券に対して投資を行う投資家は，過去の成果よりもむしろ，企業の将来により強い関心を持つところに他の利用者との違いがある．投資家が行う意思決定に対して有用な情報を提供する機能は，情報提供機能と呼ばれ，利害調整機能とは区別されている．その一方で，投資家向けに公表される財務諸表は，多くの利用者が必要とする共通の情報を提供するため，投資家向けの会計情報は一般性を持つ情報と理解されている．

　ここで投資家は会計情報を利用して，自身が行う投資について，期待されるリターンと投資に伴うリスクを判断する．投資家は企業の将来について実にさまざまな判断を行うが，たとえば投資のリスクに関連して企業の持つリスクを評価している．短期に支払期日が来る負債が短期に決済される資産に比べて過大に大きくないか（これを比率化したものを流動比率という），利益の金額は毎期発生する借入れに対する支払利息に比べて十分大きいか（この比率をインタレスト・カバレッジ・レシオという）などは，分析対象となる企業が短期に倒産するリスクを評価するのに重要かつ有用な比率であり，投資家はこれらを総合的に判断した上で投資に関する意思決定を行うのである．

　では財務情報が公開されるのはなぜだろうか．現在では制度的に強制され，当然と思われる会計情報の公開であるが，歴史的に考えてみると，19世紀には当該情報は競争に関わる企業秘密であり，公開されるべきではないと考える経営者が多数であった．会社証券に対しても「買い手ご用心」の原則が適用されると理解されていた．しかしながら，20世紀に入ると出資先企業と緊密な利害関係を有さない一般株主の数は大きく増加し，株主は株式への支払いにより何を買ったのか，その対象の実態が明らかでない状況が生じたのである．また，アメリカでは19世紀末から20世紀初頭に多数生じた大規模株式会社（ビッグ・ビジネス）は，その巨大な市場支配力が広く社会に悪い影響を与えるのではないかという危惧を多くの人々に与え，他方これらのビッグ・ビジネスは社会にとって害悪となる存在ではないことを証明することを迫られたので

ある。そこで用いられたのが会計情報の公開という方策であった。この方策は，企業の実態を利害関係者に明らかにするとともに，企業に対する政府による直接規制という，以前のアメリカでは一般的ではなかった経済政策を回避するために有効であったのである。

さらに大恐慌を経て，アメリカの大企業は公的な側面を持っていることが共通の認識となるに至った。1930年代の証券諸法（1933年取引所法，1934年証券取引法を総称した名称，日本では戦後GHQによって法制化され，現在の金融商品取引法へと至っている）の結果，SEC（アメリカ証券取引委員会）に登録される会社はすべて会計情報を含む報告書を公開することが義務づけられた。ここで投資対象となる会社の財務については会社側の責任でもって開示され，他方，その情報を用いて購入した会社証券の価格の上下については「買い手ご用心」の原則が維持され続けたのである。それ以降，今日に至るまで，財務諸表は企業とその外部者とが継続的な関係を維持する上で不可欠の書類である。

おわりに

　資金という面から見ると，企業は自己の持つ資金を増殖させようとする存在である。資金の増殖は自動で起こることはなく，そのために企業は何らかのリスクを負担している。記録とは，そして会計とは，このような企業が負担するさまざまなリスクを目に見えるようにし，管理しようとする活動に他ならない。そして現在，私たちが知る中で，最も有効な記録の仕組みが複式簿記なのである。慣れない人にとって複式簿記は複雑で面倒だし，記録を続けるのは容易ではない。それでも中世のイタリアで生まれたといわれる複式簿記が，数百年の長きにわたり用い続けられてきたのは，記録を行うことの意味を昔から経営者たちが理解してきたからであろう。記録を行うことにより，記録を集計することにより初めて見えるものがあるのである。

　複式簿記，そして会計は企業の内部で用いられる管理のための仕組みを超え，広く経済を支える制度として必須のものとなっている。外部に公開される会計情報は日々の株価に影響し，それは社会の景気を左右する。資金だけでなく，資金に関する情報もまた，血液のように社会の中を移動し，社会に欠かせない存在となっているのである。

●コラム 3-2　貸付金なのに借方？

　複式簿記を学び始めた初学者が迷う点に，借方と貸方の意味がある。頻出する単語でもあるにもかかわらず，教科書や学校の授業では左・右という記号的な意味しかないとしか説明されないことが一般的である。その一方で，仕訳のルールとして貸付金という資産が増加するときには借方に，借入金という負債が増加するときには貸方に記入が行われるという説明も受けることになる。貸付金なのに借方，借入金なのに貸方では，借と貸が逆ではないか，と混乱することも少なくないが，十分な説明が与えられないことの方が多い。

　実は借方，貸方という用語は，中世ヨーロッパにおいて取引が記録された方法にまでさかのぼるものである。複式簿記は，債権・債務の記録を起点として発生したといわれている。そのとき，記録は文章形式で行われ，しかもそれは第三者の視点で行われた。そして文章の主語は記録者ではなく，記録者に対して債権・債務を有する取引の相手方だったのである。たとえば，Aという取引相手が資金を借り入れたとき，Aという人名を勘定科目名に用いて「Aは私に対して借方である」と記録が行われた。この「借方」は，英語の "debtor" という単語の和訳であり，元の "debtor" は，債務者という意味を持つ。つまり，借方とは「私が借りている者」ではなく，「私に対して借りがある者」，すなわち「借り手」という意味，貸方とは「私に対して貸しがある者」，すなわち「貸し手」という意味だったのである。

　しかし，勘定に記録される者が債権債務だけでなく物財や収益・費用等を含むようになると借方，貸方という用語は当初の意味と合致しないようになる。当初はとくに資産については当該資産を担当する係（たとえば現金係や商品係）を仮定し，資産の増減を当該係の企業に対する責任（債務）の増減と理解することにより説明しようとしていた。勘定を擬人化していたのである。しかし，徐々に擬人化による方法の限界が明らかになるにつれ，借方・貸方の意義は記号的なものへと変化していった。この過程は非常に時間のかかるものであり，最終的に簿記の教科書から擬人化をうかがわせる記述がなくなったのは20世紀に入ってからのことである。世界初の印刷の簿記の教科書である『スンマ』という本が出版されたのが1494年のことであるから，簿記の教育の歴史の中では最近のことといってもいいのかもしれない。

　現在の，借方・貸方が記号としての意味しか持たない，という説明は擬人化の排除を推し進めていった最終的な結果であるといえよう。しかしながらこのような説明が，かえって勘定科目との間で矛盾を感じさせ，初学者の理解の妨げになるとは皮肉なものである。

● **参考文献**——次に読んでみよう

川本淳・野口昌良・勝尾裕子・山田純平・坂井映子［2009］『はじめて出会う会計学』有斐閣

神戸大学会計学研究室編［2013］『会計学基礎論〔第5版〕』同文舘出版

平林喜博編著［2005］『近代会計成立史』同文舘出版

第2部

事業を支える仕組み

どのようなシステムに支えられているのか

Commerce for Beginners

第4章

貨幣という制度
── お金とは何だろうか

はじめに

　われわれの生活に貨幣はあまりにも浸透していて，貨幣という制度が存在しなかった物々交換の世界を想像することは難しい。また，貨幣は硬貨から，紙幣（銀行券），預金通貨，さらには電子マネーへと変化を遂げるとともに多様化している。本章では，貨幣の登場によって，物々交換の世界では避けることが困難なさまざまなリスクの低下がいかにもたらされたかを見ることにしよう。また，硬貨から紙幣，預金通貨，電子マネーへと貨幣の形態が変化することによって，逆にどのようなリスクが高まっているかについても考えることにしよう。

　第1節では，物々交換の世界において，本書の序章で定義した4つのリスク，すなわち市場リスク，価格変動リスク，純粋リスク，取引リスクのそれぞれがどのような状況にあるかまず説明する。続いて，第2節では，貨幣（硬貨）が登場すると，これら4つのリスクはどのように変化するかを考える。

　さらに，貨幣は硬貨から紙幣，預金通貨，電子マネーへと変化・発展するが，貨幣（通貨）の発展がもたらす意味について，第3節と第4節で考察する。こうした新しいタイプの貨幣の登場は，リスクの低下に大きな役割を果たす一方で，決済リスクという新たなリスクを生じさせることになる。

　第5節では，日本銀行による通貨の分類と定義を確認する。また，日本の通貨残高について，日本銀行の統計を概観することにしよう。第6節では，貨幣（硬貨）の登場によってさまざまなリスクが低減することになったが，リスクがなくなったわけではなく，通貨価値の変動という新たなリスクを管理する必要が生じ，通貨価値の安定が中央銀行の果たすべき重要な機能の1つとなって

いることを指摘する。

　第7節では，決済システムや金融システムを円滑に機能させる上で重要な中央銀行の役割について考える。通貨価値の安定のみならず，預金通貨による決済を円滑に機能させるためには，決済システムの信頼性が担保されなければならない。決済システムの仕組みを説明した後で，中央銀行の果たす重要な役割について考える。また，決済システムの信用維持のために重要な役割を担っている預金保険機構についても，あわせて説明する。最後に，中央銀行が銀行の銀行として，金融機関の活動や金融システムの安定に果たしている役割について述べる。

1　物々交換の世界

　貨幣という制度について考える前に，貨幣が存在しなかったときの物々交換の世界を考えてみることにしよう。海岸近くに住んでいる人が，漁に出て魚を捕ってきたとしよう。また，山に住んでいる人が，野菜を収穫してきたとしよう。そして，2人ともに，自分たちで消費する以上の魚と野菜が手元にある。その場合，両者が出会って，たとえば魚1つと野菜1つで交換してもよいとお互いが合意すれば，この物々交換は成立する。

　しかし，そもそもこうした交換を望んでいる人（取引の相手方）を見つけることができないとすれば，どうだろうか。もしくは，魚を保有している人は，今は野菜をとくに必要としていないとすれば，どうだろうか。魚を保有している人は野菜を必要としているが，野菜を保有している人が今は魚をとくに必要としておらず，肉を必要としていれば，どうだろうか。魚を保有している人は，魚1つと野菜1つでの交換では満足できず，野菜2つであれば交換してもよいと考えているとしたら，どうだろうか。また，お互いが合意できる交換を望んでいる人を見つけることができたとしても，かなりの時間，労力，コストがかかるとしたら，どうだろうか。

　このように見ると，貨幣の存在しない物々交換の世界においては，取引が成立する上でさまざまな困難（リスク）を抱えていることがわかる。物々交換の世界には，欲望の両面一致，交換比率の一致，交換単位（数量）の一致に関する困難が存在する。

本書の序章で4つのリスクについて整理しているが，物々交換の世界のリスクについて考えてみよう。第1に，製品・サービスが市場で受け入れられるかどうかという市場リスクはどうだろうか。販売の不確実性を循環の停滞要因としてとらえたのが市場リスクである。物々交換の経済においては，上の例でいえば，魚を野菜と交換したいと考えている人がいたとしても，野菜を魚と交換したいと考えている相手方がいなければ交換＝販売は成立しない。つまり，物々交換の世界では，販売できるかどうかの不確実性が高く，市場リスクがきわめて大きいことが理解できよう。

　第2に，時間の経過に伴って発生する価格変動リスクについてはどうであろうか。これについても，交換しようと思っているのは魚であり，鮮度が落ちれば予定していた条件での交換が困難になることが予想される。捕れたばかりの鮮度の高い魚であれば，魚1つと野菜1つでの交換に合意が成立するかもしれないが，交換の相手がなかなか見つからず時間が経過し，魚の鮮度が落ちていけば，魚2つと野菜1つという条件でしか交換が成立しないかもしれない。つまり，物々交換の世界においては，第2のリスクである価格変動のリスクもきわめて大きい。

　第3に，外部的な要因によって発生する自然災害などの事故的なリスクである純粋リスクについてはどうであろうか。物々交換したいモノ（ここでは魚）の保管や保存においても盗難や紛失といったリスクは高く，交換のための輸送においても，輸送手段が未発達な時代では輸送に伴う事故によって損害を受けるリスクは高い。

　第4に，製品・サービスが期待どおりのものではないという買い手が負担するリスクや，代金を確実に回収することができるかという売り手が負担するリスク，といった取引リスクについてはどうであろうか。取引リスクについては，物々交換の世界では交換の当事者は取引対象のモノをお互いが見て取引の交渉を行うために，期待したモノとは違うというリスクは小さいであろう。期待どおりでなければ，そもそも交換の合意には至らないからである。代金を回収するリスクについても，お互いが合意してのモノの交換であるため，交換が成立した時点で代金の回収は完了しており，代金を回収するリスクは存在しない。

　このように見ると，図4-1に示すように，物々交換の世界は，第4のリスクである取引リスクはほとんどないものの，それ以外の3つのリスクである市場

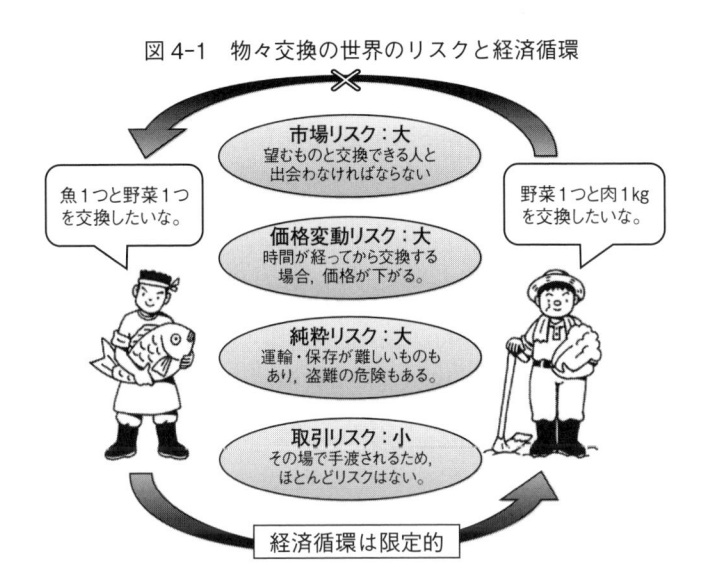

図 4-1 物々交換の世界のリスクと経済循環

- 魚 1 つと野菜 1 つを交換したいな。
- 野菜 1 つと肉 1kg を交換したいな。

市場リスク：大
望むものと交換できる人と出会わなければならない

価格変動リスク：大
時間が経ってから交換する場合，価格が下がる。

純粋リスク：大
運輸・保存が難しいものもあり，盗難の危険もある。

取引リスク：小
その場で手渡されるため，ほとんどリスクはない。

経済循環は限定的

リスク，価格変動リスク，純粋リスクのきわめて大きい世界であるといえる。

最後に，物々交換の世界における経済の循環を想像してもらいたい。上記したように，取引リスク以外の3つのリスクがきわめて大きい物々交換の世界では，交換に伴う時間的，空間的な障壁が高いため，それらを基盤とする経済の循環は，時間的にも空間的にも限定的なものにならざるをえない。しかし，ここにあらゆるモノと交換が可能な特別な商品である貨幣（硬貨）が登場することによって，状況は大きく変化することになる。

2　貨幣（硬貨）の登場

上で見た物々交換の世界は不便なことが多く，リスクも高い。取引を希望する両者を仲介・媒介するための特別な商品＝貨幣が発生する背景が，ここにはある。メソポタミア文明においては，麦が物々交換を媒介する貨幣として使われていたようである。物々交換を媒介する貨幣として麦が広く使われるようになると，お互いが合意する物々交換の相手方を見つけることができなくても，貨幣である麦とまずは交換しておき，その後で必要とするモノをその麦で購入すればよい。

第 4 章　貨幣という制度

つまり，魚1つと野菜1つの交換を望んでいる人が，その相手方として野菜1つと魚1つの交換を望む人を見つけることができなくても，魚1つの購入を望んでいる人（野菜1つとの交換を望んでいなくてもよい）に販売し，貨幣である麦を受け取り，後日，野菜を交換したいと考えている誰か（魚1つとの交換を望んでいなくてもよい）から，麦を支払うことで購入すればよい。麦という特別な商品が誰もが交換手段として受け入れる貨幣となることによって，取引が成立するためのリスクは大きく低下することがわかる。物々交換の世界の欲望の両面一致に対して，欲望の片面一致が実現されればよい。

しかし，麦がさまざまな交換を媒介する貨幣として機能するためには，交換を保証する信頼が背景になければならない。また，麦という貨幣は，農作物であることから長期の保存ができるわけではなく，厳密な計量や運搬にも不向きであり，貨幣としての機能を果たす上で便利な特徴を備えているわけではない。そこで，古代ギリシャでは，紀元前6世紀頃に銀貨（硬貨）が登場する。銀は貴金属として長期の保存に適しているのみならず，いくらでも分割が可能であり，重量で量ることができることから，価値の尺度として理想的な特徴を持っている。神の化身と考えられていたフクロウを銀貨に刻印することによって，信頼を付与しようとした。硬貨という貨幣の登場は，交換手段，価値尺度，蓄蔵手段として適した性格を有していることから，麦という貨幣では困難であった流通地域の急拡大をもたらし，経済の循環を大幅に拡大することとなった。

それでは硬貨という貨幣の登場は，物々交換の世界における4つのリスクにどのような変化をもたらしたのであろうか。まず，第1の市場リスクはどうだろうか。物々交換の経済においては，交換したいと考えている相手方がいなければ交換＝販売は成立しないため，販売の不確実性がきわめて高かった。しかし，貨幣の登場によって，まずは貨幣に交換しておくことで，自らが望むときに，望む商品と交換することが可能になる。つまり，市場リスクは大幅に低下することになる。

第2の価格変動リスクについても，物々交換の世界では，交換しようと思っている魚は鮮度が落ちれば交換比率が悪くなり，価格変動のリスクを負うことになった。しかし，魚を貨幣と交換しておくことによって，価格変動のリスクを大きく低下させることができる。ただし，貨幣の登場によって価格変動のリスクがまったくなくなるわけではない。この点については，本章の第6節の通

図 4-2 貨幣(硬貨)登場後の世界のリスクと経済循環

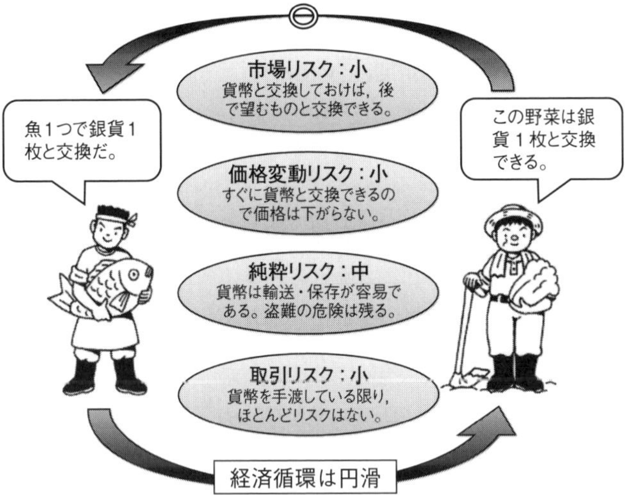

- 魚1つで銀貨1枚と交換だ。
- この野菜は銀貨1枚と交換できる。
- 市場リスク：小　貨幣と交換しておけば，後で望むものと交換できる。
- 価格変動リスク：小　すぐに貨幣と交換できるので価格は下がらない。
- 純粋リスク：中　貨幣は輸送・保存が容易である。盗難の危険は残る。
- 取引リスク：小　貨幣を手渡している限り，ほとんどリスクはない。
- 経済循環は円滑

貨価値の変動の節で述べることにする。

　第3の事故・災害などの純粋リスクについても，貨幣(硬貨)という長期保存や運搬に適した特別な商品の登場によって，物々交換したいモノ(ここでは魚)の保管や保存における盗難や紛失といったリスクと比較すれば，純粋リスクは大きく低下することになる。しかし，貨幣の登場によって純粋リスクがなくなるわけではなく，純粋リスクを低下させるために貨幣を保管する専門機関である銀行の登場をもたらし，それが預金通貨という新たな貨幣(通貨)の創出につながる。そのことについては後述する。

　第4に，買い手や売り手が負担する取引リスクについては，あらゆる商品と交換可能な特別な商品である貨幣(硬貨)の登場によって，期待したモノとは違うという売り手が負担するリスクは存在しない。代金を回収するリスクについても，貨幣との交換が行われた時点で代金の回収は終了しており，代金を回収するリスクは存在しない。しかし，この取引リスクに関しても，後述するように，貨幣が硬貨から紙幣(銀行券)に，そして預金通貨，電子マネーへと拡張をすると，代金回収に伴うリスクも変容することになる。

　図4-2に示すように，貨幣(硬貨)の登場は物々交換の世界とは比較にならないほどリスクの低下をもたらし，その結果として取引の円滑化および交易の

拡大に多大な貢献をもたらした。

3　紙幣（銀行券）と預金通貨の登場

　古代ギリシャに紀元前6世紀頃に銀貨が登場したとき，貨幣（硬貨）の価値は銀の価値と結びついていた。しかし，古代ローマの時代に入ると，銀貨自身の価値は同じであるが，銀貨に含まれている銀の純度を低下させていった。それによって，貨幣の**額面価値**と**実質価値**の乖離の問題が発生した。貨幣の額面価値は同じであっても，金属の含有量が異なる（実質価値が異なる）場合，実質価値の高い貨幣は手元に保有されたまま流通しなくなり，実質価値の低い貨幣のみが流通するようになる。これが進めば，いわゆる「悪貨が良貨を駆逐する」というグレシャムの法則が現実化することとなる。

　この問題に対処するため，紙幣（銀行券）というペーパー・マネーを発明することによって，貴金属の絶対量の制約を乗り越えて，貨幣の流通および経済の循環を拡大させることが可能になった。貨幣の額面価値と実質価値の乖離という現象には，貨幣の硬貨から紙幣への発展の萌芽を見ることができる。

　では，銀行券という紙幣はどのように生まれたのだろうか。紙幣登場の歴史や発展を見ることにしよう（関岡 [1990]）。貴金属をどのように安全に保管するかという問題（保管リスクの減少）に対して，ロンドンではゴールド・スミス（金匠）の金庫が安全な保管場所と考えられた。ゴールド・スミスは，預かった貴金属に対してゴールド・スミス・ノートと呼ばれる預かり証を発行した。

　そして1650年代に入ると，現在の小切手に当たるものが現れている。それは貴金属，つまり貨幣を預けた人（預金者）たちが，自分に代わって債権者に貨幣を支払うことを依頼するゴールド・スミス宛の手形であり，金匠宛手形と呼ばれる。

　本来であれば預金者は，貴金属の預かり証と交換にゴールド・スミスから貴金属を受け取り，それを債権者に支払わなければならない。貴金属を受け取った人たち（債権者）としても，やはり安全のためにその貴金属をゴールド・スミスに預ける必要があった。ゴールド・スミス側から見れば，預かっている貴金属の状態にはまったく変化がなく，ただその所有者が変わるだけということ

になる。そうであれば，貴金属の出し入れといった面倒かつ危険を伴う仕事は省略して，紙に記載された情報を送って，ゴールド・スミスに貴金属の名義を書き換えてもらえばよい。金匠宛手形と呼ばれる小切手は，その依頼書であり，それが支払手段，つまり貨幣として通用した。

　この段階になると，当初は安全な保管のために預けられたゴールド・スミスの金庫の中の貴金属は，**預金通貨**の役割を果たしていることがわかる。1680年頃には，ゴールド・スミスは金匠手形を発行するようになった。それは，ゴールド・スミスが手形の持ち主に対して，記載されている金額の貴金属貨幣を支払うことを約束した約束手形であった。この金匠手形と呼ばれる約束手形こそ，銀行券の先祖である。

　中央銀行が同額の金貨や銀貨に交換することを約束した紙幣（銀行券）を**兌換紙幣**という。これに対して，金貨や銀貨との交換を保証しない紙幣を**不換紙幣**という。また，金を通貨価値の基準＝本位貨幣とする制度を**金本位制度**，銀を本位貨幣とする制度を**銀本位制度**と呼ぶ。

　日本の歴史を見れば，1871（明治4）年に明治政府は新貨条例を公布し，金本位制が採用される。しかし，金貨の不足から，実際には銀貨が利用されることになる。1882年に日本銀行が設立され，1885年に日本銀行兌換銀券が発行される。その後，1887年には，明治政府が金のみを本位貨幣とする貨幣法を公布し，金本位制となる。しかし，1931年に金の兌換が停止となり，金本位制度は終わりを迎える。

　1942年に日本銀行法が制定され，兌換義務のない不換紙幣が発行できることになり，金本位制度から**管理通貨制度**へ移行することになった。今日，銀行券の発行は各国の中央銀行によって独占的に行われている。日本であれば中央銀行である日本銀行が発行し，紙幣には日本銀行券と記載されている。

　アメリカでは，1971年にリチャード・ニクソン大統領が金とドルの固定比率での交換停止を電撃的に発表し，その影響の大きさからニクソン・ショックと呼ばれている。1944年にブレトンウッズで国際通貨体制に関する会議が開催され，国際通貨基金（IMF）と国際復興開発銀行（IBRD）を創設することが決定された。しかし，ニクソン・ショックにより，1944年から続いた金とドルとの交換を前提とした**固定為替相場制度**であるブレトンウッズ体制が崩壊し，**変動為替相場制度**に移行した。

兌換義務のない不換紙幣が発行できる管理通貨制度の下では，物価の安定，経済成長の維持などのために通貨の発行量を管理する必要があり，中央銀行の果たす役割の重要性がいっそう高まることになる。通貨価値の安定の問題については，第6節で後述する。

預金通貨は，預金者の要求があれば銀行は直ちに払い戻しをしなければならない預金であり，こうした意味から**要求払預金**とも呼ばれる。しかし，通常の状態では，預けられた預金が預金者全員からいっせいに全額引き出されるということはないので，銀行はある一定比率を預金の引き出しに備える準備金として，日本銀行に無利子の預金として保有している。たとえば，この預金準備率を10％として，銀行が貸出しを繰り返すとどのようなことが生じるであろうか。

資金保有者（個人や企業など）は現金と預金の2つの方法で保有するが，その比率は前者が10％で後者が90％という構成であるとしよう。ある人が銀行に100万円を預金し，銀行は預金準備率10％に当たる10万円を預金準備として保有し，残りの90％の90万円をある企業に貸し付けるとしよう。90万円の貸付けを受けた企業は，同様に10％に当たる9万円は現金として保有し，残りの90％の81万円は再び銀行に預けることになる。こうしたことを繰り返せば，100万円×$(0.81+0.81^2+0.81^3+……)$＝100万円×$(1/(1-0.81))$＝100万円×5.5となる。つまり，当初の100万円は5.5倍もの預金通貨を作り出しており，こうした銀行の機能は信用創造と呼ばれる。

銀行の果たす機能については，第5章で詳しく見ることにしたい。また，預金が通貨として機能するためには，銀行や中央銀行を含めた決済システムが制度として確立し，機能しなければならない。決済システムについては，第7節で詳しく説明することにする。

以下では，預金通貨の登場後の世界のリスクと経済の循環について考えてみよう。まず，貨幣（硬貨）や紙幣（銀行券）という**法定通貨**と，預金通貨という2つの通貨において，**決済リスク**という視点からリスクがどのように異なるかについて見ておくことにしよう。

預金通貨は預金者の要求があれば直ちに預金が現金に交換されることが保証され，人々がそれを信頼していることによって法定通貨と同様の機能＝決済機能を果たすことができる。預金は銀行からすれば負債であるが，この負債の移

●コラム 4-1　銀行および決済システムに対する信頼崩壊と取り付け騒ぎ

　通常は顕在化しない銀行および決済システムに対する信頼が崩壊すると，銀行預金の取り付け騒ぎといった現象が生じる。最近では，2007 年のサブプライム・ローン問題のときに，イギリスのノーザンロックで起こった預金者の取り付け騒ぎが記憶に新しいところである。

　ノーザンロックは住宅ローンを主要業務とするイギリスの大手銀行であるが，市場からの資金調達への依存度が高かったため，サブプライム・ローン問題の発生によって資金調達が厳しくなる事態に直面した。数日での預金の引き出し額は，預金全体の 8％，20 億ポンドに上ったといわれる。ノーザンロックの問題は同業他社にも飛び火し，アライアンス＆レスターやブラッドフォード＆ビングレイの株価の急落を招き，取り付け騒ぎの連鎖が懸念された。

　財務大臣が預金の全額を保護するとの声明を発表したことで，預金者の取り付け騒ぎは沈静化した。銀行への信頼がなくなり，預金通貨としての信頼性が崩壊すると，現物の現金を求めて預金者が殺到するという世界に引き戻されることを示している。

　こうした銀行預金の取り付け騒ぎという事態は海外に限られることではなく，日本においてもこれまで何度も生じている。古くは昭和金融恐慌の引き金となった東京渡辺銀行の取り付け騒ぎから，比較的最近では，木津信用組合，北海道拓殖銀行，日本長期信用銀行などの取り付け騒ぎに見られるように，銀行の業績悪化にその原因を持つものである。

　しかし，1973 年の豊川信用金庫や 2003 年の佐賀銀行の取り付け騒ぎのように，女子高校生同士の会話や事実無根のメールの発信に端を発しているものもある。通貨が交換手段として常に広く受け入れられるという信頼によって成り立っていることは何度も指摘したが，こうした信頼の基盤は銀行の経営悪化や倒産といった理由からだけではなく，単なる噂からも崩壊するリスクをはらんでいることを示唆している。

転が保証されるための制度，すなわち決済システムが構築されることによって初めて通貨として機能する。しかし，金融機関や決済システムに対する信頼が壊れると，リスクが一挙に顕在化することになる。それが銀行への取り付け騒ぎである（詳しくはコラム 4-1 参照）。

図4-3 預金通貨の登場後の世界のリスクと経済循環

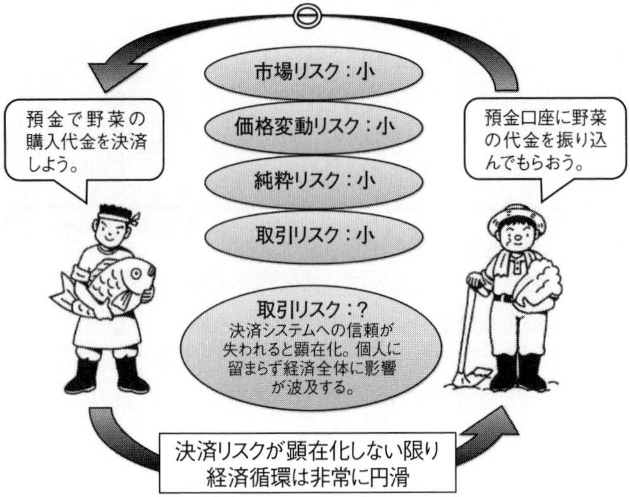

- 市場リスク：小
- 価格変動リスク：小
- 純粋リスク：小
- 取引リスク：小

取引リスク：？
決済システムへの信頼が失われると顕在化。個人に留まらず経済全体に影響が波及する。

預金で野菜の購入代金を決済しよう。

預金口座に野菜の代金を振り込んでもらおう。

決済リスクが顕在化しない限り経済循環は非常に円滑

つまり，貨幣（硬貨）や紙幣（銀行券）などの法定通貨は，債権者はそれが提示されたときに債務弁済手段として受領する義務があることが，日本銀行法によって規定されている。これを支払い完了性（ファイナリティ）があるという。

しかし，法定通貨以外の通貨，たとえば預金通貨や後述の電子マネー，クレジットカードなどでは支払い完了性がないため，決済リスクが存在する。決済リスクは，経済活動への参加者が多数になり地理的にも拡大すると，ある取引主体における決済資金の欠如が，それに関わる取引相手に連鎖的に及ぼす影響がきわめて大きくなる。貨幣（硬貨）や紙幣（銀行券）とは異なり，預金通貨においては盗難や紛失の危険性もほぼないといえるので，純粋リスクもほとんど存在しない。図4-3には，預金通貨の登場後の世界のリスクと経済の循環についてまとめて示している。

4 電子マネーの登場

今日では，紙幣（銀行券）や預金通貨からさらに進んで，コンピューター上に存在する通貨が普及し広く使われるようになってきている。電子マネーの登

場である。電子マネーとは，ネットワークやICカードなどを使って，通貨に相当する機能を電子的に提供する私製貨幣（電子的小口決済手段）である。

具体的な例としては，非接触型ICカードでは，Suica（JR東日本），ICOCA（JR西日本），PASMO（パスモ），SUGOCA（JR九州），Kitaca（JR北海道）などの交通系のほか，WAON（イオン），nanaco（セブン＆アイ）などの流通系，楽天Edy（楽天Edy）などの専業系とさまざまである。非接触型ICカードは，カードを抜き差しする必要がなく，高速な処理が可能なことから広く普及している。

電子マネーの発行主体別に参入動機は異なり，鉄道系は鉄道利用客へのサービスや利便性の向上，流通系は顧客の囲い込みとマーケティング・データの取得，専業系はクレジットカードの潜在的市場の開拓が主な理由である。非接触型ICカードも，プリペイド（前払い）式とポストペイ（後払い）式の2つに分類されるが，日本では上に挙げたようなプリペイド式の非接触型ICカードが主流となっている。こうしたことから，これらのプリペイド式の非接触型ICカードを狭義の電子マネーと定義している。この他にも，決済手段として用いられている代表的な「通貨」として，クレジットカードとデビットカードがある。

電子マネーの登場はどのような変化をもたらしたのであろうか。まず，メリットについて考えると，決済スピードの迅速化や簡略化がもたらされたことの意義は大きい。また，消費者にとっては，無駄な現金の持ち歩きを軽減できる。ポイント・サービス（マイレージなど）がつくことによって，消費促進の効果もある。事業者にとっても，売上げの促進効果や顧客情報をマーケティング戦略へ活用できるなどの効果がある。

しかし，電子マネーの登場は，リスクという視点からすれば，法定通貨や預金通貨の登場とは異なる次元のリスクを持つことを理解しておく必要がある。貨幣（硬貨）や紙幣（銀行券）などの法定通貨は，それが提示されたときに債権者は債務弁済手段として受領する義務があることが日本銀行法によって規定されており，支払完了性（ファイナリティ）があることについては，すでに指摘した。法定通貨以外の通貨である預金通貨の登場は，決済リスクの増大というリスクを新たに生じさせていることについても指摘した。

さらに進んで電子マネーやクレジットカードが「通貨」として決済に利用さ

れるようになると，支払完了性の問題＝決済リスクに加えて，**汎用性**と**匿名性**に関する限界やリスクが生じる可能性があることを認識しておく必要がある。電子マネーやクレジットカードは使用できる対象や金額に制限が設けられており，汎用性という点からは限界がある。また，事業者にとっては売上げの促進効果や顧客情報をマーケティング戦略に活用できるなどの効果があることの裏の側面といえるが，誰がいつどこでいくら利用したかの情報が記録され，匿名性という視点からすれば利用者側の情報が外部に漏れるリスクが大きい。

こうした特徴は，逆にいえば，法定通貨においては，支払完了性，汎用性，匿名性という3つの条件が整っていることを意味する。

5　通貨の分類と定義

日本銀行の定義によれば，図4-4の上部に示すように，日本銀行当座預金と現金通貨を合計した通貨をマネタリー・ベース（もしくは，ベース・マネー，ハイパワード・マネー）と呼ぶ。また，現金通貨と一般法人，個人，地方公共団体などの通貨保有主体が保有する通貨量の残高の総量＝民間金融機関預金（金融機関や中央政府が保有する預金などは対象外）をマネー・ストック（通貨残高）と呼ぶ。日本銀行は2008年5月以降，郵政民営化の影響を考慮するために，これまでのマネー・サプライ（通貨供給量）統計からマネー・ストック（通貨残高）統計へと概念を変更した。

マネー・ストック統計の各指標（M1，M2，M3）の分類の概念（縦軸に通貨発行主体，横軸に金融商品）は，図4-4の下部に示している。それぞれの具体的な定義は以下のとおりとなっている。まず，M1は現金通貨＋預金通貨と定義される。現金通貨は銀行券発行高＋貨幣流通高であり，預金通貨は要求払預金（当座，普通，貯蓄，通知，別段，納税準備）－調査対象金融機関の保有小切手・手形である。続いて，M2は現金通貨＋国内銀行等に預けられた預金と定義される。最後に，M3はM1＋準通貨＋CD（譲渡性預金）と定義される。準通貨は定期預金＋据置貯金＋定期積金＋外貨預金であることから，M3は現金通貨＋全預金取扱機関に預けられた預金と定義することができる。日本銀行はM3を代表的指標として位置づけている。

現在の日本の通貨残高はどれくらいあるのだろうか。日本銀行のマネー・ス

図4-4 日本の通貨の分類と定義

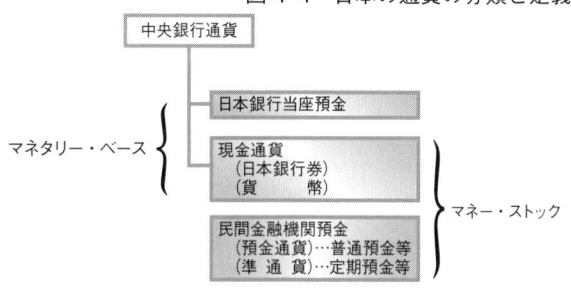

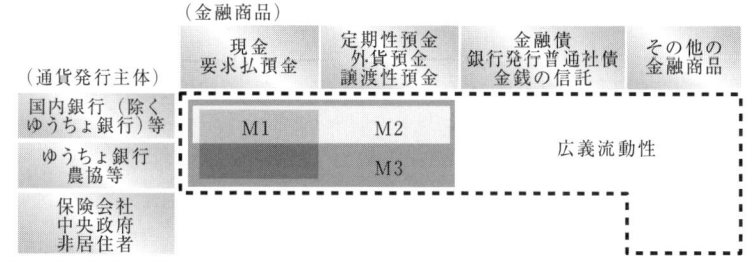

```
中央銀行通貨
  ├─ 日本銀行当座預金
  ├─ 現金通貨
  │    (日本銀行券)
  │    (貨  幣)
  └─ 民間金融機関預金
       (預金通貨)…普通預金等
       (準 通 貨)…定期預金等
```

マネタリー・ベース：中央銀行通貨＋日本銀行当座預金＋現金通貨
マネー・ストック：現金通貨＋民間金融機関預金

(通貨発行主体)	現金 要求払預金	定期性預金 外貨預金 譲渡性預金	金融債 銀行発行普通社債 金銭の信託	その他の 金融商品
国内銀行（除くゆうちょ銀行）等	M1	M2	広義流動性	
ゆうちょ銀行 農協等	M3			
保険会社 中央政府 非居住者				

出所：日本銀行金融研究所［2011］7頁。

トックの統計を概観しておくことにしよう。2013年5月時点の数値を見れば，貨幣（硬貨）と紙幣（日本銀行券）をあわせた現金通貨の合計は約79兆円である。預金通貨は約481兆円であり，現金通貨の6倍近い規模となっている。さらにM2では約844兆円，M3では約1152兆円の通貨残高となっている。

一方，日本における電子マネー，クレジットカード，デビットカードの普及状況を最近の実態調査に基づき確認すると，1年間の決済金額他は，電子マネーが約2兆円，デビットカードが約7000億円，クレジットカードが約37兆円となっており，合計で40兆円程度の規模である。

日本銀行は第4節で述べた8つの代表的な電子マネーの状況を継続的に調査しているが（日本銀行決済局［2008，2010，2011］），2010年度の決済件数は約20億件，決済金額は約1.7兆円である。電子マネーの普及は急速に拡大しているようであるが，電子マネーの発行残高は現金通貨全体（貨幣流通高＋銀行券発行高）の0.1％程度にすぎない。このように，電子マネーの普及は徐々に進みつつあるが，依然としてそのレベルは低く，電子マネーが決済システムや金融システム全体に大きな影響を及ぼすには至っていないといえよう。

6　通貨価値の変動

　貨幣（通貨）という制度の登場によって，物々交換の世界では避けることができなかったさまざまなリスクを低下させることができることを見てきた。しかし，通貨価値の変動というリスクが新たに生じることになった。物価が上昇し通貨価値が下落する状態をインフレーション，逆に物価が下落し通貨価値が上昇する状態をデフレーションと呼ぶ。物価水準が1年間に数倍にも上昇するようなインフレをハイパー・インフレーションと呼ぶ。

　インフレーションの歴史は古く，コロンブスが新大陸を発見した後，アメリカ大陸で安く採掘された大量の貴金属がスペインを経由してヨーロッパに流入した結果，金貨・銀貨の供給が急増し，16世紀を通じて貨幣価値の下落（物価の上昇）が起こった（田添 [1970]）。

　フランス革命の際のインフレーションについてもよく知られている。フランス革命の最中，革命政府は財政収入の不足に悩み，この対策として1789年に5％の利子付きで4億リーブルのアッシニア紙幣を発行した。政府は革命後の莫大な支出をまかなうために紙幣を乱発した結果，フランスの物価は激しい勢いで上昇し，アッシニア紙幣の価値は著しく下落した。1795年には額面の1000分の3にまで落ち込んだ。フランス政府はこれに対応するため新紙幣を発行するが，それも乱発され価値は暴落する。結局，流通している紙幣はすべて廃止され，フランスは金銀本位制度に戻った。

　第1次世界大戦後のドイツのインフレーションはハイパー・インフレーションと呼ばれる状況である。1921年のロンドン最後通牒によって，1320億マルクの賠償をドイツに課すという決定がドイツ政府に通告されると，不換紙幣の発行高は，21年には814億マルクであったものが，23年には1兆9996億マルクにふくれあがった。物価指数は1921年に1308であったものが，23年には27万8500に上昇した。為替は1921年に1ドルにつき62マルクであったものが，23年には1万7972マルクとなってしまった。

　その後，フランスとベルギー両政府によるルール地方の占領が起こると，為替は激落し，物価は暴騰し，財政の赤字と不換紙幣の乱発は天文学的数字に達する。1923年にレンテンマルクが発行されると，これに伴って紙幣マルクの

為替相場は1ドルにつき4兆2000億マルクに安定した。大戦前，紙幣マルクが金と兌換されていた時期には1ドルは4.2マルクであり，戦前に比べて1兆分の1に下落したところで安定したことになる。

ドイツのハイパー・インフレーションが国民生活と社会に何をもたらしたかを見ると，通貨価値の変動のリスクが明確となる。そのときの状況は，下記のように興味深く描かれている（ファーガソン［2011］）。

ケルン駐在のイギリス総領事バジェット・サースタンは，「買い物客が行列を作り，店の再開店を待っているという光景が，日常的に見られるようになった。そのような店では必ず，在庫はすぐに売り切れ，新規に入荷する商品はそれよりも格段に高い値段で売られている。実際，卸売りの価格が小売りの価格を上回るという奇妙な現象が，今では珍しくない」と書いている。

エルナ・フォン・プスタウは，「市町村が，じゃがいもやライ麦のような商品を裏付けにした独自のお金を発行していました。靴工場は，パン屋でパンに，肉屋で肉に交換できる靴債券で工具たちにお給料を払いました」と語っている。

こうしたドイツのハイパー・インフレーションの歴史は，何を意味しているのであろうか。物々交換の世界のリスクを低下させることに成功した貨幣（通貨）という制度は常に安定しているものではなく，通貨価値の安定に失敗するとリスクが顕在化し，物々交換の世界に強制的に引き戻されるリスクを抱えているということである。

7 決済システム・金融システムの安定と中央銀行の役割

発券銀行であり銀行の銀行でもある中央銀行は，通貨価値や物価の安定に重要な役割を果たす。また，決済システムや金融システムの円滑な運営においても，安定が損なわれる恐れがある場合には，中央銀行は**最後の貸し手**として重要な役割を果たす。

銀行預金が預金通貨として決済に用いられるためには，銀行間を結ぶネットワークと，銀行の銀行としての中央銀行の存在が不可欠である。図4-5を見ながら，銀行口座振替による決済（**内国為替制度**と呼ばれる）の仕組みを概観することにしよう。

内国為替制度は，個人や企業が金融機関に振込みを依頼した場合に，支払側

金融機関と受取側金融機関の間の決済を行うための仕組みであり，全国銀行資金決済ネットワーク（全銀ネット）が運営している。支払人Xが自身の預金がある金融機関Aに対して，受取人Yの預金口座のある金融機関Bへの振込みの依頼をした場合，振込み・送金などの金融機関からの為替取引に関するデータ処理は全銀システムのセンターを通じて行われる。

　同図では支払人Xと受取人Yの振込みのみが示されているが，当然ながら金融機関は膨大な数の取引を行っている。同センターでは，金融機関における個々の支払指図を送受信するほか，これらを集計した上，金融機関ごとに受払差額を計算し，その結果を日本銀行にオンラインで送信する。この送信結果に基づき，当日の午後4時15分に，各金融機関と全銀ネットとの間で日本銀行当座預金の入金または引落しを行うことにより最終的に決済される。このように，日本銀行への金融機関の当座預金口座と，それらを処理する全銀システムや日銀ネットというネットワークが存在して初めて，こうした決済システムが円滑に機能することが理解できる。

　預金保険機構も決済システムの信用維持のために重要な役割を担っている。預金保険とは，金融機関が預金保険料を預金保険機構に支払い，万が一，金融機関が破産した場合には，預金保険機構が一定額の保険金を支払うことにより預金者を保護する制度のことである。当座預金や利息の付かない普通預金などは全額保護され，利息の付く普通預金や定期預金などは1000万円＋利息まで保護される。預金者自身が預金保険への加入の手続きを行う必要はなく，預金者が預金保険の対象金融機関に預金をすると，預金者，金融機関および預金保険機構の間で，預金保険法に基づき自動的に保険関係が成立するというかたちで成り立っている。預金保険機構には，政府，金融機関，中央銀行が出資を行い，通貨への信頼と決済システムの維持のために重要なインフラを構成している。

　最後に，中央銀行が銀行の銀行として，金融機関に対して貸出しを行う際に適用する政策金利について説明しておくことにしよう。中央銀行はこの政策金利を調整することによって，金融機関が企業等に対して実施する融資の金利に間接的に影響を与え，政策的な効果を実現しようとする。市場が過熱していると判断すれば，中央銀行は金融機関に対する政策金利を引き上げ，金融機関が企業等に対して実施する融資の金利引上げを通じて，企業等の活動に対して影

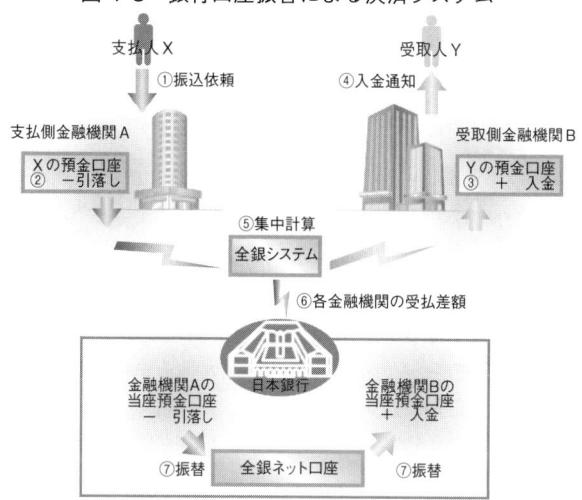

図 4-5　銀行口座振替による決済システム

出所：日本銀行金融研究所［2011］70 頁。

響を与える。

　以前は中央銀行が金融機関に対して適用するこの政策金利を公定歩合と呼んでいた。しかし，1970年代から進展した金融自由化に伴って，公定歩合と預金金利の連動性は薄れ，景気の調整を公定歩合の上下によって実施することは有効な手段ではなくなった。そこで，景気調整の手段を公定歩合から，金融機関他が1年未満の短期資金を融通する市場である短期金融市場を代表する金利である無担保コール翌日物金利へと変更した。2006年には，日本銀行は公定歩合という名称を基準割引率および基準貸付利率という名称へと変更した。

　無担保コール翌日物金利とは，短期金融市場の1つであるコール市場において，金融機関がお互い担保を取ることなく貸し借りを行う際に適用される金利である。ちなみに，1980年3月19日には公定歩合は9.00％であったが，その後低下し，2008年12月19日以降，基準割引率および基準貸付利率は0.30％となっている。

　また，日本銀行はこうした政策金利の設定だけではなく，日本銀行が保有している国債の買い戻し条件付きの売却など，さまざまな金融政策を通じて市場金利に影響を与え，実体経済への波及効果を与える。

　中央銀行は，金融機関経営の安定化のためにも，考査と呼ばれる立ち入り検

第4章　貨幣という制度　113

●コラム 4-2　国際通貨と地域通貨

　通貨は一国の範囲を越えて国際的に流通し決済機能を果たすこともあれば，逆にきわめて限られた地域内でのみ流通することもある。前者が国際通貨であり，後者が地域通貨である。国際通貨として代表的なものは，米ドル，円，ユーロの3つである。

　財務省の統計（貿易取引別通貨比率）によれば，2012年の上半期において，日本からの輸出（全世界ベース）に占める米ドル，円，ユーロの構成比率はそれぞれ49.2％，40.4％，5.5％となっている。これら3つ以外の通貨はわずか4.9％を占めるにすぎない。一方，日本への輸入（全世界ベース）について見ると，それぞれ73.7％，22.0％，2.9％となっており，ドルへの依存がいっそう顕著となっている。

　しかし，輸出入先のエリア別に見ると状況は大きく異なっている。日本からの輸出に関して，アメリカ向けでは米ドルが84.5％を占めているが，EU向けでは14.8％，アジア向けでは50.2％を占めるにすぎない。日本への輸入に関しても，アメリカからとアジアからについては，米ドルがそれぞれ78.2％と72.0％であるが，EUからは10.9％となっている。

　国際貿易の促進のためには国際通貨および為替の安定が不可欠であり，その目的のための国際専門機関として1946年に国際通貨基金（IMF）が設立された。たとえば，1997年にはアジア通貨危機がタイで生じ，アジア各国の通貨の大幅な下落へと波及した。通貨危機によってタイ，インドネシア，韓国はIMFの管理下に置かれる事態にまで至った。

　一方，地域通貨の特徴は以下のようなものであり，本章で見た法定通貨としての貨幣（硬貨）や紙幣（銀行券）とは対照的な特徴を持っている。第1に，発行する主体が市民もしくは市民団体等であり，自らの判断により自由に発行することができる。第2に，地域の抱える福祉や介護などの問題に対して，地域内での通貨の循環を通じて地域経済の自立を促し，こうした問題を克服すること目的としている。第3に，利子は付かず，無利子で発行される。そのため長期間蓄蔵されることはなく域内で継続的に使用されることから，経済活動を活発にすることができる。第4に，一般の通貨との換金はできず，地域限定的な流通とならざるをえない。

　地域通貨の例として，アトム通貨（貨幣単位は馬力）は，早稲田・高田馬場などで流通する地域通貨であり，環境，地域，国際，教育に貢献するイベントやプロジェクトへの参加でもらうことができ，加盟店などで利用することができる仕組みとなっている。

　このように，国際通貨と地域通貨はきわめて対照的な特徴を持つが，金融や経済のグローバリゼーションの急速な進展によって生じる地域のさまざまな課題，とり

わけ市場性の低いサービスの提供という問題を解決するために，地域通貨が補完的役割を果たすことが期待されている。

査を実施したり，各種経営資料の分析や役職員のヒアリングによる調査であるオフサイト・モニタリングを実施している。また，近年，金融機関の活動や金融システムの国際的な連動性が高まってきていることを受けて，バーゼル銀行監督委員会を中心に，国際的に活動する銀行の自己資本比率に関する国際統一基準を作るなどの動きが進展している。中央銀行は，銀行監督の国際的連携においても重要な役割を果たしている。

おわりに

われわれは貨幣の存在しない物々交換の世界に引き戻されることなどないと，常日頃は思っている。貨幣という存在はあまりに当たり前すぎて，こうした状況を考えることはないのかもしれない。しかし，物々交換，貨幣（硬貨），紙幣（銀行券），預金通貨，電子マネーという貨幣（通貨）の発展の歴史を見ると，貨幣は物々交換の世界では存在するさまざまな困難（リスク）を軽減するために人類が発明したすばらしい制度であるとともに，この制度を支えるシステム（たとえば，銀行や中央銀行から構成される決済システムなど）によって初めて，リスクの管理が可能になっていることを理解しておくことが重要である。

貴金属の蓄積に制約されることのない紙幣（銀行券）や預金通貨，その後の電子マネーの登場は，その流通を時間的・空間的に急拡大することを可能にし，経済の発展に多大な貢献をもたらしたことに疑う余地はない。

しかし，本章の最後に再度確認しておきたいのは，通貨に対する信頼の崩壊（たとえば，ハイパー・インフレーション）や銀行や決済システムに対する信頼の崩壊（たとえば，銀行に対する取り付け騒ぎ）がいったん生じると，もろくもこの制度の基盤は壊れ，物々交換の世界や貴金属としての貨幣の世界に引き戻されるということである。

▶ **参考文献**——次に読んでみよう

岡部光明［1999］『現代金融の基礎理論』日本評論社
関岡正弘［1990］『マネー文明の経済学——膨張するストックの時代』ダイヤモンド社
田添大三郎［1970］『インフレーションの話』日経文庫
西部忠［2002］『地域通貨を知ろう』岩波ブックレット
日本銀行決済機構局［2008，2010，2011］「最近の電子マネーの動向について」日本銀行
ファーガソン，A.（黒輪篤嗣・桐谷知未訳）［2011］『ハイパーインフレの悪夢——ドイツ「国家破綻の歴史」は警告する』新潮社

第5章

金融という制度
―― 銀行の役割とは何だろうか

はじめに

　多くの大学生がどこかの銀行に自身の口座を持っているのではないだろうか。アルバイトで得た収入などをすべて現金で持ち，銀行に預金していないという人は例外的であろう。親元を離れて一人暮らしをしている学生であれば，公共料金の支払いを銀行口座からの引き落としで決済している学生も多いだろう。eコマース（たとえばアマゾン・ドット・コムや楽天）を利用して商品を購入したときなども，銀行口座からの引き落としや，クレジットカードによる支払いを多くの人が利用している。クレジットカードによる支払いは，自身の銀行口座からの引き落としによって決済される。

　企業においても，事業活動に関わるさまざまな取引（資金の支払いや受け取り）に銀行口座を用いる。また，自社の保有資金では十分に運転資金や設備投資などの資金需要をまかなえないときには，銀行から融資を受けることによって事業活動を行っている。

　資金余剰の主体から資金不足の主体に円滑な資金の融通を行うのが，金融の役割である。金融の方法には大きく分けて直接金融と間接金融という2つの方法があり，後者を担う代表的な金融機関が銀行である。第1節では，わが国において資金余剰主体と資金不足主体が時系列的にどのように変化してきているかを見た後，これらの間の資金融通を行う2つの金融の方法について説明する。銀行は金融仲介業務を行うにあたって，預金者には金利を払い，融資先企業からは金利を徴収する。資金の需給状況と金利の関係についても考えることにしよう。

　第2節では，間接金融を担う金融機関といってもさまざまな業態があり，民

間の金融機関（銀行）と政府系の金融機関の2つに分けて，どのような特徴を持っているかを説明する。多様な業態の金融機関が存在する根拠を見ることにしよう。

第3節では，金融機関（銀行）による企業への融資において生じる問題と，そうした問題に対して銀行としてどのような対応をとっているかを説明する。企業に対して最も影響力を持つ銀行をメインバンクと呼び，わが国ではメインバンク・システムが歴史的に有効に機能してきた。しかし，企業の資金調達のあり方も変化を遂げており，銀行はとりわけ小規模企業との間で密接な関係を構築する必要性に迫られている。こうした銀行の機能についてはリレーションシップ・バンキングと呼ばれる。

多様な金融機関が存在しながらも，たとえばリスクの高い中小企業向け融資業務の円滑な遂行にあたって，金融機関が単独で対応できる領域には限界がある。そこで，世界の多くの国々では信用保証制度と呼ばれる制度を設けている。第4節では，信用保証制度が金融機関による間接金融を円滑に行う上でどのような役割を果たしているかを見た後，同制度の制度設計上の課題についても言及する。

1　資金の融通

◈ 資金余剰主体と資金不足主体

貨幣（通貨）が登場すると，その蓄蔵手段として適した特性から必然的に余剰部分は蓄蔵されることになる。その一方で，蓄蔵された資金以上を消費したいと考える，資金需要が大きい主体も存在する。一般的には企業と政府は支出が収入を上回る資金不足の主体であり，一方で家計（個人）は収入が支出を上回る資金余剰の主体である。しかし，日本銀行の「資金循環統計」に基づいて，資金不足・余剰の実態を時系列で示した図5-1を見れば，こうした状況に近年変化が生じていることを確認することができる。

日本銀行の統計に基づき，1980年度から2011年度までの資金循環の状況を見ることにしよう。ここでは，家計（個人），法人企業，一般政府（中央政府，地方政府，地方公共団体），金融機関の4つに分けて図示している。

まず，家計は一貫して資金余剰主体である。しかし，1992年度には51兆円

図 5-1　日本の資金循環

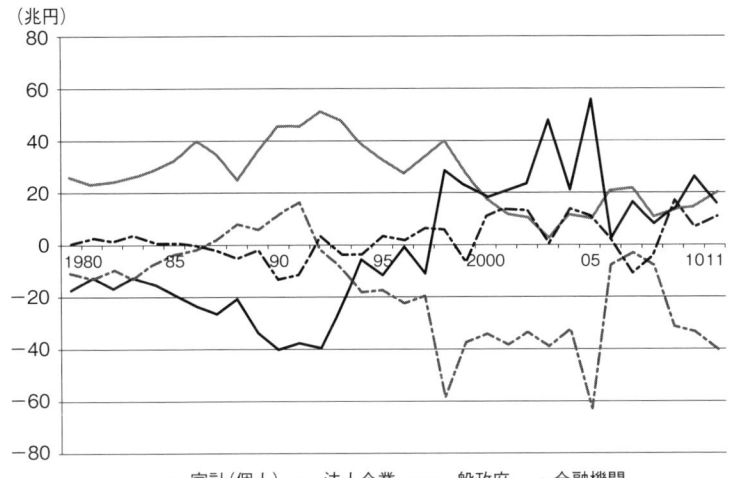

(兆円)

出所：日本銀行「資金循環統計」より作成。

程度の資金余剰であったが徐々に減少し，2011年度では20兆円程度へと低下している。一方，**法人企業**は1998年度以降に資金不足主体から資金余剰主体に代わり，2011年度では16兆円程度の資金余剰となっていることがわかる。逆に，**一般政府**は1991年度には17兆円程度の資金余剰主体であったが，92年度からは資金不足主体になり，2011年度では39兆円程度の資金不足となっている。最後に，**金融機関**については，傾向としては資金余剰の大きさがゆるやかな拡大傾向にあり，2011年度で11兆円程度の資金余剰主体となっている。

　上に見たように，現在では一般政府が大幅な資金不足主体となっている一方で，家計，金融機関に加えて法人企業も資金余剰主体となっている。もちろん個々の企業が自社で利用可能な資金額を超えて投資を実施する必要があるときには，不足する資金を外部から調達する必要がある。後述するように，企業は銀行から融資を受けたり，社債や株式を発行することによって外部から資金を調達する。

　こうした状況は，大幅な資金不足状態にある国や地方自治体においても同様である。国や地方自治体は，税収では資金が不足する場合，国債や地方債を発行することで不足する資金を調達する必要がある。

第5章　金融という制度

図 5-2　直接金融と間接金融

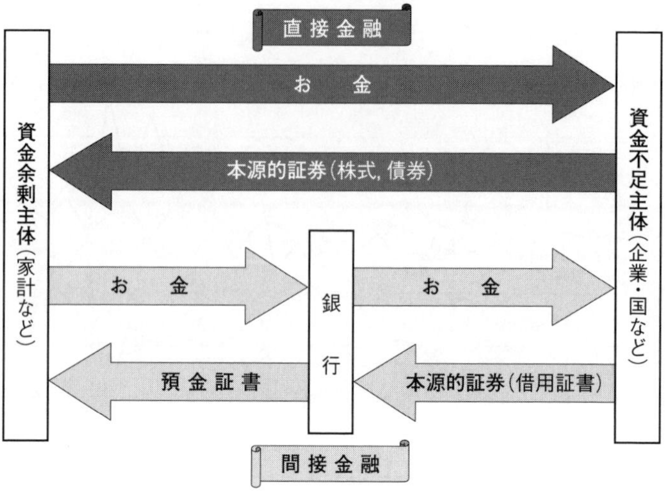

[図：直接金融と間接金融の流れ。資金余剰主体（家計など）と資金不足主体（企業・国など）の間で、上段は直接金融（お金の流れと本源的証券（株式、債券）の流れ）、下段は銀行を介した間接金融（お金・預金証書・本源的証券（借用証書）の流れ）を示す。]

❖ 直接金融と間接金融

　資金不足の主体と資金余剰の主体が存在したとき，両者の間でそれぞれが取引の相手方を見つけ，条件の交渉を直接しなければならないとすれば，どのような問題が生じるであろうか。第4章で見た，貨幣が登場する以前の物々交換の世界と同様に，資金不足主体と資金余剰主体をつなぐ金融取引を仲介する機関（銀行や証券会社などの金融機関）や市場（金融市場や証券市場）が存在しない状況では，経済活動を円滑に行う上でさまざまな困難（リスク）が生じる。資金不足の状態にある側と資金余剰の状態にある側の間で，資金の融通を円滑に行うのが金融の役割である。

　資金を融通する方法には，基本的に2つある。**直接金融**と**間接金融**である。図5-2に示すように，資金不足主体（たとえば企業）が株式や債券などの**本源的証券**を発行し，資金余剰主体（たとえば家計）から直接的に資金を調達する方法が直接金融である（図上段の流れ）。これに対して，銀行などの金融機関が独自に預金証書などの**間接証券**を発行して資金余剰主体から資金を調達し，最終的借り手である資金不足主体が発行する借用証書などの本源的証券を取得することによって資金を提供する方法が間接金融である（図下段の流れ）。

　銀行の重要な役割は，資金余剰主体から資金不足主体に資金を円滑に融通す

図 5-3 資金の需給関係と金利

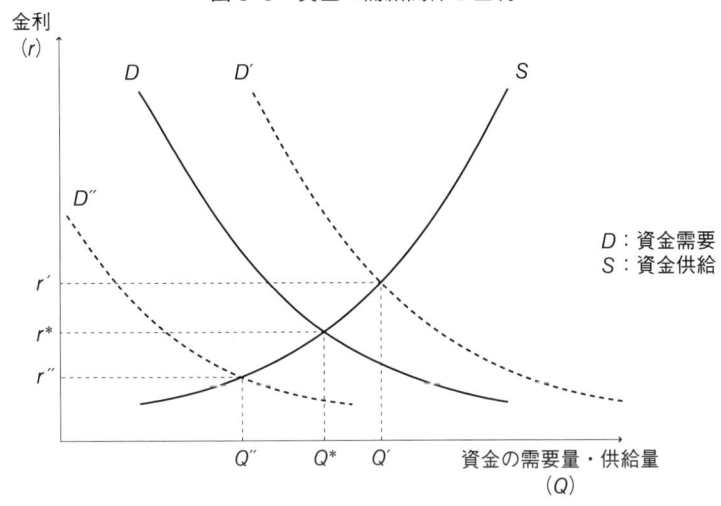

ることである。間接金融システムが機能し，企業に資金が円滑に流れることによって経済の循環が良くなることについては，序章でも確認したとおりである。

この流れにおいて，銀行は金利をつけて家計などからお金を集め，より高い金利で企業などに貸し付けて銀行としての経営を成り立たせる。それは反面では，その金利であれば借りてもよいと考える企業が存在するからである。ただ，第3節で後述するように，高い金利でも借りたいと考える企業に対して融資が実施されないという問題が銀行融資では生じるが，ここでは資金の需給関係と金利との基本的な関連性を説明しておくことにしよう。

金利は，図5-3に示しているように，資金の需要Dと供給Sのバランスによって基本的には決定する。現在，2つの曲線が交わっているQ^*で金利が決定していることがわかる。しかし，資金の需要が高いとき（借りたい人が多いとき）には需要曲線はD'にシフトし，金利はr'に上昇する。一方，資金の需要が低いときには需要曲線はD''にシフトし，金利はr''に低下する。

景気が良ければ消費者の消費意欲が高まり，企業は設備投資を行い，生産能力を引き上げようとするであろう。こうしたときには企業の資金需要が増し，金利の上昇をもたらす。逆に景気が悪ければ消費者の消費意欲は低下し，企業は設備投資を行うことで生産能力を引き上げようとは考えないであろう。こう

したときには企業の資金需要は減退し，金利の低下をもたらす。

直接金融システムについては第6章で詳しく見るが，金融・証券システムが直接金融と間接金融の両面で整備されると，資金不足主体は多様な資金調達手段から選択することができるだけではなく，事業活動のリスクを適切なリスクのとり手に配分することが可能となる。

たとえば，資金不足の状態にある企業が株主から出資を受けて事業を実施したり（直接金融），銀行から融資を受けて事業を実施した（間接金融）場合，企業が実施する事業のリスクを株主や銀行が一部負担していることを意味している。経済環境や金融環境の不確実性が高まれば，企業自身がリスクのすべてを引き受けなければならない状態では企業活動は停滞せざるをえない。そこで，金融・証券システムが整備されることによるリスクの**再配分機能**が重要な役割を果たすことになる。

❖ 企業の財務構造

資金の融通には大きく直接金融と間接金融の2つの方法があることを見た。企業の視点から見ると，資金調達において直接金融と間接金融にどのように依存しているかは，財務構造（資本構成）として現れることになる。それでは，日本企業はどのように資金を調達しているのか，財務省の「法人企業統計」に依拠しながら，直接金融と間接金融という視点から，企業規模別に資金調達方法の変遷を確認することにしよう。

日本企業を資本金規模別に，零細企業（資本金1000万円未満），中小企業（1000万円以上1億円未満），中堅企業（1億円以上10億円未満），大企業（10億円以上）の4つのグループに分類し，**金融機関借入比率**（金融機関借入金の総資産に占める比率）と**自己資本比率**（自己資本の総資産に占める比率）の推移を確認することにしよう。

大企業においては金融機関借入比率を徐々に低下させ，いわゆる**銀行離れ**が顕著である。大企業における金融機関借入比率は，1975年の38.6％から漸次低下し，2011年には17.7％にまで比率を低下させている。大企業においては金融機関借入れを中心とする間接金融への依存が徐々に低下し，直接金融が資金調達の中心となっている。大企業は1970年代後半から金融機関借入れへの依存度を急速に低下させていくとともに，株式発行（増資）など証券市場から

の調達を増加させた結果，自己資本比率を急速に高めていった。大企業の自己資本比率は1975年の14.5％から，2011年には42.3％にまで上昇している。

　零細企業，中小企業，中堅企業では大企業とは異なる状況が見られる。各企業とも1990年代中旬までは金融機関借入比率を高めていった。零細企業は1995年に50.6％，中小企業は98年に48.8％，中堅企業は94年に43.8％まで同比率は上昇した。1990年代後半以降は過度な金融機関借入れへの依存を修正し比率を低下させているが，低下傾向には企業規模間で大きな違いがある。2011年時点における金融機関借入比率は，零細企業，中小企業，中堅企業でそれぞれ34.9％，27.8％，17.9％となっている。とくに，零細企業と中小企業においては証券市場（株式や社債）を利用した資金調達が困難であるため，金融機関借入れに依存せざるをえないのである。

　零細企業と中小企業における社債比率（社債の総資産に占める比率）は，2011年時点でそれぞれ0.1％，1.3％にすぎず，資金調達手段として利用されているとはいいがたい状況にある。一部の優良な中堅企業の中には，限られた数の債権者を対象とする私募債の発行を通じた資金調達が見られるようになってはいるものの，社債比率は2011年時点で0.8％と依然として低い。中堅企業においても長期資金の大部分を金融機関借入れに依存せざるをえない状況に，大きな変化は見られない。

　ただ，1997年の金融危機以降は，中小企業や中堅企業においても自己資本比率を急速に上昇させている。1997年までは約15％の水準でほぼ横ばいで推移してきたが，90年代末から急速に上昇し，2011年には中小企業で30.7％，中堅企業で34.5％に達している。一方，零細企業においては，1975年の15.7％から2011年には7.6％へと，むしろ徐々に低下する傾向が見られる。

　コラム5-1では，アメリカ企業の資金調達について企業規模別の状況を示している。日本企業とは大きく異なることが理解できよう。こうした日米の資本構成の違いは，それぞれの国々で直接金融および間接金融のシステムがどのように整備されているかに大きく依存する。以下では，間接金融の仕組みについて説明し，直接金融に関しては第6章で取り扱う。

● コラム 5-1　日本企業とアメリカ企業の財務構造の比較

　アメリカ企業の資金調達方法は、上で紹介した日本企業の状況とは大きく異なる。アメリカ商務省の統計データより、アメリカ企業（製造業）の銀行借入比率と自己資本比率を企業規模別に見ることにしよう。日本では資本金規模による分類であるが、アメリカ商務省の統計では総資産規模によって企業規模を定義している。総資産2500万ドル未満、2500万から1億ドル未満、1億から10億ドル未満、10億ドル以上の4つの企業規模のグループに分けて、2012年第2四半期の数値を見ると、銀行借入れの総資産に占める比率は、2500万ドル未満の小規模な企業においても15％程度にすぎない。

　一方、自己資本比率を見ると、どの企業規模においても45％前後と高い水準にあることがわかる。また、日本企業では企業規模が大きくなるにつれて自己資本比率が急速に上昇するのに対して、アメリカ企業ではむしろ規模の小さい企業の自己資本比率が高くなっているのも、特徴的である。

　自己資本比率の内訳を資本金・資本準備金の比率と留保利益の比率の2つに分けて見ると、総資産2500万ドル未満の小規模企業の自己資本比率48.5％は、前者が18.6％、後者が29.9％という構成になっている。総資産2500万から1億ドル未満の若干規模が大きい企業になると、自己資本比率は48.1％とほぼ同じ水準であるが、前者が30.1％、後者が21.6％という構成になっている（金庫株が含まれるため合計は一致しない）。

　アメリカ企業の自己資本比率が日本企業とは比較にならないほど高い水準にある

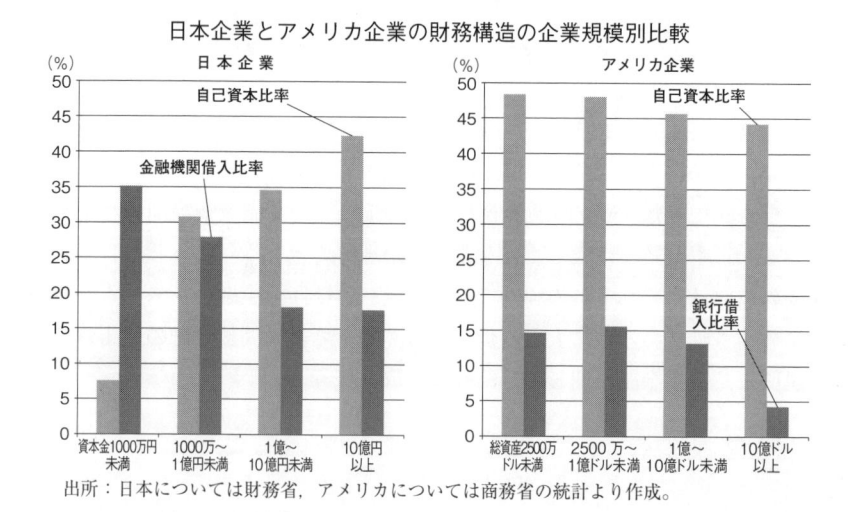

日本企業とアメリカ企業の財務構造の企業規模別比較

出所：日本については財務省、アメリカについては商務省の統計より作成。

ことがわかるが,それが達成されるには,前者の資本金・資本準備金については,外部から株主資本を円滑に調達できる仕組みが構築されていなければならない。後者の留保利益については,内部留保が可能なだけの本業での高い収益性が実現されていなければならない。

　前者の問題については,それぞれの国において直接金融システムとしての証券市場がどの程度整備されているかという問題に大きく関わる。この点は,第6章で詳しく触れることにする。

　後者については,日本の零細企業の総資産営業利益率がほぼゼロ％であるのに対して,アメリカの総資産2500万ドル未満の小規模企業の総資産営業利益率は15～20％前後の高い水準にある。本業での高い収益性を実現できなければ,内部留保を増加させることができないのは当然である。

2　間接金融を担う金融機関

◈ 民間金融機関

　間接金融の主たる担い手である民間金融機関（銀行）には多様な業態が存在する。民間金融機関（銀行）として代表的な業態を挙げれば,都市銀行,地方銀行,第2地方銀行,信託銀行などが存在する。

　都市銀行は東京や大阪などの大都市に本店を構え,支店を全国展開している大手銀行である。いく度もの銀行間の合併を経て,現在は,みずほ,三菱東京UFJ,三井住友,りそな,みずほコーポレート,埼玉りそなの6行に集約されている。地方銀行は名前のとおり地方都市に本店を構え,支店もその地方を中心に重点的に展開している銀行である。第2地方銀行は以前には相互銀行という業態であったが,現在は普通銀行に転換し,都市銀行や地方銀行とほぼ同様の業務を行っている。

　この他にも,銀行業務と信託業務を兼営する信託銀行や,信用金庫や信用組合など中小企業向けの金融を主たる業務としている中小金融機関がある。

　日本における金融取引を仲介する方法を歴史的に見ると,頼母子講や無尽が中世から続く金融方法である。これは掛け金を毎月持ち寄り,仲間内で順番に融通し合う方法である。無尽会社は1931年の無尽業法に基づき設置された。

地場の小さな企業や商店などが掛け金を出し合い，それに基づいて入札や抽選で融資をするというシステムである．戦前に一県一無尽の原則が政府指導で定められたため統合が進み，信用組合よりも規模の大きな金融機関に育った．戦前には無尽会社は多数存在したが，戦後1951年に相互銀行法が制定されたのを機会に，いっせいに相互銀行に転換した．その後，前述のとおり相互銀行は普通銀行となり，さらに第2地方銀行に転換する．

それでは，銀行の活動には業態別にどのような違いがあるのだろうか．都市銀行と地方銀行の貸借対照表を比較すると，両者の間で資金の循環がどのように異なるかを理解することができる．2011年9月末時点の単体ベースの財務諸表を都市銀行6行と地方銀行63行で比較してみると，負債および純資産合計に占める預金の比率は都市銀行で62.2%，地方銀行で87.2%となっている．一方，資産の構成を見ると，貸出金の比率は都市銀行で44.7%，地方銀行で64.3%となっている．貸出金以外では有価証券による運用の比率が高く，都市銀行で33.6%，地方銀行で27.7%となっている．預金の受入れと貸出しは銀行の主要業務であるが，それらの比率は依然として高いとはいえ，都市銀行ではかなり低下していることを確認することができる．

貸出しの状況に関しては，以前は業態間で大きな違いがあったが，今日大きく変化を遂げている．戦後の金融政策の下では，都市銀行は大企業向けの短期資金の供与，長期信用銀行は大企業向けの長期資金の供与，地方銀行は地方企業に対する資金供与，信託銀行は貸付信託を通じた長期資金の供与，中小金融機関は中小企業に対する資金供与というように，各金融機関の業態別の棲み分けを基本としてきた．

しかし，1980年代の金融自由化の進展に伴い，大企業は証券市場を通じた資金調達へと急速に移行した．いわゆる，間接金融から直接金融への移行と呼ばれる現象である．その結果，金融機関にとって大企業は以前ほど有力な融資先とはいえなくなり，1980年代には，中小企業金融業務への進出が進展する．とりわけ都市銀行における融資行動の変化は著しく，金融自由化の進展に伴い自由金利商品による資金調達比率が高まった結果，調達コストの上昇に直面した都市銀行は，利鞘の大きい融資先を求めて中小企業や個人向けの貸出しを増加させた．

都市銀行の融資において中小企業向け貸出しの占める比率は，1965年の

23.7％から92年には71.9％まで上昇し，高度成長期の製造業，しかも大企業中心の貸出しから大きくシフトした。今日では中小企業金融と消費者ローンが都市銀行の主要業務の１つになっている。こうした傾向は地方銀行においてもほぼ同様である。中小企業向け貸出しの比率は元来高いが，1965年の53.3％から92年には79.2％へとその傾向をいっそう強めており，中小企業を巡る金融機関間の貸出競争は先鋭化していった。1990年代以降は，都市銀行，地方銀行，第２地方銀行，信用金庫，信用組合などの業態に関係なく，主たる融資先は中小企業となっている。

　国内銀行（都市銀行，地方銀行，第２地方銀行）と信用金庫の2012年３月末時点の貸出状況を見ると，融資残高全体に占める個人向け融資（住宅・消費・納税資金等）の比率は，国内銀行では件数ベースで88.6％，金額ベースで28.0％，信用金庫ではそれぞれ76.0％，28.6％を占めている。個人向け融資業務の位置づけの高さを見て取ることができる。

　続いて，国内銀行の融資（地方公共団体，個人，海外円借款，国内店名義現地貸を除く）における，中小企業，中堅企業，大企業向け融資の内訳を見ると，件数ベースの構成比は97.7％，1.0％，1.3％となっており，融資先のほとんどが中小企業である。金額ベースで見ても，構成比はそれぞれ63.8％，4.5％，31.7％となっており，中小企業向け融資が６割強を占めている。

❖ 政府系金融機関

　民間金融機関（銀行）とは別に，ある特定の役割を期待され設立された政府系金融機関がある。代表的な政府系金融機関には，日本政策金融公庫，国際協力銀行，商工組合中央金庫（商工中金），日本政策投資銀行がある。これらの金融機関は，現在はいずれも株式会社形態をとっているが，歴史的に見ると，民間金融機関の活動を補完する目的を持って政府機関として設立された。

　まず，中小企業金融を主たる業務とする政府系金融機関として，国民生活金融公庫，中小企業金融公庫，商工組合中央金庫の３つが重要な役割を果たしてきた。商工中金は純粋な意味（政府の全額出資）での政府系金融機関ではなかったが，中小企業金融を担う政府系金融機関として議論されることが多い。これらの政府系金融機関は「特別の法律（根拠法）」に基づいて設立されており，中小企業金融における民間金融機関の補完を目的としている。

国民生活金融公庫は，1949年に国民金融公庫法に基づき国民金融公庫が設立された後，99年に国民金融公庫と環境衛生金融公庫が統合し，国民生活金融公庫となった。国民生活金融公庫法の第1条には，「当公庫は，一般の金融機関から資金の融通を受けることが困難な小企業をはじめとする国民のみなさまが必要とする資金を供給することによって，国民経済の健全な発展と公衆衛生などの国民生活の向上に寄与することを目的とする」と，その目的が明確に述べられている。

　中小企業金融公庫は，1953年に中小企業金融公庫法に基づき全額政府出資で設立された。同法第1条には，「中小企業金融公庫は，中小企業者の行う事業の振興に必要な長期資金について，一般の金融機関が供給することを困難とするものの供給を自ら行い，又は一般の金融機関による供給を支援するための貸付債権の譲受け，債務の保証等を行うことを目的とする」と述べられており，中小企業金融の円滑化を図ることを役割としている。国民生活金融公庫と中小企業金融公庫は2008年に統合し，日本政策金融公庫（前者は国民生活事業，後者は中小企業事業）となっている。

　商工組合中央金庫は，1936年に商工組合中央金庫法に基づき設立された。資金調達面では，上述の2つの公庫とは異なり政府の全額出資ではなく，政府と中小企業がともに出資している点と，金融債の発行が認められている点が特徴的である。資金運用面では，貸付けの対象が商工中金の所属組合とその構成員（組合委員）に限定されている。

　これらの政府系金融機関の融資の特徴として挙げることができるのが，超長期・固定金利での融資が可能という点である。とりわけ，国の施策に沿って設けられている貸付制度では，より低利・長期の融資が可能となっている。民間金融機関では対応が困難な領域への融資を担い，補完的な役割を期待されている。

　日本政策金融公庫（国民生活事業）は，小企業・個人事業を対象とした融資においても重要な役割を果たしている。同公庫が「業務統計年報」やホームページ等で開示している情報によれば，2010年度の普通貸付および生活衛生貸付における従業員数別の融資構成比（件数ベースと金額ベース）は，4人以下がそれぞれ65.9％と44.8％，5～9人が21.1％と28.4％を占めている。つまり，従業員数9人以下の融資が件数ベースで87％，金額ベースで73％を占め

ている。

　また，個人事業への融資が件数ベースで42.6％（金額ベースで23.8％）を占め，対法人について見ても資本金1000万円以上は件数ベースで22.4％（金額ベースで40.7％）にすぎない。1件当たりの平均融資額は818万円であり，民間金融機関と比較して小口融資を対象としている。この点についても，民間金融機関ではあまりにコストがかかりすぎて対応に消極的な小口融資を行うことで補完的役割を果たしている。

　最後に，同公庫が担っている重要な役割として，新規開業向け融資がある。2010年度の創業企業（創業前および創業後1年以内）に対する融資件数は2万2000件（1097億円）に達している。営業実績のない段階で，民間金融機関からの融資を受けることが困難な創業企業に対する資金供給者としても重要な役割を果たしている。

　民間金融機関では対応が困難な領域があり，それを補完する政府系金融機関が重要な役割を果たしていることについて理解できよう。間接金融システムを円滑に機能させるためには，多様な金融機関がそれぞれの特性を生かした役割を果たすことが不可欠である。

　それでは，小口の融資，超長期・固定金利での融資，新規開業企業向けの融資など，高コスト，高リスクの領域に対して民間金融機関（銀行）が対応することが困難なのは，なぜだろうか。また，このような状況に銀行はどのように対応するのであろうか。中小企業の金融を円滑に行うには，どのような制度が必要なのであろうか。第3節と第4節ではこうした問題を見ることにしよう。

3　銀行融資における信用割当

　なぜ企業（とりわけ零細・中小企業や新規開業企業のようなリスクの高い融資先）の銀行からの資金調達には多くの困難が伴うのであろうか。また，銀行はそうした状況の中でどのような役割を果たすのだろうか。融資という資金供給方法の性格上，事前に確定した金利での資金供与がなされ，融資先企業の事業が成功したからといって，銀行は事後的に金利を引き上げることはできない。

　別のいい方をすれば，リスクをとってプロジェクトが成功したとき，事業を行う企業はほぼすべての利益を享受することができるが，銀行は元本の返済と

金利を受け取ることができるにすぎない。こうした状況下では，融資の受け手である企業経営者は，リスクの高いプロジェクトの融資を申請しようとする可能性がある。また，融資を受けた後も，高リスクのプロジェクトの実施を追求するかもしれない。銀行側が企業側の状況を十分に把握できない場合には，こうした危険性がより高まる可能性がある。

そこで銀行はさまざまな対応をとる。まずは，こうした問題を引き起こす可能性が低い企業経営者であるかどうか，またプロジェクトであるかどうかのスクリーニング（審査）を厳密に行うことである。企業側が高いインセンティブを持って事業活動にあたることができるような条件を契約によって提供するのも，1つである。

このほか，企業が問題ある行動をとらないように，融資後にモニタリングを行うことも防止策の1つである。しかし，中小企業向け融資はロットが小さい上に，融資先が膨大な数に上るので，銀行がモニタリングを厳密に行うには限界がある。また，融資額が10分の1になったとしても，銀行のスクリーニングおよびモニタリング活動に要するコストは，10分の1になるわけではない。そのため，都市銀行のような大手銀行においては，中小企業に対する小規模な融資を避ける傾向にある。こうした意味からも，上に述べたように多様な業態の金融機関が存在する意義がある。

さらに，銀行が融資を行うにあたって，融資先企業のリスクを反映した金利を設定することにも限界がある。融資先のリスクが高まるのに合わせて，高い金利を設定することが継続できるわけではない。ある一定の金利を超えたところで，中小企業にとっての金利負担の上昇から融資先企業の倒産が多数生じることになり，銀行の期待利益が低下することになるからである。金利を高めれば高めるほど銀行の利益が増加するわけではない。

こうしたことから，ある水準の金利を払う意思のある企業においても，融資を受けることのできない状況が生じることになる。融資先企業のリスクに応じて金利を上げ続けることはできず，銀行は融資自体を実施しないという選択をとることになる。こうした状況は，信用割当（credit rationing）と呼ばれている。防止策の1つとして，銀行はリスクの高い企業向け融資の実施にあたって担保や個人保証を要求する。

このような銀行融資に関する諸問題を軽減するために，企業側も銀行側もい

くつかの興味深い対応をとる。まず,企業は複数の銀行と幅広く取引をするのではなく,もしくは取引していたとしても1つの銀行から主として融資を受けるような行動をとる。貸付シェアの最も高い銀行をメインバンクと呼び,借入れだけではなく,従業員への給与の支払いや預金などの金融取引もメインバンクに集中して行う。こうした関係を密にすることによって,メインバンクは企業が資金繰り等で経営上の困難に陥った場合には資金援助を行い,**保険機能**を果たす。

しかし,メインバンクの役割はこうした保険機能に限定されるわけではなく,借り手に関する**情報生産機能**を担っている点に注目する理論が,近年,注目を集めている。こうした視点は,リレーションシップ・バンキングという考え方につながるものである。とりわけ地方銀行や第2地方銀行,信用金庫や信用組合などの中小金融機関においては,中小企業との間に密接な関係を構築することを通じて,資金提供の円滑化を図ろうとする動きが進んでいる。銀行が顧客企業との間に長期継続的な取引関係を構築することにより,外部では通常入手しにくい借り手の信用情報などを入手し,その情報をもとに金融サービスを提供するビジネスモデルを指す。

2002年10月の金融再生プログラムで,とりわけ地方銀行,第2地方銀行,信用金庫,信用組合を中心に検討の必要性が盛り込まれ,2003年3月に金融庁は「リレーションシップバンキングの機能強化に関するアクションプログラム」を公表した。2005年3月に公表された新アクションプログラムでは,具体的な取り組みとして,地域企業の創業・新事業支援機能等の強化,取引先企業の経営相談等の強化,早期事業再生に向けた取り組みなどを挙げ,地域密着型金融のいっそうの推進をめざしている。まさに地域ベースの資金の循環を担う金融機関としての役割が期待されているのである。

銀行と中小企業の間の密接なリレーションシップの構築は,銀行融資における信用割当問題を軽減するための有効な方法の1つと考えられている。リレーションシップを通じて,銀行は中小企業についての価値ある情報を得ることができるからである。

しかし,上に述べたような銀行側の対応にもかかわらず,低位かつ固定的な金利設定という銀行融資の有する本質的な特徴から,リスクの高い資金調達者に対する資金供給の方法としては限界があり,直接金融システムの整備が要請

されることになる。この点については，第6章で詳述する。

4　信用保証制度

　多様な資金調達者に対して円滑な資金の仲介を実施するために，民間金融機関（銀行）を補完する政府系金融機関が重要な役割を担っていることについては，すでに述べた。政府系金融機関に加えて，多くの国々においては，民間金融機関の中小企業向け融資のリスクを軽減するために信用保証制度と呼ばれる制度が設けられている。以下では，信用保証制度の役割について考えることにしよう。

　信用保証制度の役割は，民間金融機関（銀行）が実施する中小企業向け融資に対して信用保証協会が保証することを通じて金融機関のリスクを軽減し，中小企業に対する資金供与を円滑に行うことが目的である。まず，図5-4に基づきながら信用保証（補完）制度の仕組みを概観しておくことにしよう（社債保証については省略）。信用保証協会は基本的には各都道府県に1つ設立されており，地方自治体や金融機関から提供される資金によって運営されている。

　中小企業が信用保証協会に直接的に保証申込みを行う場合（協会斡旋保証）は，中小企業からの保証申込みに対して（①），協会は信用調査を行った上で金融機関に対して保証承諾（信用保証書の発行）を行う（②）。それを受けて，金融機関は中小企業に対し融資を実施する（③）。中小企業は金融機関に対して金利と元本の支払いを行い，加えて信用保証協会には信用保証料を支払う。中小企業が融資期限をもって金融機関に対して返済・償還することによって，両者の融資契約は一応終了する（④）。しかし，中小企業側に返済が困難となる何らかの事情が生じた場合，協会が中小企業に代わって金融機関に資金を返済（代位弁済）し（⑤），その後の状況を見ながら中小企業から資金を回収する（⑥）という仕組みである。以上の経路とは別に，中小企業が金融機関に保証付き融資の申込みを行う場合（金融機関経由保証）があるが，その後の手続きに違いはない。

　中小企業の返済が困難になったときには，信用保証協会が中小企業に代わって金融機関に返済するが，金融機関の融資額の全額が信用保証協会によってカバーされる（塡補率100％）点が，国際的に見たときの特徴の1つであった。

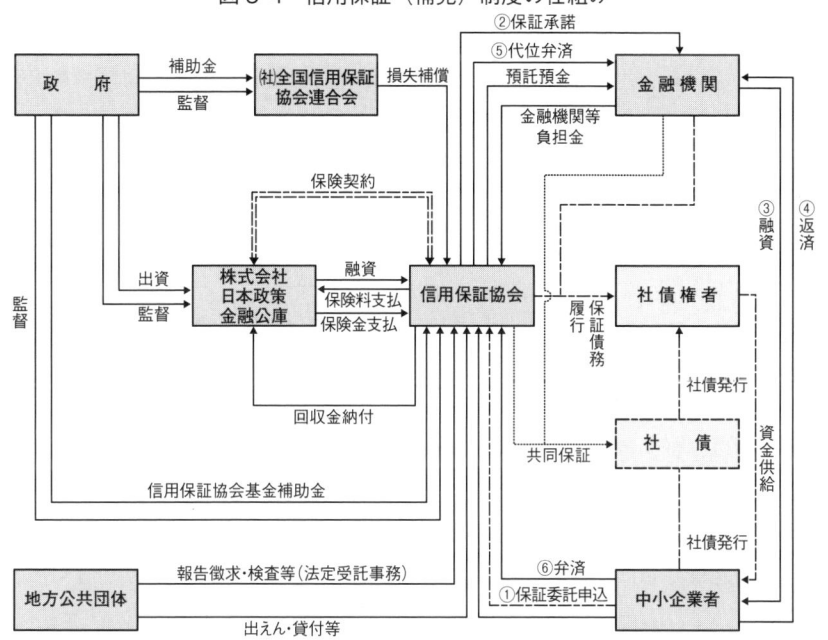

図 5-4 信用保証（補完）制度の仕組み

出所：全国信用保証協会連合会。

　また，信用保証協会の保証事業は日本政策金融公庫の信用保険によってカバーされ，信用保証と信用保険の両制度をあわせ持つことから，信用補完制度とも呼ばれる。

　全国 52 信用保証協会の保証承諾実績（件数と金額ベース）を見れば，2011 年度の保証承諾件数が 87 万件，保証承諾金額も約 12 兆円の規模に達する。こうした保証件数および金額の大きさからも，わが国の信用保証制度が中小企業金融において占める位置づけの高さが推測される。全国の中小企業者 419 万企業のうち 157 万企業が信用保証制度を利用しており，これは 3 分の 1 の中小企業が同制度を利用していることを意味する。また，わが国においては信用保証融資が承諾される比率も高い。年度によって若干の違いはあるが，申請した企業の 90％以上が保証を承諾されている。

　次に，代位弁済の状況を見ることにしよう。全国 52 信用保証協会の 2011 年度の代位弁済額は 8600 億円となっている。しかし，その一方で，回収額は伸

びておらず，代位弁済額と回収額の差額が拡大している。これは，何らかの補塡がなければ，信用保証制度の円滑な自立的運営ができない状況に陥っていることを意味する。代位弁済額の急増から，信用保証協会の収支および信用保険財政も悪化している。民間金融機関が単独では対応困難なリスクの高い領域への融資を補完するための制度設計は重要であるが，信用保証制度は現在多くの課題を抱えているといえよう。

おわりに

　間接金融システムの担い手として民間金融機関（銀行）が果たしている役割は，きわめて重要である。支店数，融資件数，融資金額などどのような視点から見ても，都市銀行のプレゼンスは高い。しかし，都市銀行に代表されるような大手銀行が対応できる領域にも限界がある。地方企業に対する融資，中小・零細企業に対する融資，新規開業企業に対する融資，10年を超えるような長期の融資もその1つであり，そこに中小金融機関や政府系金融機関など多様な業態の金融機関が存在する意義がある。

　さらに，こうした多様な業態の金融機関が存在したとしても，金融機関が単独で対応可能な領域には限界があり，そうした問題を克服することを目的に，世界の多くの国々では信用保証制度が整備されている。この制度をうまく構築すれば，金融機関が単独では対応することが難しい，リスクの高い領域への融資に対するインセンティブを高めることができる。しかし，インセンティブの設計を間違うと，代位弁済や不良債権の増加となり，最終的には財政の負担，国民の負担へとつながる非効率なシステムとなる可能性もある。

　間接金融の特徴は，代表的な銀行の融資を例に考えれば，銀行が獲得する収入は事前に確定した金利に限定されていることである。リスクの高い融資先に対して，リスクに応じた金利を設定するために無制限に金利を引き上げることには限界があり，信用割当という現象が引き起こされることについては見てきたとおりである。銀行としては，融資先企業のリスクに対して，審査の強化，融資後のモニタリングの強化，担保や保証人の徴収，リレーションシップ・バンキングの強化など，いろいろなアプローチをとり対応する。

　しかし，金利からのリターンという融資の本質的な特徴からリスクへの対応には自ずと限界があり，そこに融資ではなく出資を通じた資金供給方式である

直接金融の果たす役割がある。次章では,この直接金融の仕組みと役割について見ることにしよう。

▶ **参考文献**——次に読んでみよう

岡部光明［1999］『現代金融の基礎理論』日本評論社
日本銀行金融研究所編［2011］『日本銀行の機能と業務』有斐閣
安田武彦・高橋徳行・忽那憲治・本庄裕司［2007］『テキスト ライフサイクルから見た中小企業論』同友館
Storey, D. J.［1994］*Understanding the Small Business Sector*, Thomson Learning.（忽那憲治・高橋徳行・安田武彦訳［2004］『アントレプレナーシップ入門』有斐閣）

第6章

証券市場という制度
―― 証券市場の役割とは何だろうか

はじめに

　前章では，間接金融システムが有効に機能するために，銀行がどのような役割を担っているかを見た。本章では直接金融システムに焦点を当て，証券市場という制度および証券市場を仲介する金融機関（証券会社，ベンチャー・キャピタル，プライベート・エクイティ）が果たす役割を学習する。

　証券市場は証券が発行され流通するための市場であるということを考えれば，まずは株式会社制度の登場と発展について理解しておく必要がある。この点については，第1章を参照してほしい。株主は株式会社への出資者である。出資という世界が，融資という世界とどのように異なるかについて，まずは第1節で見ることにしよう。

　リスクの高い企業への株式出資を通じた資金供給者として重要な役割を果たし，企業を非上場から上場へと導くのがベンチャー・キャピタルである。第2節では，非上場企業の立ち上げからの成長を支援する重要な金融機関であるベンチャー・キャピタルについて，銀行の果たす機能と比較しながらその違いを説明する。また，リスクの高い企業に対する投資家としてベンチャー・キャピタルが有効に機能するためには，彼らが投資資金を回収するための場としての証券市場が整備されている必要がある。こうした市場は，新規公開市場と呼ばれる。

　株式公開によって企業は非上場企業から上場企業になり，それによって証券市場を通じた資金調達は容易になる。投資家にとっても，企業の株式が市場で形成される透明性の高い価格で取引可能となり，売買することが容易になる。証券市場を通じた資金の調達や売買においては，証券会社が重要な役割を果た

している。第3節では，証券市場の2つの側面である発行市場と流通市場について説明し，証券会社がそこで果たす機能について解説する。

企業は上場することによって証券市場を通じた大規模な資金調達が可能になり，投資家も流動性の高い市場で売買が容易になると，企業が無限に規模の拡大を追求するかといえばそうではない。企業規模の拡大は，意思決定スピードの遅れなどのデメリットも伴う。そうした問題が顕在化してくると，拡大した事業を競争力のある事業に集中・特化するために，上場から非上場へと転換する企業もある。こうした非上場化の段階で重要な役割を果たす金融機関がプライベート・エクイティである。第4節では，第2節とは逆のステージである，上場から非上場という企業のライフサイクルの意味について考える。

最後に，「おわりに」では，第4章～第6章の内容を踏まえて，企業の成長ステージに応じた金融・証券市場を制度的に整備・構築する必要性を指摘する。

1　融資と出資

資金調達方法は，大きく分ければ融資と出資に分けることができる。これら2つの資金調達方法は，異なる性格を持っている。第5章で見てきた銀行の融資と，株主による出資の性格の違いを理解することから始めよう。

株主という出資者の有限責任の下でのリスクテイクによって，株式会社制度は成り立っている。株式会社制度を株主の視点から見れば，株式会社が行う事業に対してリスクの負担を行うことが役割の1つである。たとえば，ある企業が新製品の開発を始めるために株主から資本を集めたとしても，開発に成功し，新製品として実現し，企業に利益をもたらすまでには長い時間がかかる。しかし，利益が生み出されるまでの間も，企業は従業員と経営者の生活と仕事を支えるために，給与を支払い続けなければならない。また，新製品の開発が成功しない可能性や，成功したとしても給与などの支払いで，株主には配分できる利益が残らない可能性もある。

しかし，こうしたリスクを負担する株主（出資者）が十分に存在しなければ，リスクの高い新規性の高い事業を開始することはできない。現在では，こうしたリスク・キャピタル（事業リスクを負担する資本）を提供する重要な役割をベンチャー・キャピタル（venture capital）という金融機関が果たしている。こ

図6-1 融資と出資の世界の違い

10社に対して1社1億円の融資と出資を実施

融資　○○○○○○○○○×	
5％の貸出金利	収益　500万円×9社＝4500万円の金利
	損失　1億円×1社＝1億円
	合計　4500万円－1億円＝－5500万円

出資　××××××××× ○	
1社が10倍の価値	収益　10億円－1億円＝9億円
	損失　1億円×9社＝9億円
	合計　9億円－9億円＝±0

出所：忽那・長谷川・山本［2006］3頁。

こでは，リスクをとって成長可能性の高い企業への投資を行うベンチャー・キャピタルを例に解説する（ベンチャー・キャピタルの詳細は第2節で後述）。

まず，資金調達者である企業側から見た違いを確認しておこう。企業が銀行から融資を受ければ財務上は**負債**（debt）となり，毎月金利と元本を定期的に返済しなければならない。一方，株主から出資を受けた場合は**資本**（equity）となり，返済の義務はなく，出資者に対する配当の支払い等についても業績に応じて企業側の判断で自由に決定できる。キャッシュの流出が長らく続く成長初期段階のベンチャー企業にとって，負債の利用はリスクが高いことは容易に想像できよう。

こうした資金調達者側から見た違いに加えて，資金供給者側から見た融資と出資の性格の違いを理解しておく必要がある。図6-1に示すように，成長初期段階のベンチャー企業10社に対して1社1億円の融資と出資をそれぞれ実施したとしよう。融資先10社のうち9社は順調に事業を行い，金利および元本を返済しているが，1社だけは倒産してしまった。一方，出資先10社は9社が事業に失敗し，わずか1社だけが順調に事業を行っている。

あなたが銀行の融資担当者，もしくはベンチャー・キャピタルの投資担当者であったとして，どのような評価を受けるだろうか。予想される答えは，あなたが銀行の融資担当者であれば，上司から厳しく怒られ，ベンチャー・キャピ

タルの投資担当者であれば,「状況によっては」すごくほめられるかもしれないというものである。なぜだろうか。

5％の貸出金利で各社1億円の融資（無担保）を実施したとすれば，銀行にとっての収入は，500万円の金利×9社＝4500万円の金利となる。一方，損失は1億円×1社＝1億円であり，合計では5500万円の損失となる。出資の場合，事業に成功した1社が仮に10倍の価値になったとすれば，収益は売却金額と購入金額の差額である10億円－1億円＝9億円のキャピタル・ゲインである。一方，損失は1億円×9社＝9億円であるから，合計ではプラスマイナス0となる。

つまり，銀行の融資は基本的には1社の失敗も許されない世界である。融資におけるリターンの獲得方法は，確定した（わずかの）金利である。銀行の利鞘（貸出しの利回りと預金の利回りの差）は現在では1％程度であり，融資において失敗（無担保での貸倒れ）は基本的には許されない。1億円の損失（1社の貸倒れ）を1％の利鞘で埋め合わせるには，1÷0.01＝100億円の新たな融資残高の獲得が必要となるのである。

その一方で，ベンチャー・キャピタルの出資においては，何社が失敗したかではなく，成功した企業が「どの程度の成功」を収めたかが重要となる。仮に9社が事業に失敗したとしても，残りの1社が大成功を収めれば投資全体（ポートフォリオ全体）としては成功だからである。上記の例で，成功した企業1社が仮に30倍の価値を持つ企業にまで価値を高めて上場したとすれば，収益は30億円－1億円＝29億円，損失は1億円×9社＝9億円であり，投資全体としては20億円のリターンとなる。つまり，出資の世界においては失敗を減らすことも重要ではあるが，むしろ成功の大きさを高めることがより重要な意味を持っている。

ここでは投資先企業の企業価値を高めるために必要となる期間などを無視しているために厳密な比較はできないが，融資と出資の性格の違いを感じ取れるのではないだろうか。要約すれば，融資の世界では融資先企業が失敗しないことに関心があるのに対して，出資の世界では，成功する企業がどの程度の成功を収めるかに関心があるといえる。こうした違いは，後に見るように，ベンチャー・キャピタルの出資先企業の審査の仕方，出資した後の企業との関わり方など，銀行融資とは異なる多くの特徴を持つことになる。

成熟した市場で事業を行い，急成長を志向するわけでもない中小企業の資金調達においては，事業活動に伴うキャッシュフローは比較的安定しており，銀行からの融資が重要な役割を担っている。しかし，研究開発活動に多額の資金を投じて新規市場を開拓し，急成長を志向するベンチャー企業の資金調達においては，リスク・キャピタルの調達が不可欠である。銀行からの融資という間接金融ではなく，ベンチャー・キャピタルからの出資を通じた直接金融によって資金が調達されるのが一般的である。

2　非上場から上場へ

❖ ベンチャー・キャピタルの役割

　これまでにない新規性の高い製品やサービスを提供する企業を設立しようとすれば，事業が顧客に受け入れられるかどうかはわからず，そうした事業を立ち上げる際の資金調達を銀行から実施することは難しい。また，株式公開が可能な水準にまで企業を大きく成長させようと思えば，非上場企業を上場企業にまで短期間で成長させる資金調達の仕組みが必要である。それが，まさにベンチャー・キャピタルという金融機関の役割である。ベンチャー・キャピタル投資の流れは図6-2に示すように，大きく4つのプロセスから構成される。

　第1は**資金調達**のプロセスである。ベンチャー・キャピタルはベンチャー企業へ投資するための資金を機関投資家やグループ企業などから調達し，投資ファンドを組成する。投資ファンドには期限があり，一般的には運用期間は10年間である。投資対象とする業種，成長段階，地域などを特定した名称がファンド名として付けられている場合が多い。運用期間が終了すればファンドは解散され，機関投資家などのファンドの最終出資者にリターンが配分される。

　第2は**投資審査，価値評価，投資契約，投資**のプロセスである。ベンチャー・キャピタルは投資先企業を選定するとともに，審査をクリアした企業については投資価格などの投資条件の詳細を詰め，投資契約を結んだ上で実際の投資に移る。ベンチャー・キャピタルが投資先企業との間で結ぶ投資契約の内容については，キャッシュフローの受領権，経営支配権，情報の受領権等に関して，さまざまな契約条項が設けられている。

　また，ベンチャー・キャピタルは，投資リスクを軽減するために投資金額を

図6-2 ベンチャー・キャピタル投資の仕組み

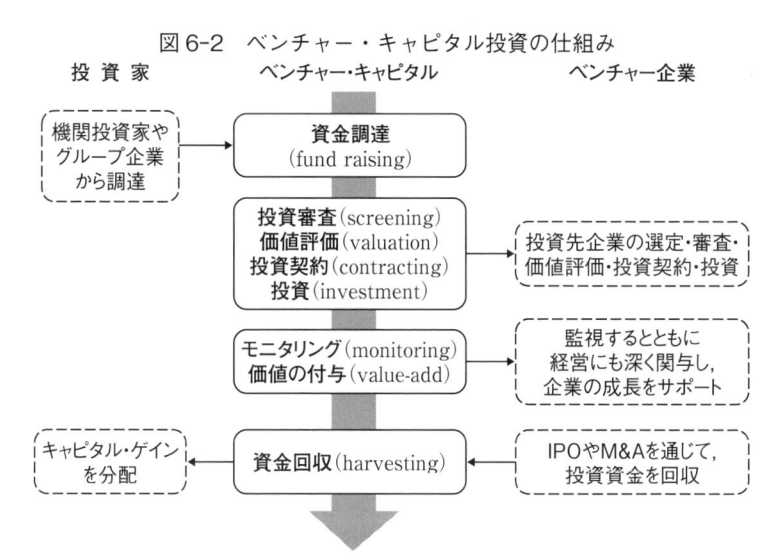

投資家	ベンチャー・キャピタル	ベンチャー企業
機関投資家やグループ企業から調達 →	資金調達（fund raising）	
	投資審査（screening） 価値評価（valuation） 投資契約（contracting） 投資（investment）	→ 投資先企業の選定・審査・価値評価・投資契約・投資
	モニタリング（monitoring） 価値の付与（value-add）	→ 監視するとともに経営にも深く関与し、企業の成長をサポート
← キャピタル・ゲインを分配	資金回収（harvesting）	← IPOやM&Aを通じて、投資資金を回収

出所：忽那・長谷川・山本［2006］5頁。

全額まとめて一度に出資するのではなく、設定したベンチマーク（事業の達成目標）に応じて段階的投資を行うのが一般的である。

第3はモニタリングと価値の付与のプロセスである。ベンチャー・キャピタルは投資先企業が順調に成長するように監視するとともに、投資先企業の取締役会のメンバーになるなどして、投資先企業の経営にも深く関与し価値を付与していく。ベンチャー・キャピタルの役割が注目される理由の1つが、この価値を付与することができる彼らの専門性やネットワークにある。

投資先企業への資金の供与とともに経営にも深く関与する投資家は、ハンズオン投資家と呼ばれる。一方、資金のみを提供し、投資先企業の経営には関与しない投資スタンスをとる投資家は、ハンズオフ投資家と呼ばれる。

第4は資金回収のプロセスである。ベンチャー・キャピタルは理想的には多額のキャピタル・ゲインが見込める新規株式公開（IPO）やM&Aなどによって投資資金を回収するとともに、投資収益を最終投資家に還元する。

これらの4つのプロセスは密接に関連しており、ベンチャー・キャピタルにはすべてのプロセスにおいて高い能力が要求される。投資を実行しようとすれば、まずはそのための資金を調達しファンドを組成しなければならないが、10年間という長期にわたってハイリスクの投資の運用を任せてもらうためには、

投資回収の実績においてすでに高いパフォーマンスをあげた（トラック・レコードのある）ベンチャー・キャピタルでなければなかなか難しい。また，最初の3つのプロセスのすべてを成功裡に実施したとしても，最後の資金回収のプロセスの判断を間違えれば，それまでの苦労が水の泡となる。

わが国のベンチャー・キャピタル投資の実態については，ベンチャー・エンタープライズ・センター（VEC）が毎年実施している「ベンチャーキャピタル等投資動向調査」などで知ることができる。同報告書によると，2010年3月末時点の投融資残高は8710億円となっている（3億円の融資残高を含む）。投資額や投資先数は年によって変動するが，2009年4月から10年3月末までの1年間の投融資額は875億円，投融資先数は991社である。

第5章で見た銀行の融資先数や融資額と比較すれば小規模ではあるが，ベンチャー・キャピタルは銀行では対応が困難な企業向け投資において重要な役割を果たしている。たとえば，上記の1年間の新規投資状況を成長段階別に見ると，設立5年未満の成長初期段階の企業に対する投資は，件数構成比45.0％，金額構成比43.7％を占め，投資先の中心となっている。

また，新規投資先を業種別に見れば，新興業種への投資が大きな比率を占めている。1年間の新規投資先企業では，件数ベースで，IT関連が35.2％，バイオ／医療／ヘルスケアが14.5％となっている。金額ベースでもIT関連が37.7％，バイオ／医療／ヘルスケアが18.3％となっており，2つの新興業種で投資全体の50％以上を占めている。

ただ，国内投資の地域別内訳を見れば，件数ベースで北海道2.2％，東北2.4％，関東（東京を除く）9.9％，東京都39.0％，中部地方13.1％，近畿地方18.0％，中国地方3.1％，四国地方1.5％，九州・沖縄4.4％となっており，東京への投資の集中傾向が著しいことがわかる。金額ベースでもほぼ同様の傾向である。

第5章では，多様な業態の金融機関（銀行）が存在し，各地域レベルの資金需要に対応していることを説明した。一方で，エクイティ投資の領域においては，ベンチャー・キャピタルのほとんどがベンチャー企業や金融の集積地に立地しており，投資地域の偏在が生じやすい。こうした地域間での投資格差は，リージョナル・エクイティ・ギャップ（regional equity gap）と呼ばれている。こうしたギャップを埋める役割を期待されているのが，本章の「おわりに」で紹

介するビジネス・エンジェルと呼ばれる個人投資家である。エクイティ投資の多様性という視点からすれば、ベンチャー・キャピタルとビジネス・エンジェルの投資の補完関係が形成されていることが望ましい。

❖ 新規公開市場
(1) 新規公開市場の歴史と現状

非上場の企業が成長し公開基準を満たすようになると、証券取引所への上場が可能となる。この上場イベントを新規株式公開（IPO: initial public offering）、市場を新規公開市場と呼ぶ。新規公開企業は資金需要も旺盛であり、雇用の創出や経済成長に多大な貢献をする。したがって、どの程度の数の新規公開企業があるか、そしてどの程度の数の高成長企業があるかが、証券市場の活況のみならず、一国の経済の活況の程度に大きな影響を及ぼすことになる。

インテルやマイクロソフト、新しい企業ではグーグルやフェイスブックなどのアメリカの急成長企業は、ベンチャー・キャピタルの資金を利用して急成長を遂げ、会社設立から短期間でナスダック（NASDAQ）と呼ばれる証券市場に新規株式公開を実施し、その後も高い成長を遂げている。ナスダックは、全米証券業協会（NASD）によって1971年に設立されたコンピューター・ネットワークによる証券市場システムである。

ニューヨーク証券取引所（NYSE）は1792年に設立された長い歴史を持ち、良好な事業実績を有する大企業が上場する証券市場である。それに対して、ナスダックは新興企業のための証券市場としての役割を果たす目的で設立された、緩やかな公開基準を設定した新興市場である。

日本における新興企業を対象とした新規公開市場の整備は、1983年の店頭市場、現在のジャスダック（JASDAQ）における登録基準の緩和や公募増資の認可などの一連の市場改革以降に急速に進展する。1983年以前の店頭市場は単なる換金市場にすぎず、店頭登録企業は公募増資を禁止されていたため資金を調達することができなかった。

もちろん、1983年以前に新規公開市場がまったく存在しなかったわけではない。1961年に東京・大阪・名古屋の取引所に2部市場が設立され、これら3市場の2部市場と地方取引所が中堅企業向けの新規公開市場としての役割を果たしてきた。

●コラム 6-1　グーグルとフェイスブックのベンチャー・キャピタルからの資金調達

　短期間で急成長を実現するには，成長初期段階で外部投資家から多額のリスク・キャピタルを導入することがどうしても必要となる。地道な成長では，新興産業の成長スピードについていくことはできない。

　グーグルの場合，1998年に，サン・マイクロシステムズの創業者の1人であるアンディ・ベクトルシャイムから10万ドルの出資を受けて，家族や友達からの資金とあわせて100万ドル（100円換算で約1億円）の資本で創業している。創業後すぐの1999年には，2500万ドル（約25億円）の出資をクライナー・パーキンス・コーフィールド＆バイヤーズ（KPCB）とセコイア・キャピタルというアメリカを代表するベンチャー・キャピタル2社から受けている。

　KPCBのジョン・ドーアとセコイア・キャピタルのマイケル・モーリッツは伝説的なベンチャー・キャピタリストとして業界に広く名前が知られている。たとえば，ジョン・ドーアは，コンパック，マイクロソフト，デル，ネットスケープ，アマゾン・ドット・コムに投資し，これら企業の成長初期段階の成長を支えたことで知られている。また，彼ら2人はグーグルの取締役会のメンバーに入り，ハンズオン支援（資金提供だけではなく経営面の支援）を行うことでグーグルの成長を支えている。

　フェイスブックの場合も，創業後すぐの2005年に有力ベンチャー・キャピタルのアクセル・パートナーズから1270万ドル（約13億円），2006年にはプレミア・ベンチャーズ，グレイロック・パートナーズ他から2750万ドル（約28億円）を調達している。その後も，2007年にマイクロソフトから2億4000万ドル（約240億円），10年には金融大手のゴールドマン・サックスから4億5000万ドル（約450億円）の出資を受けるなど，外部投資家から多額の資金を調達している。

　短期間での急成長を実現するために，両社がベンチャー・キャピタル等の外部投資家からいかに多額の調達を実施しているかが理解できよう。

　新たな市場設立に関しては，1999年の東京証券取引所によるマザーズ（MOTHERS）創設まで，新興企業向け市場はジャスダックが中心的役割を果たしてきた。マザーズ創設の翌年の2000年には大阪証券取引所がナスダック・ジャパン（NASDAQ-Japan）を創設した。ナスダック・ジャパンは，アメリカのナスダックの日本市場からの撤退によって，2002年にヘラクレス（HERCULES）に名称を変更した。

表6-1 日本の市場別の新規公開企業数

市場名	1999	2000	2001	2002	2003	2004	2005	2006	2007	2008	2009	2010	2011	2012	合計
東京証券取引所	8	25	16	20	17	22	18	29	12	7	6	6	9	7	202
大阪証券取引所	12	12	3	3	3	3	1	3	0	0	0	0	0	0	40
その他の証券取引所	10	6	1	1	0	0	0	1	2	0	0	0	0	0	21
ジャスダック	73	97	97	68	62	71	65	56	46	18	6	9	16	14	698
マザーズ	2	27	7	8	31	55	36	40	22	12	4	6	11	23	284
ヘラクレス	2	37	43	24	7	16	21	37	25	9	1	—	—	—	222
セントレックス	—	0	1	0	0	5	13	13	2	1	0	0	0	0	35
アンビシャス	—	0	1	0	0	1	1	4	5	1	0	0	0	1	14
Qボード	—	0	0	0	1	1	2	4	2	0	0	0	0	1	11
NEO	—	—	—	—	—	—	—	—	3	1	2	1	—	—	7
合計	107	204	169	124	121	174	157	187	119	49	19	22	36	46	1,534

出所:『新規公開白書』他より作成。

名古屋証券取引所のセントレックス,札幌証券取引所のアンビシャス,福岡証券取引所のQボード,ジャスダックのNEOなど新興企業(会社設立から間もない,経営基盤が安定していない企業)向けの市場開設が続く。ジャスダック,マザーズ,ヘラクレスの新興企業向け3市場の体制がしばらく続くが,2010年にジャスダックとヘラクレスの統合が実施された。さらに2013年には東京証券取引所と大阪証券取引所は日本証券取引所として統合され,以前の新興3市場は日本証券取引所の下に包含されることとなった。

マザーズが設立された1999年以降の各市場別の新規公開企業数の推移を見ると,表6-1に示すように,ジャスダックへの新規公開企業数の合計は698社にも達している。マザーズとヘラクレスも新興企業のための市場として重要な位置を占めてきており,2012年までの新規公開企業数は,それぞれ284社,222社となっている。しかし,時系列で見れば,2008年のリーマン・ショック以降は新規公開市場が停滞していることがわかる。

(2) 新規公開企業の雇用創出

アメリカで1970年代以降に設立され急成長を遂げた新興イノベーション企業が,いかにベンチャー・キャピタルからの投資によって短期間で成長し,株式公開を通じたさらなる成長を通じて雇用創出に貢献したかを最後に確認することにしよう(詳しくは忽那[2011]の序章を参照)。会社設立から短期間で急

成長を遂げたアメリカのイノベーション企業は，多くが会社設立から数年で株式公開を達成し，公開後に成長をさらに加速させ，会社設立から10年程度で膨大な雇用を創出している。

たとえば，インテルは1968年の会社設立の3年後の71年には株式を公開し，その時点の従業員数は500人であった。株式公開後に雇用成長はさらに加速し，会社設立の8年後の1976年には7300人，13年後の81年には1万6800人へと急拡大している。

1976年に設立されたバイオベンチャーのジェネンテックは，4年後の80年には株式を公開し，その翌年の81年時点では従業員数は318人であった。株式公開後に雇用成長は加速し，会社設立の10年後の1986年には1163人，15年後の91年には2202人へと拡大している。

また，SEC（米証券取引委員会）のEDGAR（電子開示システム）に提出された各社の10-Kレポートに基づき，2011年時点の従業員数を見ると，オラクル（10万8000人），デル（10万3300人），マイクロソフト（9万人），インテル（10万100人）などのIT系企業は，膨大な雇用を創出する大企業へと会社設立から短期間で成長している。ジェネンテックやアムジェンなどのバイオベンチャーにおいても，1万人以上の従業員数を抱える大企業へと成長を遂げている。

ヤフー，eBay，グーグル，フェイスブックなどの1990年代以降に設立された新興イノベーション企業も，急速な成長によって膨大な雇用を創出しており，2011年時点の従業員数はそれぞれ1万4100人，2万7770人，3万2467人，3200人となっている。アメリカにおける急成長イノベーション企業の雇用創出における貢献の大きさが理解できる。

アメリカのベンチャー・キャピタルがイノベーションや新産業の創造に果たした役割については，ウダヤン・グプタが詳しく記述しているので，関心のある人はぜひ読んでもらいたい（Gupta [2000]）。

3　証券市場

❖ 発行市場

非上場の段階では企業の資金調達方法や調達できる金額は限定され，投資家

が保有する株式を売買することにも大きな制約がある。発行市場と流通市場は証券市場が機能するための車の両輪であるが，非上場企業においては，証券市場を十分に活用することはできない。企業の成長と大企業の登場には，その資金需要に応えるだけの金融上の仕組みが不可欠である。

アメリカでは19世紀後半から大規模な資本集積を必要とする鉄道建設ブームが起きたことで，鉄道会社の設立と並行して，その資金需要に応えるため大量の株式や債券の発行が行われた。19世紀末のアメリカにおける公開株の60％程度は鉄道株であった。さらに整備された鉄道網を活用して，流通・小売・製造業の大企業化も進んだ。スタンダード石油やUSスチールなど，アメリカ型モデルともいえる大企業の誕生である。その後，第1次世界大戦前には，鉄道株に代わって工業株の占める割合が急速に高まる。もちろん，その背景には，第1章で述べた株式会社制度の普及がある。

発行市場は，株式を例に考えれば，発行体の株式に株主が出資することで資金を調達する市場である。資金の調達が実施される**有償増資**に関しても，出資の募り方にはいくつかのタイプがあり，**私募**と**公募**に大きく分けることができる。私募とは限られた人数の株主から資金を調達する方法であり，公募とは不特定多数の株主から資金を調達する方法である。

有償増資の他にも，資金の調達を伴わない**無償増資**がある。無償増資の代表的なものとしては，**株式分割**がある。株価が高くなり流通市場での投資家の売買が実施しにくくなると，企業は株式分割によって株価水準を引き下げるような対応をとる。たとえば，1株を2株に分割したとしても，株価が半分の水準に低下する代わりに発行済株式数が2倍になるが，株価と発行済株式数を掛けた金額（それを時価総額という）に変化はない。また，株式分割によって新たな資金が企業に入ることはない。

上場企業の発行方法別の資金調達状況を見ると，2009年から11年の直近3年間において，既存の株主を対象に実施する**株主発行**は10年の1件，6800株のみで近年はほとんど見られなくなっている。既存の株主以外の第三者を対象に実施する**第三者割当**は，2009年に115件，31億9200万株（1件当たり平均2800万株），10年に88件，19億3600万株（1件当たり平均2200万株），11年に66件，22億8400万株（1件当たり平均3500万株）となっている。

一方で，不特定多数の投資家を対象に行う**公募**は，2009年に52件，120億

5000万株(1件当たり平均2億3200万株),10年に50件,75億4800万株(1件当たり平均1億5100万株),11年に45件,29億4800万株(1件当たり平均6600万株)となっている。

広く投資家から資金を募集する公募の方が,1件当たりの発行規模が大規模である傾向にあることが確認できよう。公募は私募と比較して多額の資金調達に適した方法ではあるが,株主への情報の通知などのコストが多くかかるというデメリットもあり,発行体のニーズに応じて私募と公募が選択可能な証券制度が形成されていることが望ましい。

❖ 流通市場

続いて,投資家間で証券の売買を行う場である**流通市場**の役割について考えることにしよう。株式の流通市場が存在することのメリットは,投資家に対する流動性の供給である。株式の流通市場が存在しなければ,株主は自分の持ち分である株式を売買(転売)することができない。仮にできるとしても,十分な流動性がなければ,株主はさまざまなリスクを負うことになる。売買する相手方の投資家を見つけ,保有する株式を売却するために,価格変動リスクなど,かなりのコストを負担しなければならないかもしれない。いかに流動性の高い市場を形成できるかによって,証券市場が活況を維持できるか,それとも他の市場に取引を奪われるかが決まる。

とくに近年は,投資家の主体が個人投資家から,専門的投資家である**機関投資家**(投資信託,保険会社,年金基金など)に移行してきている。海外の機関投資家の売買も急速に増加しており,証券市場における売買は急速にグローバル化している。

投資部門別の株式保有比率の推移を見ると,個人・その他の保有比率は,1970年では37.7％であったが,2011年では20.4％にまで低下している。その一方で急速に増大しているのが外国法人等である。1970年ではわずか4.9％であったが,2011年では26.3％にまで大幅に増加している。金融機関と事業法人等の機関投資家の保有は,2011年ではそれぞれ29.4％と21.6％(合計51.0％)となっており,高い比率を占めていることがわかる。

こうした投資家構造の変化を背景に,国内外の機関投資家に対して取引コストの低い場をいかに提供できるかに証券市場の存続がかかっている。流動性の

高い魅力的な流通市場でなければ，企業を市場に招き入れることはできず，発行市場としての活況も望めない。こうしたことを背景にして，**証券市場間競争**は激化している。より流動性の高い市場を求めて，発行企業や投資家の売買が集中する。

　日本国内の証券取引所の統合の歴史を見ても，そのことがうかがえる。地方取引所は以前には数多く存在していた。戦後，東京・大阪・名古屋・京都・神戸・広島・福岡・新潟・札幌の9カ所に証券取引所が開設されるが，1967年には神戸証券取引所が廃止され，大阪証券取引所が引き継ぐことになる。2000年には広島証券取引所と新潟証券取引所が解散し，東京証券取引所に併合される。続いて，京都証券取引所が大阪証券取引所に合併される。2013年には，東京証券取引所と大阪証券取引所の経営統合により日本取引所グループが誕生した。

　証券市場間競争は国内の取引所間にとどまるものではなく，グローバルに進展している。代表的なものを挙げるだけでも，2007年にはNYSEグループ（ニューヨーク証券取引所）とユーロネクストが合併し，世界最大の売買代金を誇るNYSEユーロネクストとなった。また，同年，NASDAQとスウェーデンとフィンランドの証券取引管理会社であるOMXが経営統合することで，世界第2位のNASDAQ OMXグループが誕生した。また，2012年末には，原油取引に強みを持つアメリカのインターコンチネンタル取引所がNYSEユーロネクストを買収すると発表した。グローバルな証券市場間競争が今後さらに進展する兆しが見られる。

※ 証券会社の役割

　新規株式公開や上場後の資金調達および投資家の売買において，証券会社がどのような役割を果たすかについて見ることにしよう。第5章では間接金融の主要な担い手である銀行の役割を見たが，ここでは直接金融の担い手である証券会社について役割を考えることにしよう。

　証券会社が行っている業務の代表的なものは，発行市場に関連する業務として，**引受業務**（アンダーライティング）と**分売業務**（ディストリビューティング）の2つがある。前者は，発行企業が新規に証券を発行する場合に発行企業の信用度などを審査し，発行が円滑に実施されるように保証する。この業務に

よって証券会社は発行企業から引受手数料を徴収する。後者は，引き受けた証券を投資家に売りさばく業務である。機関投資家や多数の個人投資家に証券を販売する業務によって，証券会社は発行企業から販売手数料を徴収する。

　一方，流通市場に関連する業務としては，**委託売買業務**（ブローカレッジ）と**自己売買業務**（ディーリング）の２つがある。前者は，顧客である投資家から委託された売買注文の執行を投資家に変わって代行する業務であり，この業務によって投資家から委託売買手数料を徴収する。後者は，前者とは異なり証券会社が自己の判断に基づき，自己勘定で売買を行う業務である。証券の購入価格と売却価格の差額が売買差益（差損）となる。

　こうした４つの主要業務を証券会社が担うことによって初めて，発行市場と流通市場は円滑に機能を果たすことができる。こうした業務を担う証券会社の登場は，イギリスにおけるマーチャント・バンクやアメリカにおける投資銀行にその起源をさかのぼることができる。

　たとえば，アメリカの鉄道建設のための資金調達において，個人投資家自身が鉄道事業のリスクや成長可能性を評価し，鉄道会社も膨大な金額を調達するために多数の投資家を自ら集めないといけないとすれば，どうであろうか。十分な数の株主を見つけることができず，当初予定していた資金額を調達できないかもしれない。そうすれば，事業計画も修正を余儀なくされる。発行企業の信用度を審査し，その株式を引き受けて株主に販売する機能を証券会社が担ってくれれば，仮にその業務に対して手数料を支払うとしても，発行企業にとってはありがたい。証券会社（モルガンに代表されるような投資銀行）が存在しなかった状況を考えると，その役割の重要性を容易に理解することができる。

　また，投資家が株式を売買したいと考えたときに，売買を仲介する証券会社が存在せず，購入を検討している投資家と自ら連絡を取って売買する価格を交渉しないといけないとすれば，市場はきわめて非効率なものになることは容易に想像できる。

4　上場から非上場へ

　本章の第２節では，企業成長に伴う非上場から上場への流れと資金調達の仕組みについて説明した。しかし，その一方で，上場から非上場へと移行する企

業もある。非上場から上場することを新規株式公開（going public）と呼ぶのに対して，その逆に上場から非上場になることを非上場化（going private）と呼ぶ。

　株式会社制度の登場と証券市場という制度の整備は企業規模の拡大を容易にし，大企業の登場をもたらした。しかし，企業があまりに大規模化すると，さまざまな問題が生じるようになる。事業を多角化しすぎたために収益性が低下したり，組織が硬直化し意思決定の迅速性が低下するといった問題である。主要事業への特化と集中のために非上場化する企業もある。

　また，株主は多様化し，企業の経営に対して株主利益の最大化という視点から積極的に投資家側の要求を突きつける，いわゆる「もの言う株主」からの圧力を回避するために非上場化を選択する企業もある。さらに，上場を維持するためには，取引所に支払う上場維持費用の他にも，内部統制，監査，四半期決算，IR（investor relations）など，さまざまなコストがかかる。このコストを負担してまで上場企業であることのメリットがあるかを検討する企業が，近年，増加する傾向にある。

　主要事業への特化と集中を実現する非上場化にあたっては，マネジメント・バイアウト（MBO）とマネジメント・バイイン（MBI）という2つが代表的な方法である。両者の違いは，図6-3に示すように，前者が新会社の経営を既存会社のメンバー（たとえば，ある事業部門の事業部長）が経営者兼株主となって担うのに対して，後者においては外部から経営者を呼ぶ。この他にも，従業員が主体となるエンプロイメント・バイアウト（EBO）や，外部投資家が主体となるインベスター・バイアウト（IBO）などいくつかの方法があるが，競争優位性のある事業に特化を図り，企業の事業再編（リストラクチャリング）を目的としている点では大きな違いはない。

　こうしたコア事業に集中するための非上場化にあたって，資金供給者として重要な役割を果たす金融機関がプライベート・エクイティ（private equity）である。プライベート・エクイティと，前述したベンチャー・キャピタルとの大きな違いは，前者が企業の成長段階後期の投資（事業再編など）を主として行うのに対して，後者は企業の立ち上げから成長初期段階，急成長期の投資を行うことである。プライベート・エクイティは，投資先企業の事業再編を達成した後，この企業を再度上場もしくは他の企業に売却することによって投資益を獲

図6-3 マネジメント・バイアウトとマネジメント・バイインの仕組み

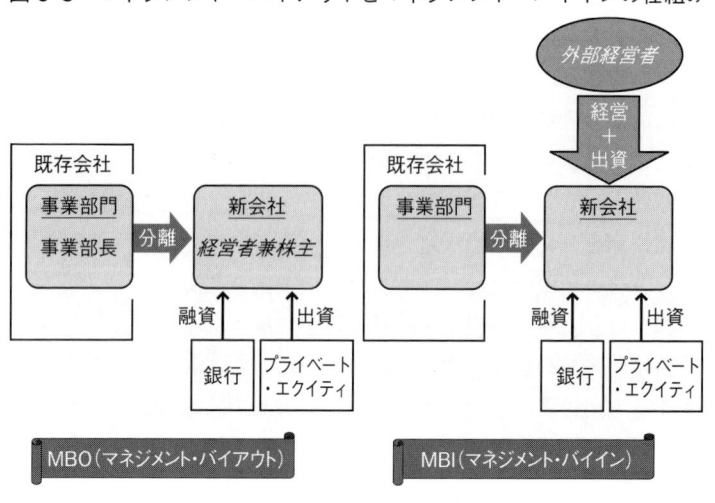

得することを目指している。

　金属の表面処理の総合メーカーであるトーカロの2001年のMBOは、国内ファンド（ジャフコ）と共同で実施した事業再編目的の先駆的な事例である。トーカロ以降、プライベート・エクイティの出資を受けて事業再編目的で実施されたMBOはかなりの数に上っている。M&A調査会社のレコフのデータによれば、バイアウトは急速に増加している。1990年代後半には年間数件であったが、2000年に入ると徐々に件数が増加し、ピークを迎えた2008年には100件近くにまで達した。

　バイアウトの当事者別に分類すると、IN-IN（国内−国内）型の件数が圧倒的に多いが、海外のプライベート・エクイティによる投資の増加もあって、OUT-IN（海外−国内）型についても、ある一定の件数が見られるようになっている。新聞報道などで話題になった主なものとしては、2005年のワールド（アパレル）、2011年のアートコーポレーション（運送業）やカルチャー・コンビニエンス・クラブ（複合量販店）などを挙げることができる。

おわりに

　最後に、第5章で見た銀行制度（金融市場）と第6章で見た証券市場が、企

● コラム 6-2　上場していない大企業

　本章では，非上場企業から上場企業へと成長している企業が多数ある一方で，上場企業から非上場企業へと転換する企業が近年増加していることを見た。また，株式を公開できる企業規模・業績を実現しているにもかかわらず，非上場にとどまっている企業も多数ある。

　代表的な企業としては，サントリーホールディングス，JTB，リクルート，ヤンマー，竹中工務店，森ビルなどを挙げることができよう。また，集英社，講談社，小学館などの出版社や，読売新聞，朝日新聞，毎日新聞，日本経済新聞などの新聞社はいずれも非上場企業である。このように，出版社・新聞社には，業界全体として上場を志向しない傾向が見られる。

　サントリーの社長は，かなり昔のコメントではあるが，非上場でいることの理由を下記のように語っている。

　「洋酒事業は酒を仕込んでから何年も，高級酒は何十年も熟成させ，寝かせる必要がある。これは資金を何十年も寝かせるのと同じ。一般的な企業評価では，『投下資金回転の早い／高い会社』が評価される傾向にある。上場すれば株主から，このような指標を元に早期の資金回収を迫られることもあり得る。なのでサントリーの事業は，資金を拠出して何年も酒の熟成を待つ一部の人たちの出資だけでやっていこうと思っている」（情報サイトの Kumonos からの引用）。

　これが非上場でいることの真の理由かどうかはわかりかねるが，事業環境が大きく変わりつつあるのは事実であろう。2010年2月に合併は破談に終わったものの，非上場企業である同業界2位のサントリーホールディングスと，上場企業の同業界1位のキリンホールディングスとの経営統合計画が発表された。また，2012年末には，主要子会社であるサントリー食品インターナショナルを，2013年に東京証券取引所に上場する方針を発表した（同年7月に上場）。グローバル競争が激化する中で，企業の持続的な成長を考えたとき，上場と非上場の選択についても，経営者に求められている重要な戦略的意思決定の1つとなっている。

　最後に，非上場企業であるサントリーホールディングスがどのように資金調達を行っているかについて簡単に紹介しておこう。同社は非上場企業であるため，株式の公募増資による資金調達に限界があることは事実である。しかし，同社は社債による大規模な資金調達を行っており，最近では2012年に2000億円の社債発行の登録を実施している。

業の円滑な資金調達のために，成長ステージに応じて整備される必要があることを指摘することにしよう。A. N. バーガー＝G. F. ユデールは，企業の成長ステージによって，資金調達手段がどのように変化するかを示している（Berger and Udell [1998]）。同モデルでは，図6-4に示すように，企業規模，企業年齢，情報の利用可能性という3つの視点によって企業の成長ステージを4つに分類し，各ステージに対応可能な資金供給方法を整理している。

第1ステージである「企業規模がきわめて小規模で，担保もなく，事業のトラックレコードもない段階」では，主たる資金調達源として，創業者の内部金融（創業者の自己資金や創業メンバー，家族，友人などからの調達）に依存せざるをえない。しかし，こうした資金調達源から調達できる金額には自ずと限界がある。ただ，高い成長が見込める企業においては，これまでに事業を自ら興して成功させた実績を持つ投資家であるビジネス・エンジェル（business angel）から株主資本の調達が可能であるかもしれない。

第2ステージである「企業規模は依然として小規模で，高い成長可能性は持ち合わせているが，事業のトラックレコードが限定されている段階」では，テスト・マーケティングに成功していれば，ベンチャー・キャピタルから株主資本を調達することが可能となる。しかし，金融機関の融資先としてはまだ不確実性が高い段階であり，融資方法としても短期資金の供与が中心となろう。

第3ステージである「企業規模は中規模になり，事業のトラックレコードもある程度蓄積され，必要であれば担保も利用可能な段階」になると，金融機関からの借入れが中長期についても広く利用可能になる。また，この段階になると，**私募発行**による外部資金の調達も可能になる。

第4ステージである「企業規模は大規模となり，リスクの状況もわかるようになり，トラックレコードも蓄積された段階」になると，株式や社債の公募発行による調達が可能になる。この他にも，短期資金の調達として，銀行融資に加えてコマーシャル・ペーパー（CP）を利用することもできる。

最後に，同図には記載されていないが，拡大・分散しすぎた事業を再編し，コア事業への特化を図る段階をステージ5とするならば，事業再編の資金提供者としてプライベート・エクイティが重要な役割を果たす。

しかし，こうした金融市場や証券市場を構成する資金供給システムが対応可能な領域は安定的・固定的なものではない。たとえば，投資家構成の変化に

図6-4 企業の成長ステージと資金供給システム

企業規模 ──────────────────▶
企業年齢 ──────────────────▶
情報の利用可能性 ──────────────▶

ステージ1	ステージ2	ステージ3	ステージ4
企業規模がきわめて小規模で,担保もなく,事業のトラックレコードもない段階	企業規模は依然として小規模で,高い成長可能性は持ち合わせているが,事業のトラックレコードが限定されている段階	企業規模は中規模になり,事業のトラックレコードもある程度蓄積され,必要であれば担保も利用可能な段階	企業規模は大規模となり,リスクの状況もわかるようになり,トラックレコードも蓄積された段階

◀── 創業者の内部金融 ──▶
◀── ビジネス・エンジェル ──▶ ◀── ベンチャー・キャピタル ──▶ ◀── 株式(公募発行) ──▶
　　　　　　　　　　　◀────── 企業間信用 ──────▶
　　　　　　　　　　　　　　　　　　　　　　　　◀── コマーシャル・ペーパー ──▶
　　　　◀────── 金融機関からの短期借入 ──────▶
　　　　　　◀────── 金融機関からの中長期借入 ──────▶
　　　　　　　　　　　　　　　　　　　　　　◀── ミディアムターム・ノート ──▶
　　　　　　　◀── メザニン・ファンド ──▶
　　　　　　　　　　　　◀── 私募発行 ──▶
　　　　　　　　　　　　　　　　◀── 社債(公募発行) ──▶

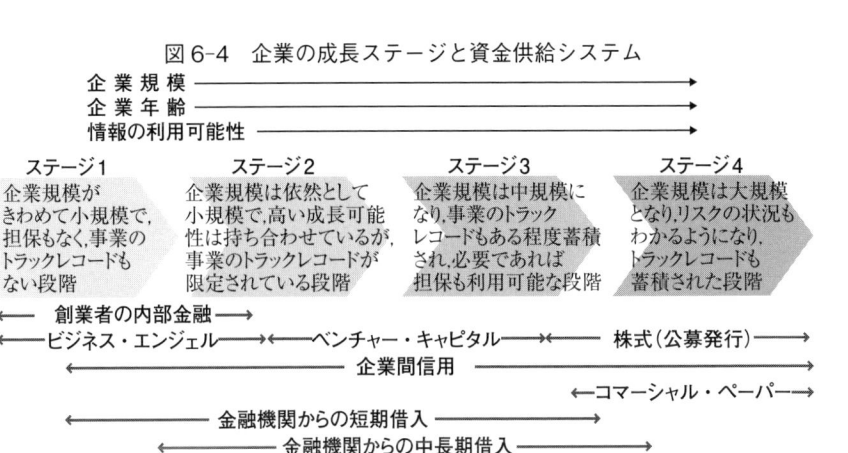

出所:Berger and Udell [1998] より作成。

よっても,金融・証券市場のあり方に多大な影響を及ぼす。証券市場に参加する投資家の中心が個人投資家から機関投資家へと移行するのに伴い,地方取引所は停滞し,グローバルなレベルの取引所統合が進展していることについてはすでに説明したとおりである。

　また,アメリカでは,1980年代以降に機関投資家の多額の資金がベンチャー・キャピタルに流入するようになると,ベンチャー・キャピタルの投資行動にも変化を生じさせることになった。四半期ベースでの厳密な投資報告を求める機関投資家に対応するため,ベンチャー・キャピタルは,以前のように成長初期段階の企業に投資して長期的視点で資金を運用することが徐々に困難になってきた。

　こうした環境の変化に対しては,成長初期段階のベンチャー企業向け投資において,ビジネス・エンジェルと呼ばれる,企業家としての事業経験や実績を持つ個人投資家が重要な役割を果たしている。ビジネス・エンジェル投資の仕組みを最もうまく構築しているのはアメリカであり,同国におけるビジネス・エンジェル投資の規模については,年間投資で見れば,ベンチャー・キャピタル投資の金額ベースで5倍,件数ベースで20倍の規模を持つと推定されている。

ビジネス・エンジェルは，成長初期段階のベンチャー企業にとって，①小口資金の調達が可能である，②投資決定基準が緩やかである，③経営のサポートを提供してくれるハンズオン投資家である，④機動的な資金調達が可能である，⑤長期的視点からの投資を行う，⑥金融中心地だけではなくあらゆる地域に存在しているといったメリットを持つ，まさしく「天使（angel）」なのである。とりわけ，リージョナル・エクイティ・ギャップを軽減する上で重要な役割を果たし，地域ベースの資金の循環を支えている。

　多様かつ変化する企業の資金ニーズや投資家の投資ニーズに対応できるように，金融市場や証券市場を構成する資金供給システム間の相互補完関係が維持されるように，制度設計を常に見直す必要があるのである。

▶ 参考文献——次に読んでみよう

忽那憲治・長谷川博和・山本一彦編著［2006］『ベンチャーキャピタルハンドブック』中央経済社

忽那憲治編著，公益財団法人日本証券経済研究所編［2011］『ベンチャーキャピタルによる新産業創造』中央経済社

日本証券経済研究所［2009］『図説アメリカの証券市場』日本証券経済研究所

二上季代司・代田純編［2011］『証券市場論』有斐閣

Berger, A. N. and G. F. Udell [1998] "The Economics of Small Business Finance: The Roles of Private Equity and Debt Markets in the Financial Growth Cycle," *Journal of Banking and Finance*, 22, 613-673.

Gupta, U. [2000] *Done Deals: Venture Capitalists Tell Their Stories*, Harvard Business School Press.（楡井浩一訳［2002］『アメリカを創ったベンチャー・キャピタリスト——夢を支えた35人の軌跡』翔泳社）

第7章 損失金融のための制度
―― どのようにしてリスクを移転してきたか，
これからどのようにリスクをマネジメントするのか

はじめに

「損失金融」とは，後に詳しく述べるように，ロス・ファイナンス（loss financing）のことで，企業のリスクマネジメントを構成する1つの活動である。本章では，歴史に登場したリスクへの対応手法の説明に紙面をさいた。具体的にいえば，海上リスクをめぐる2つの方法，先物取引（先渡し契約），代替的リスク移転といわれているいくつかの手法（保険リスク証券と天候デリバティブ）である。これらの手法は，すべて損失金融に属するものである。商学の強みは，経済主体が取引にまつわるリスクを軽減し，移転する方法を具体的かつ実務的に紹介することである。

しかしながら，本章では取引にまつわるリスクに対する対処方法の紹介にとどまらない。その理由は，商学の一分野として発達した「保険とリスクマネジメント」は，経済主体の価値創造に関わるようになっているためである。現代の企業社会において，われわれは「損失金融」だけで，リスクマネジメントを考えることが無意味になってきている。たとえば，企業が所有する金融資産をポートフォリオ選択によってリスク軽減することで生じる企業価値の増大と，損失金融を効果的にすることで生じる企業価値の増大は，増大という意味においては無差別なものである。つまり，企業価値を主体に考えた場合，「損失金融」以外にも，リスクマネジメントが対象とする領域がたくさんある。このようなことから，「保険とリスクマネジメント」という商学分野は，経営学あるいは経済学とも交差する領域を持つことになっている。

本章の後半において，あえて「損失金融」を包含するより広い概念であるリスクマネジメントのフレームワークを示したのは，以上の理由による。このこ

とをもって商学の特徴が消えてしまうものとは思わない。むしろ商学の強みを生かしながら，他の近接領域と連携を深めることが商学の現代的再生に必要不可欠なものであると考えられる。

1　リスクとは何か

　リスクという言葉は，文脈によってはかなり広い意味で使用される。たとえば「リスクを補償する」という場合の「リスク」は，実際に生じうる損失額を意味する。保険とリスクマネジメントの領域では，「リスク」について統計学を利用して数値として計量化できるものに限定して考えているが，本書では「リスク」という用語をより広い意味で使用している。

　前近代社会では，将来の結果は宿命論的に決まると考えられていた。バーンスタインによれば，将来の結果が確率論的に決まるのだという世界観を知ったときに，人類は将来の結果を左右する能力があることに気がついたという。すなわち，リスクをマネジメントするという行為は，将来の結果の不確実性を人為的に変えることなのである。商学で対象となるリスクは，損失に関わる将来の結果である。将来の結果が利益を生み出すものはリスクといわない。ここからは，損失を生み出す結果を中心に考えていこう。

　将来の損失が確率論的に決まるとすると，確率論的に起こりうる平均的な値と損失額のバラツキに注目することが肝要である。統計学の考え方を使えば，確率論的に起こりうる平均的な損失額を期待損失額といい，損失のバラツキのことを期待損失まわりの変動性と呼ぶ。この2つの統計学的な特徴を知るためには，損失分布の状況を明らかにし，そこから推定することになる。逆にいえば，信頼のできる損失分布から得られた「期待値」と「期待値まわりの変動性」は，損失分布の性質を明らかにするものである。

　損失分布とは，将来の不確実な損失の結果を確率論的に示したものなので，**不確実性をリスクと考えれば**，損失の「期待値」と「期待値まわりの変動性」がリスクを示す指標であるといえる。

　論より証拠。損失分布の例を以下に示しておこう。

　表7-1の3つの分布は，期待値は同じで分散が異なる確率分布である（結果が損失である場合に，とくに損失分布と呼んでいる）。結果が損失であるとす

表7-1 分散が異なる確率分布

分布1		分布2		分布3	
結果	確率	結果	確率	結果	確率
5,000ドル	0.33	5,000ドル	0.00	5,000ドル	0.20
10,000ドル	0.34	10,000ドル	1.00	10,000ドル	0.60
15,000ドル	0.33	15,000ドル	0.00	15,000ドル	0.20

出所：米山［2012］9頁。

れば，いずれの損失分布においても損失の期待値は，1万ドルである。しかしながら，「期待値まわりの変動性」が異なる。分布2は，100％の確率で損失1万ドルが生じるが，分布1では，およそ3分の1ずつの確率で，5000ドル，1万ドル，1万5000ドルの損失が生じる。このように「期待値」が同じでも，損失のバラツキが異なる場合がある。この場合，バラツキの大きさが将来の不確実性の程度をあらわすことから，分布2＜分布3＜分布1という順番で，リスクが大きくなるということは，表から直感的にわかるだろう。

結果のバラツキは，「分散」や「標準偏差」を計算することによって比較することができる。つまり期待値が同じであるとき，標準偏差が大きければ大きいほど「リスクが大きい」といえる。金融工学やコーポレート・ファイナンスで，（損失に限らず）結果の不確実性，すなわち期待値まわりの変動性を示す標準偏差をリスクの尺度としているのは，このような理由によるものである。ただし，広義のリスクと区別して変動性（ボラティリティ）と表現することもある。なお経済学においても，リスク回避度を示す尺度として標準偏差を採用することが多い。

以上に述べたことを，わかりやすい例示で示した上で，先に進むことにする。すなわち「商学入門」の定期試験の平均点が50点であっても，受験者全員が50点である場合と，半数が100点で半数が0点である場合ではまったく違う。期待値（平均点）は同じであっても，点数のバラツキは異なり，前者は確実でリスクのない試験であり，後者は不確実でリスクの大きな試験であるといえる。不確実性の時代にあっては，世の中は単純な平均だけでは理解できないのである。現代の金融・保険を知る上で，より深くリスク概念を理解したいと思われる方は，『リスクと保険の基礎理論』（米山［2012］とくに「第1部リスクの基礎」）を参照していただきたい。

2　取引におけるリスクへの対応

❖ 地中海貿易の商人

　限られた人的ネットワークによるコミュニティにおいては，取引に伴う不確実性はそれほど大きな問題を生じない。ネットワークをつなぐ絆が「安心」であれ「信頼」であれ，内部的な不確実性（取引上の裏切り）は大きいものではない。歴史家のフェルナン・ブローデルが市場を2つに分けて次のように述べている。「交換には二つのタイプがある。一つは，次元の低いもので，透明であるがゆえに競争原理の働くもの。他の一つは，高度で洗練された支配的なものである」（F. ブローデル〔金塚貞文訳〕［2009］『歴史入門』中公文庫，82-83頁）。ブローデルによれば，後者の交換が大商人の資本蓄積をもたらし，われわれが資本主義と呼んでいるものの歴史的契機となった。しかしそのような交換には，大きな不確実性，すなわちリスクが伴っていた。

　次に紹介するのは，このようなリスクのある交換によって財をなしたフランチェスコ（Francesco di Marco Datini）というイタリア人である。彼は，イタリアのトスカーナ地方に1335年頃に生まれ，15歳のとき現在のフランス南東部のアビニョンに移り，めざましい商売上の成功をなしえた。彼はその成功に飽きたらず，フローレンスから数マイル北に位置するプラトという町に移り住み，自分の商売の範囲を広げ，金融業者や保険引受業者（アンダーライター）をかねる大商人となった。彼は，1365年にすべての帳票と通信文書を保存するように決意し，代理人にもそれを命じた。その結果，当時の商業に関する膨大な史料が残された。

　次は，1395年に妻にあてた手紙からの引用である。

　「私は昨夜，私の家財が家もろともに粉々に崩れてしまうという夢を見ました。……またこの夢の意味は，私に多くのことを考えさせました。というのもベニスを出帆してカタロニアに向かったガレー船が2カ月以上も消息を絶っているからです。（中略）この船に300フローリンの保険をかけていたのです。……詮索すればするほど，わからないことが増えるので，やきもきして気が狂っていないのが不思議なくらいです。神様のみが私の身に降り懸かることをご存知でしょう」（Clayton［1971］ch. 2）。

フランチェスコは，保険をかけているにもかかわらず，なぜ心配しているのだろうか。クレイトンによれば，巨大損害が続いた場合に，当時のアンダーライターの保険金支払い能力に限界があったことが指摘されている（Clayton [1971]）。フランチェスコは，海上保険契約によって通常の損害については補償されるものと考えていたが，巨大損失に際しては，自分が実質的に無防備であることを自覚していたのである。

　この手紙からもう1つの重要な事実がわかる。それは，フランチェスコが将来の財産の不確実性を除去するために保険に頼ったということである。取引に伴う不確実性は，最終的に自分の将来の財産に対して深刻な打撃を与えない限りでは，引き受けることができる。しかし，そうでない場合には，人々はそのようなリスクを移転するためのさまざまな手法を探すことになる。フランチェスコのようないわゆる冒険商人の時代には，未熟ではあったが，海上保険が誕生していたのである。

　余談であるが，船荷に関する保険料は商品によって異なっていた。他の積荷に増してワイン樽の保険料が高かったといわれているが，その理由は航海中にワインがしばしば大量に「蒸発」するためだった。つまり，保険料が高くなった理由は，アンダーライターが監視することのできない海上という場所において生じるモラルハザードのコストが上乗せされたためなのだった。

❖ 金融機能と保険機能の融合——原始的海上保険

　実は，フランチェスコが利用したような海上保険契約以前に，原始的なリスク移転方法が利用されていた。それは，資金調達という金融機能とリスク移転という保険機能が融合した手法である。ごく簡単にその仕組みを描けば，次のとおりである。

　リスクの大きい遠隔地貿易を試みる船主が，複数の出資者から資本を募り，もし貿易に成功した場合には，利子に成功報酬を加えて元本を返すが，もし海難事故などによって交易に失敗した場合には，元本の返却を免れるという契約である。このような契約では，船主から見れば，海上リスクが移転されることになるが，出資者は単独で引き受ける保険業者のように大きなリスクを引き受けるのではなく，多くの出資者が分散して引き受けることができる。また船主が事業に成功すれば，大きな報酬を得られることから，投機的な心をくすぐっ

た。

　なお分散して引き受ける方法については，初期の保険引受業者も共同でリスクを引き受けることが多かった。それは，保険業者が引き受けるリスクに見合った十分な資本を持っていないことが多く，また再保険ネットワークも未熟だったためである。

　この慣行は，保険引受業者の資本蓄積が進み，また再保険ネットワークなど保険引受業者が自らのリスクを分散する方法が発達してくると，徐々に薄れていく。その結果，海上リスクに対して金融機能と保険機能が融合する手法から，両機能が分化して専門化した手法に変わっていくことになった。

◈ ロイズ・保険会社──保険機能の専門化とその要因

　ロイズの誕生と発展は，保険機能の専門化がより効果的であることを証明するものであった。ロイズにおける保険機能の自立は，再保険契約など，引き受けたリスクを分散する手法の発展と軌を一にしている。

　ロイズとは，17世紀のロンドンのコーヒーハウスから誕生した保険マーケットである。エドワード・ロイドという人が開店したコーヒーハウスに，**保険引受業者（アンダーライター）と保険仲介業者（ブローカー）**が集まり，海上保険取引が行われていた。店主エドワードは，彼らにとって有益な海事情報を集めて提供した。これにより，彼のコーヒーハウスは，すぐに海上保険取引の中心地となった。その後，18世紀に賭博保険が流行すると，ロイズにも賭博保険が蔓延したが，海上保険に専門化した新ロイズが発足することによって，ロイズ保険マーケットは健全に存続した。とかくするうちに，ロイズという場所で海上保険を引き受けることのできる保険引受業者のことをロイズ・アンダーライター，そしてロイズという保険マーケットに保険契約を持ち込むことを許される保険仲介業者のことをロイズ・ブローカーと呼ぶようになった。

　繰り返しになるが，ロイズで契約された保険を引き受ける主体は，ロイズ保険会社という法人ではない。保険を引き受ける主体のことを保険者と呼ぶが，ロイズ・アンダーライターという個人が保険者である。ロイズ誕生の当時は，アンダーライターが個人の責任で保険を引き受けていたが，保険金額が大きくなると，リスクを分散する手立てが必要となった。まずアンダーライターが共同してリスクを引き受ける慣行が発展した。また優れた専門的能力と知識を

持ったアンダーライターに，資本を提供する投資家が現れた。莫大な資産を誇るイギリスの上流階級が，ロイズ・アンダーライターに資本を提供するようになったが，ロイズでは，彼らのことをネームと呼んだ。

　以上のように，ロイズという保険マーケットの歴史的発展は，多くのアンダーライターによるリスク分散と，イギリス階級社会を背景とした豊富な資本力の利用という2つの要因によって推進されたのである。

　ロイズという保険市場は，19世紀後半までは，海上保険が唯一重要な保険種目であった。ロイズが引き受けなかった火災保険や生命保険については，法人という企業形態によってリスクを引き受ける主体が出現した。株式会社形態では，移転されるリスクに対する資本を株主が提供する。保険では，契約者が会社の構成員（所有者）となる相互会社という企業形態が利用されることがある。相互会社は，会社が支払不足という財務状態に陥った場合に，保険金削減規定で対応できる。保険金削減規定とは保険金額を削減することによって会社の保険負債を圧縮し，支払不足の状態を解消することである。なお現在のわが国の保険業法では，保険契約者保護の観点から相互会社の保険金削減規定は認められていない。しかしながら，保険会社が破綻する前に一定の手続きを経て，既契約の契約条件を変更することができる。つまり実質的には，破綻前に保険金を削減して破綻を免れることが可能となっている。なお，この方策は，株式会社も相互会社も等しく利用できる。

　保険会社は，ロイズ・アンダーライターがシンジケートを利用してリスク分散を図ったように，大量の契約を集めることによってリスク分散を行った（プーリングによるリスク軽減）。ロイズでは，プーリングで分散しきれないリスクに対してネームが負担した。これに対して，保険株式会社では株主がクッションとしての資本を提供し，保険相互会社では契約者がクッションとしての保険金削減規定を負った。保険会社は，さらにリスクを分散するための手法として再保険を考案した。再保険の技術が精緻化し，国際的に発達すると，企業形態を問わず保険会社のリスク分散手法となった。

　以上のように，海上保険におけるロイズの発展や他の保険種目における法人企業による進展を見ると，保険機能の専門化の推進要因は，アンダーライティングをはじめとする保険スキルや再保険ネットワークの発展，および支払不足に対応する資本の提供の2つだということがわかる。

❖ 先物取引——保険以外の歴史的なリスク移転手法

　保険契約を特徴づける要素は，プーリング・アレンジメントによるリスク分散と保険引受けリスクに対する資本である。歴史的には，このような要素を持っていないリスク移転手法も存在した。たとえば江戸時代の堂島の米市場で行われていたといわれる先物取引は，その代表例である。

　江戸時代において米は国民経済を支える重要な商品であった。しかし米は，作柄によって大きな価格変動が生じる「商品」であった。たとえば，大名に代金先払いした米問屋は，米の価格リスクを引き受けることになる。つまり収穫期に相場が上がれば儲かり，相場が下がれば損失を被るのである。価格リスクをヘッジする手法から発達したのが，先物取引である。

　たとえば，一定の価格で現物を買い手に引き渡す約束をする契約をしたとしよう。この契約により米の売り手は，価格変動によるリスクを免がれることになる。これに対して買い手は，相場が上がれば損をし，相場が下がれば得をするというように，価格リスクを引き受けることになる。このように，プーリング・アレンジメントを特徴とする保険契約を利用しなくても，市場取引を利用してリスクを他者に移転できる手段はある。

　先物取引は必ずしも現物の引渡しを前提とせず，差金決済によって契約を終了できる取引なので，売買の対象となる「現物」を標準化して，定型的な取引を実現しなければならない。先物商品取引所は，このような要請に応えて出現したものである。わが国では，東京証券取引所が先物取引を行っている他，東京穀物商品取引所，東京工業品取引所および東京金融取引所等で先物取引が行われている。なお1952年に設立された東京穀物商品取引所は，米の先物を関西堂島商品取引所（関西商品取引所から改称）に，トウモロコシ・大豆・粗糖・アズキの先物を東京商品取引所（東京工業品取引所から改称）に移管し，2013年夏に解散すると伝えられている。

❖ 新たな融合——証券化によるリスクヘッジ手法の開発

　近年とりわけビジネス・リスクにおいて，ART（alternative risk transfer）と呼ばれる新たなリスクヘッジ手段が注目を浴びている。日本語では「代替的リスク移転手段」と呼ぶことが多いが，保険以外のリスク移転手段という程度の意味で使われており，明確な定義があるわけではない。なおヘッジという言葉

にも，保険以外のリスク移転方法という意味が含まれている。ヘッジはとくに，保険の「かけつなぎ」などと訳されることがある。

あえてARTに共通する特徴を挙げれば，市場を利用してリスク分散すること，プライシングにオプション価格理論などの数理ファイナンス理論が採用されることが多いこと，その多くが証券化という手法で達成されていること，などである。

保険以外のリスク移転手段の登場によって，事業会社は，そのリスクマネジメントに新しい手法を取り入れることが可能になっている。リスクマネジメントに関する枠組みについては後述する。ここでは，ARTの事例として，保険リスク証券と天候デリバティブについて簡単に説明する。

保険リスク証券の1つに地震に関する証券がある。オリエンタルランドが東京ディズニーランドの周辺で起こる地震リスクを証券化していたことは有名である。この地震リスク証券を購入した投資家は，期日内に約定された範囲内の地震が発生しなければ，通常の利子をはるかに超える収益を手にすることができるが，地震が発生した場合には，元本すら戻ってこないことがある。このような証券を発行することによって，オリエンタルランドは地震リスクを市場を通して移転することができ，投資家はハイリスク・ハイリターンの投資を行うことができる。またこのような証券を発行するときには，通常，発行元と投資家の間に特別目的会社を介在させ，証券売却代金を安全に運用させる。これは運用資産と発行元の信用リスクから遮断するための方法であるといえる。

ここで原始的海上保険を思い出していただきたい。保険リスク証券は，投資家にとって，投機と保険が融合している金融商品であるといえる。その意味で，保険機能と金融機能がふたたび融合しているのである。

天候デリバティブは，天候を指標（トリガーと呼ぶ）として，ペイオフが変わるという金融商品である。スキー場は積雪の程度によって年間の収益が変わる。そこで，例年より積雪が遅れたり，積雪が少なかったりした場合には，ペイオフ（支払い）があり，そうでない場合には支払いが行われないという契約を結べば，スキー場は年間収益の安定化を図ることができる。このような商品価格をオプション価格理論によって算出したものが，天候デリバティブなどのオプション商品である。

このように天候デリバティブは，ヘッジ目的だけで利用すれば，保険の代替

手段として利用することができる。しかしながら，天候デリバティブをヘッジに必要な金額の10倍購入したとすれば，立派な投機商品となる。この意味で，保険機能だけに専門化した手法であるとはいえない。天候デリバティブも金融と保険の融合商品であるといえるのである。

事業会社を取り巻くリスクは多様化し，また複雑化している。このような状況を踏まえると，保険というリスク移転手段以外に新しいヘッジ手段が生まれてくることは歓迎すべきであろう。ただし，リーマン・ショックを導く要因となったのは，高度に専門化された金融商品であり，またアメリカ最大の保険会社であったAIGを破綻に追い込んだのも，信用リスクを取り扱うCDSという証券化商品であった。

3　リスクマネジメントの手法

商学は，生産過程を除いたさまざまなプロセスにおけるリスクに関心を持つ学問である。またリスクに対応する技術（実務）にも深く関わる研究分野である。ここでは，事業会社のリスクマネジメントの枠組みについて勉強してみよう。リスクマネジメントには，ロス・コントロール，ロス・ファイナンス，および内部リスク軽減という3つの手法がある（図7-1）。

❖ ロス・コントロール
損失の期待値そのものを下げる方法がある。損失の期待値が下がっても不確実性が下がるとは限らないが，将来の損失額の期待値が下がるわけなので，リスクが軽減するといっても間違いではない。

損失の期待値を下げるには，損失が生じるような活動をしない（回避）することも考えられるが，その他に損失予防措置によって事前的にそれを下げることができる。また損失が生じた後も適切な対応によって損害の拡大を防ぐことも可能である。このように期待損失額を軽減させる行為のことをロス・コントロールと呼んでいる。

❖ ロス・ファイナンス
日本語にすれば「損失金融」と訳すことができる。簡単にいえば，「損失が

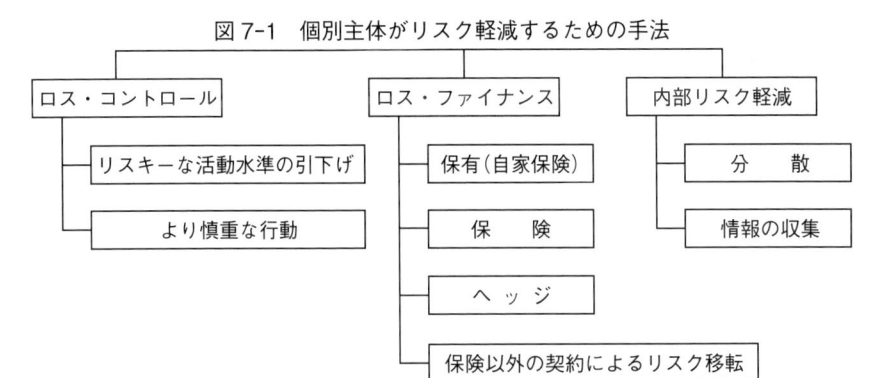

図7-1 個別主体がリスク軽減するための手法

- ロス・コントロール
  - リスキーな活動水準の引下げ
  - より慎重な行動
- ロス・ファイナンス
  - 保有（自家保険）
  - 保険
  - ヘッジ
  - 保険以外の契約によるリスク移転
- 内部リスク軽減
  - 分散
  - 情報の収集

出所：ハリントン＝ニーハウス［2005］。

生じた場合の資金繰り」のことをいう。これは，損失が起こる前にあらかじめ行っておくもの（事前的損失金融）および損失が生じてから行うもの（事後的損失金融）に二分される。事業会社にとって事後的損失金融も重要であるが，リスクマネジメントとは，リスクをあらかじめ管理するということであるので，事前的損失金融だけに絞って検討する。

　損失発生を予測して計画的に資金を積み立てておくのが，自家保険という手法である。自家保険はリスクを分散できないので非合理であるという説もあるが，損失の期待値が判明している場合や企業がさまざまなリスクを持っている場合には，低廉なコストで損失をヘッジできる場合もある。キャプティブと呼ばれる自家保険は，事業会社のロス・ファイナンスの重要な選択肢である。

　保険は最も信頼できるロス・ファイナンスの手法の1つである。保険は保険契約という形式で取引が行われ，商法の特別法である保険法によって契約が規律されている。また保険会社は，金融庁の監督のもとに服し，契約者への将来の保険金支払いの約束が守られるように規制されている。

　保険以外のヘッジ手段として，数理ファイナンスによるリスクの価格付けを利用した証券化商品などがある。たとえば企業は，天候による収益の変動に対して天候デリバティブを購入することによって，収益をより安定的なものにすることができる。具体的にいえば，スキー場を経営する会社は，雪不足のときにペイオフ（金銭給付）が行われるような天候デリバティブを購入すればよい。

　リスクとは変動なので，良い方向にも悪い方向にも振れるのであるが，ヘッジとは悪い方向に振れたときに何らかの金銭給付によって補填されることを意

●コラム 7-1　時価会計とリスク

　会計学の厳密な解説を無視して，おおよそ概念的な説明をさせていただく。簿価会計によって作成された貸借対照表はリスクが小さい。たとえば資産の部に属している不動産があったとすると，その価格はさまざまな事情によって変動している。しかし簿価会計では，基本的には購入価格のままである。したがって，より正確にいえば，「簿価会計の貸借対照表はリスクが小さい」のではなく，簿価会計の貸借対照表では，現実のリスクをリアルタイムに反映していないということである。

　資産・負債を時価評価とすると，貸借対照表の資産，負債はリアルタイムで変動する。資産から負債を控除したものが純資産である。経済学では，資産と負債を市場価値ベースで評価した場合の両者の差額のことを経済資本と呼んでいる。簿価会計だと，この部分がダイナミックに変動していることが見えにくいが，経済資本だとリアルな企業価値の状態が見える。

　時価会計の採用が企業経営を不安定化する，と危惧する考え方もある。事業会社は，一般的には銀行から借入金を使って，将来において正のキャッシュフローを生み出すような新規投資プロジェクトに投資する。収益がその事業活動によってのみ生じるとすれば，経営者に対する評価や株主に対する配当などが公正に行われやすい。しかし，利子率の変動や原材料価格の変動などのいわゆる価格リスクによって収益が大きく変化する場合もありうる。また不動産価格の変動のような企業活動とは別の要因によって，企業に利益がもたらされることがある。時価会計を採用するとこのような事業活動以外の変動を貸借対照表に持ち込むことになるので，企業経営が不安定になると心配されている。

　しかしながら，貸借対照表が株主に対する情報提供手段であるとしたら，リアルな企業価値の変動を隠すことは，株主に対して誠実なことではない。また企業経営に事業リスク以外の不安定な要素を取り込むような資産保有についても，反省の余地があるだろう。国際的な会計制度の動向が時価会計の方向へと向かっているのは，以上のような考え方に基づくものである。

　ところで，資産と負債の差額である経済資本がマイナスになった場合，その企業は「支払い不能」な状態に陥っているといえる。仮に企業が表面上事業を存続しているように見えても，負債に対応する十分な資産がない状態にあるということは，企業活動がその時点において破綻していることを意味する。このような場合は，会社の再建をめざして会社更生を行うか，清算して消滅するかのいずれかの対応が採られる。

味する。天候デリバティブは，悪い方向に振れたときに金銭的な補償を提供するためにヘッジ手法と呼ばれる。

　ヘッジ手法の活用以外に契約によるヘッジもある。たとえば銀行のクレジットラインと呼ばれる信用供与の約束は，この分類に属する。工場爆発などの損害を被った事業会社に対して，一般に銀行は高い利率の融資を要求する。その事業会社の信用リスクに応じたリスク・プレミアムが上乗せされるからである。しかし銀行との間で，一定枠の融資を自動的に受けられるという契約をあらかじめ締結しておけば，そのような心配なく融資が受けられる。

❖ 内部リスク軽減

　内部リスク軽減の方法として，内部的なリスク分散と情報収集がある。内部的なリスク分散の代表的なものは，製品の多角化である。企業にとって多角化戦略は，寡占的競争における重要な戦略であるが，同時にリスクマネジメントの一手法でもある。製品はそれぞれに固有な価格リスクを持っているため，多角化するとリスクが分散される。また工場立地を2カ所に立地すれば，地震リスクが分散される。

　産業によっては，リスクに関する情報を収集し，それをマネジメントするための投資を行うことも大切である。高固定費産業のような純粋リスクの大きな産業では，期待損失などを知り，的確なロス・コントロールを行うことが重要である。対外貿易依存型の産業では，原料価格や為替リスクなどの複雑なリスクについての正確な情報とそれらを巧妙にヘッジする手法が重要となる。

おわりに——全社的リスクマネジメント，事業継続リスクマネジメント

　事業会社を取り巻くリスクを大別すると，純粋リスク，価格リスクおよび信用リスクがある。これらのリスクに，人為的なオペレーショナル・リスクを加える場合もある。これらのリスクは，原因や結果などによりさらに細分化されて「○○リスク」と呼称されることがある。リスクマネジメントの第一歩として，リスクを細分化し，それに呼称を与えることによって，リスクを認識する作業が必要であるが，それだけではリスクマネジメントにならない。

　企業は企業を取り巻くさまざまなリスクに対して，個々に対応するのではなく，全社的に対応する必要がある。その理由は，リスクは総合的に管理した方

が，効率的に軽減することができるからである。リスクが計量化されうるものならば，会社を取り巻くあらゆるリスクを統合してマネジメントすることが可能となるはずである。ERM と略語で述べられることが多い，**全社的リスクマネジメント**（enterprise risk management）が重要視されるのは，グローバル化し，多角化した大企業にとって必然的なことである。

これと同時に，損失等が生じた場合の事業の継続が企業価値に大きな影響を及ぼす可能性が高い場合には，事業継続を目的とするリスクマネジメントの意義が重要視される。**事業継続リスクマネジメント**は，企業の危機対応を含む全般的な危機管理対策を含む考え方に基づくものなので，シナリオテストや安全対応マニュアルの策定をはじめとして意識改革を含む質的な手法を含むのが特徴である。これらの一部は，従来のリスクマネジメントにもあったものであるが，とりわけ事業の継続が価値を生む（事業の中断が企業価値を毀損する）という考え方を重視している点で相違する。

本章では，企業を取り巻くリスクとリスクマネジメントを中心に解説した。マネジメントの主体が個人や政府になると，主体の特性に応じてリスクマネジメントの目的が異なってくる。しかしながら，リスクそのものとそれへの対応という点では多くの共通点がある。企業と企業，企業と個人，企業と政府などの経済主体間においてリスクがシェアリングされ，移転される仕組みを司ってきたのが，商学の分野に属する手法である。経済主体を主語とすればリスクマネジメントは経営学に属するが，主体間のリスク分散の手法の展開という領域では，商学的な発想なくしては十分に捉えきれないものなのである。

▶ 参考文献──次に読んでみよう

下和田功編［2010］『はじめて学ぶリスクと保険〔第3版〕』有斐閣
ドハーティ，N.（森平爽一郎・米山高生監訳）［2012］『統合リスクマネジメント』中央経済社
ハリントン，S. E. = G. R. ニーハウス（米山高生・箸方幹逸監訳）［2005］『保険とリスクマネジメント』東洋経済新報社
森平爽一郎［2012］『金融リスクマネジメント入門』日本経済新聞出版社
米山高生［2008］『物語（エピソード）で読み解くリスクと保険入門』日本経済新聞出版社
米山高生［2012］『リスクと保険の基礎理論』同文舘出版
Clayton, G.［1971］*British Insurance*, Elek Books.

第 8 章

取引制度の意味
──どのような役割を担っているのか

はじめに

　経済の中で毎日数え切れないほどの数の取引が行われている。契約自由の原則によって，取引主体は原則として自由に契約相手や契約内容などを決めることができる。にもかかわらず，取引主体は完全に自由に取引を行っているのではなく，さまざまな制約の下で取引を実行している。本章では，取引に制約を与える制度について考える。なぜ私たちはわざわざ自分の行う取引の自由度を奪うような制度を形成するのであろうか。理由の1つは，各取引主体の自由な意思に任せておくと，取引において騙されたり，裏切られたり，あるいは誤解をしたりして損害を被るリスクが高まってしまい，取引が行われなくなったり，取引に余計なコストがかかったりしてしまうためである。制度はそのようなリスクを低減させることで取引の実現を支援する役割を果たすことができる。

　以下，第1節では，制度を定義し，制度がどのように生み出されるか，そして制度が取引で果たす2つの役割について見る。第2節では，制度のうち公的な手続きを通して形成される最も大切な取引制度として，民法・商法（会社法）・独占禁止法について，それぞれが取引を促すメカニズムについて考察する。第3節では，取引主体の間で意図的に結ばれる契約や，自然発生的に形成される慣習が，取引において果たす役割について検討する。また，公的な取引制度が私的な取引制度を支えていることを確認する。そして，第4節では，私的な取引制度と公的な取引制度がどのように変化するかについて考える。

1 取引制度

◈ 制度とは

　制度とは，特定の状況における特定の行為に対して報酬や罰を与えることによって，人の行為の選択に影響を与える機能を果たすルールのことを指す。ここでいう報酬や罰は，その人にとっての外部から他者によって与えられるものだけでなく，その人自身の内面で感じられる精神的な満足・不満足も含む広い概念である。

　このように捉えられる制度には，法律・条例や社則・校則などのような公式の制度だけでなく，規範や慣習，人々に内面化されている価値観なども含めることができる。これらはすべて，報酬や罰によって，人々に特定の状況である行為をとることを促したり思いとどまらせたりする。たとえば，法律によって規定された違法行為をとった者は，警察によって逮捕され，刑務所での服役や罰金の支払いなどの罰が課される。また，社会規範を破った者に対しては，周りの人たちが否定的な態度（たとえば，非難の言葉を浴びせたり，無視したりするなど）をとったり，時には村八分にしたり暴力による制裁を加えたりすることもある。一方，社会規範から見て望ましい行為をとった者には，人々が肯定的な態度（好意的な言葉をかけたり，賞賛の視線を向けたりするなど）をとることで，行為者の満足感を高める。

　このように，制度はある社会的な地位（たとえば，学生，長男〔長女〕，友人，恋人，部員，アルバイトなど）を占める人がある状況でとるべき適切な行為に報酬を与えたり，不適切な行為に罰を与えたりすることによって，制度が予定する行為をその人にとらせるように促す働きを持つ。

◈ 制度はどのように作られるか？

　制度の中には，公的な手続きを経て決定され公的な機関によって執行されるものがある。たとえば，立法府である議会によって決定され，執政府によって執行される制度がある。私たちにとって身近な消費税や交通ルールなどは，そのような公式の制度である。他方で，当事者たちによって決定され実施される制度もある。たとえば，企業と企業が結ぶ契約は，各企業がいつどのような行

為をとるべきかを記し,それらの行為が実行されなかった場合の罰則も規定される。同様に,人と人との約束も誰がどのような行為をとるべきかを定め,約束が守られなかった場合に相手からの否定的な反応が予想される。これらの制度は,関係する主体が意図的に制度を考案し検討し決定することによって形成されている。

　この他に,人々の間の相互作用の積み重ねの中で自然発生的に生まれる慣習や規範も制度の一種である。たとえば,関東地方のエスカレーターでは歩かない人は左側に立って右側を歩く人のために空けるという慣習があるが,そのような慣習はどこかで決められ強制されたり推奨されたりしたものではない。それどころか,日本エレベーター協会はエスカレーター上で歩かないことを呼びかけている。この慣習はエスカレーターを利用する数多くの人たちの間の相互作用の中で自然発生的に形成されてきたものである。電車の中で席が空いたときに一番近くに立っている人に優先的に座る権利が与えられるというのも,日本での身近な慣習の例である。嘘をつくのはよくないとか,人に迷惑をかけるのはよくないというような社会規範も,人々の相互作用の中で自然発生的に生まれてきたと考えられる。

　規範や慣習などがどのように発達するかはまだ十分にわかっていないが,必要性が影響を及ぼすこともある。たとえば,沈黙交易（silent trade）と呼ばれる取引では,一方の取引主体が物を置いてその場を立ち去り,その間に他方の取引主体が置かれた物を評価してその対価としてふさわしいと考える別の物をその場に置いて立ち去る。そして,再び最初に物を置いた取引主体が現れ対価として置かれた物を評価する。この相互的な行為は両者が取引に合意するか,あるいは一方が取引を断念するまで続けられるのである。沈黙交易は,紀元前5世紀のカルタゴ人とリビア人の間での取引や,14世紀に現在のロシア領内のヴォルガ川流域で行われた毛皮の取引など世界各地で見られた。この一見奇妙な取引形態は,お互いによく知らない取引主体の間で暴力が勃発することを回避したいという要請から発生した取引慣行だと解釈されている（Bowles［2004］pp. 233-234）。

　このように,少なくとも一部の規範や慣習は,関係する人々にとって望ましい役割を果たすものであるために,彼らによって生み出され守られ続けている。

❖ 取引における制度の2つの役割

　取引が果たす役割を説明するために，いくつかの概念を定義しておきたい。まず，取引からもたらされる望ましいもの（満足感，金銭的な利益など）をまとめて便益と呼ぶ。一方，取引に伴って発生する望ましくないもの（不満足感，労力，時間，金銭的な支出など）をまとめてコストと呼ぶ。本章では，便益からコストを引いた残差を価値と呼ぶ。取引は複数の主体間で実施されるが，すべての取引主体にもたらされた価値の合計を，取引からの総価値と呼ぶ。図8-1では取引主体Aと取引主体Bが取引を行っている。取引の結果，図8-1の中の斜線部分に相当する価値が各取引主体に発生している。そして，取引主体Aの斜線部分と取引主体Bの斜線部分を足し合わせた合計が，この取引から生み出された総価値である。

　取引に関わる制度（以下では，取引に関わる制度を短く取引制度と略すことにする）は2つの重要な役割を果たしている。取引制度の第1の役割は，取引から生み出される総価値を特定の割合で配分するというものである。たとえば，ホーム・ドクターの制度（病気・怪我になったときに最寄りの診療所などの医者に最初に受診するという制度）は小規模な開業医の取り分を大きくする効果を持つ。また，一部の薬品をインターネット上で販売することや薬剤師の面談なしに販売することを禁止する制度は，薬剤師の取り分を大きくし，薬のネット販売業者やドラッグストアの取り分を小さくする効果を持つ。

　取引制度の第2の役割は，取引から生み出される総価値を「大きく」「確実に」するというものである。それぞれの取引主体は，取引から得られる私的な価値（図8-1においてそれぞれの取引主体の斜線部分に相当）をできるだけ大きく確実に得られることを望んでいる。各取引主体によるそのような望みを実現するためには，取引から生み出される総価値を大きく確実にすることが求められる。

　このことを図8-2を使って考えてみよう。図8-2では取引制度1と取引制度2の下で実施される取引からの総価値を示している。図8-1における斜線部分の合計に相当する総価値を，図8-2では円の面積の大きさで表していることに注意しよう。取引制度1から取引制度2に変化することで取引から生み出される総価値が大きくなるので，総価値を適切な割合で配分すれば取引主体AとBが獲得できる私的な価値の大きさをともに増加させることができる。そのた

図 8-1 取引から生み出される私的な価値と総価値

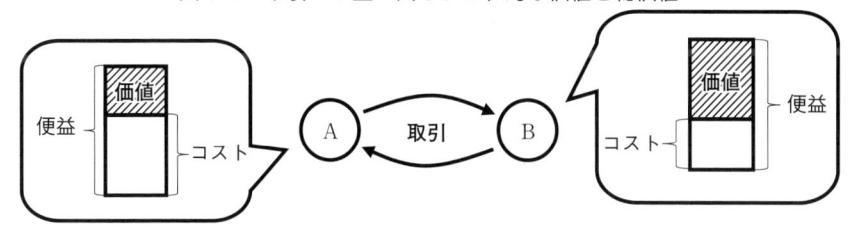

図 8-2 取引制度 1 と取引制度 2

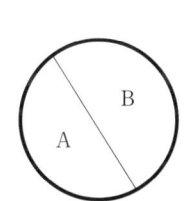

取引制度 1 の下での生み出される
総価値の大きさと配分

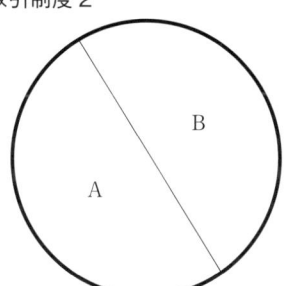

取引制度 2 の下での生み出される
総価値の大きさと配分

め，取引制度 1 から取引制度 2 への変更は両者の合意を得やすい。一方，取引制度 2 から取引制度 1 への変更は，少なくともどちらか一方が得られる私的な価値が減少せざるをえないので，そのような変更は反対を受けやすい。したがって，取引制度は取引からの総価値を大きくする方向へ変化しやすく，逆方向への変化は起きにくいのである。

前の段落で「総価値を適切な割合で配分すれば」という条件付きで議論を行った。仮に図 8-3 の取引制度 3 の下におけるような総価値の配分を取引主体 A が提案したとしても，取引制度 1 に比べて私的な価値の取り分が減少する取引主体 B の反対に遭って，取引制度 3 への変更は実現しないであろう。取引は取引主体による自発的な相互的行為であるため，取引主体 B が拒否することで取引が成立しなければ，取引主体 A も私的な価値を獲得することができない。そのため，制度が変更される場合には，変更以前に比べて各取引主体の私的な価値の取り分が増加するように総価値の配分が行われるであろう。このように，取引制度は，取引から得られる私的な価値をできるだけ大きく確実に

図 8-3 取引制度 1 と取引制度 3

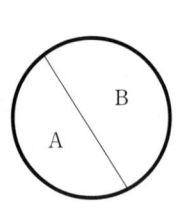

取引制度1の下での生み出される
総価値の大きさと配分

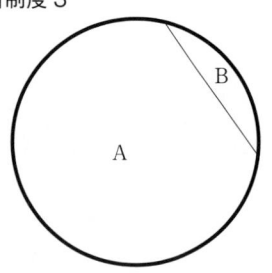

取引制度3の下での生み出される
総価値の大きさと配分

したいという取引主体の望みを実現できるように支援する役割を担っている。

序章で述べられているように，取引はさまざまなリスクを伴っている。リスク発生の代表的な原因として「情報の非対称性」と「機会主義的行動のおそれ」を挙げることができる。これらは取引主体が取引から獲得できる価値を小さく不確実にする。取引制度はこれらのリスクを低下させることで取引から生み出される総価値を大きく確実にして，その結果として各取引主体が得る私的な価値を大きく確実にする役割を果たしている。

情報の非対称性とは，各取引主体が持つ情報量に格差があることをいう。たとえば，商品の品質について一般に買い手よりも売り手の方がよく知っている。就職活動をする学生の能力や性格について，企業の採用担当者よりも学生本人の方がよく知っている。情報量の少ない取引主体は，取引から期待するような価値を得られないのではないかと心配して取引を行わないかもしれない。そうなると潜在的に双方に価値を生み出しうる取引さえも実現しなくなって，取引相手にとっても望ましくない。また取引を行う場合にも，情報の格差を埋めるために余計な労力・時間を情報収集や分析に費やさなければならなくなるだろう。そのため，情報の非対称性の下でも取引が円滑に成立するように取引を支援する制度が形成されるのである。

一方，機会主義的な行動とは，契約の内容によらず，発生した状況下で自分にとって望ましい行為を選択することをいう。簡単にいえば，約束を破って自己中心的な行動をとることである。取引に関わる状況が変化した後に，一方の取引主体が契約によって実行することが求められる行為を実行しないという裏切り行為は，機会主義的な行動の典型例である（図8-4参照）。たとえば，イ

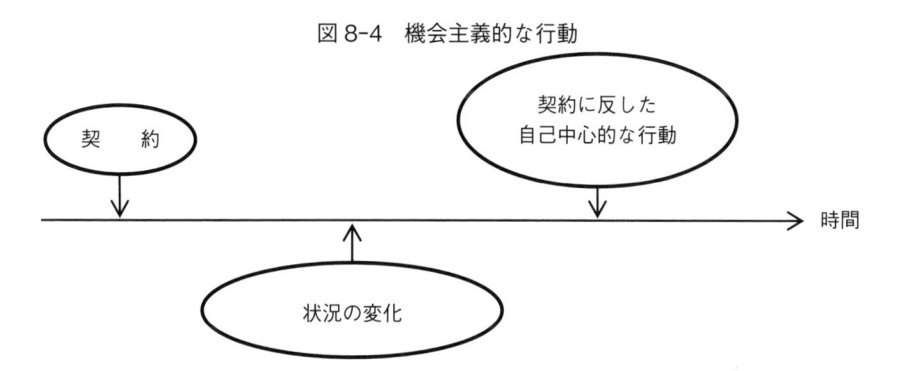

図 8-4 機会主義的な行動

（契約）　　　　　　　（契約に反した自己中心的な行動）

（状況の変化）　　　　　　　　　　　　　　　　　　時間

ンターネット取引において買い手が代金を振り込んだ後に，売り手が商品を送らないことは機会主義的な行動である。また，親企業が下請企業の生産する部品を購入する契約を結んだにもかかわらず，その部品を使用する製品の売行きが伸び悩んだために当該部品の購入を打ち切ることも機会主義的な行動である。取引相手による機会主義的な行動を予想する取引主体は，潜在的に有益な取引を実行しない可能性があり，それは取引相手にとっても望ましくない。そのため，取引主体による機会主義的な行為を抑制し，有益な取引の実現を支援する制度が形成される。

　また，取引を実行するためには取引費用がかかる。**取引費用**とは，取引の遂行に必要な金銭的な出費だけでなく，取引のためにかかる時間・労力・精神的負担なども広く含む概念である。たとえば，取引相手を選び，取引対象の質を評価し，選択肢の間の比較を行い，取引相手と取引の条件について合意を形成し，そして取引を完了するために，多種多様なかたちで時間・労力・精神的負担，そして金銭的な出費が必要となる。上記の2つのリスクに対処するために作られる取引制度を運用していくためにも，やはり取引費用が発生する。取引制度の中には，このような取引費用を減らすことによって，取引から生み出される総価値を大きくする役割を果たすものもある。

　以上をまとめると，取引制度は，第1に各取引主体の取り分の大きさに影響を与え，第2に取引からの総価値を大きく確実にするという2つの役割を持つ。第2の役割は取引の当事者自身によって形成される取引制度に顕著に現れ，第1の役割は公的な取引制度が形成されるときに重要な争点になる。

2　公的な取引制度

❖ 民　　法

　民法は市民社会における人と人との関係のあり方を定めた法律であり，その意味で取引を支える最も根本的な公式の制度である。民法は1044条もある長い法律であり，大きく5編に分けられているが，その第2編で物権について規定している。簡単にいえば，**物権**とは物を支配する権利であり，物権の中でも物を排他的に使用したり，収益を得たり，処分したりすることができる権利を**所有権**という。物の取引では所有権の移転を伴うことが多い。その場合，金銭を支払って物を購入する者は，その物に対する所有権を獲得することを期待しており，取引が成立するためには取引相手が取引対象の所有権を持っていることが必要である。

　ところが，物を売った者が実はその物に対して所有権を持っていなかった場合，金銭を支払った買い手が所有権を獲得できないというリスクが発生する。このようなリスクが最小限に食い止められるように，民法は人が所有権を主張できる要件を規定している。たとえば，土地や建物のような不動産は登記をすることによって所有権が明らかにされる。そのため，登記簿を見れば誰が所有者になっているか確認することができる。不動産以外の物を動産と呼ぶが，動産に関する所有権は，売買や贈与などによって獲得される。また自分の持つ材料を加工して作り上げた物に関する所有権は，その物を作った者に帰属する。このように，民法は取引対象に対する所有権を明確にすることによって，取引に伴うリスクを小さくしている。

　また，取引相手が精神的な疾患を患っており，取引に伴う権利・義務を適切に判断することができない場合がある。取引相手がそのような精神疾患をかかえているとは知らずに取引を行った場合に，取引の目的を達成することができないというリスクが発生する。そのようなリスクを減少させ，取引を活発化するために，取引を行う能力がどのような場合に法的に認められ，仮にその能力が認められない場合にはどのような補助を受ければ取引を実行できるか，また能力が十分でないことを理由に取引を無効にできる条件などを規定している。

　所有権が移転する1つの典型的なかたちが売買契約である。民法では，申込

みの意思表示と承諾の意思表示の内容が合致したときに契約が成立したと想定する。このように，契約が成立する条件が明確に定められていなければ，たとえば，注文もしていない商品が宅配便で送りつけられてきた後に，その商品に対する支払いを要求されるというリスクに遭いかねない。また，仮に売買の承諾はしたけれど，それが脅迫されて口に出した言葉だったかもしれないし，あるいは売買の対象となっている物の属性について取引相手に騙されていたかもしれない。そのような場合には，民法は承諾の意思表示をした契約を取り消すことができると定めている。

次に，民法の第3編では，債権について規定している。ある人が他の人に特定の行為を実行することを請求することができる権利を**債権**という。逆にある人が他の人に対して負っている，特定の行為を実行する義務を**債務**という。たとえば，売買契約が成立した場合には，売り手は対象物を引き渡す債務を負い，買い手はそれを引き渡してもらう債権を持つ。売買契約どおりに債務が履行されれば問題がないが，たとえば，予定された期日に対象物が引き渡されなかったり，引き渡された物が買い手が求めていた物と食い違っていたり，そもそも何も引き渡されなかったりするというリスクを買い手は懸念する。そのような懸念が深刻であれば，そもそも契約に至らないかもしれない。

債務が履行されない場合に，債務者の側に責任を問われても仕方のない理由（帰責事由という）があれば，民法は債務者に債務の履行を強制する方法を用意している。たとえば，買い手に対する商品の引渡しを強制執行する場合がある。また，強制執行が困難である場合には，金銭による損害賠償支払いを請求することができる。そして，債務者が損害賠償の金銭債務さえ履行しない場合には，地方裁判所の執行官が債務者の財産を差し押さえ，債権者への損害賠償支払いにあてる方法もある。

特定の取引相手との取引関係においてのみ価値を生み出すことができる資産への投資を**関係特殊的な投資**という。たとえば，取引相手が製造する製品の外形を生産するための金型は製品ごとに異なるため，金型への投資は関係特殊的な投資になる。第1節で述べた機会主義的な行動のおそれは，とくに関係特殊的な投資を低下させ，潜在的に取引から実現可能な総価値の最大化が阻害される。民法の債権法は，そのような機会主義的な行動によるリスクを低減させることによって取引を促進している。

❖ 商法・会社法

　商法は民法の特別法で，企業活動に関して規定している法律である。会社法はもともと商法の中にあった会社に関する部分を，時代の要請に合わせて改正し独立させたものである。会社法の制定によって，会社法が企業に適用され，商法は個人商人に適用されることになった。

　会社法には，会社の設立のための条件や設立の手続きについて定められている。たとえば，株式会社については，会社の定款を定め，出資者を確定し，取締役を決定した上で，会社の設立登記をすると株式会社として成立する。

　また，会社法は会社が備えなければならない機関を会社の形態ごとに定めている。たとえば，大規模な株式会社の場合には，典型的には，取締役会が会社の重要な方針を決定し，代表取締役が会社を代表して事業を執行する。株主総会は法律と定款によって定められた事項について決議を行う。さらに，取締役が不適切な行為をとっていないかを監視・監督する監査役や会計の監査を行う会計監査人を置かなければならない。そして，これらの機関を担っている者を登記しなければならない。会社は，会社に代わって事業に関係する行為を実行する包括的な代理権を持つ支配人（支社長や支店長など）を選任して事業を行わせることができるが，その支配人についても登記しなければならない。

　ある企業がもともと存在していない幽霊会社であれば，当該企業の社員を名乗る者に騙されて契約を結んだ人が被害を受けるリスクがある。また，企業の中で誰が代表権を持つのか明らかでなければ，代表権を持たない社員と契約したために思わぬ損害を被るリスクもある。このようなリスクが高ければ，企業と取引を行おうとするたびに慎重に取引相手について調査しなければならないし，調査費用に見合わないと判断されればそもそも取引が行われないことになる。会社法（あるいは商法）によって，企業の存在や企業の機関，代表権を持つ者が明確化されることによって，企業との取引に関わるリスクが軽減され，取引が促進されることになる。

❖ 独占禁止法

　「私的独占の禁止及び公正取引の確保に関する法律」（以下では独占禁止法と略記）は，公正で自由な競争を促進することで，消費者の利益を確保するとともに，経済の民主的で健全な発展を促進することを目的としている。独占禁止

法には 3 本の大きな柱があり，私的独占の禁止，不当な取引制限の禁止，不公正な取引方法の禁止である。この他に，事業支配力の過度の集中の防止を 4 本目の柱として挙げる人もいる。このような独占禁止法の目的を実現するために，独占禁止法および公正取引委員会の指定によって違法行為とみなされる企業による行為の諸類型が示されている。

このうち，不当な取引制限とは，複数の企業が共謀して価格や数量に関して合意を形成し，公共の利益に反して，競争を制限することをいう。価格カルテルは最も広く見られる不当な取引制限の例である。価格カルテルの下で，各企業の価格は事前に合意された価格あるいは価格決定ルールに基づいて決められるため，自由な競争は阻害され，価格が高止まりすることになる。複数の企業の間で取引条件に差がなくなって買い手の選択肢は狭められ，高い価格の支払いを余儀なくされる（コラム 8-1 参照）。このような価格カルテルが独占禁止法で禁止されていることによって，私たちは複数の売り手が提示する異なる取引条件の中から，自分にとって最適な選択肢を選ぶことができる。

独占禁止法の別の柱である不公正な取引方法には，事業活動の不当な拘束，不当な差別的取り扱い，不当対価や不当な顧客誘引・強制などが含まれている。不当な顧客誘引には，たとえば，ある売り手が買い手に自分の商品が競合する他の売り手の商品よりも著しく優良であると誤認させるような行為や，あるいは商品の価格が実際よりも著しく安いと誤認させるような行為などが含まれる。とくに買い手が消費者である場合には，消費者の利益を保護するために独占禁止法の特別法である「不当景品類及び不当表示防止法」（以下では景品表示法と略記）において，優良誤認表示・有利誤認表示として禁止されている（コラム 8-2 参照）。このような法律が実効性を持つ場合に，取引を行おうとする主体は，取引相手が提示する情報が虚偽であることによって損害を被るリスクが低くなり，過剰な調査費用をかけることなく取引に臨むことができる。

不公正な取引方法の別の行為類型に，優越的地位の濫用がある。取引関係において交渉力に著しい格差が存在する場合に，優越的な地位にある者がその地位を濫用して，たとえば，売買契約をした商品の受取りを拒否したり，いったん受け取った商品の引き取りを要求したり，支払いを遅らせたり，支払額を減額したりする行為などが含まれる。とくに親企業と下請企業の間には交渉力の格差が大きい場合も多く，両者の取引関係を規制するために独占禁止法の特別

法である「下請代金支払遅延等防止法」が制定されている。優越的な地位の濫用によって損害を被るリスクに直面する企業は，取引をそもそも行わない可能性もあるし，取引を行ったとしても取引相手の機会主義的な行動によって被る損害を小さくするように，関係特殊的な投資を縮小しようとする可能性がある。優越的地位の濫用を違法行為であると規定する独占禁止法によって，交渉力の弱い者が直面するリスクが低減され，取引が促進されることになる。

上記のような不公正な取引方法が認められる場合には，公正取引委員会によって当該行為の差し止めが命じられたり，いくつかの不公正な取引方法の行為類型に対しては罰金に当たる課徴金が課される可能性がある。また，不公正な取引方法によって損害を被った企業や消費者は，違反者に対して損害賠償を請求することができる。

このように，独占禁止法によって取引主体による違法な行為が抑制されることで，取引の公正性が担保され，取引への参加が促される。

❖ 取引主体の集団によって形成される公的な制度

取引主体の集団によって決定され，集団のメンバーによる取引のあり方を制約する公的な制度もある。代表的な例としては，さまざまな業界で複数の企業が自主的に設定しているルールがある。そのようなルールの中には政府によって公式のルールとして認定されるものもある。

景品表示法第11条に基づき，複数の企業が当該業界での広告等の表示や景品類の提供などに関して自主的に決定したルールが消費者庁と公正取引委員会に認定された公正競争規約はそのような例である。医療用医薬品製造販売業公正取引協議会では，医薬品や医療機器の製造・販売業者が自社製品の購入を誘引するために医療担当者などに対して物品や金銭・金券などを提供することを禁止している。このようなルールがなければ，医療担当者が個人的な利益の観点から医薬品・医療機器を選択して，患者が望ましい医療サービスを受けられなくなるおそれがある。また，自動車公正取引協議会では，製造業者や販売業者が広告やカタログ等に表示しなければならない内容や表示の方法などについて詳細なルールを決めている。そのようなルールが確立されていなければ，客観性を伴わない誇張された表示や説明によって，消費者は自動車の性能や販売条件に関して正確な理解を妨げられることになるであろう。全国公正取引協議

●コラム 8-1　修学旅行ビジネスにおける価格カルテル

　読者のみなさんの中には，少し前まで高校生だった大学1，2年生の人たちも多いだろう。多くの小・中・高等学校では修学旅行が実施されているが，修学旅行を受注していた有名な旅行会社が価格カルテルを結んでいた疑いで，公正取引委員会から排除命令と勧告審決を受けている。

　1度目は，日本交通公社，近畿日本ツーリスト，日本旅行，名鉄観光サービス，東急観光，東武トラベル，阪急交通社，西鉄旅行，京阪交通社の9社が，大阪府の府立高等学校と大阪市，東大阪市，岸和田市の市立高等学校の修学旅行の受注価格に関して，修学旅行の企画料金や手配料金の旅行代金に占める比率の下限を設定する等の申し合わせを行い，1998年度と99年度におおむねこの合意に基づいた見積書を高等学校に提出していたという事件である。9社に対しては，当該合意を破棄し，今後もそのような合意を形成せず，各社が自主的に修学旅行の見積金額を決定することを公立高校と一般消費者に周知徹底するように命令が下された（1999年7月7日勧告審決）。そして，9社のうち6社に対しては罰金に当たる課徴金が課された。

　2度目の事件は，岡山市の市立中学校による2009年度と10年度の修学旅行について，近畿日本ツーリスト，東武トラベル，トップツアー，JTB中国四国，日本旅行の5社が，修学旅行の目的地ごとに貸切バスの料金，宿泊費，企画料金の料率，添乗員費用などに関して下限の合意を形成したというものである。このうち，近畿日本ツーリスト，東武トラベル，トップツアーの3社に対しては，上記の合意が消滅していることを確認し，今後，自主的に修学旅行の料金を決定することを取締役会で決議し，その措置を他の2社および岡山市の市立中学校と一般消費者そして自社の社員に周知することなどが公正取引委員会から命ぜられた（2009年7月10日排除措置命令）。

　このように，みなさんが知っている有名な旅行会社でさえ，小・中・高等学校生とその保護者を犠牲にするような違法行為に手を染めることがある。独占禁止法などの法律が不利な立場に立つ取引主体を保護しなければ，そのような行為をとったことが発覚しても失うもの（たとえば，ブランド・イメージなど）が少ない企業は，取引相手を犠牲にするような行為をもっと高い頻度でとるようになるであろう。

会連合会によれば，2012年8月現在，68の業種で表示に関する公正競争規約が，37の業種で景品に関する公正競争規約が定められている。

　業界で自主的に決められるルールには違法なものもある。たとえば，政府の

● コラム 8-2　景品表示法

　景品表示法は，不当な表示や過大な景品類の提供によって，消費者による自主的で合理的な選択が阻害されることを防止し，違反者を罰する。2010 年度には消費者庁が 1114 件の調査を行い，855 件の処理を終え，うち 20 件で措置命令を出し，2 件で警告，590 件で注意を発した。20 件という措置命令の件数は歴史的に見ても低い件数ではない。景品に関わる事件は注意が 9 件あるのみで，残りは不当表示に関わる事件である。措置命令，警告，注意の合計件数を商品分類ごとに見てみると，食品の 184 件，住居品の 143 件，被服品の 93 件が上位 3 位を占めており，日常的に取引される消費財での不当表示が多いことがわかる。

　具体的にどのような事件が処理されたか見てみると，もしかしたら読者のみなさんも記憶されているかもしれないが，グルーポンのサイトに掲載されたおせち料理を注文した消費者が受け取った現品の 7 品が記載されたメニュー内容の食材と異なり，また記載された 1 品は現品に含まれていなかったという事件がある。この事件では，表示内容と実際の商品が食い違っていることが問題となっている。同じように，表示されている品質と実際の品質が異なっていた事件の例として，アシックスが，撥水加工が施されていないにもかかわらず，あたかも撥水加工がされた皮革をシューズに用いているかのような表示を下げ札とウェブサイトにおいて行っていた。レナウンは形態安定加工が施されていない紳士用シャツに関して，形態安定という表示を下げ札に行っていた。

　また，ユナイテッドアローズがエルサルバドル製の T シャツをアメリカ製と表示していたという原産国に関する不当表示にも措置命令が出された。同じような原産地に関して虚偽表示を行った別の事件では，はちみつ業者が中国産のはちみつについて国内産であるかのような表示を行っていた。さらに，原料に関する不当表示が問題となった事件もある。あきたこまち，およびこしひかりの粉末をごくわずか混ぜただけで小麦粉が主原料であるにもかかわらず，「あきたこまち米使用純米クッキー」「コシヒカリ純米クッキー」と記載された事件も措置命令を受けている。また全国農業協同組合連合会は，窒素成分を含む化学肥料を使用していたにもかかわらず「化学肥料（窒素成分）栽培期間中不使用」という表示を行っていた。

　これらの措置命令の事件は，2010 年度の事例から紹介したが，それ以前にも私たちのよく知っている身近な企業も含めて非常に多くの企業が不当な表示をしているとして公正取引委員会や消費者庁から排除命令（措置命令），警告，注意を受けている。もしこのような行為を規制する法律がなく，不当表示が取り締まられない社会であったならば，私たちは売り手の提供する情報を信じて取引が行えなくなってしまうかもしれない。

国際犯罪被害実態調査（International Crime Victims Survey）は，世界中の国々で人々に直接聞き取り調査を行い，報告されない犯罪も含めた実際の犯罪被害の状況を把握しようとする大規模な国際調査である。1996年から97年には多くの発展途上国で犯罪被害の調査が行われた。その結果によると過去1年間に消費者詐欺を経験した人の比率が，なんとタンザニアでは88.8％に上っているという結果だった。その他に高い国としては，チュニジアで59.5％，ウガンダで57.7％，エジプトで48.6％という結果になっている。アジア諸国はアフリカ諸国に比べると低いが，インドで38.6％，中国で32.3％の人が消費者詐欺にあったと回答している。ラテンアメリカ諸国ではアルゼンチンで35.6％，コロンビアで28.5％，パラグアイで25.5％というのが高い値となっている。

　ちなみに，日本に関して調査時期が一番近いのは1999年の調査で，回答結果はわずか2.3％であり，欧米の先進諸国に比べてもかなり低い値となっている。日本は世界の中では，「買い手ご用心」が求められる程度が相対的に低い国であることがわかる。そのためか，海外旅行に行った日本人観光客は他の国々の人々に比べ売り手を信じやすく，消費者詐欺に遭いやすい格好のターゲットになってしまっている。

公共事業への入札にあたって形成される談合はそのような例である。典型的な談合では次の落札業者があらかじめ決められ，他の業者は当該業者が落札できるように協力する。落札した業者は協力した業者に謝礼として金銭の支払いを行ったり，他の業者が談合の落札予定者になったときに落札に協力したりすることが求められる。各業者は高い落札価格で公共事業を順番に受注できるし，裏切った業者は将来何らかの報復を受けることが予想されるために，談合に協力するように動機づけられている。

　取引主体の集団によって自主的に形成される制度は，しばしば政府（あるいは国際機関）が十分に取引を支える制度を提供していない場合に生まれる。10～12世紀の地中海貿易において，公的な司法システムは取引関係における機会主義的な行動を抑制するためには不十分であった。マグリブ商人（北アフリカ西部，現在のチュニジア，アルジェリア，モロッコなどにまたがるマグリブ地方へ中東から移住してきたユダヤ商人の末裔に当たる人々）たちは自分たちの中だけでの緊密な人的ネットワークを形成し，マグリブ人だけを遠方での業務を行う代理人として雇うことにした。そして，もしその代理人が不正を働い

た場合には,その代理人に対してすべてのマグリブ人が2度と雇わないという懲罰を加えるというかたちで評判メカニズムを形成し,代理人に適切な行為をとることを動機づけていた(Greif [2006] pp. 51-77)。

また,政府が提供する公的な取引制度が取引主体の必要性を十分に満たしていない場合にも,取引主体の集団が自ら公的な取引制度を構築する場合がある。いうまでもなくアメリカは法律が整備され信頼できる司法システムを持つ国であるが,ニューヨーク・ダイヤモンド・ディーラーズ・クラブ(以下DDC)では,メンバーの間で紛争が起きたときに,裁判所を使わずにDDCの仲裁システムを利用するというルールをメンバーに強制している。企業秘密を守りたいという傾向が強いダイヤモンド業者は,損害を正確に評価する能力に欠ける裁判所で争うよりも,DDCの仲裁システムを通して紛争を決着することを好むという。さらに,ダイヤモンド業界では業界内での評判がビジネスを営む上で重要である。排他的なクラブであるDDCでは他のメンバーの行動についての情報もメンバー間で共有されやすいため,DDCがメンバーにこの制度を守らせる強制力も高くなっている(Bernstein [1992] pp. 115-157)。

3 私的な取引制度

❖ 契　　約

　契約とは,複数の主体間で相互にとるべき行為について約束を交わすことをいう。取引主体は法律に反しない限りは,自由に契約を結ぶことができる(契約自由の原則)。取引主体は取引から得ることができる私的な価値が大きく確実になることを望むが,双方のそのような望みが実現されるためには取引から生み出される総価値が大きくならなければならない。取引主体はそれをめざした契約を結ぶのである。一般に,契約は取引から生み出される総価値を大きく確実にする役割を果たす私的な取引制度である。

　第1節で述べた取引からの総価値を大きくすることを妨げる要因に対処するために,どのような契約が結ばれるかを考えてみよう。

　第1に,情報の非対称性が存在していても取引相手から望ましい行為を引き出せるような動機づけを与える契約が設計される。たとえば,生命保険で,契約後すぐに保険契約者が自殺した場合に保険受取人に保険金が支払われるなら

ば，保険のシステムが成立しない。そのため，生命保険の契約では契約後の一定期間内に自殺しても保険金が支払われないという条項が含まれており，契約を結ぶ前の段階で，望ましくない取引相手は生命保険の契約を結ばないように動機づけられる効果を持っている。

　また，契約を交わした後の段階では，相手から望ましい行為を引き出せるように取引相手を動機づける契約が形成される。たとえば，コンビニエンス・ストアのフランチャイズ契約では，加盟店の粗利益や売上高を本部と特定の比率で分配する契約を結ぶことが一般的である。このような契約によって，本部は適切な商品の開発・選択，配送，広告宣伝活動などを行うように，また加盟店は適切な接客態度や店舗の清掃・整頓などを実践して店の売上げが高まるように，双方が動機づけられる。映画の配給会社と興行会社（映画館）の間の取引でも，同じように興行収入を一定の比率で分配する契約を結ぶことで，配給会社は観客を動員できそうな映画を配給して積極的に広告宣伝活動やPR活動を行い，興行会社は映画館に観客が来たくなるような快適で魅力的な映画館づくりをするように，双方が努力するように動機づけられる。

　第2に，機会主義的な行動のおそれに対しては，それによって損害を被るリスクに直面する主体を保護するような契約が結ばれる。とくに，関係特殊的な投資をする主体を保護する明示的で長期的な契約を結ぶことで，当該取引主体は安心して投資を行うことができる。たとえば，日本国内において軍需産業の企業は合法的な取引先が実質的に防衛省しか存在しない。防衛省が機会主義的な行動をとるおそれがあるならば，企業は製品開発に多額の投資を行わないであろう。そのため，防衛省は通常，製品開発段階から大規模な補助金を提供し，調達が決定した製品については長期的な購入契約を結ぶ。また，機会主義的な行動のおそれが企業間取引を阻害するような場合には，一方の企業が他方の企業を買収したり，両社が合併したりして1つの企業になり，お互いに裏切らない運命共同体として行動することもある。たとえば，自動車のボディを製造するための金型への投資は，非常に高価な関係特殊的な投資である。そのため，ゼネラルモーターズは1926年にボディを生産するフィッシャーボディという企業を買収して自社内の事業部として統合している。

　情報の非対称性と機会主義的な行動のおそれという2つの阻害要因は，取引主体が取引において何をすべきかが明らかであることを前提としているが，現

実には取引に関わる状況が複雑であったり，将来の状況が不確実であったりするために，各取引主体が何をすべきかが明らかでないことも多い。たとえば，企業と従業員の労働サービスの取引では，各従業員が長い就業期間の中の各時点で何をすることが望ましいかは入社の時点では明らかではない。株主と経営者，フランチャイザーとフランチャイジーの間の取引でも同様である。このように，取引に関わる複雑性・不確実性が高い状況下では，各取引主体の権利や義務を規定した不完備契約が結ばれることが多い。完備契約とは発生しうるあらゆる状況下において各主体が何をすべきかを明示した契約をいうが，不完備契約とは完備契約ではない契約のことである。

不完備契約の典型的な特徴の1つは，取引に関係する事項を決定する権利が与えられる主体が得る報酬は，当該契約から生み出される総価値の大きさに連動する部分が他者に比べ相対的に大きいということである。そして，そのような決定権限は，取引からの総価値を高める上で重要な能力や情報を持つ主体に与えられる傾向がある。そのような能力や情報を持つ主体が高い努力を払って正しい決定を行えば，取引から生まれる総価値を大きくすることができ，その結果，利害関係者の多くがより大きな私的な価値を手にすることができる。そのため，そのような主体に高い努力を動機づけるように，総価値の大きさにその主体の報酬を連動させるのである。企業内の決定権限の階層構造の中で高い地位を占める者の報酬が，企業や部門の業績に連動する程度が相対的に大きいのは，そのような理由による。

また，株主が企業活動に関わる重要事項に関して議決する権利を持ちながら，企業活動に関する実質的な決定権限を経営者に移譲するのは，企業活動から生み出される総価値を大きくするための能力や情報において，株主よりも経営者のほうが優れているからである。そして，経営者が株主価値を高めるための努力を実行するように，経営者の報酬は企業業績に連動させられる傾向がある。

以上に見てきたように，私的な取引制度としての契約は，取引から生み出される総価値を大きく確実にするために，各取引主体に適切な行為を動機づける効果を持つように設計される傾向がある。

❖ 慣　習

取引制度のうち，類似の取引の積み重ねの中で自然発生的に生まれた取引に

ついての慣習にも，取引からの総価値を大きくする効果を持つものがある。取引を行う前に，取引相手が期待される行為を実行できるかどうかについて情報の非対称性に伴うリスクがある場合，そのリスクを軽減して取引を促進するような慣習が形成される傾向がある。たとえば，多くの通信販売業者が法的な義務が課されているわけではないにもかかわらず，返品制度をとっている（ただし，明示的に返品不可の表示がなされていない場合には原則として一定期間内なら返品可能となる）。それは，製品の品質を購入前に十分に確認できない状況で消費者に購入を促し取引を実現するためである。また，個人間での中古車の取引が一般的なアメリカでは，取引を行う前に中古車の品質を技術者に検査してもらう取引慣行が見られる。

　書籍は消費者が手に取って一覧することで消費者自身が品質をある程度評価することができる商品であるため，書店の店頭に書籍がより多く並べられるように，卸売業者が小売業者に返品を認める取引慣行が形成されてきた。さもなければ，書店は売れ残りのリスクをおそれて仕入れに躊躇することになるが，そうなると書籍が店頭に並べられず，消費者に購入を促すことができない。それは卸売業者や出版社にとっても望ましくない。そこで両者にとって望ましい制度として，返品制という慣行が生まれたのである。

　契約が交わされた後には，取引相手が本当に望ましい行為を実行しているかどうかを確認しやすいような取引形態がデザインされる。たとえば，フランチャイズ契約をしている加盟店を本部の社員がときどき訪問して店舗での活動が適切に行われているかをチェックしたり，問題点や要望について情報収集したりする慣行が生まれる。

　多様な取引費用を低減させるような慣習も生まれる。たとえば，繰り返し行われる企業間の取引の決済を一定期間ごとにまとめて行う慣習は，取引ごとに決済する場合に比べて取引費用を低下させることができる。飲み屋でのツケの制度は，信頼のおける取引主体間で現金決済では成立しない取引を促進する効果を持ち，両者が得をする制度となっている。

❖ 私的制度を支える公的制度

　契約や慣習のように，意図的あるいは自然発生的に形成された私的な取引制度も，機会主義的な行動をとる取引主体によって遵守されないならば，期待さ

れた効果を持つことができない。多くの経済主体は契約や慣習を自分自身の力で強制する実効的な手段を持っていないので，機会主義的行動のおそれによって取引が阻害される懸念は深刻である。このため，第2節で見たように，政府が必要な法律を制定して財産権の保護や契約の履行を強制する公的な制度を構築している。契約や慣行を履行しない取引相手を裁判所に訴えて勝訴すれば，最終的には裁判所が物理的な強制力を用いて契約の履行や損害賠償の支払いを強制する。したがって，公的な制度は私的な制度の実効性を高める効果を持っているのである。言い換えれば，公的な制度が存在して実効性を持っているからこそ，取引主体は取引から生み出される総価値を大きく確実にするような私的な制度を形成することができるのである。公的な制度は私的な制度を補完しているのである。

　そのことを確認するためには，闇社会で麻薬の取引を行う犯罪組織を考えてみてもいい。犯罪組織が現金での決済を要求し，さらに裏切り者には暴力で報復するのは，公的機関による強制力に依存することができないからである。しかし，公的機関に頼ることができる一般の取引主体は，手形やクレジット・カードで取引することができる。また，やや唐突に政治的な取引の話に飛んでしまうが，革命直前の反政府グループと形勢の悪い王との潜在的な取引を想像してもよい。形勢の悪い王にとっては，反政府グループと戦うよりも，財産と身体の安全を保持しながら政治権力を移譲するという契約を反政府グループと結んだ方がよいであろう。しかし，反政府グループとの契約の実効性を保証する機関が王や反政府グループより上位には存在しないため，王は反政府グループによる機会主義的な行動を恐れて，最後まで反政府グループと戦わざるをえないのである。

4 取引制度の変化

❖ 私的な取引制度の変化

　取引が行われる環境が変化すれば，それまでの取引制度は取引からの総価値を大きく確実にする上で最適な制度ではなくなるであろう。そのため，新しい環境の下で取引から生み出される総価値をより大きくより確実にするような新しい取引制度への変更を模索する動きが取引主体の間で始まる。

上述のように，文字や画像のコンテンツを紙媒体で取引することが主流であった時代には，消費者が書店で書籍を手に取って一覧することができるように，卸売業者が返品を前提に書籍を書店に納入する制度が，取引からの総価値を大きくする上で合理性を持っていた。しかし，電子書籍が広まり，文字や画像のコンテンツをデジタル情報で得ることができるようになると，小売業者と卸売業者の間の返品制度は必ずしも以前ほど意味を持たなくなる。こうした状況を踏まえ，卸売業者もこれまでの返品制度を見直し，書店に買い取りを求める動きが見られる。

　労働の取引について，20世紀後半には日本型雇用システムと呼ばれた長期雇用や年功序列型賃金を主要な特徴とする労働の取引形態が大企業を中心に広く見られた。この雇用形態は企業の成長が見込まれ，社員の年齢構成がピラミッド型になるような状況で社員を動機づけるためには望ましい制度であったが，企業の成長があまり期待できない現代では価値を生み出す上で最適な雇用形態とはいえない（青木・奥野［1996］41-152頁）。そこで，現在は日本型雇用システムを見直し，業績連動型の報酬制度や非正規労働者を多用した労働サービスの活用が模索されている。

❖ 公的な取引制度の変化

　私的な取引制度は，取引する当事者の間で形成されるため，取引からの総価値を大きく確実にするように形成される傾向がある。一方，公的な制度を形成するのは，取引の当事者ではなく，政治家や政府官僚である。取引に関わる環境が変化し，取引からの総価値を大きく確実にするために，公的な取引制度の変更が望ましい場合に，新しい取引制度によってより大きな私的な価値を得ることを期待できる主体が政府に働きかけて，新しい公的な制度の構築をめざすことがある。ただし，政府に働きかけることによって十分な見返りが期待できる主体しか活発な働きかけを行わないので，組織化された業界団体や大企業などによる働きかけが多くなる。一方で，未組織の消費者が働きかけを行う程度は相対的に小さい。

　公的な制度の変化の方向は，政治的な力関係に依存している。制度の変更は通常それによって利益を得るグループと損失を被るグループを生み出す。両者，あるいはどちらか一方が，公的な制度の根拠となる法律の内容を決定する議会

の議員や法律の制定に影響力を持つ政府官僚などに働きかけを行う。政治家や政府官僚はその他の利益団体やマスコミ，そして有権者の動向に配慮しながら，政治的な決着をめざす。一般に，政治的に影響力を持つグループに有利な決定がなされる傾向がある。

既存の取引制度で政府によって保護されてきたグループは，保護によって大きな金銭的な価値を得ていることがある。その金銭を政治資金に回すことで，政治的な影響力を保持することができ，その結果，当該グループを保護する過去からの取引制度が継続することになる。こうして，取引からの総価値を大きく確実にするためには公的な取引制度を変更することが望ましいにもかかわらず，必ずしも望ましくない取引制度が存続することがある。新聞や書籍の再販売価格維持制度はそのような例であろう。場所によらず同じデジタル・コンテンツを容易に入手することができる時代を迎えつつあるのに，全国民に同一価格で新聞や書籍を提供することで文化水準の維持を図ることを理由として，再販価格維持制度や販売テリトリー制を擁護することは，もはや困難になっている。

一方で，公的な制度の変更に反対する強力な利益団体が存在しない場合には，新しい公的な制度が迅速に形成される場合もある。たとえば，インターネット上での取引が広がり，さまざまな悪徳商法が現れても，悪徳商法を行う売り手の業界団体は形成されにくいし，政治的な影響力を持つことが難しい。そのため，インターネット上で消費者を悪徳商法から保護し，公正な取引を促進する「電子消費者契約及び電子承諾通知に関する民法の特例に関する法律」は，インターネット上での消費者による取引が広がって間もない2001年に制定・施行された。

おわりに

本章で見てきたように，取引はさまざまな制度によって与えられる制約の下で実施されている。取引において制度は2つの重要な働きをしている。第1に取引から生み出される総価値を配分すること，第2に総価値を大きく確実にすることである。取引当事者自身によって形成される私的な取引制度においては第2の働きが強く作用するように取引制度が設計される。一方，政府などによって形成される公的な取引制度においては，第2の働きだけでなく，第1の

働きが重要な争点となり，政治的な駆け引きの中で決着が図られる。その結果，公的な制度の形成に対しては，政治的な交渉力の強い企業や利益団体の影響が及ぶことになる。

　けれども，日本はある程度の長期間にわたって民主主義的な政治制度を維持してきているので，一部の人々の狭い利益を優先する取引制度が存続することは困難であるという面も備えている。そのため，政府によって形成される公的な取引制度も，価値の配分という観点から見てより公正な取引を促進するものへと変化する傾向をあわせ持っている。第9章第4節で説明される消費者行政の進展は，このような政治的バランスの変化を反映していると見ることができる。今後も既得権益を得ている一部のグループにとって有利な公的な取引制度が，政治的状況により一進一退しながら，より公正な取引制度へと変化していくことが期待できるといえよう。

▶ 参考文献──次に読んでみよう

青木昌彦・奥野正寛編著［1996］『経済システムの比較制度分析』東京大学出版会
加藤篤史［2006］『取引システムの経済分析』中央経済社
Bernstein, L. [1992] "Opting Out of the Legal System: Extralegal Contractual Relations in the Diamond Industry," *Journal of Legal Studies*, vol. 21, pp. 115-157.
Bowles, S. [2004] *Microeconomics: Behavior, Institutions, and Evolution*, Princeton University Press.
Greif, A. [2006] *Institutions and the Path to the Modern Economy*, Cambridge University Press.（岡崎哲二・神取道宏監訳［2009］『比較歴史制度分析』NTT出版）

第3部

市場が広がった背景

どのようにしてマーケットは拡張してきたのか

Commerce for Beginners

第9章

取引の信頼性の確保
―― どのように品質を保証し,価値を高めるのか

はじめに

　序章で紹介した「買い手ご用心」という取引の大原則を思い出してほしい。取引が,当初期待したとおりの成果をもたらすかどうかという点では,圧倒的に買い手の側が大きな不確実性に直面する。手に入れた商品が期待どおりの働きをしないかもしれない。しかも,商品は,たとえば食品のようにごく短時間で消費されてしまうものもあれば,衣服のように数年単位で消費されるものもあれば,自動車や住宅のようにもっとはるかに長期にわたって消費されるものもある。それらのすべてについて,買い手が事前に正確な情報を持つことはできないが,それでも,そのことによって生じるリスクは買い手が背負う以外に方法はない。「買い手ご用心」というのは,その大原則を端的な言葉で表現したものだったのである。

　しかし,考えてみると,それはきわめて恐ろしいことではないか。そもそもいま取引しようとしている相手は信用できる相手なのか。初めての取引相手となれば,よけいにその確証はつかめないはずだ。商品は相手が説明しているように本当に期待どおりの成果を約束してくれるのか。あるいは提案されている取引条件は,その商品の一般的な取引条件と比較して正当なものであるのだろうか。買い手は取引ごとにそれを判断しなければならないのである。このような状況では,買い手の側は嫌でも慎重にならざるをえない。

　しかし,買い手が慎重になりすぎると取引は停滞してしまう。取引を円滑にすることは,売り手が安定した販路を確保するために絶対に必要な条件である。そのため,買い手ご用心の大原則を堅持しつつ,買い手の不安を軽減し,そのリスクを小さくするような社会的な仕組みづくりが模索される。本章では,こ

うした買い手のリスクを小さくするためのさまざまな仕組みについて考える。

1　取引にまつわるリスク

◈　買い手のリスク

　改めて，取引にまつわるリスクを考えてみよう。手に入れた商品が当初の期待どおりではなかったというのは，買い手にとっての最大のリスクである。たとえば，甘そうに見えた果物が甘くなかった，きれいなブラウスが洗濯すると色落ちし縮んだ，暖房器具が保証期間を過ぎた途端に故障した，などはその一例である。果物の場合は，消費するその場で商品の「欠陥」に気づくことができるが，ブラウスや暖房器具の場合は，取引が行われてからかなりの時間が経過した後で初めて商品の欠陥に気づくことになる。しかも，その場合には，その消費過程での消費の仕方に問題があったのではないかという可能性も排除できない。これらのリスクは基本的には買い手が責任を負うというのが「買い手ご用心」の原則である。

　通常の取引当事者は，積極的に相手を騙そうとして取引を行うわけではない。それでも，製品に関して自分が知っているすべての情報を積極的に買い手に開示するとは限らない。売り手は商品を売ろうとしているのだから，商品の良い点は少し誇張してでも積極的に伝えようとするだろう。それに対して，商品のあまり良くない点については，できれば触れたくないと考え，質問を受けるまでは伝えようとしないかもしれないし，それを伝える場合でも，その欠点はそれほど深刻ではないことを強調するかもしれない。買い手はこうした売り手の説明や情報提供を慎重に吟味し，自らの判断と責任において，それを購買するかどうかの意思決定を行わなければならない。

　商品そのものの内容についてだけではない。近年ではかなり少なくなったが，一昔前までは「上げ底」や「額縁」といわれるパッケージがあった。実際の内容量よりもはるかに多く見せようとするもので，買い手は後に実際の内容量を見て，その少なさに驚くことが多かった。少し丁寧に見れば事前に確認できるはずであるが，見せ方次第では買い手の錯覚を誘うことができる。過剰包装もこれと同じ効果を狙ったものだし，食品における香料や色素の添加も食品をきれいに見せようとする売り手側の努力の表れである。買い手はこれらについて

も事前にきちんと判断した上で納得して購買するわけで，買った後でクレームをつけることは原則としてできない．それが「買い手ご用心」なのだ．

そうなると，買い手は商品を吟味し，売り手の説明を正確に理解するだけの能力を持っていなければならないことになる．いわば，売り手がプロであるのだから，それに対する買い手もまた同じような能力と知識を持ったプロでなければならないというわけである．歴史上に登場した初期の「市」においては，買い手は文字どおりプロであることが求められ，取引への参加はとくに許可されたものに限定されることが多かった．プロの買い手は，自らの能力と知識を駆使して売り手に立ち向かい，商品の吟味をしながら価格交渉を行った．「買い手ご用心」の原則は，ここでは完全に貫徹したことになる．

売り手が「善意の」当事者だと仮定しても，商品に関する情報が売り手から買い手に対して完全に開示されるとは限らない．上の例でいえば，商品の欠陥の説明不足や上げ底，額縁などは決して望ましい慣習とはいえないが，商品をより魅力的に見せようとする売り手の努力は，一般的には許容されるものと考えられる．しかし，売り手の側が消費者の「錯覚」を悪用して意図的にこれらを使い始めると，その取引は詐欺に限りなく近くなる．現実の取引では，こうした悪意ある当事者もまた取引相手として登場してくる可能性があるのだから，買い手は取引相手に対する信用をも自ら判断しなければならなくなる．

さらにいえば，現場には商品のサンプルしか存在せず，後日，商品の発送を依頼するような場合には，商品が実際に送られてくるのかどうか，送られてきた商品がサンプルと同じものであるかどうか，といった不安も拭いきれない．あるいは，売り手が商品を正しく発送したとしても，それが運送途中で何らかの事故などに遭遇して配送不能になったり破損することだってありうる．

しかし，ここまで来ると，すべてを買い手の責任だとすることはあまりにも買い手の負担が重くなりすぎる．悪意ある明らかな「不正」については，それを規制し，買い手の損害を回復するための法的整備が進められるし，事故などについてはリスクを分散し，分担するための仕組みが考えられていく．その意味では，すべてが買い手ご用心の原則に従うとは言い切れない．しかし，それでも取引に際して買い手は依然として売り手よりもはるかに大きなリスクを背負うことは間違いない．

❖ 売り手のリスク

　取引にまつわるリスクは，買い手に比べれば売り手の方がはるかに単純である。売り手は商品と引換えに代金を受け取るのであるから，その代金が確実に回収できるかどうかという1点に絞られる。取引の決済がその場で現金で行われ，売り手が販売代金をその場で回収してしまう場合には，偽造貨幣の心配を除けば，売り手は何のリスクも負うことはない。売り手にとって，取引が行われたその時点ですべてが完結する。

　しかし，小切手や手形，あるいはカードなど，現金以外の手段で決済されたり，掛売りなどの延払いが行われるなど，信用取引が行われるようになると話が違ってくる。現時点では支払う意思と能力があっても，将来において売り手が販売代金を確実に回収できるという保証はなくなる。小切手や手形の不渡りはその典型であるが，とくに別段の措置がされない限り，この損害は原則として売り手が背負わなければならない。信用取引の下では，代金決済について「売り手ご用心」が発生することになる。

　もちろん，こうしたリスクは買い手が善意であっても発生しうる。何よりも，現在から将来の決済期日までの間にその買い手の事業そのものが変調を来すかもしれないし，彼（彼女）が売り手として行った信用取引で販売代金が回収されず，連鎖的に資金繰りを悪化させることがあるかもしれない。あるいは，近年のように取引が国際化すると，外国為替の急変が買い手の経営に直接的な影響を与えるかもしれない。

　さらに，買い手は常に善意であるとは限らない。悪意ある取引当事者は売り手の側だけに現れるわけではなく，もちろん買い手の側にも現れる可能性がある。つまり，代金を支払う意思や能力がないもかかわらず，あたかもそれらがあるかのように装い，売り手から商品を受け取るのである。売り手は代金が回収できないことを後日になって知ることになるが，これは「詐欺」である。こうした買い手側の悪意ある不正行為に対しても，それを規制し，不正者を厳しく処罰するとともに，それによって被った損害を事後的に回復するための法的整備が行われる。

　確かに，売り手にせよ買い手にせよ，悪意を持った取引当事者が現れる可能性は否定できない。しかし，それはきわめて稀であると考えてよい。したがって，以下ではこうした悪意ある取引当事者の問題は無視することにしよう。そ

うすれば，取引においては買い手の方がはるかに複雑なリスクに直面することがわかるであろう。そうした買い手のリスクは何に起因するのか，そしてそれを軽減するためにどのような仕組みが編み出されるのかを考えることにしよう。

2　取引における信頼性の確保——店舗とブランド

❖ 売り手と買い手の間の情報の非対称性

　では，なぜ買い手の側がより大きなリスクを背負うことになるのだろうか。そのことをもう一度考えよう。端的にいって，それは第8章でも述べられた「情報の非対称性」として知られている要因によるものと考えられる。ここで情報の非対称性とは，売り手と買い手が持っている情報の質と量に決定的な差があるということを意味している。

　より詳しく見ると，情報の非対称性はさらに2つの要因によってもたらされる。第1は，取引の対象となっている物の確定性である。売り手は商品を持ち，買い手は貨幣を持っている。だから，取引の対象となるのは，商品と貨幣である。そのうち，貨幣は誰が見てもその額の大きさを正確に判断することができる。たとえば，1万円という金額がどれほどの意味を持つかは人によって異なるかもしれない。それでも，1万円という金額の大きさそのものは誰にとっても同じである。貨幣は「額」というただ1つの評価軸があるだけで，しかもその評価軸と尺度はすべての人にとって共有されている。その意味で，貨幣という取引対象物はきわめてわかりやすく，確実にその内容を判断することができる。

　それに比べると，商品ははるかに複雑で，不確定性が高い。これまでにも述べてきたように，その商品の内容を，商品を使用する前の取引段階で正確に判断することはきわめて難しい。商品にもよるのだが，たとえば食品の場合であれば，その産地や生産者，予想される味や食感，原材料，添加物の有無と種類，賞味期限と消費期限など，実に多くのことについて判断しなければならない。衣料品であれば，生地や色，柄，デザインだけではなく，縫製や付属品，使用中の手入れ方法など，ここでもきわめて多くの点についての判断が求められる。その中には，商品を直接見たり触ったりして確認できるものだけではなく，産地における生産状況などのように，商品そのものからは判断できない情報も含

まれている。すなわち，評価軸がきわめて多岐にわたるのだが，それだけではなく，どの評価軸もその評価尺度が複雑である。たとえば，色や柄といった評価軸を考えてみるとよい。貨幣のような一直線上の尺度ではなく，その評価がきわめて多様に行われることが理解できるはずである。

　要するに，取引される対象物の特性として，商品は貨幣に比べてはるかに不確定な要素を含んでいるのである。そして，その商品について評価を行わなければならないのが買い手であるという意味で，情報の非対称性が発生する。

　第2は，売り手と買い手が持っている情報量の専門性に由来する相違である。売り手は特定の商品を自ら生産したり誰かから買って販売するが，彼はそれを専門家として継続的に行っている。毎日毎日，同種の物を取り扱うのだが，売り手間に発生する競争は売り手によりよい商品を提供するように求める。その結果，売り手は自らが取り扱う商品について実に多くの情報を身につけるようになる。商品には多様な評価軸の多様な尺度があると述べたが，それらについて完全とはいわないまでも，かなり豊富な知識を持つものと期待できる。

　それに対して，買い手にとっては，いま目の前で取引されようとしている商品は，彼（彼女）が買う多くの商品の1つにすぎない。その傾向は，買い手が最終消費者である場合にとくに強くなる。買い手は決してそれを毎日買ったり消費したりしているわけではない。買い手は，特定の商品については専門家顔負けの知識を持つ場合もあるが，ほとんどの場合，どの特定の商品についても専門家ではなく，はるかに不完全な知識しか持っていない。新しい商品が次々と導入されるなど，時間の経過とともに商品が変化していく場合には，とくにその傾向が強くなる。

　要するに，売り手と買い手の間で，それぞれが持っている情報量に大きな差異が存在するのが普通である。しかも，取引において商品を評価しなければならない買い手の方がより少なく，より不正確な情報しか持っていない。そのことが情報の非対称性をもたらすことになる。

❖ 反復的取引

　ここまで売り手と買い手といういい方をしてきた。最初の売り手は生産者であるが，その買い手は必ずしも消費者であるとは限らない。生産者と消費者の間に立って両者の取引を媒介する事業者は**商業者**と呼ばれる。その商業者につ

いては次章で詳しく説明するが，商業者が生産者に対する買い手として現れるかもしれない。生産者から商品を買った商業者は今度は売り手としてその商品の販売を行うが，そのとき買い手となるのは消費者であるかもしれないし，また別の商業者であるかもしれない。要するに，売り手としては生産者と商業者が登場し，買い手としては商業者と消費者が登場する。

　買い手として市場に登場する商業者は，その商品を専門的に取り扱う事業者であるから，その商品の内容についても，取引条件についても，かなり詳細な知識を持っていると考えてよい。古典的な市ではとくに許可されたものだけが取引に参加できたことは先に指摘したが，商業者の場合もそれに匹敵するくらいの情報力と判断力を持つものと期待できるから，情報の非対称性はそれほど深刻な問題とはならない。商業者には自らの責任で取引を行うことが期待される。

　情報の非対称性が深刻な問題になるのは，買い手が消費者である場合である。消費者は生活に必要なほとんどすべての商品を市場で買うのであり，その種類は膨大な数に上る。買い物頻度の高い商品については十分な知識を持つこともあるが，新しい商品や買い物頻度の低い商品については十分な知識を持たないままに買い物をしなければならないかもしれない。それでも，市場が広がるためには，最終的には一般の消費者に商品が広く受け入れられなければならない。したがって，以下では，買い手としてはもっぱら消費者を想定して議論を進めることにしよう。

　手に入れた商品が期待どおりのものとは違った場合を考えてみよう。その違いがわずかであった場合は，諦めてそれで我慢してしまうかもしれない。この場合は，リスクを消費者自身が全面的に背負ったことになる。しかし，その違いが大きかったらどうするだろうか。きっと，それを買った店に行き，商品の取替えを求めることだろう。もし，実際に商品を取り替えてもらうことができれば，消費者はリスクを負担したことにはならないわけで，「買い手ご用心」の原則は貫徹しなかったことになる。

　「消費者からの申し立てがあった場合は商品を取り替えなければならない」といった法律があるわけではない。それでも，昔から商品の取替えはごく普通の商慣行として行われてきた。売り手はなぜ取替えに応じてきたのだろうか。それはその売り手とその消費者との取引が，お互いが誰であるかを確認し合う

関係の中で，反復的に行われることによっている．したがって，もし取替えに応じなければ，次回からはその売り手と取引をしようとはしないだろうし，他の消費者にもそのことを伝えるかもしれない．そうなっては，売り手は消費者の信頼を失うことになり，将来にわたって大きな損害を受けざるをえない．逆に，消費者にその対応が評価されれば，将来にわたって長く取引を継続してもらえるであろうし，他の消費者に推奨してもらえるかもしれない．買い手である消費者との間の信頼関係，これは売り手にとって何にも代えがたい財産なのである．昔の商業者が「のれん」に託したのも，この信頼であった．

経済学で学ぶ最も初歩的な市場概念である完全市場のもとでは，売り手と買い手は十分な情報を持って市場に登場すると仮定されている．しかも，売り手と買い手は互いに相手が誰であるかを特定することなく，匿名の関係の中で取引条件を見比べ，自由に取引相手を選択するものとされている．しかし，実際の取引はこの完全市場の仮定とはかなり大きく異なっている．消費者は売り手に対する信頼関係を持って，事前に判断しなければならない多くの情報を処理するのであり，取引の反復性がその信頼を担保してくれるのである．

そのことは，取引が1回限りで，ほとんど反復することがない状態を考えると，よく理解できる．たとえば，めったに訪れることのない観光地の土産物店や露天商などを想像してみるとよい．消費者は売り手と2度と顔を合わせることがないため，商品についてのクレームを申し出ることはほとんど不可能である．近年であれば，インターネットなどを通して他の消費者に情報を流すことも考えられるが，つい十数年前まではそれもできなかった．先に挙げた「上げ底」や「額縁」といった誇大包装が，観光地の土産物店で多く見られたのはこうした理由によっている．

その取引の反復性を確保する上できわめて重要な役割を果たしているのが，店舗である．店舗はその地で長く商業を続けることを社会に対して宣言するもので，したがって消費者は何かあればいつでもそこを訪問することができる．その安心感が信頼を生み出す要因となる．店舗が物理的に強固で，風格を備えていると，それだけ信頼感も強くなる．売り手の側からすれば，店舗を構えると環境が変化しても容易に移動することができず，その地に縛られるという意味での別のリスクに直面することにはなるが，消費者に対する信頼性を確保するという効果は大きい．

しかし，もちろん，店舗だけが反復性を約束する手段ではない。店舗を持たない場合，売り手が消費者に接近する移動販売（行商）を行うことになるが，定期的に訪問することによってお互いを確認できる関係を築くことができる。たとえば，昔の定期市の場合も，同じ売り手が同じ場所に現れるとそこに信頼関係が生まれるし，朝市などでも，同じ売り手が同じ場所で販売するのはそのためである。行商の場合も「定時，定点，定ミュージック」といわれるように，反復性を確保することによって信頼関係を構築することができる。

いずれにしても，売り手としての信頼関係を築くことは，買い手ご用心の原則の下での消費者のリスクを軽減するためには，どうしても必要なことである。その信頼関係は反復的な取引の場を設定することによって確保される。それによって初めて，市場は広く一般消費者に向かって広がる手がかりを得るのである。

❖ ブランド

反復的取引の確保は，原則として取引当事者が毎回，直接出会う必要がある。それができれば，もちろん売り手に対する信頼は確保できるが，これではなかなか買い手を広げることができない。買い手をより多くの消費者に広げるためには，商品そのもの，あるいは売り手そのものに対する信頼を広く消費者との間に確立する必要がある。

そのために確立されてきたのがブランド（brand）である。ブランドは個々の商品につけられた名前で，その商品を，それを生産し販売する生産者と結びつける。生産者はそのブランドによって商品の品質の安定性を宣言する。生産者からすれば，それが商業者の手を経て消費者に販売される場合でも，その商品が自らの生産したものであることを宣言することになる。したがって，実際の取引過程の制約を受けることなく，広く消費者に自らと商品を訴求することができる。

やや細かくなるが，正確にいうと，ブランドが商品につけられる名前であるのに対して，取引において用いられる企業の名前は商号（trade name），その記号は商標（trade mark）として区別される。しかし，今日では複数の商品にまたがって１つの名前がつけられたり，商品名と企業名が一体となっている場合もある。そこで，以下ではこれらを区別することなく，すべてをブランドとし

て記述することにしよう。そうすれば，日本におけるのれんもブランドとして理解できる。

　「ブランド」という言葉は，英語では「焼き印を押す」という意味の「burned」から派生した言葉だというのが定説となっている。牧場で放牧される牛が他人の牛と間違われないために，その飼い主が牛に焼き印を押したのが始まりとされる。この場合には，焼き印は同業者間の単なる目印にすぎないが，それが識別のしるしとなり，やがて生産者と商品とが結びつけられ，それが他の生産者の生産物ではないことを買い手である消費者に広く訴える役割を担うようになる。

　その意味でのブランドが確立するためには，商品の品質が安定しなければならない。ブランドが商品ごとに付与されるといっても，文字どおり1つ1つの商品ということではない。同じ型の，同じ商品群に対して，1つのブランドが付与される。たとえば，ビールの場合であれば，1つのブランドで年間の出荷量が10億本（350ml換算）を超えるブランドがいくつもある。生産者としては，1つのブランドで販売される商品は同じ内容であることを約束するのであり，消費者はそれを信頼して商品を選択する。この場合，ブランドは消費者に対する品質の安定保証を約束するものとなる。

　衣料品やバッグなどの場合には少し違って，1つのブランド名で多くの種類の商品が販売される場合がある。デザイナーズ・ブランドと呼ばれるものはその典型であるが，それは誰がデザインしたものであるかを表現するものとなっている。時にはデザイナーが変わっても同じブランド名が付与されることもあり，こうなるとブランドは商号に近くなる。しかし，この場合でも，生産者は特定され，その商品に込められた基本的な考え方や方針などが，ブランドと結びつけて理解されることになる。

　その意味では，ブランドの成立には安定した生産体制の確立が必須であった。というよりも，安定した生産体制の確立こそが大量の商品を1つのブランドに結びつけ，ブランドを単なる識別の記号から品質保証の媒体にまで高めたのである。

　こうした文脈からすれば，ブランドは工業製品にこそ付与されるものだと思われるかもしれない。事実，一般的にはその傾向が強いのは事実であるが，他方では近年，農産物ブランドや地域ブランドなどが注目されているのも事実で

ある。とくに農産物や水産物の場合には，相手が自然であるため，工業製品のような安定性を確保することはできない。しかしそれでも，生産方法や品質管理と選別の徹底などを通して，商品の品質の安定性を図ることが前提となっており，それができて初めて，ブランドは消費者との間に安心と信頼を築くことができる。

ブランドが構築されると，ブランドそのものが信頼の証となるため，一気に市場を広げる役割を果たすことができる。新聞，ラジオ，テレビと進化してきたマス広告媒体は，生産者側から不特定多数の消費者への情報訴求を可能にし，このブランドの確立を側面から支えた。近年では，さらにインターネットやソーシャルメディアが開発され，消費者間のブランド評価がはるかに大規模に，はるかに自由に行われるようになっている。

3 商品の品質評価

◈ 商品学の誕生

反復的取引やブランドは確かに取引の信頼性を高める手段ではあるが，しかしそれによって一気に，確実に信頼性が高まったわけではない。各種の規制が導入され，情報が飛躍的に発達した今日でも，詐欺的商法や詐欺まがい商法が後を絶たず，毎年のように摘発されることから考えれば，昔の信頼性はもっとはるかに危うかったと考えるべきであろう。悪意ある詐欺的商法だけではなく，生産技術が未発達であるために品質が安定しなかったり，売り手が説明するほどの品質ではなかったといったことは，もっと頻繁に発生した。後者についていえば，先にも指摘した商品の物理的な品質の評価軸の多様性とそれぞれについての評価尺度の多様性が，消費者への事前の十分な情報提供を困難にした。

それでも，生産がきわめて未発達で手工業に依存している段階では，職人の技が維持され，その職人の名前が事実上のブランドとして機能することもできた。商品の種類も少なく，多くが古くからの蓄積を持つ商品である場合には，買い手もまた伝承や経験を通して商品を見る目を養っていくことができた。

こうした緩やかな時代の流れに転機をもたらしたのが，1760年代にイギリスで始まった産業革命であった。産業革命はほぼ1830年代まで続くとされるが，それは紡織機を中心に次々と新しくより高性能な機器を導入することに

よって，それまで主流を占めた毛織物に代わって，より安価な綿織物を市場に送り込んだ。この頃から，織物を中心としながらも，さまざまな分野で新しい工業製品が登場するようになる。しかも，これらは従来の生産に比べるとはるかに効率的で，**大量生産**を可能にした。大量生産は大量消費を求め，そのための大量販売・大量流通を求める。

産業革命は，序章で述べた「大きな循環」の始まりであった。地球規模で商品や情報，活動が循環する今日から見ればまだまだ小さな循環ではあるが，それまでの比較的ローカルな循環から見れば，間違いなく大きな循環であった。その特徴は何といっても大規模な機械的生産体制の確立であった。大量生産の始まりである。大量生産はたんに生産量を拡大するというだけではなく品質の安定性をも可能にするが，反面では生産される商品と消費者との「距離」を二重の意味で広げることになる。1つには生産過程が機械化されて見えにくくなることによって，もう1つには大量生産は大量市場を求める結果，市場が飛躍的に拡大することによってである。その結果，消費者が商品について正しい情報を入手することが困難となり，情報の非対称性がそれまで以上に拡大する。

たとえば，具体的に綿製品の品質はどのように評価できるのかを想像してみるとよい。色やデザインといった外面的な問題だけではない。糸の太さや強さ，織り目の細かさ，肌触り感覚など繊維そのものに関わる点もあれば，加工処理に使用する薬品類や染料などの問題もあるかもしれない。そのそれぞれがどのような要件を満たせば，どのような着心地や使用期間が約束されるのか。新しい商品について，消費者が自らそのような情報を確保することを期待することはできない。

そうなれば必要とされるのが，公的性格を持った**第三者機関**による調査研究である。正確な年は確定できないが，産業革命が勃興した18世紀の後半期にほぼそれと平行するかたちで，こうした新たな研究分野がヨーロッパ諸国で誕生した。それが**商品学**である。商品学は大学の研究所に置かれ，商品の理化学的分析や商品実験などを行った。商品の素材を分析し，消費実験や焼却実験などを通して，最終商品の品質や安全性をテストするとともに，その成果を公表して商品知識の啓発・普及に取り組んだ。それが「商品学」として大学の科目に置かれたのは，分析・テストの公平性とともに，その成果の啓発・普及の重要性が認識されたからである。

こうした自然科学的性格を持った商品学は日本にも明治初期に導入され，戦前には商学の重要な一翼を担っていた。しかし，後にも述べるが，生産技術のさらなる発達の結果，商品が飛躍的に増加し，それを講座単位の大学で分析・評価することはほとんど不可能になった。その頃から，商品の品質評価を行う新たな機関が登場するとともに，商品学の方でも自然科学的研究よりも社会科学的研究を模索する動きが強まり，商品学そのものがやがて大学の講義科目の中から姿を消していくことになった。しかし，商品学は長らく商品の品質評価，とくにどのような製品について，何をどのように調査・分析し，どのような基準を満たせば商品として期待できる成果をもたらすのか，あるいは消費過程においてどのような取扱いや注意が必要なのかを研究することによって，品質評価の安定性に貢献してきたのであった。

❖ 消費者組織による品質確認

　商品学が誕生してからほぼ1世紀後の1844年，イギリスのロッチデールという小さな町にロッチデール先駆者協同組合（Rochdale Pioneers Co-operative）が開設された。当時，ロッチデールでは大規模なストライキと失職が繰り返されていたが，それに対して当地の住民たちが協同出資の組合を結成し，生活防衛を開始したのである。その背景には，もちろん労働問題もあったが，同時に，食料や衣類などの日常的な生活必需品の品質悪化や取引における公正さの欠如といった取引に関わる不満が横たわっていた。今日の消費生活協同組合の源流となるこのロッチデール協同組合は決して順調に立ち上がったわけではないが，19世紀の終わり頃には組合としての活動を定着させるようになり，それと前後してヨーロッパ諸国にも普及していった。日本でも，1921（大正10）年，賀川豊彦の指導の下に神戸購買組合（現コープこうべ）が誕生し，その後全国に広がり，今日の消費生活協同組合に至っている。

　初期の消費生活協同組合は自らが生産過程に乗り出し，安全な商品の確保を求めた。しかし，生産体制が高度化するようになればなるほど，消費者団体が，直接，生産機能を担うことは難しくなる。大規模な生産を行うためには，それにふさわしい資金も知識も技術も必要であるし，市場も確保しなければならないからである。安全な商品を求める動きは，一部の生産者との提携等を通してその後も一貫して追求されるが，生産体制がさらに高度化するに従って，運動

の主流は生産者に対する要望・要求のかたちをとるようになる。それを典型的に示したのが，20世紀に入ってからのアメリカであった。

　たとえば，1929年は大恐慌のあった年であるが，アメリカではこの年に消費者調査協会（Consumers' Research Inc.）が設立され，広告の真実性を求める運動を始める。大量流通を支援する手段として登場したマスメディアを通した大量広告は，商品そのものから商品情報を独立させた。当時はまだ新聞が主流ではあったが，商品情報は実物の流通に先立って消費者に届けられ，消費者はそれによって欲望を喚起されるようになる。しかし，その広告に虚偽や不正確な情報が含まれていては，情報の非対称性はますます拡大するばかりである。消費者がそれを防ぐために組織的に立ち上がったのであった。

　さらに，1936年には消費者同盟（Consumers Union）が結成され，商品テストと商品知識の普及運動に力が入れられる。商品がいっそう高度化するようになると，その品質を消費者が事前に正確に判断することはますます難しくなる。商品はその表面を見たり，外側から観察しても，中身を十分に確認・検査することはできない。その実際の使用状況を正確に想像できないものさえある。売り手の側の商品説明がどこまで信頼できるのか。実際に商品を使ってみたり，内容を検査したりすることによって，消費者が不安に思う点を消費者自らの手でテストし，その結果を広く公表し，消費者に正しい商品情報を普及しようというのであった。

　こうした動きは，戦後，日本にも導入される。1946（昭和21）年には後の『暮らしの手帖』の前身となる雑誌が発刊され，こうした消費者目線からの商品情報提供の草分けとなる。『暮らしの手帖』は今日まで続く消費者情報誌であるが，さまざまな商品を実際にテストしてその結果を公表した。

　戦後の経済成長はさまざまな新しい商品を世に送り出したが，負の側面をも持っていた。たとえば，1955年の森永ヒ素ミルク中毒事件や60年のサリドマイド禍，68年のカネミ油症事件，69年のチクロの食品添加物取り消しなどは，市場に送り出される商品の安全性に疑問を持たせたし，60年のニセ牛缶事件や67年のポッカレモン事件は商品に関する不当表示を印象づけ，商品の安全面や表示に関する消費者の関心を高めた。戦後，不良マッチに対する抗議から始まったとされる日本の消費者運動は，高度成長期に入って，物価問題とともに商品の安全性や適正表示を求めて活動を広げていく。そうした時代の流れを

受けて，各種の消費者団体が独自の取組みを展開していった。それらは消費者というもともと組織されない買い手が，組織体として，あるいは運動体として，売り手からの提供物の信頼性に目を向けるものであった。

4 消費者政策の進展

◈ 消費者政策の誕生

　消費者側のこうした組織的な運動は，直接的にはその鉾先(ほこさき)を企業に求めるが，そこで十分な対応が期待できない場合には行政にも鉾先を向ける。実際に具体的な問題が発生すれば，企業と消費者とは対立し合う関係に立たざるをえないが，それは決して本来の姿ではない。企業は自らが生産した商品を消費者に受け入れてもらって利益を得，消費者はそれらを消費することによって生活を豊かにするという関係にあるはずであった。そうした本来の関係を構築することによって初めて，産業の健全な発達が可能になる。消費者と対立するのではなく，企業が消費者の立場を受け入れるような場を準備することの重要性が，行政内部の中でも広く認識されるようになっていく。

　アメリカでは1962年にJ. F. ケネディ大統領が「消費者の権利」を謳い上げたことも，こうした流れを支持したといえるであろう。それまで個々の問題に対応するように薬事法や景品表示法などの個別的な改正を重ねてきた日本政府も，1968年に消費者保護基本法を制定した。同法は「消費者の利益の擁護及び増進に関する対策の総合的推進」を図ることをその目的として掲げたのであり，ここに日本の総合的，本格的な消費者行政がスタートを切ることとなった。

　消費者行政の内容は多岐にわたり，日本でも今日に至るまで50年近い年月の中でその内容は質量ともに大きく進化してきた。ここではその中からとくに重要なものを選んで，ごく簡単にその趣旨を説明しておこう。

　まず，当初の消費者政策の重要な柱の1つは消費者教育の充実であった。生産体制の高度化とともに情報の非対称性が拡大し，取引に際して消費者がいっそう弱い立場に置かれるようになったと理解したからこそ「消費者保護」が前面に押し出されるのではあるが，それが取引である以上，消費者自身が最終的な責任を免れることはできない。消費者が必要な情報を正しく理解し，その上で自らの責任において判断することの重要性は決して小さくなりはしない。そ

●コラム 9-1　消費者の権利と責任

　アメリカの大統領，J. F. ケネディが消費者保護特別教書の中で消費者の権利を宣言したのは 1962 年であった。そのときケネディが指摘したのは，①安全である権利，②知らされる権利，③選択できる権利，④意見を反映させる権利の 4 つであった。その後，1975 年には J. R. フォード大統領が⑤消費者教育を受ける権利を追加し，さらに 1980 年には国際消費者機構が⑥生活の基本ニーズが保障される権利，⑦補償を受ける権利，⑧健全な環境の中で働き生活する権利を追加し，現在ではこの 8 つが消費者の基本的権利とされている。ただし，同機構が掲げている権利の順序はこの順番ではない。2004 年に制定された消費者基本法は「消費者の権利の尊重」を明記しているが，その際の「消費者の権利」はこの国際消費者機構の 8 つの権利を指すものとされている。

　国際消費者機構は同時に，①批判的意識，②自己主張と行動，③社会的関心，④環境への自覚，⑤連帯の 5 つを消費者の責任として明記した。自ら能動的に行動し，社会全体との調和を図り，共同することを求めたのである。

　消費者が企業に対して「弱い立場」にあるというのは一般的な理解となっている。したがって，消費者はその権利を積極的に認められ，擁護されるが，たんに保護される立場にあるのではない。自ら能動的に行動することによって初めて権利を主張することができるというのが，国際的にも一般的な理解となっている。

のために，「かしこい消費者」を育てるための消費者への普及・啓発活動が行われる必要があった。

　また，消費者からの苦情・相談の総合窓口として，1970 年に国民生活研究所を改組して**国民生活センター**を設置するとともに，地方自治体に対しても同様の窓口の設置を強く要請した。加えて，企業に対してもまた，消費者からの苦情や相談に総合的に対処する窓口の設置を強く指導した。今日ではこうした窓口はごく当たり前のものとなり，企業側もここに寄せられる意見を以後の改善のための重要な情報源とみなして重視する体制を強めているが，そうした体制がほぼ確立するのは 1980 年代になってからのことである。その結果，消費者の声は消費者団体にいったん集約されてから間接的に伝えられるのではなく，より直接的に，個々の消費者から当該企業に伝えられるようになっていく。

　さらに，商品の品質，性能，安全性などを確認するためのテストも消費者行政の重要な柱の中に組み込まれていく。行政機関による商品テストは，戦前は

輸出用の特定物品について行われていたが，戦後それに国内用の製品が加わった。その中心となったのが1952年に個別物品の検査所を総合して設立された工業品検査所であったが，それが消費者保護基本法の成立以降，組織体制を強化して実用性開発テストや試買テストなどを本格的に実施するようになった。2001年以降，これらの機関は製品評価技術基盤機構（NITE）として統合されている。

　これらに加えて，取引のあり方そのものについても，重要な改正が行われてきた。1976年に制定された訪問販売法は，その中で指定商品について，一定の条件の下で「訪問販売における契約の申込みの撤回」を認めた。これはいったん取引契約を締結した後に，その契約を破棄することができるというもので，通常「クーリングオフ制度」といわれている。通常の取引であれば，売買契約が締結されたその時点で契約が完了するのであるが，訪問販売や通信販売などのように通常の店舗での取引と異なる状況の下で，必要な情報を十分に吟味できないままに契約することが起こりうる。強引な訪問販売等はその典型となるが，そうでなくても冷静に考えると違った判断をする可能性はある。そうした状況に対処するために，取引締結から一定期間を「頭を冷やして冷静に考え直す」期間として設定されたのがクーリングオフである。その意味では，取引締結時における「買い手ご用心」の原則の部分的な修正だということもできる。

❖ 消費者政策の進展

　経済発展が進むに従って，「買い手ご用心」の原則をそのままのかたちで貫徹させることはますます困難になっていく。大規模メーカーによる大量生産体制は，生産者と消費者との距離を拡大する。販売される商品はますます高度化し，消費者はその内部をうかがうことはできず，したがって事前に商品を吟味することも難しくなる。取引関係の中での消費者の利益を積極的に保護すべきで，そうすることによって初めて経済の循環が円滑に進行するという理解が深まっていく。消費者政策の展開は，まさにそのことを表現したものであった。

　消費者のリスクは大きく分けて商品そのものの品質や安全性に関する面と，取引契約の2つの面に現れる。そのうちの前者について具体化したのが，1994年に制定された製造物責任法である。この法律では，製品（工業品）の欠陥によって消費者が生命，人体または財産に損害を被ったとき，その製品の生産者

に対して直接損害賠償を求める権利を認めた。対象は大量生産される工業品で，通常の使用状況を前提として考えられる安全性をその製品が欠いていたと認められるときに適用される。

適用範囲が大きく制限されているとはいえ，商品の引渡し後の使用過程において発生する損害をその商品の生産者に求めるという点では，明らかに「買い手ご用心」の原則をさらに一歩修正するものとなった。そのため，「1896年の民法制定以来の過失責任の原則の大きな変更」とまで評されることになるが，それは商品の高度化によって，もはや消費者が事前に商品を吟味することが事実上不可能になってしまったことを反映している。

後者の取引契約については，先に述べたクーリングオフがこれに該当するが，それを導入した訪問販売法は2000年に改正され，名称も「特定商取引法」に変更された。そこではクーリングオフの対象を訪問販売だけではなく，電話勧誘販売や連鎖販売取引（マルチ商法）などに拡大した。それは取引形態そのものが対面で行われる通常の取引からはるかに多様化してきたことによっている。取引形態の多様化は悪意ある事業者が詐欺まがいの取引を行う機会を増加させるが，それらから消費者を守ることが新しい取引形態の健全な発展には欠かせないからである。

さらに，2000年には消費者契約法が制定される。この法律は消費者と事業者との間に情報と交渉力における格差が存在することを認め，契約の取消しや事業者の免責条項の無効化などによって消費者利益を擁護することを目的としたものである。加えて，2006年には消費者団体訴訟制度を認める改正が行われた。

こうした買い手としての消費者の地位を安定させようとする政府の対応は，2004年の消費者基本法の制定によって一段落することになる。この法律は1968年の消費者保護基本法の改正法として制定されるが，そこでも消費者と事業者との間の情報と交渉力格差を認め，消費者の権利の尊重と自立支援が目的の中に盛り込まれた。これによって，消費者はその権利を認められるとともに，保護の対象から，自ら必要な知識を習得し，必要な情報を収集するよう努める自立的な消費者へと位置づけが変わることとなる。

以上の経緯からも明らかなように，消費者政策は決して「買い手ご用心」の原則を否定するものではない。商品が高度化し，取引形態も多様化する中で，情報の非対称性が拡大し，交渉力格差が拡大する。そうした状況の下で，買い

●コラム9-2　商品規格

　商品の形状や大きさなどは生産者が任意に決定することができる。しかし，たとえば電気機器のコンセントや電池などを想像すれば容易に理解できるように，複数の生産者の製品間に互換性がなければ不便である。そのため，国が工業製品の標準化をめざして制定するのがJIS規格であり，1949年に制定された工業標準化法に基づいている。この工業製品の標準化を求める動きは，1921年の工業品規格統一調査会が設置にまでさかのぼる。2004年の消費者基本法でも，国は商品やサービスについて「適正な規格を整備し，その普及を図る」ものとされている。

　JISは国家規格ではあるが，その規格外の商品の生産・販売を禁じるものではない。しかし，規格外の商品は互換性がないため，芸術品や特殊用途に用いられても，一般に流通することはそれほど多くない。

　また，JIS規格がすべての商品を覆い尽くしているわけでもなければ，新しい商品についてJIS規格が先行して決定されるわけでもない。多くの新商品については，競争過程の中で「自然に」1つの規格に収 ₍しゅうれん₎ 斂していくことが多い。こうして成立する規格は「デファクト・スタンダード」と呼ばれる。英文タイプライター（キーボード）の文字配列は，最上段の左から「QWERTY」の順に並んでいるが，これは最も典型的なデファクト・スタンダードの例である。

　工業品のほかにも，1886年に初めて制定された「日本薬局方」は，現在では薬事法の下で医薬品の正常および品質の適正化を担っているし，農林物資についても1950年に制定された「農林物資規格法」以来，JAS規格として制定されている。

手である消費者にすべての責任を負わせることはかえって取引そのものを困難にし，経済における循環を停滞させることにもなりかねない。そのため，消費者の負うべき責任範囲を明確にすることが目的であって，その範囲の中では消費者は積極的に情報を収集するなど，自立することが強く求められているのである。

おわりに

　「買い手ご用心」は取引における古来の大原則である。それは今も変わらない。しかし，経済の循環を円滑にするためには，買い手の負うリスクを小さくする必要があった。継続的な取引関係を象徴するものとしての店舗とブランドは，そのための最初の仕組みであった。

図 9-1 本章の要約

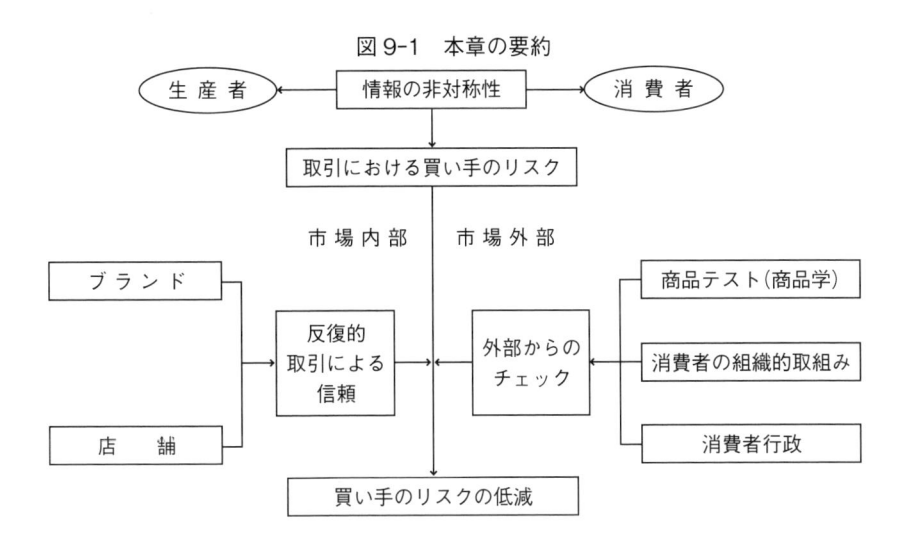

```
           情報の非対称性
生産者 ←――――――――――――→ 消費者
              ↓
      取引における買い手のリスク

       市場内部 | 市場外部

ブランド ┐                    ┌ 商品テスト（商品学）
        ├→ 反復的      外部からの ├→ 消費者の組織的取組み
        │  取引による ←―→ チェック │
店  舗  ┘  信頼                ┘ 消費者行政
              ↓
      買い手のリスクの低減
```

　大量生産体制が確立されるようになると，生産者と消費者との距離が遠くなり，消費者は商品がどのように生産されているのかを知ることができなくなる。さらに，商品が高度化すると，商品の内容を消費者が個別的に確認することが難しくなる。第三者機関による商品の品質確認を行う商品学の成立や，消費者自身による生産活動への参加，あるいは商品テストなどは，新たな段階における買い手のリスクを軽減する手段であった。

　生産者と消費者との間の情報の非対称性と交渉力格差がさらに拡大すると，これに行政が加わってくる。行政は消費者利益の擁護をめざし，商品そのもの，さらには取引契約についても，売り手である事業者の責任の所在を明確に打ち出す。これは「買い手ご用心」の原則の修正ではあるが，その否定ではない。むしろ，商品の高度化や取引形態の多様化といった新たな状況の下で，その大原則の適用範囲を定めようとするものであった。以上の本章の議論は，図 9-1 のように要約できる。

　生産者（企業）と消費者と行政，この三者は取引リスクへの対応をめぐって，相互に密接に関係し合う。生産者がブランドを掲げ，消費者利益を重視するような経営を続ければ，消費者は安心してその生産者の商品を買うであろう。大原則は「買い手ご用心」であっても，消費者はほとんどリスクを気にとめることなく行動することができるし，その場合には行政があえて登場してくる理由

もない。それこそが企業の社会的役割であり，社会的責任として強調される。その意味では，行政による消費者政策は，消費者教育を除けば，企業の最低限度の社会的責任を明確にし，それを逸脱した場合には外部から規制するといった性質のものと理解することができる。

　法的規制が準備され，企業の社会的責任に対する自覚が高まれば，消費者自身がリスクを軽減するために直接行動する機会は減少するし，リスクをほとんど気にすることなく行動する。そのとき，経済は最も円滑に循環することができる。しかし，それでも「買い手ご用心」の原則は今も生き続けていることを忘れてはならない。

▶ 参考文献──次に読んでみよう
石原武政［2006］『小売業の外部性とまちづくり』有斐閣
田村正紀［2011］『ブランドの誕生』千倉書房
藤岡里圭［2011］「消費者行政」通商産業政策史編纂委員会編，石原武政編著『通商産業政策史　1980-2000　第4巻　商務流通政策』(財)経済産業調査会
和田充夫・菅野佐織・徳山美津恵・長尾雅信・若林宏保［2009］『地域ブランド・マネジメント』有斐閣
Aaker, D. A.［1991］*Managing Brand Equity : Capitalizing on the Value of a Brand Name,* Free Press.（陶山計介ほか訳［1994］『ブランド・エクイティ戦略──競争優位をつくり出す名前，シンボル，スローガン』ダイヤモンド社）
Aaker, D. A.［1996］*Building strong brands,* Free Press.（陶山計介ほか訳［1997］『ブランド優位の戦略──顧客を創造するBIの開発と実践』ダイヤモンド社）
Aaker, D. A. and E.Joachimsthaler［2000］*Brand leadership,* Free Press.（阿久津聡［2000］（『ブランド・リーダーシップ──「見えない企業資産」の構築』ダイヤモンド社）

第 10 章

市場の拡大
―― 市場はどのように成立し，
どのような役割を果たしたのか

はじめに

　商品は交換されるために生産された財であるから，他人と交換されなければならない。交換されなければ，それがいくら上質のものでも，またいくら効率的に生産されたとしても，まったく意味はない。この交換を効率的に行う第1の工夫が貨幣の誕生であることは，すでに第4章で学んだ。貨幣が登場することで，交換は購買と販売に分裂した。それを前提としていえば，商品は販売されなければ意味がないということになる。

　そのことは，生産の規模が拡大するときには，商品の販路もまた拡大しなければならないことを意味している。以下，最終消費者に販売される消費財を念頭に置いて議論を進める。生産はたとえば機械化などによる大量生産方式の発達に伴って，少数の拠点で大量に生産することができるようになる。しかし，それを最終的に消費する消費者は空間的に広域に分散しているため，1カ所で商品を販売し尽くすことは難しい。生産の発達は市場の拡張を求め，市場の拡張が生産の発達を可能にする。

　その市場の拡張を最も効率的に行う仕組みとして登場するのが商業である。本章では商業の基本的な働きを理解するとともに，それが近年どのように変化してきているのかを概観する。

1　流通と商業

❖ 直接流通と間接流通

　私たちは何かものを手に入れるとき，通常は小売店からその商品を買う。コ

図 10-1　直接流通と間接流通の取引数

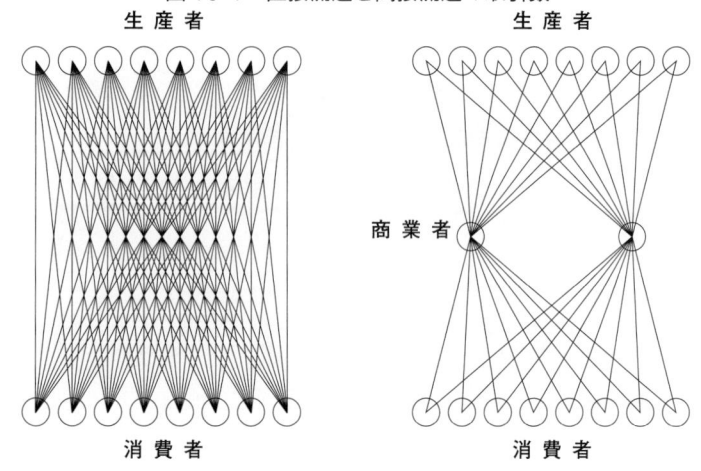

生　産　者　　　　　　　　　　　生　産　者

商　業　者

消　費　者　　　　　　　　　　　消　費　者

ンビニであったり，百貨店やスーパーであったり，商店街の店舗であったりする。彼らは通常，商業者あるいは商業企業と呼ばれている。最近ではインターネットなどで購買することも増えてきたが，ここではこうした小売店から購買することを想定して議論することにしよう。

　小売店からものを買うのは慣れっこになっているので，私たちはそれが当たり前で，何の不思議にも感じていないはずだ。しかし，商業者は当然，買った価格よりも高く販売するから，商品の価格は商業者の手を経るにしたがって高くなるはずである。それなのに，なぜ私たちは商業者から商品を買うのだろうか。実際，「生産者から直接買ったから安かった」などという会話は日常的に交わされている。あるいは，生産者（メーカー）はなぜ自分で商品を販売しないのだろうか。結論を先取りしていえば，商業者を介する方が生産者と消費者とをより効率的に結びつけることができるからである。なぜそういえるのか，そのことを考えよう。

　いま，小規模な生産者が P 人，消費者が C 人いるとしよう。生産者はすべて異なる商品を生産しており，すべての消費者がすべての種類の商品を手に入れたいと考えていると仮定する。この場合，生産者と消費者が直接取引をすれば，全体での取引数は $P \times C$ である（図 10-1 左）。それに対して，両者の間に M 人の商業者が介在したとしよう。商業者はすべての生産者から商品を買

い，すべての消費者に販売するとすれば，取引数は $M(P+C)$ となる（図10-1右）。この両者を比べてみると，商業者が介在した方が取引総数が節約されることがわかるであろう。これは**取引総数節約の原理**として知られているが，P と C の数が多くなればなるほど，この節約率が大きくなることを確認してほしい。

　生産者と消費者が直接取引を行う場合の流通は**直接流通**と呼ばれる。ここで「流通」というのは，生産（者）と消費（者）との間の隔たりを取引によって埋め合わせることを指している。それに対して，生産者と消費者以外の第三者を媒介として行われる流通は**間接流通**と呼ばれ，その第三者は**商業者または商人**と呼ばれる。そして，この商業者によって営まれる流通の部分を**商業**という。したがって，生産者と消費者は流通の担い手ではあるが，商業の担い手ではないということになる。

　直接流通に比べると，商業者を媒介した間接流通の方がはるかに効率的に生産者と消費者を結びつけることができる。それは商業者が多くの生産者から商品を買い，多くの消費者に商品を販売するからである。商業者は誰か特定の生産者や特定の消費者のために取引を媒介しているのではない。商業者の手元では多数の販売と購買が結びつけられ，そのことによって流通費用が節約される。これは「**売買集中の原理**」と呼ばれている。

　ここでの強調点は，商業者が多数の生産者から商品を購買するという点にある。その結果，商業者の手元には多様な商品の品揃え物（次節参照）が形成されることになり，消費者が自分の欲しい商品を発見する可能性はそれだけ高くなり，より多くの消費者を引きつけることができる。こうして，商業者が専門家として商品の販売を引き受けるようになれば，生産者は安心して生産に専念することができる。その結果，生産者と商業者との間に社会的な分業関係が成立することになる。

　商業が介在することによって，生産者は直接消費者と接触する機会はなくなるが，間接的に取引をする消費者は一気に増加する。商業者が多数の生産者と取引をする結果，多数の売り手と多数の買い手が結びつけられる。経済学では，生産者と消費者との間に「市場」が成立するものと仮定するが，商業はまさにその市場を成立させる基盤なのである。

表10-1　生産と消費の隔たりとその架橋

隔たり	具体的内容	架　橋
主　体	生産者と消費者が異なる	取　引 （所有権の移転）
場　所	生産地と消費地が異なる	運　輸
時　間	生産時期と消費時期が異なる	保　管
情　報	何がどこで，どれだけ生産（消費）されているかが正確にわからない	情報伝達
価　値	生産地（時点）と消費地（時点）で商品に対する価値が異なる	取　引 （価格形成）
品揃え	生産地と消費地では必要とされる財の組み合わせが異なる	取　引 （品揃え形成）

❖ 流通に必要な費用

　分業社会では生産者と消費者が分離しているため，両者の間にはさまざまな隔たりがあるのが普通である。分業が発達すればするほど，この隔たりは大きくなる。主要な隔たりの内容と，それを埋め合わせるための活動を要約すると表10-1のとおりである。

　商業者はもちろんであるが，生産者や消費者もまた，この隔たりを埋め合わせる活動に携わっている。生産された商品を販売するための生産者の活動，自ら消費する財を手に入れようとする消費者の努力はともに流通の活動の一部であるが，そのためには，当然，費用が発生する。そのうち，生産者が支出する費用は生産者の販売価格に上乗せされ，商業者が支出する費用は商業者の販売価格に上乗せされるから，両者はともに消費者の購買価格の中に含まれることになる。しかし，消費者が支出する費用は商品の販売価格の中には含まれない。もちろん，たとえば買い物に出かける際の交通費のように実際の支出を伴うものもあるが，そのために費やされる時間や苦痛などのように，お金の支出というかたちをとらないものも，消費者が支出する費用と考える必要がある。そうすると，これらの費用はどのように分担されるのだろうか。

　生産者と商業者，要するに供給側がきめ細かなサービスを提供してくれると，消費者はほとんど苦労することなく商品を手に入れることができるであろうが，供給側ではきめ細かなサービスのためによけいに費用を支出しなければならない。逆に，提供されるサービスの質が低ければ，供給側の費用は少なくなるが，その分，消費者は多くの支出を必要とするだろう。

図 10-2　流通サービス水準と流通費用の負担

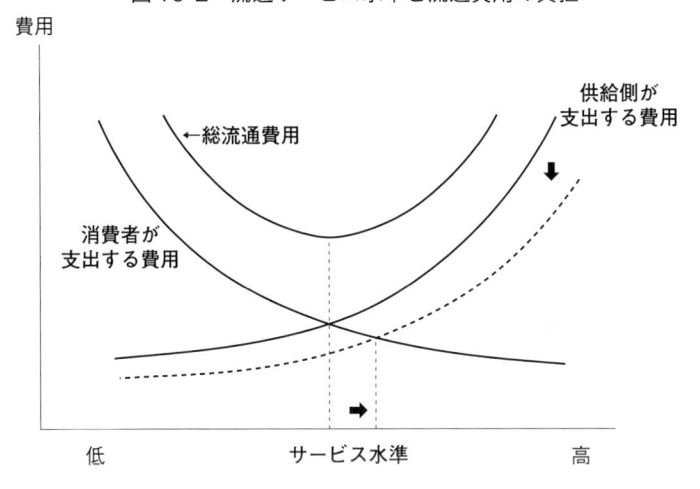

（費用）

←総流通費用

消費者が支出する費用

供給側が支出する費用

低　　　　サービス水準　　　　高

　具体的なサービスを思い浮かべるとわかりやすい。たとえば，消費者にとっては，取引の単位は小さく，引渡しまでの時間は短く，小売店へのアクセスは近く，品揃えは豊富で，商品説明が懇切であればいうことはない。しかし，それを供給側が実現しようとすれば，商品を細かな単位に分割し，在庫を十分に持ち，小売店舗密度を高くし，品揃えも豊富にして，しかも店員による丁寧な対面販売を行わなければならず，それだけ費用がかかることは避けられない。供給側がこれらのサービスを控えると，今度は消費者が商品を自宅に大量に保管したり，遠くまで買い物に出かけたり，買い物や情報収集により多くの時間を割かなければならなくなる。その意味で，供給側が支出する費用と消費者が支出する費用とはトレードオフの関係にあるということができる。その関係を図示したのが図 10-2（実線）である。
　流通サービス水準が高くなると，消費者は便利であるが，購買に際してより多くの価格を支払わなければならない。逆に，サービス水準が低ければ，商品の価格は低くなるが，消費者は購買のための費用を追加的に支出しなければならなくなる。この供給側が支出する費用と消費者が支出する費用の合計が流通費用となるが，それが一番小さくなるような流通サービス水準が理論的には存在すると考えられる。実際の競争はこの周辺をめぐって行われることになる。

第 10 章　市場の拡大　　221

もちろん，この図に描かれた費用曲線は一定の技術水準を前提にしてのことである。供給側でいえば，たとえば配送や保管の技術が向上すると，同じ費用でより多くのサービスを提供できるようになるから，費用曲線は下方に引き下げられる（図10-2破線）。そうすると，全体の流通費用が最小になる両曲線の交点は右にシフトすることがわかる。このことは，供給側の技術革新が進めば，長期的には提供される流通サービス水準が高くなることを意味している。

2　商業の内部編成

❖ 卸売商と小売商

　上で説明した売買集中の原理に従えば，1人の商業者に売買を集中すればするほど，生産（者）と消費（者）は効率的に結ばれることになる。しかし，だからといって実際に1人の商業者にすべてが集中するなどということはありえない。そんなことをすれば，消費者が負担する費用が膨大なものになってしまうのは容易に想像できるはずである。商業は現実には何段階にも分かれるし，小売業の中でもさまざまな業種や業態に分かれている。こうした商業の構成を「内部編成」と呼ぶが，それがおおよそどのような原理に従って編成されるのかを見ていこう。まずは多段階構成から始める。ここでも最終消費者に向かう消費財の流通を想定する。

　私たちはコンビニやスーパーなどの店舗から商品を購買する。しかし，そのコンビニやスーパーはメーカーから直接商品を仕入れているとは限らない。多くの場合，その間にもう1つ別の商業者が介在しているのが普通である。この場合，主として最終消費者に販売する商業者を小売商といい，それ以外の商業者は卸売商と呼ばれる。この区別が販売相手によって行われていることに注意してほしい。小売商の販売相手は消費者と定義されているが，卸売商の販売相手は「それ以外」であるから，小売商や卸売商，生産者，海外事業者，さらには学校や病院，会社などの制度的使用者に主として販売する商業者はすべて卸売商に分類されることになる。

　生産者がまだ小規模である場合を考えよう。たとえば，農産物などを想像するとよい。個々の生産者にとって生産量はそれほど多くはないから，生産された商品は周辺の地域で十分に販売できるようにも見える。しかし，実際にはそ

●コラム 10-1　中央卸売市場

　生鮮食料品の流通は工業品とは大きく異なっている。農産物にしろ水産物にしろ，生産者の多くが小規模でかつ消費地から遠く離れた場所で生産されるのに，商品の寿命は短い。そのため，効率的に多種・大量の商品を迅速に流通させ，適正な価格形成を行うために作り上げられた仕組みが中央卸売市場制度であった。

　たとえば農産物の場合，産地の出荷団体等で集荷された商品は都市部の中央卸売市場の卸売業者に出荷される。この取引は原則として**委託取引**であった。卸売業者は受託した商品を仲卸業者を相手に，原則として**セリ**または**入札**で販売し，手数料を差し引いて出荷者に精算する。仲卸業者はセリで購入した商品を分荷して小売商に販売し，小売商から消費者に販売されるというのが，標準的な取引経路であった。水産物，とくに近海魚の場合には，中央卸売市場への出荷前に水揚げされる産地でもセリが行われるのが普通であった。いずれにしても，中央卸売市場の側からいえば，委託集荷―セリ取引が取引の最も根幹をなしていたが，それらは日本で開発された独特の仕組みであった。

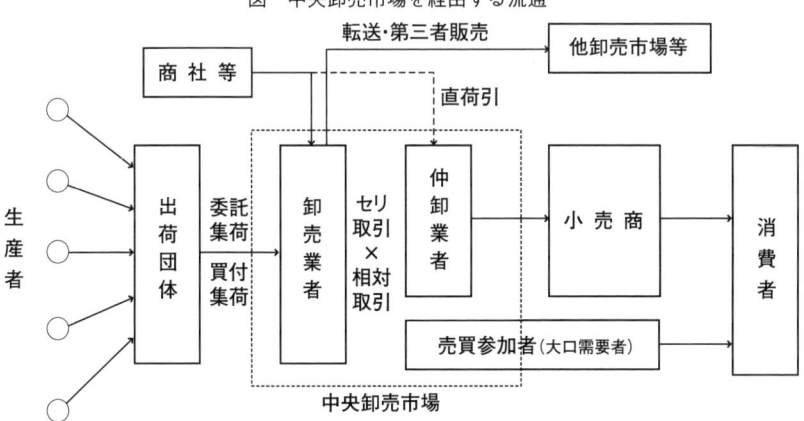

図　中央卸売市場を経由する流通

　高度成長期を通して，中央卸売市場は少なくとも各県に1カ所以上開設されてきた。しかし，その後，産地の出荷団体の大規模化，小売商の大規模化，市場間競争の激化，物流・情報通信技術の飛躍的発展など，当初の状況とは大きく環境が変化してきた。それを受けて，2004年から大きく制度改正が行われた。現物を市場内に搬入することを前提とした商物一致の原則が緩和されるとともに，卸売業者の事業活動に関する規制も緩和され，**買付集荷**や**相対取引**が容認されるとともに，委託手数料の自由化も2009年から導入された。

図10-3 小規模分散型生産構造の下での流通機構

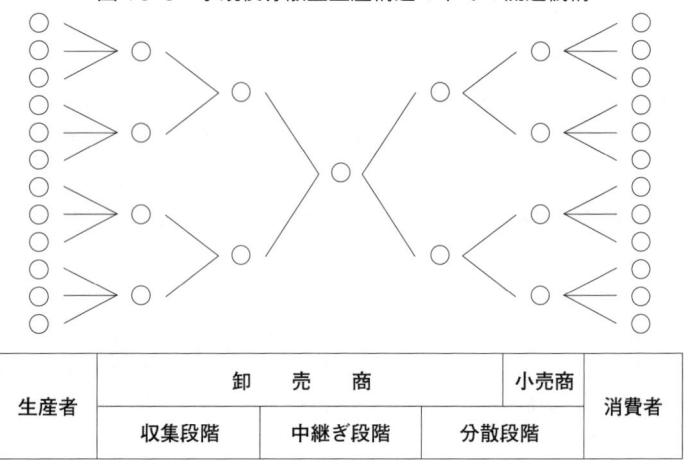

生産者	卸　売　商			小売商	消費者
	収集段階	中継ぎ段階	分散段階		

の地域には多くの生産者が存在し，同種の商品を生産して産地を形成している場合が多い。こうなると，その産地の商品全部を販売するためには，その地域を越えて他の地域に市場を求めなければならなくなる。産地の規模が大きくなればなるほど，ますます広域の市場が求められることになる。そのとき，生産者が他地域の商業者（小売商）と直接に取引をすることは効率的ではない。先の取引総数節約の原理を思い起こしてほしい。そこで述べたのと同じことがここでも発生し，生産者と小売商との間にもう1つの商業者が介在することになる。その商業者の販売先は小売商であるから，彼は卸売商であることになる。

しかし，実際はもう少し複雑で，生産が小規模で分散的であるときには，一般に図10-3のような流通機構が形成されるものとされている。

すなわち，卸売商は1段階ではなく何段階にもわたって形成され，それが広域の市場をつくり出していくのである。このとき，卸売商は生産者に近い方から順に，第一次卸，第二次卸，第三次卸，……と呼ばれ，小売商に販売する卸商は最終卸商と呼ばれる。

❖ 流通における品揃え形成過程

このように流通が何段階にも分かれるのは，取引の効率という面からだけではない。こうした流通過程で何が起こっているのか，それを財の組み合わせの

224　第3部　市場が広がった背景

表10-2　品揃え形成の4つの下位活動

	大→小	小→大
異種の財	仕分け	取揃え
同種の財	配分	集積

面から見てみよう。経済学では財は単独でそれ固有の効用を持つものと仮定されているが，実際には財は他のまったく別の財と一緒になって消費されることが多い。鉛筆はノートがなければその役割を果たせないし，その上，机があって初めて鉛筆もノートも意味を持つ。私たちの消費は多数の財を組み合わせることから成り立っているのであり，こうした消費の側から見て意味のある財の集合を「品揃え物」と呼ぶ。

どのようにしてその品揃え物が形成されるのか。具体的に，農産物を想定して考えよう。たとえば，キャベツの産地で多くの農家がキャベツを栽培しているとしよう。収穫期に各農家はキャベツを収穫するが，キャベツ1つ1つをとってみると，大きさが違ったり，巻き方が違うばかりか，中には虫に食われたものもあるかもしれない。それらを全部まとめて収穫した場合，そのままでは決して消費と向き合うことはできない。それが消費と向き合うまでには，標準的に考えて，次のような手順が必要になる。

まず，キャベツを大きさや巻きなどの状態によって等級分けを行い（仕分け），その産地の生産者のキャベツを各等級ごとに集め（収集），それをいくつかの消費地に向けて出荷する（配分）。消費地ではそのキャベツだけではなく，他の産地から送られてくるトマトやキュウリなどを取り揃えて野菜の品揃えが形成される（取揃え）。こうしてやっと，青果物商やスーパーの店頭の品揃え物ができあがり，消費者は1店の小売商の店頭で多数の産地のさまざまな種類の野菜と出会うことができるのである。

この過程では，基本的に商品の形状に変化が加えられるわけではなく，したがって生産活動は行われてはいない。商品は，先の流通機構図にあるとおり，収集，中継ぎ，分散の過程をたどっているが，同時にその過程で商品の組み合わせが変更されている。そのおかげで商品は消費者の消費あるいは購買と向き合うことができるようになった。こうした活動は品揃え形成活動と呼ばれる。流通の多段階にわたる取引は，ただ商品を売買しているだけではなく，こうした組み合わせの変更を行っているのである。上に挙げた4つの活動はその品揃

え形成活動の具体的な下位活動であり，その性質は表10-2に要約して示されている。表中，「大→小」は大きな単位を小さく分割することを，また「小→大」は小さな単位を大きくまとめることを指している。

❖ 取引の計画性の調整

　農業のように生産が小規模な場合は上のような多段階になるとして，では大量生産体制を確立した工業品の場合はどうなるのだろうか。上の品揃え形成過程に即していえば，生産過程を終えた段階で，同種の製品が大量にまとめられているのだから，収集段階が終わった状態に酷似している。したがって，流通のそれ以降の段階は，川上のメーカーから見れば配分，消費地の小売商から見れば取揃えが行われることになる。この活動は1段階の取引でも不可能ではないが，実際にはここでも卸売商が介在することが圧倒的に多い。そのことの意味を考えよう。

　まず，メーカーが自ら商品を販売すると仮定しよう。インターネットなどの無店舗販売が行われないとすれば，市場はせいぜい半径数キロ程度の範囲に限られてしまうであろう。仮にその範囲の消費者は3000人だとしよう。それでは圧倒的に市場が小さいので，市場を拡張しようとすれば，専門家としての商業者に依頼することになる。商業者は専門家として，1店舗で5000人の消費者を引きつけることができると仮定しよう。この商業者はもちろん小売商である。それでも，1人の商業者（小売商）では市場はほとんど拡張できない。メーカーはさらに広域の市場を求めて他の商業者（小売商）を通して販売しようとするだろう。しかし，市場が拡大すればするほど，商業者の空間的なひろがりは大きくなり，そのすべてとメーカーが直接取引をすることは効率的ではなくなる。そのとき，多くの地域に分散する商業者（小売商）と生産者との間にもう1段階新たな商業者（卸売商）が媒介することによって，メーカーは一気に市場を拡張することができる。

　たとえば，小売商はすべて5000人の消費者と向き合っているとしよう。もし1人の卸売商が50人の小売商と取引をするとすれば，その卸売商は間接的にではあるが，25万人の消費者と取引をすることになる。だから，仮にこのような卸売商5人と取引をすることになれば，生産者は実に125万人もの消費者と向き合うことができるようになる。これは生産者が直接消費者と向き合っ

たり，小売商と直接取引をしている限り期待できないものであり，これを**商業者の市場拡張機能**と呼ぶ。

　この事態は逆からも考えることができる。大量生産を確立された商品は広域にわたる大量の市場を求める。メーカーは125万人の消費者から構成される市場を，小売段階では250人の小売商からなる市場を通して販売するのであり，その250人の小売商からなる市場がさらに5人からなる対卸売商の市場に縮約されたと考えることもできる。この**市場拡張機能**と**市場縮約機能**は商業の同じ働きの表裏を言い表したものである。すなわち，川上から見れば市場拡張機能，川下から見れば市場縮約機能が浮かび上がってくる。

　この過程では，市場の空間的なひろがりが問題となっているだけではない。実はもっと重要なことがこの過程で行われている。大量生産と個人的消費との間の規則性と量の乖離の調整である。大量生産体制は高額の機械設備の導入を前提として成り立つが，固定費の増大は安定した高率の操業を求めるため，生産の弾力性はそれほど高くない。大量の商品が継続的に生産ラインからはき出され，それが市場を求めるのであるから，メーカーにとっては市場もまた大量かつ安定したものでなければならない。

　ところが，末端の消費者の行動を見ると，個々の商品をいつ，どこで，どのように買うかという点では，ほとんどまったくといってよいほど計画性はない。購買頻度の高いお茶や弁当などにしても，どのメーカーの，どの商品かという点になると，まったく気まぐれにも近い状態である。消費者はそのことを「選択の自由」として享受している。

　この両者のギャップを埋め合わせ，結びつけるのが，多段階にわたる商業者なのである。メーカーと卸売商との間の取引はきわめて規則的で，しかも毎回，大量の商品がまとめて取引される。メーカーは複数の卸売商と取引することで，きわめて安定した市場を見いだし，計画的に生産を継続することができる。卸売商と小売商との間の取引もかなり規則的であるが，取引単位ははるかに小さくなる。卸売商は大量の商品を分荷して小売商に販売するとともに，商品を在庫することによって，小売商の注文に応える。小売商もまた在庫を保有することによって，気まぐれにも見える消費者の買い物に備える。

　取引の大量かつ規則的，継続的な性格を取引の計画性と呼ぶとすれば，川上の生産者と卸売商との取引では計画性がきわめて高く，川下の小売商と消費者

との取引では計画性はほとんどない。商業者は多段階の取引を通して，川上から見れば取引の計画性を希釈し，川下から見れば濃縮する役割を果たしていることになる。このことが可能になるのは，基本的には大量の取引を一手にまとめるからである。消費者個々人を見れば気まぐれにも見える買い物も，きわめて多数の消費者をまとめてみれば比較的安定したパターンを示すからこそ，小売店は在庫をもって消費者に向き合うし，その小売商の購買を大量にまとめることで卸売商も安定した市場を見いだすのである。ここで働いているメカニズムは，第7章で学んだ「プーリング・アレンジメント」と基本的に同じである。

❖ 小売業における業種店と商業集積

　次に業種の問題を考えよう。商業者は多数の生産者と取引を行い，多様な商品を取り扱うことに意味があるといった。実際，商業者はさまざまな生産者から商品を仕入れて販売するのだが，だからといってすべての商品を取り扱っているわけではない。近年では品揃え物の幅を拡大した商業者が増えているが，つい数十年前までは小売商は業種別に細かく分かれていたし，卸売商の場合にはもっと専門化するのが普通であった。たとえば，食料品に限っても，青果物店，鮮魚店，塩乾魚店，精肉店，鶏肉店，乾物店，味噌・漬物店など，何種類もの店舗に分かれていた。なぜそうなったのだろうか。以下，小売店を念頭に置きながら考えよう。

　商業者が多くの商品を取り扱うといっても，商品や産地などに関する知識を含めて，その商品を取り扱うのに必要な技術は異なる。たとえば，野菜の中でも葉菜と果菜，根菜では産地が違うだけでなく，その鮮度管理や取扱いの技術も異なる。野菜の中でもそうなのだから，野菜と鮮魚となればもっと違うし，食料品と衣料品，家具・什器などとなれば，さらにもっと異なるであろう。知識や技術が大きく異なる商品を取り扱おうとすると，商業者は新たに専門的知識を持った人を雇うだけではなく，新たな機器も導入しなければならない。取扱い技術の違いが大きくなればなるほど，それらを一緒に取り扱うことの利点は小さくなる。

　もちろん，**商品取扱い技術**は時代によって異なるのではあるが，ある時点の平均的な技術を前提にして，一緒に取り扱うことのメリットがほとんどなくなるような技術の相違点を**商品取扱い技術の臨界点**と呼ぶことにしよう。すると，

商業者がその技術の臨界点を超えてまで多くの商品を取り扱うことは，かえって取扱い費用を高くすることになる。だから，商業者はその技術の臨界点の中に取扱い商品を限定しようとするだろう。伝統的な業種店はこうした取扱い技術の制約を強く受けたものであった。

　しかし，商業者の商品取扱いの幅を限定しようという働きは，こうした供給側の事情にのみよっているのではない。それは消費者側からの事情にもよっている。「ワンストップ・ショッピング」という言葉がある。1カ所で何でも買い物できるという意味で，通常，消費者の利便性は大変高まるものと考えられている。しかし，無限定にそういえるのだろうか。確かに，上に挙げた食料品の専門店のように細分化されていると不便を感じることもある。しかし，だからといって，何でも揃っていることが便利なわけではない。今日の食品スーパーではほとんどの食料品と若干の日用雑貨品を取り扱っているが，そこには衣料品はもちろん，荒物・金物や時計，宝石，仏具などは置かれてはいない。

　だからといって消費者は不便を感じているわけではない。消費者は通常の買い物行動に際して，ぼんやりとではあれ，ある買い物目的をもって小売店に出かける。日常的な食事の準備に出かけるところがスーパーだとすれば，そこに非日常を代表するような宝石や仏具はまったく必要ない。したがって，ワンストップ・ショッピングというのは，そうした消費者の買い物目的に照らして必要なものが取り揃えられるという限りでのみ意味を持つ。

　こうして，小売店の取扱い商品の幅は需給両側から制約されるのであるが，この制約の強さは同じではない。需要側からは買い物目的に照らして比較的広い取扱いが求められるのに対して，供給側からはもっと専門的な技術の制約が課せられる。このギャップを調整するのが**商業集積**である。商店街や小売市場と呼ばれる小売商の集積は，同業種店をも含みながらも多数の異業種店が集まることによって，相互に補完し合いながら消費者の買い物目的に対応してきたのであった。その意味では，こうした商業集積こそが，売買集中の原理を現実的に担う小売業の形態であったのである。

❖ **小売業における業種と業態**

　しかし，こうした伝統的な小売業種店はここ数十年の間に大きくシェアを落としてきた。それに代わって，食品スーパーやコンビニエンス・ストアといっ

た新しい小売店が成長してきた。これらの新しい小売店は従来の業種の殻を打ち破っており、「業態」または「業態店」という言葉で表現されている。一般に、業種とは「何を売るか」（kind of business）であるのに対して、業態は「どのように売るか」（type of operation）だといわれる。その意味をもう少し詳しく考えてみよう。

　業態店といえば、高度成長期の頃まではせいぜい百貨店くらいであった。しかし、その後、上に挙げた食品スーパーやコンビニだけではなく、総合スーパーやホームセンター、ドラッグストア、各種のディスカウント・ストア、さらには製造部門にまで手を広げたSPA（speciality store retailer of private label apparel）など、実にさまざまなものが登場してきている。これらを見れば、確かに従来の業種店とは異なった売り方をしているが、同時に取扱い商品の種類も大きく異なっていることがわかる。より正確にいえば、業態店とは商品の取扱い方を変えることによって、取り扱う商品のひろがりをも大きく変更した店舗のことである。商品の取扱い技術を前提とする限り、もともと何を売るかは、どのように売るかと密接に関連していたのである。

　では、業態店はどのようにして生まれるのだろうか。食品スーパーを例にとりながら考えよう。商品ごとに高度な取扱い技術が必要とされた生鮮食料品は、伝統的に職人的な小売店によって担われてきた。彼らは経験を通して独自の取扱い技術を開発し、それに強いこだわりを持っていた。生鮮食料品は鮮度が大切であるから、鮮度管理は中でもとくに重要な技術であり、鮮度がいい間に商品を売り切るというのはその1つであった。たとえば鮮魚の場合であれば、開店直後には最も鮮度がよく値段も高いが、夕方にかけて鮮度の低下は避けられず、値引き販売をしてその日のうちに売り切ってしまうというのが普通であった。そのため、午前の顧客と午後の顧客とでは価格が違うのは当たり前、夕方のかき入れ時には商品が売切れになることもしばしばあった。

　このような伝統的な鮮魚店の販売方法を大きく変えたのが食品スーパーであった。冷蔵陳列台を開発して売場での鮮度劣化を防ぐとともに、店舗のバックヤードを大きく取り、鮮魚加工工場並みに店内で売れる分だけ加工して売場に出すという方法を考案した。バックヤードでの加工処理も標準化して職人でなくても比較的短時間の研修で行えるようにした結果、1日中、安定して同じ状態の商品を同じ価格で販売することができるようになった。その過程で、

冷蔵陳列台だけではなく，ゴンドラや冷凍陳列台を含め，さまざまな機器を開発した。

野菜や果物，精肉，総菜などについても基本的には同じであった。冷蔵技術の発達という時代の流れを受けて，それを食品売場に応用すべく新たな機器を開発し，それによって職人の専門的作業を標準化された作業に置き換えたのである。その結果，それまではきわめて高いと考えられていた商品取扱い技術の相違が小さくなり，技術の臨界点が消失して業種の壁を乗り越えることが可能になった。このように，業態というのは外から与えられるものではなく，経営者の創造的な取り組みによって新たに開発される販売方法であり，これからもまた新たな業態が誕生してくることは間違いない。

3　流通機構の再編成

❖ メーカーのマーケティングと系列化

商業が生産者の商品を効率的に販売するための社会的な装置として有効に機能している限り，生産者は生産の活動に専念し，販売は完全に商業者に任せることができた。しかし，その商業の内部は業種別に分断された上に，市場が広がるに従って段階数も多くなり，複雑な構成をとっていた。生産者から見れば，自分の商品がどこに，どのように販売されていくのかを確認することは困難であった。それでも，商業組織が商品をすべて販売し尽くしてくれるのであれば問題はなかった。商業論が想定するこのような伝統的な商業組織が再編されるのは，日本でいえばほぼ戦後の高度成長期以降のことである。以下では，その概略を簡単に見ておくことにしよう。

本格的な大規模生産体制が確立し，生産者が巨大な寡占的メーカーに成長する頃には，メーカーの生産力が商業の処理能力を超えるようになってくる。アメリカでいえばほぼ20世紀の初頭であり，日本ではほぼ1960年代頃がその時期に当たる。この頃から，販売能力よりも生産能力が上回るという意味での過剰生産が，少なくとも潜在的には当たり前のようになる。そうなれば，メーカーは自ら直接市場に接近して販売に乗り出す必要に迫られることになる。こうして登場するのがマーケティングと呼ばれる活動であった。

そのため，メーカーは自らの製品にブランドを付し，それを積極的に広告を

通して消費者に訴えるようになる。ブランドがメーカーによる品質保証の証であることは第9章で述べたが，ブランドは同時に競合他社の製品との差別化の象徴でもあった。情報通信手段の発達がこれを支え，当初は新聞，雑誌，ラジオの限られていたメディアにやがてテレビが加わって圧倒的な力を発揮するようになる。メーカーが直接消費者の心をつかむことができれば，小売商はその製品を積極的に取り扱おうとするから，その製品は消費者に引っ張られるように販売されていくはずである。このような意図を持った活動はプル戦略と呼ばれている。

それと同時に，メーカーは商業者に個別的なインセンティブを与えて，自らの製品を積極的に取り扱うように誘引し始める。そのためには，メーカーの製品がどのような経路を通して販売されていくのかを正確に掌握する必要があるが，その上で，競合他社の製品とは異なった優先的な取扱いを求めていくのである。そのために，ある地域内でも一手販売権（独占的販売権）の付与や各種のリベート（割り戻し）の供与など，さまざまな手段が講じられる。それは商業者，とくに小売商の取扱いの仕方いかんが消費者の商品選択に大きな影響を持つことの反映でもあった。こうした商業者に対する働きかけが流通系列化であるが，それは先のプルに対してプッシュ戦略と呼ばれている。

この流通系列化は，要するにどの生産者からも独立して社会的な性格を持っていた商業者に，メーカーとの私的な取引関係を組み込もうとするものであった。当然，その対象となるのはそれまで取引関係のあった伝統的な商業者であるから，規模も比較的小規模な業者に限られる。彼らは限られた市場の中で互いに激しい競争に巻き込まれているが，メーカーの系列化に入ることによって，同業者間の競争はメーカー間の代理競争のような様相を呈するようになる。それまでの直接的な競争関係から，メーカーの差別化戦略の影響を受けた競争になり，しかもさまざまなかたちでメーカーから利益の供与を受けることもできる。この流通系列化は，日本の場合，1960年代頃から始まった「流通革命」の1つの重要な柱となり，ほぼ1990年頃まで消費財流通の主要な形態の1つとなった。

❖ 大規模小売業の成長

1960年代に始まる流通革命のより大きな柱は，大規模小売商の誕生であった。

それまで，日本の小売業で大規模店は百貨店程度で，それ以外はほとんど業種別に分断された中小店であった。実際，1964年時点では，従業者4人以下の零細小売商が実に全体の90％をも占めていた（現在は約66％）。多数の零細店はそれだけ多段階の卸売業を必要とし，結果的に「細くて長い」とか「曲がりくねった」といわれるような流通機構となっており，それでは大量生産体制の確立に十分に対応できなかったのである。

　しかし，小売業のあり方は，本来，生産と消費のあり方によって規定されるのであるから，生産体制が大きく変化すれば，それに対応して流通内部でも新たな変革の動きが起こるのは当然であった。1960年代になって本格化するスーパーの誕生であるが，もちろんそれは一気に大転換するといったものではなく，長期にわたる大規模小売業の成長とそれに伴う取引関係の再編成の中でのみ進行する。上で見たメーカーによる流通系列化は，こうした流通側での自律的な変化の「遅れ」に対して，メーカーが自ら解決に乗り出すものであった。

　スーパーマーケットはもともとアメリカで1930年代初頭に誕生した食料品中心のセルフサービス店であったが，日本では1950年代中頃からセルフサービスを導入して流通に新風を吹き込む小売業が広く「スーパー」と呼ばれ，「衣料スーパー」という言葉も生まれた。この初期のスーパーの一部は食料品を取扱い商品の中心に据え，今日の食品スーパーの業態を確立する方向に動いたが，別のグループは取扱い品目を部門を超えて総合化し，総合スーパーと呼ばれる業態をめざしていった。この総合スーパーは日本独特の業態で，総合量販店あるいはGMS（general merchandise store）と呼ばれることもあった。

　彼らが当初めざしたのは単品の圧倒的な販売であった。折しも，高度成長が始まり，消費者の可処分所得も上がり，生活の豊かさを求める機運が高まっていて，新たに導入される新商品を入手することが生活の豊かさを演出した。店舗数を拡大して全体としての販売量を増加させ，それによって大量の販路を確保しつつ，川上に対してはメーカーあるいは一次卸売商との直接取引を行うことが可能となった。「細くて長い」流通経路に対して「太くて短い」経路を求めたのである。

　こうして総合スーパーから始まった流通機構の再編の動きは，1970年代の後半頃から次々と新たな業態が誕生することによって加速されることになる。1970年代初めには日本は成熟社会に到達し，「一億総中流」という言葉が流行

するようになる。この頃になると，消費にも多様化の傾向がはっきりと現れ始める。消費の個性化が強調されても，消費者は他人とまったく異なった商品を購入することには抵抗を感じ，大きな方向を共有しながら小さな差別化を求める。それに対応するように，さまざまなバリエーションを持った製品が導入され，それがさらに消費を刺激して市場を広げていく。それは1960年代のような単品の大量販売ではなく，多様性を伴った総合的な販売力の拡大であった。

❖ 情報化の進展による取引関係の変化

　その間に，流通における取引関係も大きく変化した。小売商が大規模化することによって卸売段階が1〜2段階省略されるようになるなど，流通段階の短縮化が進んだ。それを可能にしたのは何といってもコンピューターと情報ネットワークの発達であった。1980年代半ばに本格的に稼働し始めたPOS（point of sale）情報システムは，細分化された単品ごとに在庫および取引を管理することを可能にし，メーカーにも販売情報の迅速なフィードバックを可能にした。

　消費者1人ひとりの購買は，メーカーから見れば非常に小さなものでしかない。伝統的な商業組織の下では，多数の消費者に販売する多数の小さな小売店と取引をする卸売商のところに商品情報が集約され，メーカーはその卸売商との取引関係の中で間接的に最終市場の動向を把握していた。といっても，そこでは全体としてどのような製品がよく売れているかが事後的にわかる程度で，細分化された製品がどこでよく売れるのかといった細かな情報をつかむことはできなかった。

　しかし，情報システムが発達すると，小売店の販売情報はほとんど瞬時にして集計され，どこで，何が，どれだけ販売されたかを把握することができるようになる。チェーン化した小売企業はそのデータを全国的に集計した上で編集・分析することができる。それはかつてメーカーが卸売商を経由して把握していた情報とは比べものにならないほど精密かつ正確で，しかも即時性のある情報である。こうして小売店が情報力を獲得するようになると，メーカーと小売商との間の取引関係にも基本的な変化が現れる。

　最大の変化はメーカーによる希望小売価格の設定問題である。かつては，メーカーが製品販売のリーダーとして君臨し，自社の製品をどのように販売するかを基本的に設計していた。マーケティングでいう価格設定は消費者に対す

る販売価格であり，メーカーはそれが基本的に遵守されることを求めた。メーカーが末端価格を統制することは**再販売価格維持**（たんに再販ともいう）と呼ばれるが，日本では一部の商品を除いて再販は禁止されている。それでも，1960年代から70年代を通して，再販を実施しようとしたメーカーは後を絶たなかった。

　しかし，小売企業が情報力と実際の販売力を保有するようになると，再販を厳密に実施することが不可能となるばかりか，希望小売価格を公表することさえ意味を持たなくなってきた。メーカーは卸売商を経由して小売商に販売するまではもちろん価格交渉に応じるが，それ以降は小売商が価格を設定する。こうしてメーカーが希望小売価格を公表しない**オープン価格制**と呼ばれる販売方法が増加しつつある。

　もう1つの大きな変化は在庫の持つ意味合いである。かつての商業者は在庫を保有することによって取引の計画性の相違を調整していた。在庫は資産であり，商品が安いときに大量に買い付け，それを長い時間をかけて売り減らしていくというのは，商業の1つのかたちであり，それによって価格変動をも吸収したのであった。こうした**在庫調整型**の経営は，商品が長期にわたって安定して販売可能であって初めて意味を持つ。製品の多品種・多品目化とともに進行した短サイクル化の傾向は，在庫保有の意味を大きく変化させた。

　在庫は次期に商品が販売できるからこそ意味を持つのであり，次期には新製品が投入されて在庫商品の価値が大きく低下するようでは，在庫は不良資産にしかならない。こうして在庫を持たない経営に向けて大きく踏み出すことになる。ストックからフローへ，それは商業の世界でも進行する大きな方向である。そのことは，たとえばコンビニエンス・ストアの店頭を見れば明らかである。コンビニは倉庫を持たず，店頭陳列が在庫のすべてである。取引の計画性の相違を調整するのは，在庫ではなく情報であり，**多頻度小口配送**と呼ばれるきめ細かな商品の補充体制である。それはもちろん，情報通信技術と情報処理技術の圧倒的な発達によって可能になったのであるが，輸送体制や輸送機器など，物流技術の発達に負うところも大きい。先にも触れたように，こうした外部の技術を巧みに取り込んで流通の方法を変化させることによって，新たな業態が生まれてくるのである。

　ストックからフローへと変化する経営は，川下から川上へと逆流し，最後は

● コラム 10-2　小売業の外部性

　本章では生産者と消費者との間の隔たりを架橋し，市場を拡張するという商業の機能を強調した。しかし，商業者が実際に果たす役割はそれに止まるものではない。とくに小売商の場合には，通常は店舗を構え，その店舗ないし周辺で居住する。小売商は商業者であると同時に，その地域の生活者でもある。

　店舗自身は取引の対象にならないが，隣接する店舗と連担して街並みを形成するし，商業者は昼間にそのまちに滞在することから，しばしば地域の文化や伝統の担い手になるとともに，コミュニティの担い手としての役割も果たす。これらは取引の対象となるわけではないが，小売商の活動の成果であることは確かである。このような取引の対象とはならない成果は，**小売業の外部性**と呼ばれる。

　市場での取引においては，こうした外部性は直接的な考慮の対象とはなっていない。そのため，市場における競争が純粋に展開されると，たとえば美しい街並みといった正の外部性が希薄になり，逆にケバケバしく薄っぺらな街並みといった負の外部性が強く表れるようになるかもしれない。近年，小売業が地域コミュニティの担い手であることが強調され，中心市街地の活性化に向けた取組みが強化されているのは，このような小売業の外部性を改めて評価しようとするものである。

メーカーの段階にまで到達する。メーカーでもかつては大量生産こそが製品原価を低くする手段であるとして，とにかく大量に生産し，生産された所品を全力を挙げて販売するという体制がとられていた。しかし，そのために値引き販売が常態化し，売れ残った商品は不良在庫として処分されるのでは意味がない。トヨタの弾力的生産システムが象徴したように，機械を動かすために生産して販売するというのではなく，販売できるものを生産するというように，考え方が180度転換するようになる。川上の都合が川下に押しつけられるのではなく，川下が必要とするものを，必要とする量だけ川上が準備するという体制が志向される。

　こうした川下を起点とする連鎖はサプライチェーンと呼ばれる。まさに川下の要求に対応した供給体制という意味である。そこではメーカーと卸売商，小売商は緊密な取引関係で結ばれる。かつての錯綜した不安定な取引関係とはまったく逆に，安定した供給体制が企業の枠を超えて構築される。彼らの関係を取り結んでいるのはもちろん情報である。在庫による調整が情報による調整に取って代わられようとしている。

おわりに

　以上，本章では商業者を通して市場が広がっていくことを理論的に確認するとともに，近年における流通機構の大きな変化の方向にも簡単に触れた。商業者は仕入れてきた商品に原則として手を加えることなく販売する。しかも，仕入れた価格よりも販売する価格が高いのは当然であるから，商業者の手を経るたびに商品の価格は高くなっている。しかし，それでも商業者がいなければ市場は広がらず，供給と需要を効率的に結びつけることはできない。商業者は生産者と消費者とを効率的に結びつけることによって流通費用を節約しているのである。その作用は売買集中の原理と呼ばれている。

　商業の内部を観察すれば，段階的にも業種的にも多様な編成をとっており，売買集中の原理は極限まで働くわけではない。段階面では生産者の小売商の規模構造や情報通信，物流技術などによって，また業種面では商品取扱い技術によって，売買集中の原理はその作用を制約されている。そのことは，こうした制約要因の変化とともに，商業の内部編成は常に変化することを意味している。

　生産者が比較的小規模で分散していたときには純粋な意味での商業が出現していたが，生産者も小売商も大規模化するようになると，かつてのような収集・分散型の商業構造ではなく，より個別的な結びつきを強化するようになっている。さらに，生産されたものを販売するという体制から，販売されるものを供給するといった体制へと大きく変化しつつあるということができる。

▶ **参考文献**──次に読んでみよう

石原武政［2000］『商業組織の内部編成』千倉書房
大阪市立大学商学部編［2002］『流通』有斐閣
鈴木安昭・田村正紀［1980］『商業論』有斐閣
田村正紀［2002］『流通原理』千倉書房
Alderson, W. [1957] *Marketing Behavior and Executive Action: A Functionalist Approach to Marketing Theory,* Irwin.（石原武政ほか訳［1984］『マーケティング行動と経営者行為──マーケティング理論への機能主義的接近』千倉書房）
Bucklin, L. P. [1966] *A Theory of Distribution Channel Structure,* Insitute of Business and Economic Research, University of California.（田村正紀訳［1977］『流通経路構造論』千倉書房）

第11章

ロジスティクスの展開
―― 物流の役割はどのように変化したのか

はじめに

　本章では商取引により生じる人・モノ・カネ・情報の流れの中で，2番目のモノの流れを取り上げて解説する。

　ロジスティクス研究分野という呼び名が定着する前は，この分野は物流，あるいはその輸送手段に応じて陸運・海運・空運という名で呼ばれていた。この中で空運が本格化したのは第2次世界大戦後である。以前はそれらが独立して操業することが多く，運ぶ貨物の特性や地理的な要因によってある部分では棲み分け，ある部分では競合していた。それらが近年では，競合，棲み分けの部分も残しながら，有機的にリンクして相互補完的な機能を持つようになり，さらに企業経営の中でも重要な生産管理および販売戦略の1つとして重視されている。さらには環境問題への配慮もあり，リサイクル物流あるいはインバース・ロジスティクスという，使用済み製品を回収してインプットとして再利用するための物流も存在するようになってきた。

　本章では，このロジスティクスに関して，棲み分け・競合・補完の仕組み，企業の生産活動に果たす役割，利用者を含めた経済全体への影響にスポットを当てる。ロジスティクスの研究に関してはオペレーションズ・マネジメントなどさまざまなアプローチが考えられるが，本章では経済学のアプローチを用いる。キーワードは「最適化」および「リスク」である。

1 生活に身近な物流

❖ 経済活動において大きな役割を果たす物流業

われわれがたとえば「あるモノを買いたい」あるいは「売りたい」という場合，現在ではオークションなどのインターネットの仮想市場に出品したり，通販業を利用したりすることが多い。あるいは，自分の足で出向いて書店で本を立ち読みしてから購入したり，百貨店や商店街に出向いて陳列されている品々を目で確かめてから購入する人も大勢いるであろう。現代ではインターネットで容易に商取引を行うことができる。しかし以前は，売買契約といえば主に電話，FAX，および文書で行われ，売買される品物はもちろん，受注や販売契約，リース契約などにおいても郵便物などのなにがしかが売り手と買い手の間で往来していた。現在インターネットが広く普及して，以前は郵送されていたモノがインターネットでダウンロードできるようになったり，通信あるいは決済まですべてインターネットで可能になったりしたものの，やはりモノの流れは人，情報，およびお金の流れとともに経済活動の中では大きな役割を占める。たとえば日本の産業連関表での生産誘発額に占める運輸・通信・輸送用機械の比率は，1割程度となっている。経済活動を人間の体にたとえると，まさに必要不可欠な動脈と静脈といっても過言ではないのが物流業である。

物流は，大きく分けると，商取引に付随して発生するものと，商取引とは関係のない個人ベースで発生するものとがある。個人ベースで最も身近な物流業は，たとえば宅配便であろう。あるいは，ものによっては宅配便などを使わずに自分で車やバイクを運転して，たとえば家族や友人宅に物を届けたり取りに行ったりする場合もあるだろう。一方，インターネット通販，ヤフーあるいは楽天のようなオークションのように商品あるいはサービスの売買に付随して発生する物流が存在する。第2節で述べるように，それが企業と消費者との商取引を通じたモノの流れの場合もあれば，企業間での商取引に付随するものもある。本章では，後者のようなケース（自己運送）を除く，前者のケース（公共運送）を扱う。

たとえば，みなさんがオークションに出品した商品を北海道の誰かが落札し，金額が振り込まれて商取引が成立すれば，先方に商品を届けなければならない。

この場合，小さな商品であれば宅配便事業者の代理店や郵便局に荷物を持ち込むか，これらの事業者に電話して荷物を取りに来てもらうだろう。それらの荷物は，ほとんどの場合最寄りの地域の配送センターに集められる。この過程で利用される代表的な交通機関は，大小のトラックである。

このように集荷された貨物は，行き先と中身に応じて輸送される交通機関に振り分けられる。たとえば，関西方面から東北地方へ東日本大震災の救援物資を送ろうとした場合，到着期日を早くし，かつ内容物が安全であることが確認されれば航空輸送，鉄道，およびトラックの組み合わせとなる。また内容物が航空貨物に適さない，たとえば気圧の変化で発火の可能性のある貨物など，あるいは輸送時間が長くてもよいから安い運賃で運びたいというような場合は鉄道またはトラック，さらにトラックが自走しないでフェリーを利用したり，ピギーバックといわれる，トラックごと鉄道の台車に載せたりというような手段も存在する。

このような貨物の輸送が国境を越えて行われる場合も，基本的には同じように陸・海・空の輸送手段（transportation mode）が組み合わされて，貨物の仕出地（出発地）から仕向地（目的地）まで運ばれる。これを国際複合一貫輸送という。これについては第7節で述べる。

❖ 日本の主要な物流企業

さて，まず日本の主たる物流企業名をリストアップしておこう。

(1) 海運業：日本では，三菱系列の日本郵船，元は住友系と三井系の合併企業だった商船三井，あるいは川崎汽船が現在の定航大手3社といわれる。これら3社にジャパンライン，山下新日本汽船，および飯野海運を加えたものが，かつては定航大手6社といわれ，日本の国際物流を支えていた。

(2) 空運業：航空輸送業では客室の下段に航空貨物コンテナを収容するスペースがあり，飛行機が1回のフライトで旅客と一緒に貨物を一緒に運ぶことが多い。これをベリー（belly）輸送といい，このような1度に2種類以上の（サービス）生産を行うことを共通生産という。ベリー輸送以外に，全日本空輸や日本航空は貨物専用機を保有するほか，貨物専用の航空会社である日本貨物航空（NCA）も存在する。また，荷主企業のサプライチェーン・マネジメント（SCM）を包括的に支援するインテグレーター業

という業種も存在する．これはIT技術を駆使することにより，単にロジスティクスにとどまらず，ロジスティクス以外の戦略策定，組織設計，人事，あるいは財務活動を一元的に管理する業務である．インテグレーターの代表格は，FedEx（フェデラル・エクスプレス）あるいはUPS（ユナイテッド・パーセル・サービス）という企業で，航空貨物輸送業から発展した企業である（UPSはもともとは陸運業で，空運に進出後巨大化した）．

(3) 陸運業：日本通運，SGホールディングス（佐川急便），セイノーホールディングス（西濃運輸），福山通運，トナミ運輸などトラック業から総合物流業に発展した企業，あるいは郵便事業株式会社など．

(4) 倉庫業：三井倉庫，三菱倉庫，住友倉庫，日本トランスシティ，あるいは澁澤倉庫など．

(5) フレイト・フォワーダー：日新，鴻池運輸，航空会社「フジドリームエアラインズ」も運営する鈴与などの独立系フォワーダーのほか，日本郵船系のNYKロジスティクス，鉄道系フォワーダーの近鉄エクスプレス，三菱商事などの総合商社系，あるいは荷主メーカー系フォワーダーの日立物流なども存在する．もともとのフォワーダーは通関業者であったが，1984年のアメリカ新海運法で正式にNVOCC（non-vessel operating common carrier，船を持たない公共運送人）が正式に物流業者として承認され，現在の発展に至っている．また，山九，上組，キューソー流通システムなどのメーカー支援型物流業者も，輸送手段を組み合わせることで総合物流事業を展開している．

2　ロジスティクスが果たす役割

　前節で述べたような総合物流業の業務は，軍隊でいうロジスティクス・システム（兵站（へいたん），たとえば武器・弾薬・衣料・食糧・医療品などの調達・運用・回収）に相当する業務であると考えることができる．すなわち，ある製品のメーカーは材料，エネルギー，人材，あるいは生産設備といったものを調達し，材料→半製品生産→製品生産→製品在庫→販売というプロセスを経て，最終的に消費者であるわれわれ，あるいは他のメーカーに対して製品を販売する（前者をB-to-C，後者をB-to-Bと呼ぶ）．これは上で述べた軍隊のロジスティクスの

プロセスに近い。このような企業の調達・生産・在庫・販売・回収の流れを，IT技術を駆使して統合パッケージ化し，一元管理する事業をビジネス・ロジスティクスあるいは単にロジスティクス業と呼ぶ。

このメーカーのロジスティクスがすべてメーカー内で自己完結する場合もあれば，第三者に委託する場合も存在する。この第三者をサードパーティ・ロジスティクス（3PL）業という。

ロジスティクス・サービスは，国際的なサービスから国内，さらにはシティ・ロジスティクスといわれる身近なものまで多くの形態が存在する。メーカー・流通業などの企業のグローバル展開に伴い，国際的なロジスティクスはますます重要性を増している。

ビジネスにおけるロジスティクスは軍隊におけるそれと同様，きわめて重要な役割を果たす。軍隊において弾薬燃料，あるいは食糧の供給が果たせない，あるいはスムーズな人員交代が果たせないと，戦闘行動において軍の作戦に大きな支障が生じる。また太平洋戦争の後半以降のアッツ島やサイパン島などの島嶼部の玉砕戦，そして日本の最終的な敗戦も，南方の資源地帯と本土がアメリカ航空機と潜水艦により遮断されたことなど，すべてロジスティクスにおける敗戦である。同様に，企業の生産活動においても，製品戦略，財務戦略あるいはマーケティング戦略と同様に，それらの背後にあるロジスティクス戦略が重みを持つのである。しかし，このようなロジスティクスが経済学で取り上げられるようになったのは，比較的最近である。社会科学系の大学でも，この科目を設置している大学は今のところ少ない。

3 物流需要と供給のミスマッチ——リスクとその管理

❖ 派生的需要としての物流需要

次に，物流の需要と供給の特性と問題点を考察してみよう。物流は通常の商品とはかなり異なった特性を持っている。物流需要のみならず，交通の需要はほぼすべて，何かしらの本源的な生産活動あるいは消費活動から派生する需要である。たとえば旅客の場合だと，神戸の人が福島県で災害復旧ボランティア活動をしようとする場合，ボランティア活動という本源的な目的に付随して，福島県へ行く交通手段に対する需要が発生する。同様に，メーカーの生産活動

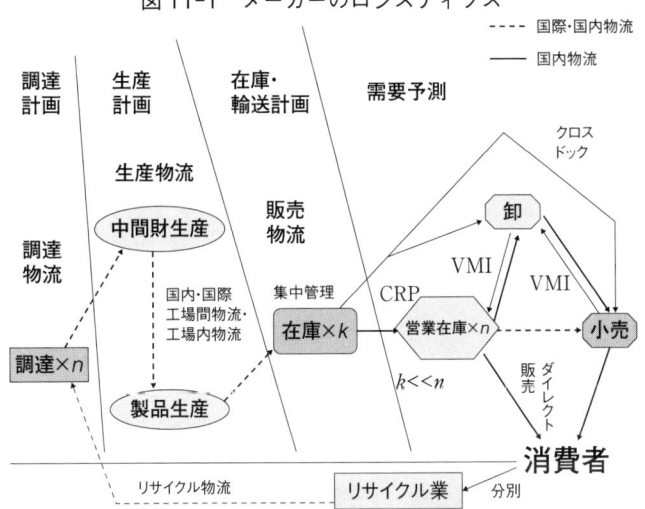

図 11-1　メーカーのロジスティクス

- VMI：vender managed inventory．たとえば小売業がサプライチェーン・マネジメント（SCM）における総物流費用を最小化しようとした場合，費用削減策として製造業あるいは卸に在庫スペースを提供し，彼らに在庫管理を行わせることがしばしば起こる。この場合，製品の供給はジャストインタイムで行われ，小売業の仕入れ量は実際に製造業または卸から購入した分のみとなり，余剰在庫は発生しないことになる。小売業が流通チャネルで比較的強い交渉力を持つ場合に見られる。
- CRP：continuous replenishment program．オンディマンドで連続的に，在庫部門から製品の供給を行う計画。
- クロスドック：製造部門からの貨物を在庫せず，配送センター内で仕分けをして直接販売部門に輸送すること。

に付随するかたちで，調達や販売などの物流需要が発生する。これを図で表したのが図 11-1 である。

　通常の商品の場合，価格が高くなると需要が減少し，価格が低くなると需要は増加するというように，需要は価格に反応して変化するものと考えられる。物流の場合，価格は物流手段の運賃となるが，それが派生的需要であるため，各々の輸送手段の運賃変動にはさほど敏感に反応しないという特徴を持っている。本源的目的が強ければ，運賃が上がっても物流のニーズは減少しないからである。一般に価格の％変化に対する需要の％変化を「需要の価格弾力性」というが，物流においてはこの絶対値は小さな値となる。

　さらに，物流需要の時間的な偏在としてピーク・オフピーク需要が存在する。休暇明けか否か，あるいは季節性などである。衣料の季節もの，家電などの春

モデル，夏モデル一斉販売など，あるいはワインのボジョレ・ヌーボーがいっせいに世界中（とくに日本）で販売される例などがわかりやすい例であろう。

　これらのピーク時の需要すべてを輸送するだけの対応をすれば，どうしてもオフピーク時にハードウェアに余剰が生じる。かといってハードウェアをオフピーク対応にすると，ピーク時間帯の需要をすべて吸収できなくなる。そこで交通業はこのような需要と供給のミスマッチというリスクを回避するために，ハードウェア個別の規模を調整したり，ルーティング（たとえば往復ではなく三角輸送を行うなど）を工夫したりすることで対応する。たとえば航空機なら大型の機材を各路線のピーク時間に当たるように飛ばすとか，あるいは自社のハードウェアをオフピーク対応として，チャーター（不定期）輸送会社を補充することでピーク対応とする場合もある。さらに，ピークロード・プライシングといって，混雑時に高い料金を課して混雑を平準化する方法もある。この高い料金を課す根拠は，意図しない外部費用の発生（たとえば道路混雑による待ち時間の増大により発生する個人当たり費用）を顕在化して，正規の料金に上乗せし，需要を平準化して外部費用の発生を抑制する点にある。

　また図11-1で取り上げたVMIあるいはCRPは，小売業が在庫部門に需要と供給のミスマッチのリスクを負担させるシステムであるといってよい。在庫部門をリスク削減の緩衝機能として利用しているわけである。

❖ 確率的需要と在庫不可能性

　物流需要の大きな特性としては，ほかにも「確率的需要」および「在庫不可能性」が挙げられる。もしも提供した供給スペース以下しか貨物が存在しない場合には，その輸送手段は「空気を運ぶ」以外にないのである。これを解消するために，物流企業は往路復路の区別を解消するため輸送のルーティングを工夫する，あるいは最適な供給規模（船ならば船型，鉄道ならば連結車両数）を計算して供給を行うほか，運賃戦略としては空気を運ぶよりはましであるということで，直前に運賃を大幅に割り引くこともある。

　確率的需要による貨物不足を克服する手法が，たとえば物流企業間のアライアンス（戦略的提携）である。これにより往路で集中・復路で閑散化する需要を，一方の往路はもう一方の復路である，ということを利用してアライアンス・パートナーとの間である程度調整し，復路の極端な需要減というリスクを

解消することが可能となっている。

4 物流需要の運賃負担力

　一般に，物流需要は物流単価，在庫量単価，および輸送される商品の仕向地における市場での価格の影響を受ける。輸送される貨物の市場での価格は，宝石・貴金属のようにその価値が高ければ当然高くなるだろうし，玩具などであれば安くなるだろう。前者の場合は行った先の市場において高値で売れるから少々輸送される場合の運賃が高くてもそれに耐えられるけれども，後者は高い運賃には耐えられない。輸送された先の市場での価格よりも物流費用が高ければ，その商品は輸出されないのである。

　以上の概念を受けて，物流の運賃負担力と運賃弾力性は次のように表される。弾力性はすべて絶対値である（通常はマイナスの符号が付く）。

$$物流の運賃弾力性 = \frac{輸送費用 + 在庫費用}{貨物価値} \times 貨物の仕向地市場での価格弾力性$$

そして，上の式の貨物価値に占める輸送費用＋在庫費用割合を「運賃負担力」という。運賃負担力が高い商品は，宝石などの高価商品だけではない。季節性があり即市場で販売されなければ陳腐化するようなアパレル製品なども，宝石ほどではなくても運賃負担力は高くなる。

　国内の長距離輸送では鉄道，トラック輸送，内航海運，および空運が主な輸送手段である。このうち空運のみが非常に高速で，新幹線・在来鉄道・トラック・内航海運の順で輸送速度は遅くなる。この輸送速度は荷主にはビジネスのリスクに関わる問題である。たとえば海運は，低速である代わりに，運賃だけ見ればきわめて安価である。しかし輸送途上，商品が陳腐化したり，商機を逸したりする可能性がある。買い手であれば金利負担が増す。機会費用の発生である。この運賃と機会費用の和を荷主の海運総費用とすれば，これはしばしば空運総費用を上回る。なぜなら空運は，運賃は高いけれども機会費用は抑制されるからである。図11-2で説明してみよう。

　これを見ると，価値の低い貨物を空運で輸送すると荷主が負担する費用が高い。この場合は海運が選好される。いわば海運などの低速廉価交通機関優位の領域である。しかしながら，貨物の価値が上がっていくとともに，荷主が負担

図 11-2　荷主が負担する海運と空運のコスト

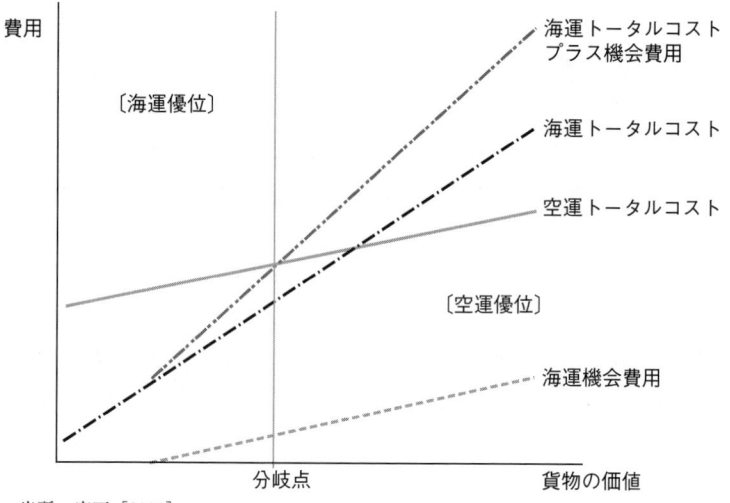

（海運優位）
海運トータルコスト プラス機会費用
海運トータルコスト
空運トータルコスト
（空運優位）
海運機会費用
費用
分岐点
貨物の価値

出所：宮下［2002］。

する金利は高くなる上に、「陳腐化リスク」をも含めた機会費用が発生する。すなわち、スロースピードである貨物を運んでいる間に仕向地で新製品が登場してしまった結果、商機を逸した場合に発生するのが陳腐化費用で、その他商機を逸する場合を機会費用ということができる。この海運トータルコストと機会費用を合計したものが、空運トータルコストよりも上回れば空運が優位になり、逆の場合は海運が有利になる。アパレル製品などはこの典型である。また、自動車や原動機など、製品にライフサイクルがある場合は、そのサイクルのピークのときに空運を利用する。やがて海運・空運分岐点を経て、成熟期には海運を利用し、最後は商取引自体が行われなくなる。

5　海運業の変遷

❖ 海運市場

ロジスティクス・サービスプロバイダの、国際部門の代表格としてこれまで発展してきたのは海運業である。海運業と一言でいっても、その中にはいろいろな業態が存在する。

まず代表的な業種は定期船業（liner）である。これは決められた航路を決め

●コラム11-1　航空貨物専用機の中身は？

　航空貨物の専用機の中は，旅客機の床を取り除いて窓をなくした巨大な空間である。いわゆるジャンボ機（ボーイング747）の専用機の中は航空貨物コンテナを動かし，係留するレーンが3本ある。航空貨物コンテナのうち，真ん中のレーンを使うものは四角いコンテナであるが，両端のレーンのものは航空機の円形の胴体の形に合わせて四隅の一角を切り取った台形のような形をしている。アルミ製の航空貨物コンテナは，老朽化するとしばしば漏水があったりするので，貨物を傷めることがある。そのためフレキシブルに形を変えられ，結露もしない撥水段ボール箱や，ビニールを被せて縛るだけの簡易包装もそれなりに用いられている。変わった航空貨物としてはレーシング・カー，あるいは競走馬などの動物も貨物専用機で，専門の業者を通じて大切に運ばれる。とくに馬は前に進むことしかできないので，航空機の尾翼付近の入り口から馬を乗せ，降りるときは操縦席下の，飛行機の前端部分の扉を上にあげて開け，そこから馬を下ろすということである。

られた時間に運航し，ある国の内航輸送のほか世界各国に配船することにより国際間，あるいは外国の領海内でも運送事業を行う。定期船業は，海運という業種の中では相対的に高付加価値貨物，たとえば工業製品などを輸送する。そして1隻の船が決まった品目の貨物を輸送するのではなく，さまざまな種類の貨物の混載を行う。

　この定期船業ではコンテナ船が主流である。そして伝統的に海運同盟（shipping conference）が世界各地の定期航路の参入退出および運賃を管理してきた。この海運同盟は往路・復路でそれぞれ存在し，世界3大定期航路（アジア～欧州，欧州～北米，北米～アジア）から特定の国内の2地点を結ぶ航路にまで存在した。

　定期船業に対して不定期船業（tramp）も存在する。これはその時々に発生する大口貨物輸送需要に応じて供給される。航路は荷主の要求次第で，寄港地は少ない。混載はほとんどなく，オンディマンドで運航されるため消席率（積荷スペースに対する船積み実績の割合）も高い。したがって，定期船業よりも採算性はいい。

　不定期船の中には，鉄鉱石や穀物などのドライバルク・カーゴを輸送するバルク・キャリア（bulk carrier）と，原油などのウェットバルク・カーゴを輸送

コンテナ船（日本郵船㈱）　　木材専用船（川崎汽船㈱）　　自動車専用船（㈱商船三井）

するタンカー（tanker），天然ガスを輸送する LNG（liquid natural gas）船あるいは液化石油ガスを輸送する LPG（liquid petroleum gas）船などの燃料運搬に従事する船舶，さらに自動車運搬船などが含まれる。これらは専用船と呼ばれる。これら専用船は，これらの資源を用いて生産活動を行うメーカー自体により所有される場合がある。これをインダストリアル・キャリアという。これらについては，写真を参照してほしい。

❖ 海運業の市場リスク回避──海運同盟と航路協定

　通常，海運同盟のような組織の形成はカルテル行為とみなされて，各国の独占禁止法（以下，独禁法）により介入されることが多い。しかし，海運業は多くの国々でその適用除外となっている。その理由としては，次のようなことが考えられる。まず初期投資が莫大な金額になり，いわゆる規模の経済性（交通分野では輸送密度の経済性）が働く。このことから，1社（海運同盟の場合は，船社数社による共謀独占体）に生産を任せた方がコストが安くなり，後発の企業のコスト水準が先発企業のコスト水準を下回る結果，自然独占が形成される。そして，その方が産業としては低いコスト水準で生産できるので，独禁法適用除外の根拠になったと思われる。実際，通常の3500TEU コンテナ船（twenty-foot equivalent unit というコンテナの単位で，8×8×20 フィートコンテナを1TEU とする）の新造価格は，おおむね50〜70×100万米ドル（1米ドル＝80円として40〜56億円）で推移している。これらはまとまった額の投資であるため，船社側としては超過供給・過当競争による値崩れが引き起こす経営破綻を恐れるのは無理のないことである。

　通常，原油タンカー運賃は他の不定期船と同様，市場において需要・供給に応じ運賃が決まる反面，コンテナ船は定期船のかたちで決まった曜日の決まっ

た時間に運航される。そうなると、先に述べた「確率的需要」「ピーク・オフピーク需要」などの需要と供給のミスマッチのリスクが生じる。さらに、派生的需要ゆえ本源的需要の景気動向のあおりを受けるというリスク、あるいはコンテナ輸送に見られるようなサービスの差別化が困難な産業特性というリスクが生じる。このようなリスクを回避するために存在した具体的な仕組みが海運同盟であり、合法的にカルテルが認められる、という他産業では稀な産業特性となっているといえよう。

　海運同盟は、かつては閉鎖型同盟および開放型同盟の2種類に大別されていた。後者はアメリカを起／終点とする航路で、独禁法の強いアメリカの運輸政策が反映された結果、運賃カルテルは認められるものの、新規参入は自由、というものであった。一方、前者は典型的な価格・数量・サービス水準を調整し均質化するカルテルである。閉鎖型同盟においてはカルテルの強固な結束が維持され、船社は目標とする利潤マークアップを総費用に上乗せするフルコスト原理でまず収入を決定する。そして運賃負担力に応じて、輸送費用は同じであっても異なる価格を設定する**価格差別**を行うことで、品目別運賃（タリフ、tariff）を決定する。そうなると、同盟内で競争がなくなり、荷主側はどの船社を利用しても同じになってしまう。そのため、同盟船社側は荷主をつなぎ止める手段として運賃延戻制（キックバック）や大口割引制を導入した。現在の航空会社でいうマイレージ・サービス特典に近い概念である。

　このような強固なカルテルにはしばしばアウトサイダーが出現して、カルテルに対して格安運賃で競争を挑む。海運の場合はこれを**盟外船**と呼んだ。このような盟外船を、海運同盟は「**闘争船**」という船を配船することにより市場から排除しようとした。闘争船は決して武力によって競争相手を排除しようとするものではなく、海運同盟のメンバーが共同で負担を背負い、盟外船に対抗する低運賃を設定して、これを市場から排除しようとするものである。この場合、赤字が発生すると盟外船社は単独でこの負債を背負わなくてはならないが、闘争船配船からくる損失は同盟メンバーでシェアし、大幅な赤字に対するリスクを回避できる。

　一方で、アメリカを起／終点とする航路では、海運同盟の運営方法が異なった。伝統的に**反トラスト法**（独禁法）が強いアメリカでは、完全な価格・数量カルテルである閉鎖型同盟を認めようとはせず、参入退出の自由は認めること

となった．これにより，結局は限られた「パイの争奪」が起こり，消席率・利潤率が低下する．この利潤の低下を解消するために，同盟船社は運賃の値上げを行う，するとまたその値上げ後の運賃から期待利潤を見積もった新規参入者が参入し，過当競争となる，という悪循環が結果として生じてしまうこととなった．

アメリカはこのような悪循環を解消する方策として，1984年に新海運法を定め，海運同盟による自主規制の緩和を行った．この新海運法は，当時盛んに議論されたコンテスタブル市場理論，すなわち従来型の規制政策（自然独占産業を政府が数量／価格規制する形態）ではなく，規制緩和により，いくつかの条件が整えば，競争均衡状態と同じ経済的成果を得られる，というものに依拠したものであった．これにより，アメリカは海運同盟を維持した上で競争機能をうまく働かせることで従来の資源浪費的な企業行動は改善できると期待した．しかしながら，新海運法において想定された経済効果は必ずしも十分にもたらされなかった．

その後，海運業はどうにかして利益の安定化を図ろうと太平洋航路安定化協定（1989年），あるいは大西洋航路同盟協定（1993年）を締結した．しかし，この航路協定も産業の安定化という根本的役割を果たさず，海運業を国の戦略産業と位置づけるデンマークのマースクあるいは台湾のエバーグリーンなどを中心とする合併と寡占化の進展の結果，今日では「戦略的提携関係」（アライアンス）が航路秩序安定化を果たすべく締結されている．しかし海運のアライアンスはメンバーの定着率は低く，またある場所で同じ航路協定のメンバーであっても別の場所では競争相手となっている．競争原理が浸透する中で，合従連衡を繰り返すというのが海運業界における競争の現状である．

このような競争の進展に伴い，価格決定もフルコスト原理プラス利潤マークアップではなく，輸送密度の経済性が働く領域での限界費用価格決定により，基本的には赤字となる料金設定に上積みするかたちで，貨物の運賃負担力に基づく利潤マークアップと輸送に際して特別に発生する費用とが加算され，タリフが形成されているようである．

6　国際航空貨物輸送業の変遷

◈ 2国間協定とその変化

　一方，国際航空輸送では，戦後間もなく基本的に出発地国・目的地国の互恵的発展を意図した2国間協定で運航する航空会社や運賃が決められ，これが長らく多くの国と国との間で合意されてきた。その中で運賃決定のガイドラインとして，その他通貨決済機能など，同業者組合的な役割を果たしてきたのがIATA（International Air Transport Association），技術的な規制を行ってきた組織が，国連組織の1つであるICAO（International Civil Aviation Organization）であった。前者は任意団体，後者は1944年のシカゴ条約（戦後の民間航空の枠組を取り決めた条約）批准国がすべて加入する組織である。

　2国間協定，あるいはIATAは，アメリカの強大な航空産業から，各国が自国の航空産業をいかに守るかを目的とした協定であった。しかしやがて経済発展が進捗し，人・モノの動きが活発化すると，航空会社，便数，運賃などを規制した2国間協定は航空産業のみならず，人・モノのスムーズな流れを抑制することで他産業の発展の足かせとなってきた。

　この強い国際航空規制の枠組みを打破しようとしたのは，当初より2国間協定には否定的な態度を示していたアメリカであった。1992年より，アメリカは「オープンスカイ政策」を各国に輸出し始める。FedExやUPSなどのインテグレーターが，中国の広州や上海など第三国の空港をハブ空港とする輸送を展開できたのも，このオープンスカイ政策の賜物である。以降，アメリカと世界各国，あるいはこれまでは相互に拘束し合ってきたアメリカ以外の2国間でもオープンスカイに合意してきている。

◈ ハブアンドスポーク・システムの仕組み

　主に，規制緩和後の航空産業で見られるネットワークの形式をハブアンドスポーク・システムという。たとえばアメリカの航空規制緩和の前は，図11-3のようなネットワークが数多く見られた。ここでA，B，C，およびDは空港であるとする。図には，この4空港をすべて直行便で結ぶように6本の線が引かれている。これがn都市であれば$n(n-1) \div 2$路線となる。

図 11-3　規制緩和前のネットワーク

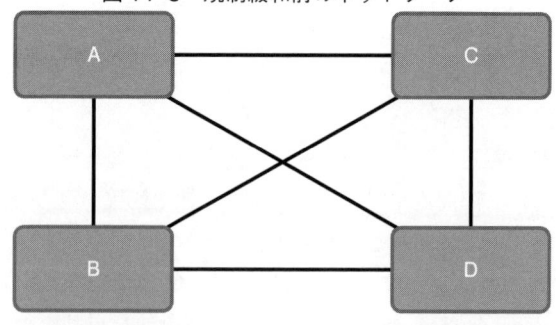

図 11-4　規制緩和後のハブアンドスポーク・ネットワーク

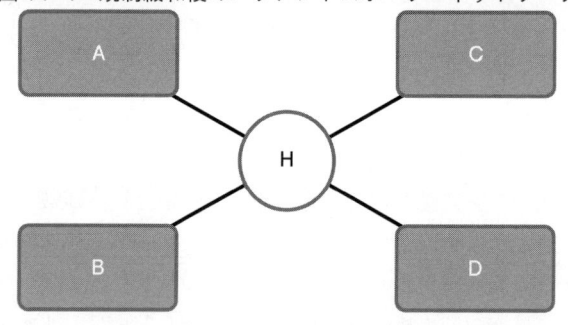

　ここで，図11-3の真ん中に，ハブ空港Hを設置する（図11-4）。これを見るとわかるように，全都市を結ぶ線は合計4本，n空港の場合はn本，つまりn機の航空機を保有するだけで済む。しかも，航空機が飛ぶ距離は短く抑えられるため往復行程の時間が短く，また航空機1機に積載する貨物はたとえばAからであれば，A-B，A-C，A-D，およびA-H間を移動する貨物が含まれるゆえ，大型の機材を利用できる。それにより輸送密度が濃いほど旅客単価が下がるという輸送密度の経済性を大きく享受できる。また，機材を単なるピストン輸送ではなく，必要があれば他路線にHを中心に使い回しができる。つまり4路線を別々に運航するよりも4つ同時に運航した方が航空会社の費用は安くなる。これは範囲の経済性である。このような機材数の少なさ，運航の効率性向上，ならびに輸送密度の経済性，および範囲の経済性により，航空会社の費用効率性は向上する。また市場支配力に関しても，H空港を支配すればH空港発の路線では独占に近い価格を設定することも可能となろう。

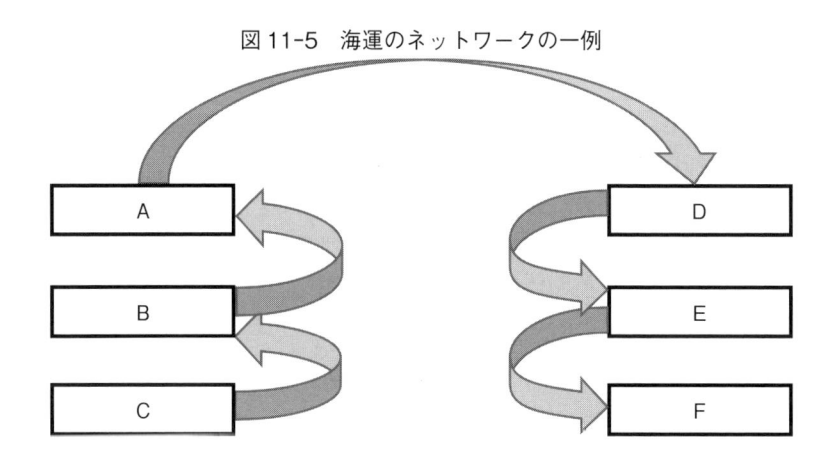

図11-5 海運のネットワークの一例

```
A ←――――――――― D
   ←―――┐  ┌――→
B ←――┐ └――┤   E
      └――→├――→
C ――――――→ ┘   F
```

　参考までにいえば，海運の場合は，このような航空のハブアンドスポークとそれ以外の形態のネットワークが存在する。たとえばシンガポール（C）を出港したコンテナ船が，中国・台湾（B）を北上し，韓国・日本（A）で最終的に貨物満載となって北米シアトル（D）に向かう（船と航空機は大圏航路を通るので，たとえば緯度的に日本と同じカリフォルニア州の港（EあるいはF）に行くような場合でも北を目指す）とすると，往路のネットワークは図11-5のようになる。これにより消席率は漸増する。

　しかし，ベトナムのハノイなどの規模が小さい複数の港（フィーダー港）から，台湾の高雄にコンテナ貨物が集められ，次の目的地へ出航するような場合がある。これは図11-4に示したハブアンドスポーク・システムに近い形態である。

7　複合一貫輸送——陸・海・空の統合

❖ 複合一貫輸送の担い手

　荷主である企業のグローバル展開，あるいは内陸部の生産消費拠点への物資の運送のニーズへの対応として，陸・海・空の輸送モードを組み合わせた複合一貫輸送という手段がコンテナリゼーションとともに発展してきた。複合一貫輸送は国内および国際輸送の2形態があり，主に国際の方を指すことが多い。

　国際複合一貫輸送の定義は次のとおりである。「1つの複合運送契約に基づ

き，複合運送人が物品をその管理化においた1国のある場所から荷渡のために指定された他の国のある場所までの少なくとも2つ以上の異なる輸送方法による物品の運送」。やや難解な定義なので，平たくいえば「旅行代理店が売るパックツアーの貨物版」である。最近は旅行代理店に頼らずに自らインターネットで航空券や旅先のホテルを手配する人も多いが，やはり便利さ，あるいはしばしば価格を重視して旅行代理店を利用する旅行客も多い。大型の貨物や小口の荷物もそうで，個人でいちいちトラック会社やら船会社に連絡して運んでもらうのには大変な労力を要する。

このような「貨物の旅行（＝輸送）代理店業」を行うのが，主に小口では宅配便業者，大口では前述したフレイト・フォワーダー（freight forwarder，日本では単にフォワーダーということが多い）である。これら以外にも，複合一貫輸送業務を行う業者はバラエティに富んでいる。陸運業，海運業，空運業，倉庫業など，出自は違うけれども，多くの運輸業者が総合物流業を名乗って，これまで物流活動，ひいては日本・世界経済を支えてきている。これらの業種の中でフォワーダーが他の業種と異なる点は，船舶，あるいは航空機いわゆる輸送のためのハードウェアを持たない点である。またすべての物流業者が総合物流業化しているわけではなく，ポイント・トゥ・ポイント，（エア）ポート・トゥ・（エア）ポートのみを行う業者も存在する。フォワーダーはこのような業者を組み合わせることにより，総合物流化を図っている。

❖ 複合一貫輸送の形態

複合一貫輸送は，海陸一貫輸送など，海運と鉄道，および海運とトラック輸送などの形態のほか，シー・アンド・エア輸送という海運と空運との組み合わせも存在する。すべては荷主のニーズに応えるもので，高速かつ高運賃から低速かつ低運賃までの間でさまざまの最適な陸・海・空の組み合わせのサービスを供給する。これまでは主に海運と空運に力点を置いてきたので，ここで陸運，つまり鉄道とトラック輸送に関して触れておかなければならない。

鉄道輸送は専用の定まった軌道を運ぶため，道路を利用するトラック輸送よりも偶発的事故がない限り定時性に優れ，かつ大量輸送が可能である。写真はバンクーバー港におけるダブルスタック・トレイン（ダブルデッカー）という形態の鉄道輸送で，船舶により輸送されてきた海上コンテナ（2TEU＝40・45

フィートコンテナ）を港で船から鉄道車両に積み替え，2段積にし，さらに多くの車両を連結して長大な列車で大量輸送を行う手段である。アメリカなど国土が広く，大きなカーブや狭いトンネルのない土地でのみ可能なので，日本では見られない。写真のカナダ・バンクーバーの場合ではカナディアン・ロッキーを超えられないため，ブリティッシュ・コロンビア州内のみに多く見られる。

バンクーバー港のコンテナふ頭とダブルスタック・トレイン

　鉄道輸送の場合は，駅で鉄道車両から貨物を下ろし，トラックに積み替えて輸送するため，両者は補完的になる。前述したピギーバック輸送はまさにこれを一体化・迅速化したものであるが，トラック自体の重量が貨物輸送量を抑制せざるをえない。海上フェリー輸送は同様にトラックと海運の一体化の形態である。トラックによる長距離輸送は小口輸送対応およびドア・トゥ・ドア輸送に適した機動性に富み，かつ路線開設に伴い莫大な投資を必要とする鉄道と比べて圧倒的に投資額が少なくて済むものの，定時性と輸送量については劣る。

❖ 物流事業者の担う最適化の問題

　以上のように長短を挙げると，どれも長短が存在する。どのような輸送手段をどのように組み合わせるかということこそが，物流事業者の担う最適化の問題である。

　鉄道，トラック，および内航海運が競合する場合，理想をいえばこれらを競争させ，最適な配分の均衡状態を現出することが望ましい。しかし，輸送手段はすべて環境問題と直面する。すなわち，CO_2排気量あるいは騒音などの社会的費用の発生問題が生じる。これを抑制するため，あるいは内部化させるために，しばしば政府が介入する。トラック事業はこれらの点に関しては他と比較して問題が大きいため，しばしばモーダルシフト政策によって意図的に社会的費用の発生が多いモード，あるいは燃料効率性の悪い輸送手段から，よりこれらにおいて優れた輸送手段への移行を促すことがある。

　日本の場合では，鉄道コンテナと海上コンテナの規格が異なることが，ス

ムーズな物流の連結の障害となっている。海上コンテナは鉄道貨物車両に積載することは可能であるが，鉄道コンテナを通常のコンテナ船に積み込むことはできない。また航空貨物コンテナもまったく別の規格となっている。航空の場合は，パレット（フォークリフトで移動可能な敷板）ごとにビニールなどでパッキングする方法もとられている。

おわりに——物流業の課題

　経済のグローバル化の中で国際物流量が増加し，それに伴う企業数，市場数，さらには関係国数も増加してきた。物流業も，これまで見てきたように，たとえば海運・空運ともに30年来の規制緩和の流れの中で，さまざまなタイプの寡占的競争を通じ，サービスの質の向上を伴いながら，より競争的なルールづくりに向けて動き出している。鉄道事業でも，たとえば日本の国鉄に見られた民営化，あるいはトラック事業の規制緩和も行われている。その中で物流企業は自らの「立ち位置」（業界における自らの中心的なビジネス・ドメイン）を探し求めているように思える。立ち位置を確立したと思われる業態は，たとえば航空でいうLCC，物流でいうインテグレーターがあると考えられる。これらの企業のサービスは消費者の理解も得られ，ほぼ安定的に利潤を得ているように思われる。ただし，もちろん立ち位置を確立するまでの過程では，さまざまな淘汰があったことも事実である。

　一方，立ち位置を確立していない状況では，協調パターンの組み換え，ジョイント・ベンチャーあるいは「企業内企業」による新市場の開拓など，暗中模索の状況にある。このことに加え，物流業全体に固有の需要特性，たとえば派生的需要（要素需要）など景気の影響や荷主ビジネスの外生的影響を受ける一方で，サービスの在庫不可能性に起因する「たたき売り→値崩れ」，あるいは国ごとで異なる企業のコスト構造の相違（制度の相違を調整するための費用も含まれる）に起因するいわゆるカルテル・アウトサイダーの出現，というような安定的均衡形成の障害となる要因も多い。

　このような複雑な産業構造を踏まえ，産業が持続可能であるために，どのような部分で協調による安定的利益を確保し，どのような部分で競争すべきかを考える必要があろう。競争が一般的に受け入れられやすい理由は，消費者余剰，あるいは仮にいくつかの物流企業が不利益を被ったとしても総余剰が増加する

●コラム 11-2 東日本大震災と物流

　2011年3月11日に発生した東日本大震災で，東北地方の工業と物流は甚大な被害を被った。東北地方は農産物のほか山形県，宮城県，および福島県は高付加価値製品の生産量が多く，したがって航空貨物の出荷量が多い。たとえば福島県を例にとると，政令指定都市の福岡市および北九州市を要する福岡県の出荷量よりも多いのである。これは，県土の広い福島県はじめ東北各県は地価が相対的に安いゆえ，産業の最先端を担う工業立地が多いためである。福島県発の貨物を含め，山形県および宮城県からの航空貨物のほとんどが成田空港にトラックで陸送されて出荷される。震災直後のガソリン不足および原発事故の影響による福島県浜通り（海岸線）の国道6号線の遮断は，日本の航空貨物出荷量に少なからず影響を与えた。福島県の震災復興が早く進むことは，日本経済にとっても大きく影響するといえる。また津波の被害を受けた仙台空港以外の近隣空港は，福島空港をはじめ，震災直後から救援物資輸送の拠点となった。

　震災直後は製造業・物流業は日常ライバル関係にある企業同士でも助け合い，ガソリン不足で生産・販売ができない企業に対しては生産を肩代わりする等の措置をとった。これにより福島第一原発のある福島県浜通り以外は数値上年内にほぼ復旧を果たしている。また物流に関しては，国道6号の通行制限に伴い，結果として物流ルートの集約化が行われたケースも存在する（2012年8月11日東北工業株式会社，13年2月19日，3月19日，および4月20日福島空港にて取材）。

ことにある。しかし一方で，物流企業にある程度の超過利潤が発生しないと，新規事業への投資が抑制される問題や，組織のモチベーション維持の問題が生じる。

　このような状況に鑑み，今後の長期的な産業は，すでに述べた「均衡」と「トレンドを伴ったサイクル」の2パターンで推移するものと思われる。競争均衡においては社会的な総余剰は増加する点で問題は少ないが，ただし問題点は交通企業が長期均衡的に，あるいはサイクルの中で一時的に1社独占あるいは共謀独占を形成した場合の社会的厚生損失である。この点に関しては，最近の海外の文献の中でも種々の議論がある。1つは，すべてのビジネス分野において「価格＝限界費用の水準で企業は適正利潤を得るべき（それで赤字になる企業は淘汰されるべき）」であるという主張と，支払意思額（willingness to pay）が大きな消費者に対しては高価格であっても納得の上で高品質・高サー

ビス品を提供すればよいとする一方で，一般的な需要曲線の右下方に位置するような消費者に対しては価格＝限界費用となるような価格設定（あるいはそれに近いセカンドベスト価格設定）を行うという主張がある。前者の主張は主に消費者の利益（消費者余剰）を重視しながら総余剰を最大化するという観点であり，後者は消費者余剰の一部を生産者余剰に転嫁させるという発想なので，ともに総余剰を増加させるという点では共通する。

また，物流企業の費用はあくまで前節で述べた社会的費用，たとえば排ガスや騒音，あるいは海運業におけるバラスト水の廃棄などの環境への影響（外部費用）を考慮した費用である必要である。このことを交通企業に認識させるための監視は，各国政府間および監督官庁間にまたがる問題として今後さらに検討する必要がある。

▶ 参考文献――次に読んでみよう
ANA総合研究所編［2008］『航空産業入門――オープンスカイ政策からマイレージの仕組みまで』東洋経済新報社
塩見英治［2006］『米国航空政策の研究――規制政策と規制緩和の展開』文眞堂
高橋望・横見宗樹［2011］『エアライン・エアポート・ビジネス入門――観光交流時代のダイナミズムと戦略』法律文化社
竹内健蔵［2008］『交通経済学入門』有斐閣
谷口栄一・根本敏則［2001］『シティロジスティクス――効率的で環境にやさしい都市物流計画論』森北出版
中条潮［2012］『航空幻想――日本の空は変わったか』中央経済社
中田信也・橋本雅隆・嘉瀬英昭編著［2007］『ロジスティクス概論』実教出版
日本交通学会編［2011］『交通経済ハンドブック』白桃書房
根本敏則・橋本雅隆編［2010］『自動車部品調達システムの中国・ASEAN展開――トヨタのグローバル・ロジスティクス』中央経済社
野村宗訓・切通堅太郎［2010］『空港グローバル化と航空ビジネス――LCC時代の政策と戦略』同文舘出版
宮下國生［2011］『日本経済のロジスティクス革新力』千倉書房
村上英樹・加藤一誠・高橋望・榊原胖夫編著［2006］『航空の経済学』ミネルヴァ書房
山内弘隆・竹内健蔵［2002］『交通経済学』有斐閣

第12章

国際取引のひろがり
―― どのような仕組みで成り立っているのか

はじめに

　これまでの章で説明がなされてきたことは，もっぱら国内での取引を想定しての話であった。しかしわれわれが日常で着る衣服の多くが中国や東南アジアで作られたものだし，おしゃれな人は少々高価でも喜んでヨーロッパから輸入された高級ブランド品を身につけている。食卓にならぶ食べ物の多くが外国産で，遠く日本にまで運ばれてきたものである。他方，日本からは自動車や電子機器など多くの工業製品が輸出されている。日本で工業製品を作るといってもそれらの原材料の多くは海外から輸入されたものであり，日本で原材料を加工して製品にして再び輸出しているのである。また天然資源に乏しい日本は，中東から多くの原油を輸入して，それをもとに電力をおこしたりガソリンに精製して自動車を走らせている。

　このように国境を越えての国際的な取引が活発に行われているからこそ，私たちはものを作り，身につけ，口にすることができ，物質的に豊かな生活を送ることができるのである。現在の日本は，まさに貿易なくして成り立たない。

　本章では，貿易取引がどのような仕組みでなされているのか，それは国内取引とどのように異なるのか，また国際的な貿易がどのような担い手によってなされているのかについて見ていくことにしよう。

1　国際取引の特徴――国内取引とどこが違うか

❖ 通関業務

　国際的な商取引と国内取引とはどこが違うだろうか。まず国際的な取引は，

当然といえば当然であるが，商品やサービスの取引が国境を越えて行われるという点が大きく異なる。それに伴って，国内取引と違って**通関手続き**が必要になる。海外に商品を輸出しようとする場合，商品名，数量，価格等を税関と呼ばれる役所に申告しなければならない。海外から商品を輸入する場合も同様に税関への申告が必要だが，輸出と違って輸入の際には関税を支払う必要があり，関税を支払わないと輸入の許可が得られず，商品を引き取ることができない。

　日本の場合，陸続きにつながった外国はないので，外国との間の商品輸送では陸路輸送がなく，必然的に海上輸送か航空輸送に頼ることになる。税関は国際港（海港・空港）それぞれに支署が置かれており，税関への申告や国税納付，輸出入の許可や承認に関わる手続きを通関手続きと呼ぶ。このような税関での手続きは，輸出入にあたる者が直接行ってもよいが，通常は**通関業者**が代行する場合が多い。

　そして法律では，通関業務に関する専門的知識，経験を有する専門家として，原則として通関業務を行う営業所ごとに通関士を置き，税関に提出する申告書類等の内容を審査させなければならないと定められている。通関士とは通関士試験という国家試験に合格した者のうち，勤務先の通関業者の申請に基づき税関長の確認を受け，通関業務に従事する者である。貿易商社や海運企業に勤務する者で，通関士の資格を持っている者もいる。

❖ 異なる言語

　国際取引での交渉や契約において使われる言語は，ほとんど英語である。取引相手が英語を公用語としない国の人であっても，英語が使われることが多い。18世紀後半にイギリスはいちはやく産業革命を成し遂げ，近代的な貿易システムが構築された19世紀に，「世界の工場」として世界中に多くの植民地を有して絶大な経済力を誇った。第1次世界大戦のあとはアメリカの経済力が増し，第2次世界大戦後はアメリカの経済力がイギリスをしのいだということもあり，国際取引の場では英語が定着した。

　国際的な取引においては，注文前の引き合いの段階から交渉，さらに最終的な契約に至るまで，おおよその英語の定型句があって，これを商業通信文とかコレスポンデンス（correspondence），略してコレポンなどと呼ぶが，これによって取引先との売買契約に至る過程で商品の品質，数量，価格等を確認し合

うことができる。

　また輸出業者と輸入業者の間で，どちらがどの範囲で費用と危険を負担するのかについても，インコタームズ（Incoterms：International Commercial Terms）という国際商業会議所（ICC）によって定められた取引基準があって，これに依拠して，交渉を進めることができる。

　戦前から戦後の一時期まで，商業教育においては英語教育が非常に重視され，戦前の商科大学や高等商業学校（高商），戦後の大学での商学部では，コレポンは専門教育の中でも重要な位置を占めた。また貿易取引の相手との交渉過程で依拠することになるインコタームズなどの取引基準や取引上の諸制度，手続き等については，貿易業務論とか貿易商務論という名称の科目があり，かつてはたいていの商学部にこの種の講義科目が設置されていた。現在でも一部の大学の商学部で，それらの科目が残されている。

❖ 荷為替手形（逆為替）

　国際取引をするときに，その取引相手と初めて取引する場合，外国にいるその取引先は，果たして信用できる相手だろうかという不安がつきまとう。商品を外国に発送したのに代金が送られてこないという最悪のケースも考えられるであろう。自分が輸出する側であれば，序章や第9章で出てきた「買い手ご用心」とは逆に，まさに「売り手ご用心」である。だが貿易業界での長年の経験から，そのような不正をあらかじめ防止する策がとられている。

　上に出てきた国際商業会議所によるインコタームズの制定もそのような努力の1つであるが，売買契約が成立した後の売買代金の受け渡しについては，荷為替手形（逆為替）という仕組みを使って代金を受け取ることができる。それは輸出業者と輸入業者との間に銀行と海運業者を介在させることによって成り立つものである。荷為替手形による取引の手順を，図12-1と照らし合わせながら，以下で見てみよう。

　①まず輸出業者と輸入業者の間で売買契約が成立すると，②輸入業者はふだん取引しているB銀行に信用状の発行を依頼する。B銀行は，ふだん取引関係があるから，その輸入業者が信用できるものかどうか熟知しているはずである。そこでB銀行がその輸入業者は信用に足るものであると判断すれば，この輸入代金の支払いも円滑に行われるということを保証する信用状を発行するので

ある。仮にその輸入業者が倒産しても，B銀行が肩代わりして代金支払いを確約するものでもあるから，輸出業者にとって輸出代金を受け取れないかもしれないというリスクは，かなり低下することになる。そして③B銀行は，輸出業者の取引銀行であるA銀行にこの信用状を発送する。A銀行とB銀行の間には，すでに為替取引契約（correspondent arrangement）が結ばれていることが必要であり，この場合，A銀行，B銀行，それぞれはお互いをコルレス銀行と呼ぶ。

一方，④輸出業者は海運業者に商品輸送を依頼すると同時に，⑤その海運業者から輸出商品を積載していることを証明する船積書類を発行してもらう。船積書類とは，海運業者が発行する輸送商品の引渡し請求書である船荷証券，商品の内容を示した送り状，また輸出業者が商品発送前に保険をかけたことを示す保険証券等からなるものである。⑥輸出業者は，さらに自分がふだん取引しているA銀行に依頼して荷為替手形を組んでもらい，その手形をA銀行に提示する。その際，先に発行された船積書類をA銀行に提出するのである。⑦A銀行にはB銀行が発行した信用状，すなわちこの輸入業者は信用に足るものであり，仮に輸入業者が商品代金を支払わない場合でも，B銀行がその輸入業者にかわって代金を支払うことを保証するという信用状が届いているから，A銀行はB銀行，ないしは輸入業者を信頼して輸出業者への代金支払いに応じる。つまり，輸出業者は商品が輸出先の国に到着していない段階でも，そのA銀行から輸出代金の支払いを受けることができるのである。

⑧輸出業者に代金を支払ったA銀行は，輸出業者が提示した荷為替手形と船積書類を輸入業者の取引銀行であるB銀行に送り，⑨A銀行はB銀行から輸出代金（手形代金）の支払いを受ける。⑩B銀行は輸入業者に荷為替手形を引き渡す。⑪B銀行は輸入業者から代金を取り立てる。そして⑫B銀行は輸入業者に船積書類を提示する。⑬船積書類を受け取った輸入業者はそれを海運業者に提示して，⑭輸出業者から送られてきた商品を受け取るのである。

輸入業者が代金を支払わない限り，その輸入業者は商品を受け取れない仕組みになっていることがわかるだろう。船荷証券を含む船積書類を持っている者が商品を引き取ることができるのであって，船荷証券は他人への転売も可能な，いわば有価証券である。仮にB銀行がA銀行に代金を支払ったあとに，輸入業者が倒産したり，あるいは売買契約を無視してどこかに身を隠したとしても，

図 12-1　荷為替手形による取引

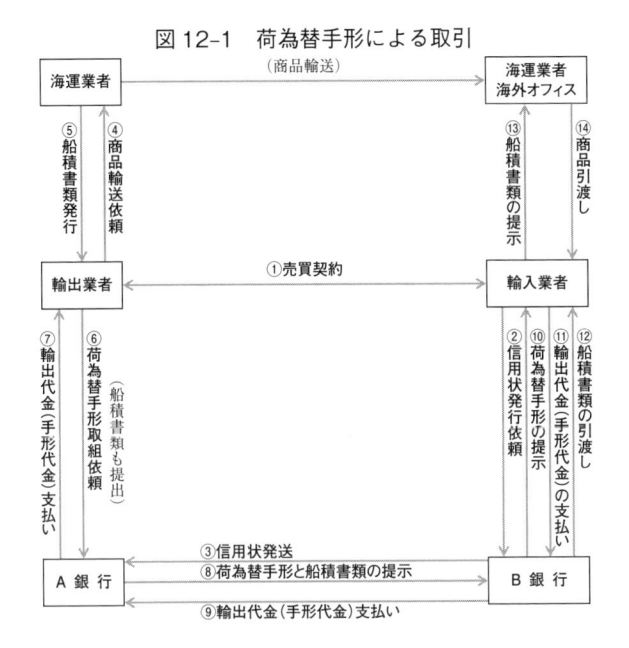

B銀行はその船荷証券を全然別の業者に売ることもできるのである。その船荷証券を買い取った別の業者は，その船荷証券を海運業者に提示すれば，輸出業者が発送した商品を受け取ることができる。

輸出業者にとってみれば，取引先である輸入業者が信用できる相手かどうかが未知であっても，その輸入業者に近い立場にいるその輸入業者の取引銀行（B銀行），あるいは輸入業者と商品を直接受け渡しをする海運業者を巻き込むことによって，不正行為をある程度，未然に防ぐことができるのである。

今日では生鮮食料品や花卉(かき)のように迅速に輸送しなければならない商品，あるいは医薬品や電子機器，半導体などの輸送で，海上輸送ではなく航空機が使われることが増えてきているが，その場合でも航空運送業者（航空会社）は上記の船荷証券と類似の航空運送状を発行することになる。

他にも貿易保険というシステムがあり，仮に輸入業者による代金支払いが行われない場合でも，保険をかけておけば，それに代わって日本政府ないし独立行政法人日本貿易保険（NEXI）によって代金回収が補償されるような仕組みができているから，以前に比べればはるかに輸出業者のリスクは低下しているといえるだろう。

❖ 異なる通貨での取引

　国際取引では，取引先が日本円での代金決済に応じてくれるかどうかわからない。日本円による決済がなされることもあるが，国際取引の場ではアメリカのドル（米ドル）によって決済がなされることが多い。米ドルは日本とアメリカとの取引で多く用いられるだけではなく，日本とオーストラリアというような，アメリカを介さない取引でもよく用いられる。このように国際取引で多く用いられる通貨を，国際通貨とか基軸通貨と呼ぶが，米ドルがそのような地位にあるのは，やはりアメリカが世界的に見て，きわめて大きな経済力を有し，また軍事的にも他国を圧倒し，ニューヨークを中心とした金融システムもよく整備されていて，世界的に見て一番米ドルの通貨価値が安定しているからである。「有事のドル買い」という言葉があるが，世界のどこかで戦争や紛争が起きれば，米ドルや，あるいは金塊を買おうとする現象が起こる。それほど米ドルは，世界の人々の信任を受けているのである。

　1999年にヨーロッパで単一通貨ユーロが誕生し，それ以後，国際取引でユーロが用いられることが増えた。ユーロは米ドルに次ぐ第2の基軸通貨になったとはいえ，それでもまだまだ米ドルの地位にはおよばない。では日本の円はどうかといえば，バブル経済がはじける前後の時期にあたる1990年頃，盛んに「円の国際化」が提唱され，とくに日本とアジア諸国との取引で円が使用されることが増えたが，平成不況の進行で日本経済が沈滞していくにつれ，アジアとの取引でも，国際通貨の地位を米ドルに奪われてしまった。そういうわけで，米ドルは世界的に見れば，いまだに基軸通貨の地位にあるといえるのである。

　ところで，毎日のニュース番組では，たいてい番組の最後で，「今日の終わり値は1ドル＝80円24銭でした」というように，米ドルの価値を日本円で換算した外国為替相場が報じられる。日本やドイツ，フランスなど多くの国々がこのような「1ドル＝〇円」というような，米ドル1単位当たりが自国通貨いくらに相当するかという表示の仕方を採用している。たとえば1ドル＝100円だった相場が，1ドル＝80円になれば20円の円高ドル安であり，逆に1ドル＝110円になれば10円の円安ドル高という。

　日本で2万4000円するデジタルカメラをアメリカに輸出する場合を想定しよう。輸出にかかる輸送費や関税などの諸費用を無視するとして，もともとの

為替相場が米1ドル＝100円であれば，2万4000円のデジカメは米ドル換算して240ドルである。これが1ドル＝80円に円高ドル安となれば，このデジカメは米ドル換算で300ドルとなる。240ドルの商品が300ドルに値上がりするのなら，アメリカの消費者はそのデジカメの購入を控える可能性が高まるだろう。よって，円高ドル安となった場合，日本の輸出関連業者にとっては，海外での売上げ数量が下がることになる。

逆に為替相場が1ドル＝120円に円安ドル高となったとしよう。その場合，2万4000円のデジカメはもともと240ドルだったのが，200ドルにまで安くなり，アメリカの消費者はこのデジカメを購入する可能性が高まるだろう。輸出関連業者にとって円安ドル高は売上げ数量が伸びて喜ばしいことなのである。

このように円高ドル安が売上げやさらには利益をマイナスに導き，逆に円安ドル高が恩恵を与えるということは，輸出用の製品を作っているメーカーやそれらを輸出している貿易商社などにあてはまる話である。日本の代表的な輸出品である自動車について見ると，対米ドルで1円円高になっただけで，トヨタは350億円の営業利益が目減りするとされるし，日産の場合は200億円の営業利益が目減りする。

一方，海外から商品を輸入している業者にとっては，状況はまったく逆となる。日本の場合では，海外から原油など大量の天然資源を輸入している電力会社や石油化学産業，あるいは鉄鉱石のような原料を輸入している鉄鋼メーカーを想定すればいい。それらの企業は円高になれば安く原材料を確保できるし，円安になれば逆にその分多く支払わなければならなくなる。日本から海外旅行に行く場合も，海外での食事やおみやげの購入時には，円高のときの方が円換算した支払額は安く済む。

このように外国為替相場の変動によって，収益が増加したり減少したりする。収益が増加するのならまだよいのだが，収益が減少する場合，そのような外国為替相場変動による収益減少の可能性のことを**為替リスク**という。もっとも，海外の取引先が日本円での代金決済に応じてくれれば，このような為替リスクから解放されるので，それを心配する必要はなくなる。

また代金決済に日本円以外の米ドルやヨーロッパのユーロなどを用いる場合でも，第7章で説明されたような**先物為替予約**をしておけば，為替リスクをあらかじめ防止することは可能である。

外国為替相場の変動は，企業レベルでも，さらに国家レベルでも，はたまた個人レベルで見ても，企業の売上高や営業利益，また国全体の貿易収支，あるいは個人での海外旅行での支出の増減に大きな影響を与える。だからこそ，国民の関心事なのであり，新聞やニュース番組でも必ず取り上げられるのである。

❖ 外国為替相場の決定要因

第2次世界大戦後の日本では，外国為替相場（為替レート）はしばらく固定相場制であったが，1973年に変動相場制に移行しており，それ以後，為替レートは，日々刻々と変化している。

為替レートはどのような要因で決まるのだろうか。為替レートの決定要因は，ふつう長期的なものと短期的なものに分けて説明される。そして長期的な決定要因は，**購買力平価**（purchasing power parity：PPP）という概念で説明されることが多い。これは異なる2つの国いずれでも嗜好されるような商品，日本とアメリカの場合なら，たいていの家庭に自動車やデジタルカメラがあるだろうし，そのようなものを想定すればいい。

たとえば年式・規格がまったく同じトヨタのカローラが，アメリカで2万ドル，日本では200万円で買えるとする。このとき，カローラの価格＝2万ドル＝200万円という関係が成り立ち，カローラを基準として，1米ドル＝100円という関係が導ける。このような円と米ドルの交換レートを，「トヨタ・カローラではかった購買力平価」と呼ぶ。

実際に日本とアメリカの間では，自動車以外にも日本から多種類の工業製品が輸出され，アメリカからは牛肉や小麦，ポテトなどの農産品をはじめ工業製品も多く輸入されている。このように貿易で取引される諸物品を**貿易財**と呼ぶが，上で見たようなカローラという自動車を基準とした購買力平価を，貿易財全体に拡大して考えてみよう。

貿易財それぞれについてアメリカと日本で同じ等級のものを同じ数量ずつ，たとえば，小麦1キログラムがアメリカで4ドル，日本で400円，牛肉1キロがアメリカで20ドル，日本で2200円，自動車1台がアメリカで2万ドル，日本で200万円，商品Xがアメリカで○ドル，日本で△円であるとして，このようにすべての貿易財の日米での価格を積算した結果，仮にすべての貿易財の合計額がアメリカで2000万ドル，日本で22億円だとすれば，貿易財全体の価

格＝2000万ドル＝22億円という関係が成り立つから，ここでは1米ドル＝110円という米ドルと日本円の交換比率が得られる。上で見たカローラ車だけを基準としたときのように，これを「貿易財ではかった購買力平価」と呼ぶ。

　1年以上の期間，5年とか10年というような長期的な視点で見れば，米ドルと日本円のだいたいの交換比率である為替レートは，貿易財ではかった購買力平価に近づいていくと考えられる。貿易財に関するデータは，国内卸売物価や輸出物価などで代替される場合もある。

　一方，為替レートは短期的には，貿易財ではかった購買力平価から大きく離れる場合もある。それは貿易代金の決済だけでなく，巨額の投資資金が国境を越えて盛んに行き交っているからである。それぞれの国の中で発行されている国債や社債，あるいは株式などへの投資や融資の資金が国境を越えて盛んに取引されている。アメリカでとくに発達したヘッジファンドなどと呼ばれる投資家は，巨額な資金を持つ個人や年金基金などからお金を集め，その資金を各国の国債や株式に投資して運用し，利益を出そうと努めている。彼らは短期・長期を問わず，儲かりそうな投資先を探して資金を運用する。日本の保険会社なども保険加入者から預かった保険料を運用して，さまざまな投資先に投資して運用しているのである。

　たとえば，アメリカ企業の株式を保有している投資家がいるとしよう。ここでもしそのアメリカ企業の決算発表でその業績悪化が明らかになり，一方，日本で株式を発行している別の日本企業が決算発表をして，その業績が良好であることが明らかになったとする。この場合，その投資家はよりよい運用実績を得ようとして，そのアメリカ企業の株式を売却し，その日本企業の株式を取得しようとする可能性がある。ここでその投資家は，アメリカ企業の株式を売って得た米ドルを，日本円に両替する必要がある。このとき，その投資家は外国為替市場で米ドルを売って日本円を買うのである。もしこのような投資家が続出した場合，市場全体で日本円の需要が高まり，米ドルの需要が低下することになり，円高ドル安が進行することになる。

　ここでは企業の決算発表を契機に，為替レートが変動するケースを挙げたが，他にも，政府の財政事情が悪化したとき，中央銀行が新たな公定歩合を発表したとき，あるいは労働当局（日本の場合なら厚生労働省）が失業率などの雇用統計を公表したあとなどに，投資家は敏感に反応して，別の運用先を探す。こ

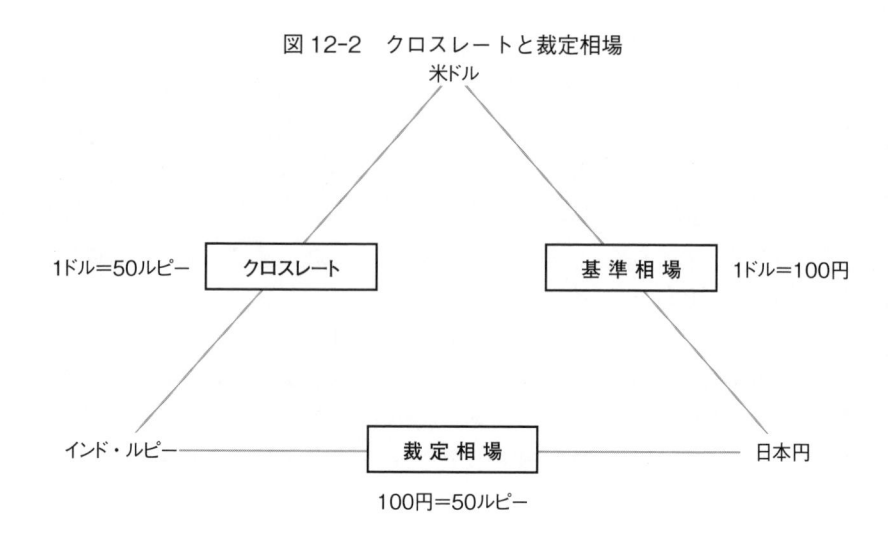

図 12-2　クロスレートと裁定相場

```
            米ドル
           /      \
          /        \
1ドル=50ルピー [クロスレート]   [基 準 相 場] 1ドル=100円
        /              \
       /                \
  インド・ルピー ——[裁 定 相 場]—— 日本円
         100円=50ルピー
```

のように為替レートは，短期的にはさまざまな要因の影響を受けて刻々と変化するが，長期的に見れば貿易財ではかった購買力平価に落ち着いていくと考えられるのである。

　このようにして米ドルに対して円の相場が決まるのだが，1米ドル = 100円というような為替レートを日本にとっての**基準相場**という。米ドルは世界各国が国際取引で用いる基軸通貨であるから，たとえばインドの通貨ルピーも，米ドルに対して為替相場が立てられている。これを日本から見た**クロスレート**という（図 12-2 参照）。

　いま基準相場が 1 米ドル = 100 円で，1 米ドル = 50 インド・ルピーというクロスレートが立てられているとすれば，米ドルを介して日本円とインド・ルピーの間に 100 円 = 50 インド・ルピーという為替相場が成立する。基軸通貨を介して，基準相場とクロスレートから算出されるこのような米ドル以外の第三国の通貨との間の為替相場を**裁定相場**という。このようにして，日本円と世界各国の通貨との間で裁定相場が算出されるのである。

2　貿易の担い手

◈ 総合商社と専門商社

　日本の貿易は，さまざまな担い手によってなされている。街中の本屋に行けば個人輸入のガイド本も多く売られているし，インターネットの普及によって，個人レベルでも海外との取引は，以前に比べてはるかに容易になっている。しかし日本の貿易の多くの部分は，メーカーの販売・調達部門による輸出入，あるいは，それらメーカーの販売・調達部門に代わって，メーカーからの委託を受けるかたちで貿易商社によって行われている。そして，その貿易商社は，総合商社と専門商社から構成されている。

　総合商社と専門商社については，法律的に規定されているわけでもなく，それらは相対的なものであって，明確に定義することはなかなか難しい。むしろ新聞やビジネス雑誌などが総合商社と専門商社の分類で先行するケースが多い。総合商社とは，世界に例を見ない日本独特の業態であるといわれており，具体的には三菱商事，三井物産，住友商事，伊藤忠商事，丸紅の5社を指す場合もあれば，この5社に豊田通商と双日を加えた7社を指す場合もある。ここでは以上の7社を総合商社として，議論していこう。

　その総合商社と専門商社と違いについては，「取扱い商品の多様性」「取引地域の多様性」という2つの基本的な要素を軸にすえるとわかりやすい。

　まず総合商社の特徴の1つに，その取扱い商品がきわめて広範囲にわたるという点が挙げられる。とくに高度経済成長期においては，総合商社は何でも取り扱うという意味で，「ラーメンからミサイルまで」という言葉がしばしば使われた。インスタント・ラーメンのような軽薄短小な商品から，ミサイル，あるいは船舶や航空機というような，重厚長大な製品まで何でも扱うという意味である。だが一般の消費者は，総合商社からインスタント・ラーメンを直接買うわけではない。総合商社はインスタント・ラーメンの生産者とスーパーや食品問屋の間に立って，川下の方に商品を流していく一次卸の位置にいるのである。われわれ消費者は，スーパーなどの小売店にならぶインスタント・ラーメンを購入するから，ラーメンの流通に総合商社が関与しているということを認識する機会は，まったくといっていいほどないのである。

総合商社はインスタント・ラーメンの生産者から委託されてラーメンをスーパーや食品問屋に卸していくという一次卸としての活動の一方で，海外から大量に買い付けた小麦粉などの原材料を，ラーメンの生産者に販売するという貿易商社としての活動も行っている。つまり，総合商社は海外向けには貿易商社という顔を持つ一方，日本国内では一次卸，あるいは一次問屋という顔を持っているのである。

　一方，専門商社と呼ばれるものは，最も典型的なものとしては，食料品だけ取り扱う食品商社であったり，鉄鋼メーカーの販売部門が分社化・独立して，もっぱら鉄鋼製品のみを扱う鉄鋼商社とか，電子機器の材料となる半導体だけ扱う半導体商社などがある。食品商社の場合，小麦や食用油，ビールの原料であるホップを扱ったりしても，基本的には食品の範疇におさまる商品群を取り扱っているのである。鉄鋼商社も，鋼をHの字型に加工してあるH型鋼，管に加工された鋼管，あるいはステンレス鋼などを扱ったりするが，あくまで鉄鋼関連の範囲内におさまる製品群を取り扱っている。専門商社と呼ばれるものの中には，鉄鋼分野と食品分野というふうに複数の範疇にまたがって商品を取り扱っている商社もあって，彼らは自分で総合商社であると自称することはあるが，新聞・雑誌レベルでは，それらが総合商社であるとは，ほとんど認識されることはない。

　たとえば，兼松という商社がある。この会社は半導体関連・食品・鉄鋼・機械類・石油関連などの素材といった，かなり多様な商品を取り扱ってはいるが，それでも総合商社とはみなされない。逆にいうと，先に挙げた三菱商事・三井物産などの7社は，これよりもはるかに多様な商品を取り扱っているということになる。

　総合商社のもう1つの特徴は，日本に拠点を置きつつ，国内はもちろん世界中至るところの相手と取引を行っているという点が挙げられる。現代はインターネットが世界的に急速に普及したこともあり，個人レベルでも世界中の人々と取引を行うことは可能になっている。そのような個人レベルで世界の人たちとネットを使って取引することと総合商社の決定的な違いは，総合商社は国内はもちろん世界中至るところに現地法人や支店・出張所を設け，自社の社員をそこに派遣して駐在させた上で日常の取引を行っているというところにある。

もっとも，専門商社の中には，大手のところでは，国内主要都市に支店を置くとともに，海外にも多くの現地法人・支店・出張所を設置し，そこに自社社員を派遣して駐在させた上で取引を行っている商社もある。だがそのような専門商社と総合商社で比べてみると，総合商社の方が概して現地法人や支店・出張店の数が多い。また数が多いということだけでなく，総合商社は「世界中」という言葉どおり，世界中でアジア地域だけとかヨーロッパ地域だけとかにかたよることなく，アジア，北米，南米，ヨーロッパ，中東，アフリカの中の主要市場の中心都市に，まんべんなく現地法人や支店などの店舗網を散らばらせているというところが，専門商社との大きな違いである。

　だが世界中と取引をしたいのなら，自社の社員をわざわざ各国・各地に派遣しなくても，それぞれの地域での取引事情にくわしい現地の商人に代理店業務を委託するという方法もありうるはずである。しかし日本の総合商社をはじめとする商社は，歴史的に見ても，概してそのような方法はとらなかったのである。その点については後述するが，そのことによって現地駐在の社員は滞在するうちに，取引先やそのまた取引先，あるいは現地の役人や政治家にまで徐々にネットワークを広げ，さまざまな情報に接することになる。そうして商社には現地商人に代理店業務を委託した場合よりも，世界中から自社社員を通じてナマの情報が素早く入ってきやすいという状況が生まれてくる。この点，数の上でも店舗網の散らばり方の上でも，専門商社より多様度が高い総合商社の方が，相対的に多量で多様な情報が入ってくるのである。

　たとえば，アメリカから大量の小麦を輸入している商社に，アメリカの駐在員から，「今年のアメリカは干ばつがひどくて，例年よりも小麦の生産量が落ちそうだ」という情報がもたらされたとしよう。その商社はその種の情報が入ると，世界的の小麦価格が高騰するより前に，オーストラリアなど他の小麦産地の取引先と交渉して，アメリカ以外の買付先を素早く探すという行動に出るはずである。

　海外からナマの情報が入ってくるという点では，歴史的に見ても日本の商社は商品相場情報以外でも，日本にない欧米の進んだ科学技術に関する情報をも収集して日本にもたらし，それに基づいてその科学技術を持つ当事者と特許交渉を行った上で，日本国内に新しい会社を設立することもあった。あるいは，日本のメーカーと欧米メーカーの間に立って特許売買の仲介役につくことも

図12-3　総合商社の概念

（縦軸：取扱い商品の多様性　大／小、横軸：取引地域の多様性　小／大。右上に「総合商社」）

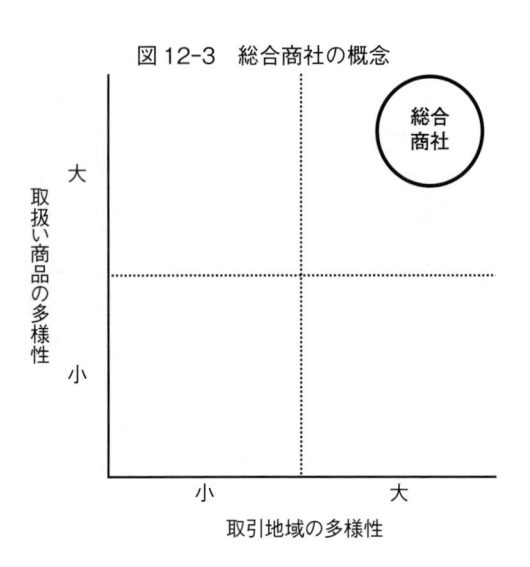

あった。今も昔も総合商社の最大の武器は情報力であるといっても過言ではないが、その情報力は総合商社が自社社員を国内はもちろん、世界各地に駐在させているところから生み出されているのである。

　また総合商社は、世界中に現地法人や支店・出張所網が張りめぐらせているところから、外国間取引（3国間取引）にも従事することができる。すなわち、大阪—東京間という日本国内の取引、横浜—ニューヨーク間というような日本と海外との貿易取引のみならず、上海とニューヨーク間という日本を介しない外国間の取引にも従事することができるのである。もっとも、専門商社の中には上海とニューヨークに海外店舗を置いている商社もあるから、総合商社でない専門商社でも外国間取引をすることは可能である。

　よって、総合商社と専門商社の違いについては、〈多様な取扱い商品〉〈多様な取引地域〉という2つの要素を軸にすえて、図12-3のように捉えることができる。この図で示されているように、総合商社とは、取扱い商品の多様化の度合いが極大で、取引地域の多様化の度合いも極大であるような商社である。総合商社は、取扱い商品・取引地域それぞれの多様性の度合いが、ともに極大であるがゆえに、結果的にその取扱規模はきわめて大きなものになる。日本の総合商社7社は、貿易商社の売上高ランキングでも上位を占めている。

　専門商社には、取扱い商品を専門化しているような商社、あるいは取引地域

を特定地域に専門化している商社はもちろん含まれるものの，この図で示されている総合商社以外の商社と理解しておくとわかりやすい。先に出てきた兼松，あるいは住金物産（2013年中に日鐵商事と統合予定）などの商社は，複数の部門で比較的多様な商品を取り扱い，また国内店舗網以外に海外にもそれなりに多様な店舗網を有しているが，新聞・雑誌レベルでは，それらの商社はとくに総合商社とは認識されていないのであって，図12-3を使ったような総合商社に関する理解が便利であろう。

❖ 総合商社のビジネスモデル

　総合商社は，日本を拠点とした輸出入貿易に日本国内の取引，さらに日本とは無関係の外国間取引をミックスしてビジネスを展開している。総合商社の展開するビジネスは，きわめて広範で複雑であるが，彼らがどうやって利益を得ているのか，簡略化して見てみよう。

　総合商社では，国内はもとより世界中に張り巡らされた店舗網に駐在する商社マンが日頃接する情報の中から，これは儲かりそうだ，利益になりそうだというものが見つかると，その利益の源泉の当事者に近づいて新たなビジネスを次々と創り出していく。

　たとえば，世界的な鉄鉱石の産地であるブラジルで良好な鉱脈が見つかったというような情報が，ある総合商社のブラジル国内店舗にもたらされたとする。その店舗の商社マンは，その鉱脈に利権を持つブラジルの鉱山会社Aに近づいて交渉を始める。交渉の結果，その総合商社も出資するかたちで，その鉱山会社Aと共同でその鉱脈で鉄鉱石を採掘する合弁会社Bを新たに設けたりする。そしてその商社は，ふだん取引関係のある重工メーカーから鉄鉱石採掘のための設備・機械類をその合弁会社Bに納入したとすれば，まずこの時点で，その設備・機械類を取り扱ったことによって重工メーカーから手数料収入が得られる。そして採掘事業が始まると，その総合商社は，採掘された鉄鉱石を日本あるいは日本以外の外国鉄鋼メーカーに対し，ブラジルから輸出して納入する業務に従事し，鉄鉱石採掘にあたった合弁会社Bから手数料を得ることになる。

　総合商社によって鉄鉱石が納入された鉄鋼メーカーは鉄鋼を生産し，その製品をまた総合商社に委託して，自動車メーカーなどのユーザーに納品する。商

社はここでもまた手数料を得る。さらに自動車メーカーが生産した自動車をさらに外国に輸出することもあるが，その場合もまた手数料を得ることになる。

このように，総合商社は日本の国内外を問わず世界的規模で，原料の採掘・生産といった段階から，製品の流通という過程のさまざまな段階で関与して手数料（口銭）を得るのである。総合商社は伝統的には，このようなかたちで手数料を得ることが典型的なビジネスモデルであった。

総合商社は，あくまで商取引機能を基本としているが，その商取引を創造するために，上記の例でいえばブラジルの鉱山会社Ａと共同で合弁会社Ｂを設立するというような行動は投資機能にあたるとか，取引先に商品を納品した後もすぐに代金を回収せず，しばらく支払いを猶予したりするので，これが総合商社の金融機能であるとか，あるいは総合商社が自社船や自社倉庫を保有し，すべての取引においてではないのだが，商品を輸送したり保管したりしていることから，これが物流機能にあたると解釈したり，さらには，海外向けに火力発電所などのプラントを輸出するプロジェクトに関与し，火力発電の機材を生産するメーカーや海外向けに融資を行う金融機関を束ねてプロジェクトを推進する組織者（オルガナイザー）としての機能を果たしているということなどから，総合商社の持つ〈機能の多様性〉が強調される場合もある。

先ほど総合商社は，商品の流通のさまざまな段階で関与して手数料を得ることが伝統的なビジネスモデルであったと述べたが，平成不況以後，それが大きく様変わりした。とくに2000年代に入ってから，総合商社は手数料よりも投資によって得られる配当，あるいは出資分を売却したことによって得られる売却益から大きな利益を得るような利益構造に大きく転換しつつある。上述の例でいうと，総合商社がブラジルで設立した合弁会社Ｂに出資していることから生まれる配当，あるいはその出資分を売却したことによって得られる売却益というような投資による利益が，かつての利益の源泉の中心であった手数料収入を大きくしのぐ状況が続いているのである。それは，資源・エネルギーといわれる分野で顕著である。

つまり総合商社は近年，資源・エネルギーの分野で，投資活動を活発に展開して，大きな利益を得ているのである。それは中国，インドなどの新興諸国の経済発展に応じ，資源・エネルギーへの需要が急増したために，需給関係が逼迫した結果として，資源・エネルギー価格が高騰したことが主な要因である。

ここに総合商社がうまく関与して，巨額の利益を稼ぎ出しているわけだが，資源・エネルギー分野を利益の源泉とすること，あるいは手数料収入より投資収益で利益を稼ぎ出すという総合商社の利益構造が，未来永劫ずっと続くかどうかは不透明なところであり，今後どう変化するかはわからない。

❖ 総合商社の成立

　世界的に見てもユニークな業態といわれる日本の総合商社は，どのようにして形成されたのだろうか。話は，幕末・維新期までさかのぼる。
　日本が幕末に開国すると，横浜や長崎などの居留地には，イギリスやアメリカなどの外国商人が乗り込んできて貿易が始められた。その時期，日本人が海外に乗り込んでいって貿易活動をすることは，ほとんどなかったのである。このような状態の中，明治時代に入ると，日本の貿易の主導権は居留地の外国商人によって握られることになり，日本側から見るといろいろな弊害が目立つようになってきた。たとえば，海外に拠点をもって横浜などの居留地に支店を置いた外国商人は，明治初期に早くも日本までつながった電信や郵便を巧みに利用して，海外市場での商品相場などの情報をいち早く得られる立場にあり，それらの情報に基づいて，一方的に契約を破談させたりすることが横行した。
　幕末・明治初期の日本の産品で外国人に好まれた産品としては，生糸・茶が代表的であったが，たとえば，外国商人が日本商人に対し，ある期日までに，ある等級の生糸を日本国内で買い集めて横浜の外国商館まで納品するよう依頼する契約が結ばれていたとしよう。その契約に基づいて日本商人は，国内で指定された等級の生糸を買い集めて期日までに外国商館に納品しようと努めた。ところが，契約の当事者であるその外国商人に，海外の本国から「こちらでは生糸相場が値崩れし始めたので商品を買い控えたほうがよい」という情報がもたらされた場合などには，その外国商人が，商品を納品しようとした日本商人に何かと難癖をつけて，契約を破談にしたり安値で買いたたくようなケースが横行したのである。
　このような弊害を受けて，外国商人から貿易上の主導権を奪回しようとする，いわゆる**商権回復運動**が明治時代の前期から，にわかにわき起こってくる。これは，いわば経営ナショナリズムの端緒であり，そのような雰囲気の中で，日本人自身による貿易商社がいくつか設立され，明治政府も商権回復を推進する

という目的に加えて，外貨獲得の必要性から輸出増進を推し進めたいという目的もあって，資金融資などのかたちで，この動きを後押しした。だが，いくつか設けられた貿易商社の経営は，なかなか軌道に乗らず，ほとんどの商社が破綻するに至ったのである。そしていくつか残った商社の中に，最初に総合商社となっていく三井物産があった。

三井物産は1876年に設けられたが，設立の時点から総合商社だったわけではない。創業時には明治政府関係の業務，いわゆる御用商売の比率が高く，そこから得られる利益に支えられて不安定な経営状況を乗り切っていった。創業時の海外支店の展開も，ほとんどすべて明治政府の指示・要請に基づいて行われたものであった。だが，明治時代の後半に入ると徐々に御用商売の比率を落としつつ，民間との取引を増やしていった。とくに日本の産業革命の中心であった綿紡績業との関係を築いたことは，三井物産が総合商社に発展していく上で重要な意味を持ったのである。そして，上述した外国商人から商権を奪回しようとする雰囲気は，実は明治時代を通じて一貫して日本の官界・財界に維持されたのであって，それゆえに，三井物産は海外支店を展開する際には，外国商人に代理店業務を任せるのではなく，日本人駐在員を派遣して支店長とするかたちをとったのであった。

そうして明治時代の後半期には，三井物産は現在ほどではないにしても，取扱商品が多様で，日本人駐在員を支店長として派遣するかたちで取引地域の多様性を実現し，いわば総合商社の原形を形成したのである。そして明治時代の末期には，三井物産1社だけで日本の貿易総額の5分の1以上を取り扱うまでに巨大化したのであった。

三井物産がいったん総合商社の体裁を整えると，他の日本商社にとっては三井物産が1つのモデルとなった。そして発展を志向した商社の中には，三井物産に追随して総合商社体制をとっていく鈴木商店（のち1927年に倒産）や三菱商事のような商社も出現した。戦前の三井物産と三菱商事を比較すると，三菱商事の方が後にできた商社であり，取扱い額も三井物産との間に大きな差があった。また三菱商事の方は，相対的に三菱財閥の窓口商社として，三菱財閥傘下企業の委託を受けてそれらの輸出入に従事する割合が多かった。三井物産も三井財閥の窓口商社としての役割も果たしたが，その比率は三菱商事に比べれば小さい。三井物産は三井財閥の外部企業との取引も多かったのである。

●コラム 12-1　財閥と企業集団

　三井・三菱・住友などのいわゆる財閥は，戦前期の日本経済において，きわめて重要な地位を占めた。財閥とは，同族が出資して持株会社を設け，その傘下には銀行や商社，鉱山会社などの多様な事業が株式会社としてぶらさがっているかたちが典型的である。戦前期最大の財閥であった三井財閥の場合でいうと，三井同族11家が出資して三井合名会社という持株会社を設け，その傘下に三井銀行，三井物産，三井鉱山，東神倉庫などの事業体が株式会社として組織され，それら各社の株式のほとんどを三井合名会社が保有して，各社の経営を支配したのである。明治時代の末期から大正期にかけて，西暦でいうと1910年頃から1920年代にかけて，各財閥がこぞってこのようなかたちをとった。財閥での主たる出資者は同族であるが，同族たちは概して日常の経営にはあまり口出しせず，経営はもっぱら専門経営者に任される場合が多かった。専門経営者は，たいてい大学とか高等商業学校（高商）などの高い学歴を持ち，旧来型の商家経営にあたってきた丁稚（でっち）あがりの人材とは異なる存在であった。戦前期には，三井・三菱・住友のような三大財閥以外にも，安田・古河・川崎・浅野など，数多くの財閥が存在したのである。

　第2次世界大戦で日本が敗戦すると，GHQが乗り込んできて占領政策をしいたが，その際，GHQは日本の経済力を抑制しようという思惑もあり，財閥が戦争遂行に協力したものとして，財閥解体政策をとった。そこで持株会社は禁止され，出資者であった同族，あるいは実際に財閥企業の経営にあたっていた専門経営者たちも追放された。そして持株会社傘下で，株式会社として存在していた各社の株式は，一般に売り出されることなった。追放された専門経営者にかわって，各社の社長や重役クラスに抜擢されたのは，各企業に勤務していた部長や工場長クラスの人々であったが，彼ら新たな経営者にとっては，見ず知らずの第三者に自社の株式が買い占められて，会社が乗っ取られる可能性が出てきたのである。そこで彼らが会社乗っ取りを阻止しようとしてとった手法が，株式相互持ち合いであった。つまり，かつて同じ財閥内で存在した企業同士で株式を持ち合い，第三者が株式を買い占めるのを阻止したのである。また同時に旧財閥系の企業同士で社長会を結成して，企業間の利害調整が試みられた。

　このようにして，戦前のような同族や持株会社が存在しない，財閥とは異質の企業集団と呼ばれる企業の連合体が形成されたのであった。このような，企業集団を形成する動きは，住友や三菱，さらに三井といった旧三大財閥系企業間で見られたが，この動きに対抗するかたちで，富士銀行（もと安田銀行）・第一銀行・日本勧業銀行（のちに両社合併して第一勧業銀行となる）・三和銀行などの大手都市銀行が中心になって，旧三大財閥以外の諸財閥系企業を束ねるかたちで，株式を持ち合

い，また社長会も結成して，銀行系の企業集団が1970年代にかけて形成された。

こうして三井・三菱・住友系の企業集団，また富士銀行系，第一勧業銀行系，三和銀行系の計6つの企業集団が形成され，それらは6大企業集団と呼ばれた。各集団には，銀行や総合商社，化学メーカーや電機メーカーなどが属し，長らく戦後日本の経済成長を強力に牽引したのであった。

とはいえ，平成不況期に入ると，住友銀行と三井系のさくら銀行が合併して三井住友銀行ができたのが典型例だが，このような企業集団の垣根を超えた合併が続出し，また株式持ち合いの解消も進んで，企業集団には大きなほころびが生じている。

第2次世界大戦後，日本に乗り込んできて占領政策をしいたGHQは，三井物産と三菱商事が持っていた経済力を押さえつけようとして，いったんこの両社を解体した。そしてこの両社が解体されていた時期に，従来もっぱら繊維関連を中心に取り扱ってきた繊維商社，あるいは鉄鋼関連を中心に扱っていた鉄鋼商社が，次々と総合商社化戦略を取り始めるのである。

専門商社が総合商社化をはかった背景には，政府による貿易政策として，たとえば輸出入リンク制と呼ばれるものがあった。それは敗戦後の外貨不足の中，貿易商社が何かを輸入しようとすれば，同時に何かを輸出しなければいけないというようにして外貨流出を抑制しようとする政策であり，これが結果的に，貿易商社に多様な商品を取り扱わせる契機をもたらした側面もあった。

専門商社が総合商社化戦略をとるに際しては，もっぱら合併という手法がとられた。もともと鉄鋼商権を持たなかった繊維の専門商社であった丸紅の場合でいうと，同社は鉄鋼業界に存在した指定問屋制と呼ばれる仕組みにはばまれて，鉄鋼の取扱いに参入したくてもできない状態にあった。ここでいう商権とは，取引先との間に発生する取引上の権利や地位を意味する商社業界の用語であり，明治前期に使われた「商権回復運動」の商権とは，意味合いが異なるので注意が必要である。鉄鋼メーカーは，自社の製品を誰にでも売るのではなく，自社が選定した限られた問屋・商社にだけ製品を卸すという指定問屋制をとっていた。つまり指定問屋は，鉄鋼製品を取引する商権を持っていたということになる。鉄鋼商権のない丸紅は，鉄鋼メーカーの指定問屋の1つであった高島屋飯田という商社を合併し，それによって鉄鋼商権を獲得することができたのである。

このようなかたちで，専門商社は従来は持たなかった商権を次々と獲得して総合商社化を図った。そして，従来の繊維商社や鉄鋼商社が総合商社化路線を取りはじめた時期には，すでにGHQの占領政策も終わっており，かつての三井物産や三菱商事への制限も解除されていたので，この両社は再結集を果たしていった。

　一方，繊維商社や鉄鋼商社から総合商社化を図った商社は，日本の高度経済成長に沿って1960年代にはおおむね総合商社化を果たし，三井物産，三菱商事を含むいわゆる10大総合商社が出そろったのである。

　第2次世界大戦後には，いわゆる財閥解体政策で，三井・三菱・住友などの財閥が解体されていたが，GHQの占領政策が終わると，三井・三菱・住友などの旧財閥は企業集団という，財閥とは異質の企業連合体を形成し始めた。この動きに対抗するように，大手都市銀行が中心になって，メーカーや旧財閥系総合商社以外の商社を束ねるかたちで，別に企業集団が形成された。そして1970年代にかけて都市銀行系の3つの企業集団が形成され，先に形成されていた3つの旧財閥系企業集団とあわせて，それらは6大企業集団と呼ばれるようになった。

　上述の10大総合商社は，トーメンを除いて，三菱商事は三菱グループに，丸紅は富士銀行を中心とするグループ（芙蓉会）に，という具合に，6大企業集団のいずれかに所属した。企業集団の中には，第一勧業銀行系のグループ（三金会）のように1つの集団内に複数の総合商社を抱え込むところがあり，あるいは総合商社の中には，日商岩井のように2つの企業集団に重複して所属するものもあった（図12-4参照）。そして総合商社は各企業集団の窓口としての役割をも果たしながら，1970年代には10大総合商社だけで，日本の貿易額全体の6割前後を担い，日本の経済成長を陰で牽引したのであった（1977年に10大総合商社の1つであった安宅産業が破綻したので，それ以後は9大総合商社体制となった）。

　しかし総合商社各社が，いずれかの企業集団に属して，企業集団の窓口役を果たしたといっても，その所属集団内の企業とだけ取引したというわけではない。総合商社の総取引高に占める所属集団内企業との取引高の比率で見ると，最も高率な三菱商事の場合で見ても，1980年代末の集団企業への売上比率で5％台，90年代初期でも6％程度である。同社の集団企業からの仕入れ比率は

第12章　国際取引のひろがり

図12-4　10大商社体制から7大商社体制への再編過程と6大企業集団

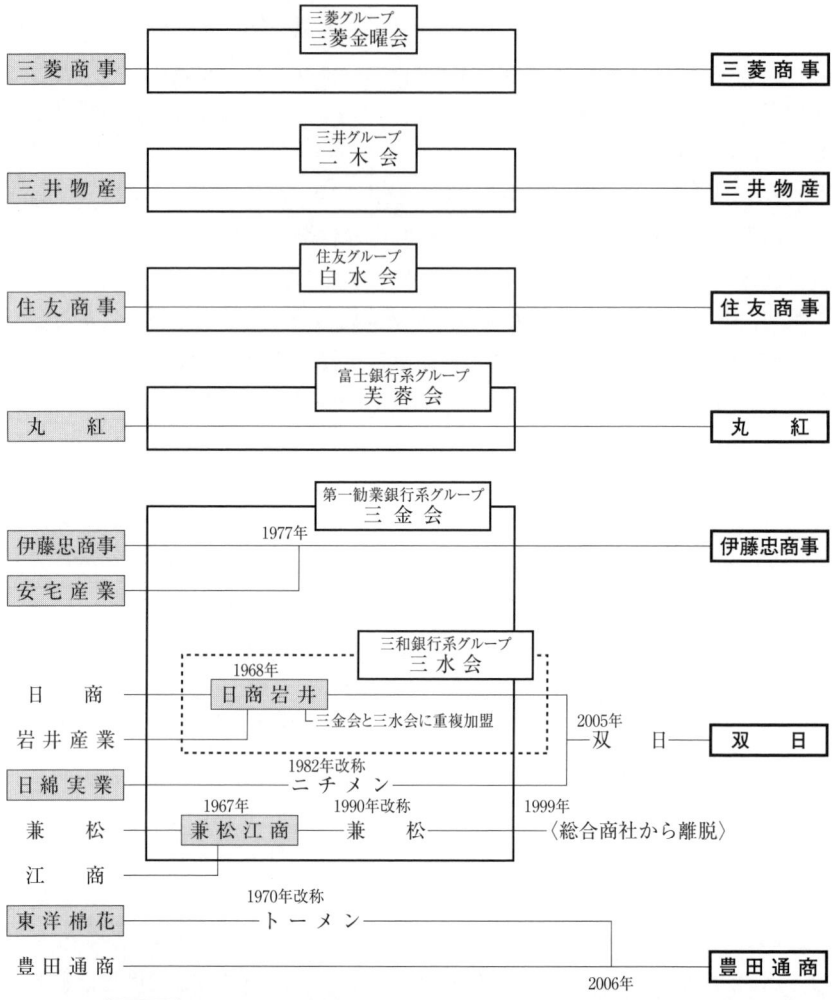

[図：三菱商事─三菱グループ 三菱金曜会─三菱商事／三井物産─三井グループ 二木会─三井物産／住友商事─住友グループ 白水会─住友商事／丸紅─富士銀行系グループ 芙蓉会─丸紅／伊藤忠商事・安宅産業─第一勧業銀行系グループ 三金会─伊藤忠商事（1977年）／日商・岩井産業─日商岩井（1968年）─三和銀行系グループ 三水会（三金会と三水会に重複加盟）／日綿実業─ニチメン（1982年改称）／兼松・江商─兼松江商（1967年）─兼松（1990年改称）─〈総合商社から離脱〉（1999年）─双日（2005年）／東洋棉花─トーメン（1970年改称）／豊田通商─豊田通商（2006年）]

注：1. ▢ は，高度経済成長期の10大商社（1977年に安宅産業が破綻して伊藤忠商事に合併された後は9大商社）。
2. 第一勧業銀行は1971年に第一銀行と日本勧業銀行の合併で誕生した。
3. ▢ は，平成不況後の7大商社。

1980年代末で約17％，90年代初期で18.4％ほどであるから，総合商社各社の取引のほとんどが，企業集団外の企業との取引であったということになる。総合商社各社は，その所属集団企業との取引を1つのベースにしていた，という

ように理解しておけばいいだろう。

◈ 外国の貿易商社

　日本の総合商社の取扱い規模はきわめて大きいだけに，とくに高度経済成長期には経済発展を陰で支えるものとして国際的にも注目されるようになった。そして総合商社は世界的に見て日本独特の業態であるといわれ，Sogo Shoshaという表記でも通用するといわれている。では，外国には日本のような総合商社はないのだろうか。

　韓国には，取扱い商品が多様化し，また海外にも多くの店舗網を有する総合商社類似の商社がいくつか存在する。そのような韓国の商社と日本の総合商社の大きな違いは，韓国の方が取扱規模が小さく，それゆえに売上高も小さいという点である。それらの商社は，韓国政府が輸出振興政策の一環として，1975年以降，日本の総合商社をモデルに「総合貿易商社指定制度」，いわば商社育成策をとってきたことによって成立したものである。資本金や輸出金額がいくらで，輸出先が何カ国以上，海外支店が何店以上などという基準を設け，その条件を満たした商社を政府が総合貿易商社として指定し，指定商社には外貨保有制限や税制などの面で優遇措置がとられた。この政策で政府から指定を受けた商社は概して韓国にいくつかあった財閥の商事部門であり，もっぱら財閥内メーカーの輸出窓口の役割を果たした。またそれら韓国の商社は，輸入や外国間取引では，それほど大きなシェアを占めておらず，この点も日本の総合商社との大きな違いであるといわれている。つまり韓国では，貿易を促進するというよりも，輸出を促進する上で，商社育成策が推進されてきたのである。

　またイギリスにはかつて，日本の総合商社に似たものが存在していた。それは19世紀後半までに簇生（そうせい）した多国籍商社のことであって，それらは概して株式が非公開の同族企業が多く，またイギリスが多数有した植民地に拠点を置いて活動していたが，本国経済（すなわちイギリス経済）との関係が薄いという点で，日本の総合商社と大きく異なる。上述のとおり，日本の総合商社は戦前も戦後も，日本に拠点を置いて，外国間取引という日本経済とは距離を置いた取引に従事することもあったが，基本的には日本の輸出入の大きな担い手として，日本経済と密接な関係を持ち続けてきており，この点は大きな違いといえる。第2次世界大戦後，それらのイギリス系商社はかつて株式非公開であった

●コラム 12-2　眠り口銭

　総合商社は，伝統的には手数料（口銭(こうせん)）収入を主たる収益源にしてきた。たとえば，鉄鋼メーカーとそのユーザー（自動車会社など）の間に総合商社が介在して，鉄鋼製品をユーザーに流し，総合商社は鉄鋼メーカーから口銭を受け取るのである。だが実際の取引においては，鉄鋼メーカーとユーザーが直接，発注・受注を交わし，またインスタント・ラーメンのメーカーが直接注文を受けて，スーパーの物流倉庫に商品を納品するなど，総合商社が介在することなく取引が進められ，それでも総合商社は口銭を得ることが多かった。総合商社は実際の取引に関わることなく，帳簿上だけ取引に関係して口銭を得るのである。この種の口銭は眠り口銭と呼ばれ，実に奇妙な商習慣であった。このようにいうと，総合商社がとてもあくどい商売をしているかのように受け取られかねないが，眠り口銭を支払う側にとっては，総合商社を帳簿上だけでも関与させることによって，確実に代金回収ができるとか，総合商社が持つ重要な情報を教えてもらえるなど，メリットも少なくない。

　だが，平成不況の長期化で，各社は眠り口銭を支払う余力を低下させ，鉄鋼メーカーを典型例として，総合商社に対して口銭引下げを求める企業が増加してきた。

　総合商社が近年，手数料依存の収益体制から，投資からあがる利益への依存を高めた背景には，このような事情も影響していたのである。

のが，多くが公開企業に転じ，1980年頃に株式所有者が機関投資家中心に変化した。その機関投資家たちがイギリス系の多国籍商社に多様な事業ではなく，中核的事業に専業化するよう圧力をかけた結果，現在では姿を消すか，食品会社や自動車専門商社，化学薬品メーカーに転じてしまった。

　ドイツにも19世紀には多くの商社があり，総合商社であったかどうかは別として，それらがおもにドイツ製の工業製品を海外に輸出する役割を担っていた。日本にも第1次世界大戦が起こる前までは，いくつかの商社が支店を設けて，活躍していたことがあった。しかしドイツでは20世紀以後，メーカーが自ら輸出も手がけるようになっていった。

　アメリカは巨大な国土と国内市場を持つことから，伝統的に貿易依存度が小さい国である。貿易依存度が小さいといっても，経済規模自体が大きいから貿易額そのものは大きいのだが，商社としてはもっぱら穀物などの食品を扱うカーギル社などの巨大な食品商社があるものの，総合商社のような商社はない。アメリカもドイツ同様に，メーカー自身が輸出を手がけることが多い。

このように見てみると，日本の総合商社は，韓国の大手商社と比較した場合は規模の点と輸入での活躍の度合いの違いが指摘できるし，イギリス系のかつて存在した多国籍商社と比較した場合では，本国経済との結びつきの違いという面が，大きな差異として指摘できるだろう。そういう意味で，日本の総合商社は，やはり世界的に見てユニークな存在であるといっていいだろう。

おわりに

　単なる商社間ではなく，多国籍企業間での比較として，日本の総合商社の特異性をもう1点指摘しておこう。それは，日本の総合商社は，世界各地に現地法人・支店・オフィスなどの出先機関を多数持ち，これほどグローバル化しているにもかかわらず，それぞれのトップ（現地法人社長や支店長など）には，ほとんど日本人駐在員があてられてきたということである。これは上述の歴史的な経緯も多分に影響していると思われる。総合商社は，明治以来の日本経済史ないしは貿易史で見られた経営ナショナリズムをも凝縮して形成された一面を持っており，海外支店のような出先機関のトップに外国人スタッフではなく，日本人を据えるのは，ある意味，当然のことであろう。だが，明治以来いだいてきた欧米諸国への「追いつき，追い越せ」という宿願を1980年代にほぼ果たした日本，そしてその総合商社が，このような日本人駐在員優先主義を続けていけば，総合商社に雇用された外国人従業員の士気（やる気）は低下しかねない。この点について，総合商社各社がどう対処するのかは，今後，注目すべきことがらであろう。

▶ **参考文献**——次に読んでみよう

岩田規久男［2009］『国際金融入門』新版，岩波新書
大森一宏・大島久幸・木山実編［2011］『総合商社の歴史』関西学院大学出版会
木山実［2009］『近代日本と三井物産——総合商社の起源』ミネルヴァ書房
ジェトロ（柴原友範・江尻武之・石川雅啓）編［2012］『実践貿易実務〔第11版〕』ジェトロ
島田克美［1990］『商社商権論』東洋経済新報社
島田克美・黄孝春・田中彰［2003］『総合商社——商権の構造変化と21世紀戦略』ミネルヴァ書房
下谷政弘・鈴木恒夫編［2010］『「経済大国」への軌跡——1955〜1985』ミネルヴァ書房
田中隆之［2012］『総合商社の研究——その源流，成立，展開』東洋経済新報社

第13章

eコマースによる拡大
―― どのような世界が待ち受けるのか

はじめに

　私たちは，インターネットを通して，身の回りの商品を購入する経験が増えている。まさにインターネット上の商業との取引，いわゆるeコマース（electronic commerce：電子商取引）が拡大している。eコマース登場以前は，何か商品が欲しいと思ったときは，店舗に出向いて商品を買ったり，商品によってはわざわざ電車に乗って百貨店や専門店まで行って購入したりするしか方法がなかった。もちろん店舗に出向かずとも，通信販売という方法もあったが，カタログをわざわざ取り寄せたり，商品が限定されていたり，注文書をファックスや郵送で送ったりするという不便があった。

　eコマース登場以降は，パソコンや携帯電話，スマートフォンを使って，いつでも，どこでも，たくさんの商品の中から商品情報を吟味して購入することができ，とても便利になった。だが，便利になった反面，実際に商品を見てから買うことができなかったり，買ったものが本当に届くのかどうか不安になったりという，新しいリスクも生まれてきているように見える。

　はたして，eコマースは，これまで見てきたような物理的な店舗での購入を前提にした商学の世界とは，何が違うのだろうか，そして商品概念やリスクはどのように考えたらよいのだろうか，さらにはどのような新しい世界が待ち受けているのだろうか。こうした点を，本章では確認していくことにする。

　そもそもこの変化は，1990年代にインターネットという新しいインフラができたことが契機となる。インターネットが引き金となり，今まで見てきた商業や商品概念の前提を大きく変えることになる。本章では，まずはインターネット登場の経緯，そしてインターネットによって商品概念がどのように変化した

のかを理解した上で，序章で見た経済社会の循環を阻害するリスクの前提を再確認し，それを受けて取引がどのように変容したのか，さらにはインフラや制度がどのように変化したのかを見ていくことで，eコマースによって広がる商学の新しい世界を確認する。

1 インターネットというインフラの登場

　インターネットは，アメリカにおいて1960年代初頭に理論研究が始まり1969年に実際に稼働した。その後1990年初頭までインターネットは，軍関係や高等教育機関，少数の企業研究機関での利用に限定されており，商用利用は不適切なものとして捉えられていた。当時，商取引に関する情報や取引そのものは禁止，という明確な利用制限があったのだ。

　だが，1990年代初めに大きな変化が起きた。今まで資金提供していたアメリカ政府が利用制限の解除を実施した。それを受けて1994年に新たにインターネットのバックボーンの構築が行われ，商業利用が可能となった。同時期にインターネットの操作を簡単にする基盤システムであるワールド・ワイド・ウェッブ（www）が飛躍的な発展を遂げたことも，商業利用に拍車をかけた。

　一方，個人ユーザーに向けては，インターネット接続を容易にした1995年発売のWindows 95の登場により拡大した。その状況は日本においても同様であり，その登場に呼応するように同時期に，ダイヤルアップ回線（ナローバンド）の地域もひろがりを見せ，個人ユーザーに普及しはじめる。その後，高速・大容量な通信回線（ブロードバンド）が登場し，2003年にはブロードバンドとナローバンドの比率が逆転し，多くの人が家庭のパソコンから簡単に利用できるようになった。このように，新たなインフラとなるインターネットは進展してきたのだ。

2 インターネットによる商品概念の変化

❖ リアル経済──情報とモノの一体

　では，インターネットによって商品概念はどのように変化してきたのだろう。まずは，これまでのリアル経済での商品概念を確認することからはじめよう。

身近にある店舗の商品陳列の棚や，置かれている商品を思い出してみよう。こうした陳列棚は，買い手である消費者が，商品を選んだりする際に必要な情報を伝える「広告」（情報）スペースであると同時に，商品の「在庫」（モノ）スペースでもあるのだ。陳列の商品は，「モノ」であると同時に，実際のパッケージやデザインを見せたり，触ってもらったり試用してもらうことができる「情報」でもあるのだ。つまり，陳列棚や商品は，「情報」と「モノ」という2つの異なる機能を同時に果たしていることとなる。今まで，こうした見方をしたことはないかもしれないが，これこそがeコマースを理解する上での重要な手掛かりとなる。

　こうした「モノ」と「情報」の経済原理は，本来，根本的に異なるはずである。まず第1に，所有という観点で異なる。物理的な「モノ」を売る場合には，売り手は売ってしまったら「モノ」を所有できなくなる。だが，アイデアやプラン，メロディなどの「情報」を売る場合は，売り手はそのものを所有したまま，何度でも売ることができるのだ。第2に，複製という観点で異なる。「情報」はコストをほとんどかけずに，何度でも複製することができるが，「モノ」を複製するには製造コストがかかる。第3に，劣化という観点で異なる。「モノ」は老朽化し，損耗するにつれその性能が劣化していくが，「情報」は摩耗することはない。第4に，場所という観点で異なる。「モノ」は1つの場所にしか存在できないが，「情報」はあらゆる場所に存在できる。見方を変えれば，情報はどこにも存在していないともいえるのだ。

　だが，「情報」が物理的な「モノ」に埋め込まれている場合は，この2種類の経済原理が結びつくことになる。「情報」と「モノ」という2つの機能は，トレードオフ（二律背反）の関係となるのだ。たとえば，先の陳列棚を思い出してほしい。店舗が「情報」提供の目的だけで，陳列棚をレイアウトするとしたら，商品の種類をできるだけ拡大することを考えるだろう。なぜなら，商品の品揃えを広げれば，消費者に提供する商品の選択肢を広げることができ，売上増が期待できるからだ。逆に，「モノ」の経済原理だけを重視すれば，販売動向を見ながら効果的に，陳列商品の在庫を持つことを考えるだろう。なぜなら，商品の品揃えを広げれば，売れない商品も持つこととなり，仕入コストがかかることが多いからだ。

　このように，「情報」と「モノ」の経済原理を同時に実現するのは不可能な

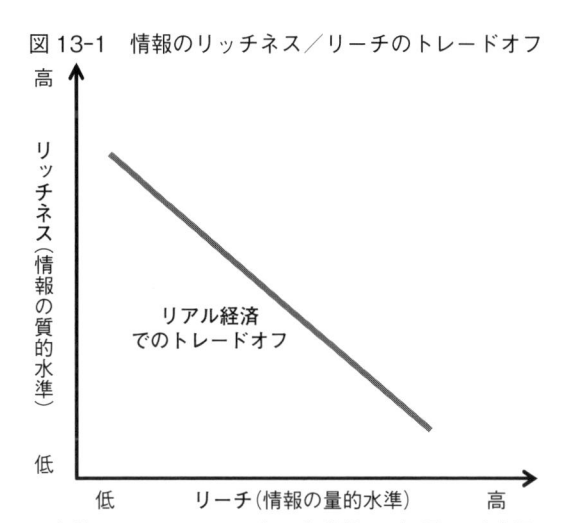

図13-1 情報のリッチネス／リーチのトレードオフ

縦軸：リッチネス（情報の質的水準） 高〜低
横軸：リーチ（情報の量的水準） 低〜高
右下がりの直線上に「リアル経済でのトレードオフ」と記載。

出所：Evans and Wurster［1999］邦訳33頁, 図3-1を参照。

のである。店舗では，「情報」の経済原理に従う広告としての機能と，「モノ」の経済原理に従う在庫としての機能の間で妥協しなければならない。両者の経済原理の間の妥協が，経済価値を圧迫してしまうのだ。

こうして「情報」が物理的な「モノ」に縛られている限り，「情報」の経済原理は，1つの基本法則に支配される。情報の質的水準である「リッチネス」と，情報の量的水準である「リーチ」がトレードオフになるという基本法則である（図13-1）。ここでいう「リッチネス」とは，情報の密度や，正確さ，速度，新しさ，カスタマイズ性，双方向性，関連性，セキュリティなど情報の質的水準を意味する。なお，情報の質の意味は，その状況によって異なる。一方の「リーチ」とは，情報の到達範囲や規模などの量的水準を意味する。具体的には，どれだけ多くの人と情報を共有できるか，あるいはどれだけ多くの顧客にアクセスできるか，どれだけ多くの製品を提供できるかということである。

こうした用語は，難しく思えるかもしれないが，非常に内容の濃い（リッチネスの高い）情報を，たくさんの友人と共有しようとすることが困難（リーチは狭くなる）というのは，みなさんも経験から理解できるのではないだろうか。つまり，リッチネスが高いとリーチは低くならざるをえないのである。逆に，たくさんの友人と情報を共有しよう（リーチを広げる）とすると，どうしても

内容は薄くなる（リッチネスは低くなる）。つまり、リーチが高いとリッチネスは低くならざるをえないのである。このように情報共有においても、リッチネスとリーチはトレードオフの関係にあるのだ。

同じ状況が、ビジネスにおいても起きているのを見てみよう。営業が「リッチネス」の高い情報を伝達しようとすれば、直接会える状況（近接性）や、専用のチャネル（たとえば、専用のコンピューター・ネットワーク、小売店とのネットワーク、営業組織など）が必要となってしまう。だが、こうした状況や専用チャネルでは、コストあるいは物理的な制約ゆえに、情報にアクセスできる人数が限られてしまう。一方、大勢の相手に情報を伝達しようとすれば、情報の質の点で妥協しなければならない。このように、「リッチネス」と「リーチ」を同時に実現するのは、従来の技術的制約下では不可能だったのだ。

実は、第8章や第9章で見た「情報の非対称性」も、リーチ／リッチネスというトレードオフによって、生まれているといえる。リッチネスの高い情報には、全員が同じようにアクセスできないため、情報にアクセスできる売り手と、アクセスできない買い手に知識の差をもたらすからである。それが、個人や企業の交渉力に影響を与えるのだ。

❖ ネット経済——情報とモノの分離

だが、インターネットの普及によって、「情報」と「モノ」を分離することができるようになった。物理的な媒体から情報を分離すれば、「リッチネス」対「リーチ」というトレードオフは解消するはずである。

たとえば、パソコン小売業界の例がわかりやすいだろう。パソコンの誕生初期は、消費者がパソコンの操作がわからなかったり、よく慣れていなかったりしたので、技術や操作に詳しい人にサポートしてもらう必要があった。こうした状況のため、パソコンに詳しい販売員を抱えたパソコン専門店が成長を遂げた。すなわち、パソコン専門店では、リーチを低くリッチネスを高くして取引をしていたのだ。

こうしたパソコン専門店が成長するにつれ、状況が変わってきた。パソコン専門店に対して、膨大な品揃えと低価格販売を武器に家電量販店が攻撃を仕掛けてきたのだ。専門店に比べて、量販店の販売員のパソコンのスキルは低かったが、消費者のパソコンの知識が増えるとともに製品の規格化も進んできたの

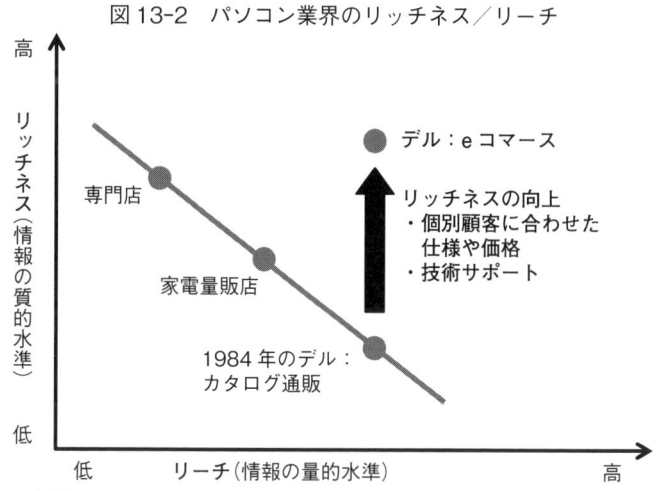

図13-2 パソコン業界のリッチネス／リーチ

```
高
↑
リ
ッ
チ
ネ
ス      専門店●                      ●デル：eコマース
（                                    ↑
情                                    ┃   リッチネスの向上
報         ●家電量販店                 ┃   ・個別顧客に合わせた
の                                    ┃     仕様や価格
質                                    ┃   ・技術サポート
的            ●1984年のデル：
水              カタログ通販
準
）
低
    低    リーチ(情報の量的水準)         高→
```

出所：Evans and Wurster［1999］邦訳33頁，図3-1を参照。

で，その程度の販売員のスキルで十分であった。量販店は，リッチネスを犠牲にして，リーチを広げたのだ。

　その後，カタログ通信販売などの直販システムが登場した。有名なのは，デルであろう。デルは，店頭での試用というリッチネスを犠牲にして，リーチを広げたのである。そもそも，パソコンはスペックの進化が早く，その結果，改廃のタイミングが短く，在庫のリスクが高いという市場であった。そのため，デルは電話やファックスによる受注生産を行い，在庫効率を上げることで，生産性を大きく向上させたのだ。まさにデルは，リアル経済においても，モノと情報を切り離そうと工夫していたのである。

　さらに，インターネットが登場し，ネット経済になって，デルはeコマースを始めた。消費者はデルのサイトを通して，製品に関する詳細を確認でき，幅広いオプションの中から仕様を自由に選択できた。同時に，デルはオンラインでの詳しい技術サポートも提供しはじめた。このように，デルはリーチを広げたまま，インターネットによってリッチネスを高めることができたのだ（図13-2）。

　こうして，インターネットの発展により物理的な媒体から情報が分離され，既存産業が基盤としていた情報の特性である「リーチ」と「リッチネス」のトレードオフが解消された。つまり，インターネットは，既存産業自体の「デコ

第13章　eコマースによる拡大　289

ンストラクション」（既存構造の解体と再構成）を引き起こす可能性を持つのだ。まさに，パソコン業界における従来の産業の枠に収まらないデルのような新たなビジネスの登場である。

さらにネット経済では，企業自体も「アンバンドリング（分解）」される可能性を持つというのだ。「リーチ」と「リッチネス」のトレードオフが解決されれば，何も同じ企業である必要はないからである。つまり，たくさんの人々と，どこにいても情報共有できるのであれば，同じ会社で，近くの席で仕事をしなければいけないということはない。

そのため，経済面や組織文化面，競争面において，そもそも異なる成功条件を持っているにもかかわらず，1つの企業としてバンドリング（束にする）されていた企業の根幹的な3つの業務が，アンバンドリングされるというのだ。その3つの業務は，①魅力的な新製品や新サービスの考案とその商品化を行う「イノベーションの業務」，②顧客の特定や，獲得，リレーションシップの維持を行う「カスタマー・リレーション業務」，そして，③大量あるいは多頻度の作業を処理する設備の構築と管理を行う「インフラ管理業務」となる。以下では，3つの業務における，経済面や組織文化面，競争面を順に確認していく。

まず，イノベーション業務の成功条件を確認しよう。経済面においては，早く市場に参入することが，プレミア価格の設定や市場シェアの獲得を可能とする。つまり，その成功要因は，対応の早さが決め手となる「スピードの経済」だといえる。組織文化面においては，イノベーションを可能とする創造性の高い「花形社員」を大事に養成するという文化となる。つまり，「従業員中心主義」だといえる。競争面においては，有能な人材を競って求め，参入障壁は低く，小規模プレーヤーが成長するという傾向を持つのだ。

次に，カスタマー・リレーション業務の成功条件を確認する。経済面においては，新規顧客獲得にコストがかかるため，既存顧客が払う総支出額に占める自社のシェアを高めていくことが重要となる。つまり，既存顧客に同じ種類の商品・サービスを反復，あるいは異なる種類のモノを複数購入してもらうということだ。つまり，その成功要因は，組み合わせによるシナジー効果が決め手となる「範囲の経済」だといえる。コンビニが商品を販売するだけでなく，公共料金受領やATM設置を行い，多く利用してもらい売上げを上げることが，その例にあたる。組織文化面においては，高度なサービスを志向するという文

表13-1 企業の３つの業務

	イノベーション業務 成功要因	カスタマー・リレーション業務 成功要因	インフラ管理業務 成功要因
経済面	スピードの経済	範囲の経済	規模の経済
組織文化面	従業員中心主義	顧客第一主義	コスト重視主義
競争面	・有能な人材を求める ・参入障壁は低い ・小規模プレーヤーが成長	・スケールの拡大を求める ・統合が急速に進む ・大規模プレーヤーが支配	・スケールの拡大を求める ・統合が急速に進む ・大規模プレーヤーが支配

出所：Hagel and Singer [1999] 邦訳14頁，図14を参考に著者作成。

化である。つまり，「顧客第一主義」だといえる。競争面においては，スケールの拡大を求めて競争し，統合が急速に進み，2, 3の大規模プレーヤーが支配するという傾向を持つのだ。

最後に，インフラ管理業務の成功条件を確認する。経済面においては，固定費が高く，限界コストを下げるために処理する数量が多いことが重要となる。つまり，その成功要因は，大量生産によるコストダウンが決め手となる「規模の経済」だといえる。組織文化面においては，標準化や効率性，予見可能性を重んじるという文化である。つまり，「コスト重視主義」だといえる。競争面においては，カスタマー・リレーション業務と同様に，スケールの拡大を求めて競争し，統合が急速に進み，2, 3の大規模プレーヤーが支配するという傾向を持つのだ。

このようにネット経済において，リーチとリッチネスのトレードオフは解消され，これまでの産業はデコンストラクションされ，新しいプレーヤーが登場したり，これまでの企業活動がアンバンドリングされ，企業が単一のコア業務に専念したりということが自然な方向となるというのだ。

3 ４つのリスクの変化

では，インターネットによって変化した商品概念や産業，企業は，序章で見た経済社会の循環を阻害する「リスク」をどのように変化させたのだろうか。そのリスクには，大きく４つの種類があった。①事業そのものにまつわる「市場リスク」，②将来の価格変動に伴って発生する「価格変動リスク」，③外性的

な要因によって事故的に発生する「純粋リスク」，そして，④取引関係や市場の拡大など対外的な関係の中で発生する「取引リスク」であった。以下，順にどのように変化したのかを見ていこう。

❖ 市場リスク

　第1の市場リスクについて確認しよう。それは，事業が市場で受け入れられるか否かという問題であった。序章で見たようにリアル経済では，見込み生産と受注生産という2つの生産方式での市場リスクが確認された。見込み生産とは，買い手からの注文を受ける前に，生産者が自らの判断に基づいて商品の種類や数量を決定して生産する方式であった。一方，受注生産とは，買い手から欲しい商品の種類や数量の指示を受け，生産者が実際に生産する方式であった。ネット経済においても，同じく2つの生産方式が想定される。以下，それぞれでの市場リスクを見てみよう。

　まず1つめの見込み生産における市場リスクについて確認する。リアル経済の見込み生産では，事前の判断はあくまでも予測であり，過不足あるいは過剰をもたらす見込み違いという市場リスクが発生する可能性があった。ネット経済においても，見込み違いは起こりうるが，そのリスクを軽減することができる。なぜなら，ネット経済ではモノと情報が分離されているので，ネット上で商品の情報を掲載さえできれば，流通の中間段階での卸売や小売においてモノ（在庫）を持つ必要がなくなるからである。そのため，ネット経済では，流通全体での在庫数を最小限にでき，リスクはリアル経済に比べてきわめて小さくできる。リアル経済では，1000店舗に商品を1つ納品するとしたら，まだ1つも売れていない段階でも，最低1000個は必要だが，ネット経済では，1000店舗のサイトに商品を掲載するとしても，生産者の倉庫からの直送を前提とすれば，商品を実際に持つ必要はなく，その倉庫に売れる在庫数だけを持てば十分というわけだ。

　だが，このことはリアル経済ではなかった新たなリスクをもたらす。商品を受け取るまで時間がかかるため購入されなかったり，あるいはサイトに商品が掲載されているのにもかかわらず欠品していたりするなど経済の循環が阻害されることがありうるのだ。これらの点は，後述する取引リスクでも確認する。

　もう1つの受注生産における市場リスクについて確認する。これは，見込み

生産に比べてリスクは少ないように見えるが，序章で見たように，リアル経済の受注生産においては，①生産のリードタイムが長いと，経済の循環が阻害され，②個別の注文に合わせての生産は，生産者の「規模の経済」を働かすことができず，③消費者が買い手である場合，商品がないと欲望を喚起されないので，受注が発生しない可能性が高い，という3つの欠点があった。

ネット経済での受注生産では，①や②については同じ問題も生まれるが，③については商品（モノ）がなくても，リッチネスの高い詳細な情報を提供可能である。先のデルの例がまさにそれに当てはまる。

このように，ネット経済はリアル経済に比べて大きく市場リスクが低減されるように見えるが，商品が発見されないかもしれないという市場リスクは存在する。

こうした問題は，むしろ物理的店舗の方がありそうである。リアル経済では，消費者は，膨大なリーチの中から，リッチネスの高い情報を効率よく収集するのは難しいので，つまり探索コストがかかるので，階層的な探索をしているのである。たとえば，消費者が商品を選択するとき，消費者はまずショッピング・モール（あるいは商店街）を選んで，次に店舗，コーナー，陳列棚，そして商品と階層的に絞り込んでいく。リッチネスの高い情報が増えるにつれ，リーチは減少していく。そのため，すべての商品は探索されないことになる。

移動コストがかかってしまう物理的な店舗の探索コストに比べれば，ネット経済での探索コストは，ほとんど無視できるようなコストに見える。だが，注意しなければいけないのは，ネット経済での探索コストも，決してゼロではないということだ。消費者は，数社のeコマースのサイトのページを見たら，他のeコマースのページを見ないかもしれないのである。サイトを見るにも探索コストがかかっているのだ。商品は膨大なリーチの中から探し出されない可能性がある。つまり，ネット経済においても，リアル経済に比べて異なる状況ではあるが，探索されない，あるいは探索できないという市場リスクが存在するのだ。

❈ 価格変動リスク

第2に，価格変動リスクを確認する。それは，時間の経過に伴って発生する価格の変動によるリスクである。リアル経済では，生産や販売に要する期間の

中で，市場における販売価格や，原材料の価格変動があれば，経済の循環に影響を与えるというリスクがあった。こうしたリスクは，eコマースにおいても，リアル経済と同じように発生するだろう。

　さらに，ネット経済では，すでに見たように移動コストがなく探索コストがきわめて低いので，買い手が商品を特定できれば，その商品名や品番を手がかりに，他のeコマースで同じ商品を探し出すことが容易であり，売り手にとっては価格が比較されやすく，価格競争が激しくなるというリスクがあるのだ。

❖ 純粋リスク

　第3に，純粋リスクを確認する。それは，外部的な要因によって発生する事故的なリスクであった。リアル経済では，盗難や火災，交通事故などの事故や，台風や地震などの自然災害によって被害を受けるというリスクがあった。こうしたリスクは，ネット経済では，物理的店舗を構えていないために，存在しないように見える。だが，eコマースを支える事務所や倉庫，物流は，同じようにこうしたリスクにさらされるのだ。このようにネット経済も，仮想経済上だけで完結しているのではなく，リアル経済の上に成り立っていることを忘れてはいけない。

　さらに，ネット経済で新たに発生する純粋リスクとしては，eコマースのシステムが動くサーバーなどのダウンがある。サーバー自体やその設置施設が，自然災害や火災，停電などにより，機能しなくなるというリスクがあるのだ。それだけでなく，ハッカーなどによるデータ盗難なども起こりうるだろう。セキュリティ対策を万全にしても，ハッカーはそれを破ろうとするのだ。まさに，いたちごっこの様相である。加えて，後述するような個人情報保護法の問題もあり，企業にとっては大きなリスクとなる。

❖ 取引リスク

　第4に，取引リスクを確認する。それは，取引にまつわるリスクであった。リアル経済では，受け取った商品が事前確認した商品と同じでなかったり，期待したイメージや機能の商品でなかったりすることにより生まれるリスクであった。基本的に買い手が負うことになるリスクで，まさに「買い手ご用心」の問題であった。

ネット経済では，こうしたリスクがことさら高くなる。モノと情報が分離されており，現物である商品を事前確認してからの購買ではないので，期待したイメージや機能の商品と異なったり，サイズが違ったりするということが起こりやすい。洋服や靴のサイズは実際に試してみないとわかりにくいが，購入前に確認することができないのだ。

　さらに，ネット経済ならではの新たな取引リスクも生まれる。モノを受け取れないリスクや，時間や費用がかかるというリスク，そしてカード不正利用や個人情報漏洩というリスクである。まず，受け取れないというリスクは，支払ったのに，詐欺などによって納品されないというリスクがある。リアル経済では商品の受領と，支払いが同時に行われるので，こうしたリスクは想定しにくい。

　次に，時間や費用がかかるというリスクを確認する。リアル経済では，見込み生産によって店舗に在庫があれば，買い手は商品をすぐに手に入れることができるが，ネット経済では納品までに時間がかかったり，移動距離に応じた配送コストが発生したりする。こうした配送コストを，リアル経済では消費者が負担していたのである。実感がないかもしれないが，消費者が店内の陳列棚から商品をレジまで運び，さらに店舗から自宅まで自ら持って帰っているということは，商品を抜き出し（ピッキング），さらに配送するコストを消費者が負担していることになるのだ。こうした新たなコストは，ネット経済の循環を阻害するものとなる。

　さらに，買い手にとってカードの不正使用や，個人情報漏洩というリスクもある。リアル経済では，貨幣で支払えば匿名的に購入できるが，ネット経済では，氏名はもちろん送付先住所などの個人情報を登録しないことには取引ができないのだ。このようにネット経済では，まさに「買い手ご用心」のリスクが多く発生する。

　一方，売り手にとっても，ネット経済ならではの新たなリスクが発生する可能性がある。ネット経済では，商品の評価だけでなく，取引過程での対応や，クレーム応対などの企業の評価が，ソーシャル・メディア等によりインターネット上で一気に広まる可能性がある。一般的に，良い評価より風評を含めた悪い評価の方が口コミされやすく，そのリスクは高まるのだ。

4 リスクへの対応

❖ ナビゲーション機能

　こうしたリスクへの対応は，リアル経済では市場調査や対策，予防など個々の事業者による対応があった。ネット経済においても，それらは同様に必要であるが，ここではネット経済のリスクに対応して生まれたマネジメントを見ていく。ネット経済において新たに登場した「ナビゲーション機能」が，それにあたる。さらに，こうしたナビゲーション機能を制する「ナビゲーター（水先案内人）」が，ネット経済の取引において競争力を持つこととなる。

　ナビゲーション機能は，先に見た「リーチ」や「リッチネス」に加えて，「アフェリエーション」という3つの次元で高い水準を持つことである。アフェリエーションとは，消費者の利益に，より密着した関係を築くことである。具体的には，より身近で便利なサイトであるかどうか，つまりよくアクセスされるかどうかということになる。

　ナビゲーターの代表は，グーグルやヤフーなどの検索サイトであり，ナビゲーション機能を持つ企業は，アマゾン・ドット・コムや楽天市場などの電子モールが相当する。こうしたナビゲーターは「インフォメディアリー」とも呼ばれる。先に見た「カスタマー・リレーション業務」に集中し，顧客情報を豊富に蓄積しているために，eコマースをコントロールできるというのだ。

❖ 市場リスクへの対応

　こうしたナビゲーション機能が，先に見た4つのリスクすべてに対応できるわけではないが，市場リスクと取引リスクという2つの大きなリスクに対応している。

　第1に，市場リスクの1つである探索に関わるリスクへの対応である。探索できない，探索されないというリスクに関しては，文字どおりナビゲーション機能が有効に働くのである。消費者は，検索サイトや検索エンジンで商品のキーワードを入れれば，膨大な選択肢の中から関連する商品を簡単に探すことができるのである。ただし，このことは，先に見たように売り手にとってはリスクとなることもある。

図 13-3 ロングテール

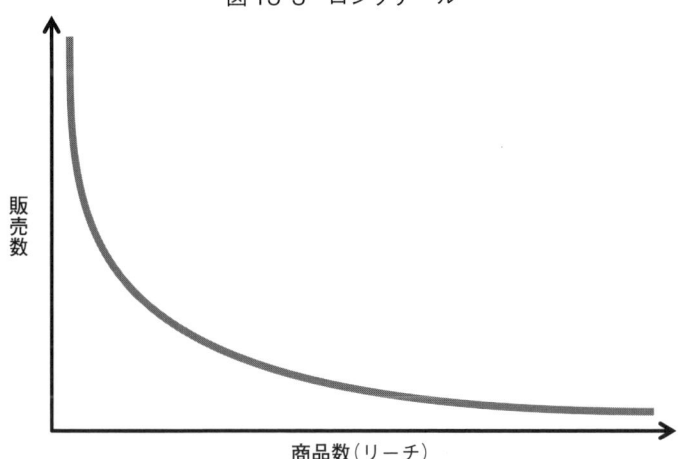

出所：Anderson［2006］邦訳 118 頁，図を参照．

　さらに，電子モールにおけるリコメンド機能が消費者の探索を支援する。ユーザーの購買履歴を利用した「おすすめ商品」の紹介である。過去に同様の購買行動をとったユーザーの分析をして，個人に適したお勧め商品を紹介するのである。

　こうした機能において，より多くの商品をお勧めできる取扱い点数の多い電子モール型が適しているというのは理解できるだろう。この有効性を説明する概念として，「ロングテール現象」がある。ある特定の分野において，上位20％の商品が全体の80％の売上げを占める（つまり下位80％の商品が全体の20％の売上げを占める）という「20対80の法則」といわれる伝統的ビジネスの経験則に対して，電子モール型では，横軸に商品を販売数量順に並べて，縦軸を販売数量とすると，下位の商品が恐竜の尻尾（テール）のように長くなるといわれる。つまり，下位の販売数量が低い商品のアイテム数が極端に多いのだ。このグラフの形状から「ロングテール」現象と呼ばれる（図13-3）。なお，上位部分が「ヘッド」，下位部分が「テール」といわれる。こうしたヘッドを取れる企業は「規模の経済」が最も働く企業であり，ロングテールで品揃えが多様化すると同時に，そうした企業に集中化するといわれる。だが，こうしたロングテールは間違いで，実際にはテールだけが売れるわけではなく，ヘッドも売れるので結局はロングテールにはならないという意見もある。どちらにし

ても，電子モールのリーチの広さには優位性があり，リコメンドも幅広い商品から行われるということがわかるだろう。

こうした電子モールのリコメンド機能は，リーチとリッチネスを相互に高めていく「創発的ナビゲーション機能」だといえる。つまり，リーチが増えると，リッチネスの水準を高め，それがまたリーチを増やすという相乗効果の仕組みを持っているからである。

❖ 取引リスクへの対応

第2に，取引リスクの「買い手ご用心」への対応である。まず，1つめの対応は，商品が事前に確認できないことへの対応として，**商品評価**が行われていることである。電子モールにおいて，実際の購入者が商品を評価し，その理由をコメントしていることで，消費者は購入前にその評価点数やコメント，評価した人数を確認できる。さらに，第三者である価格.comなどの商品評価の専用サイトにおいても，消費者の評価をもとにしたランキングやコメントを確認することができる。もちろん，その評価のすべてを購入者が行ったものとは限らないので，全面的に正しいとはいえない。なお，こうした商品評価サイトもそこからeコマースへと誘導するので，ナビゲーターの1つだともいえる。

さらにeコマースにおいて，リアル経済での対応との差を埋めようというマネジメントが行われている。たとえば，色やデザインのイメージが違ったり，サイズが合わなかったりした場合は，返品や交換できるように対応しているのだ。中には，返品送料を無料とするeコマースも現れている。

もう1つの対応は，店舗の信頼性への対応として，**店舗評価**が行われていることである。電子モールでは，店舗評価が実際に利用した消費者から行われる。評価点数やその推移，コメント，評価した人数などが表示される。リアル経済での取引の信頼性は，個人の反復的取引がもとになっており，これを確保するのが店舗であったが，ネット経済では，電子モールが多数の消費者による反復取引の結果を確認できる場となることで，信頼性が担保される。なお，こうした店舗評価は，電子モールだけでなく，商品評価サイトでも実施されている。

さらに，受け取れないというリスクに対しては，電子モールや宅配企業などの第三者の信頼できる企業が決済を行う**決済代行**や，商品と引渡しに現金あるいはカードで支払うという**代引き**という手段もとられている。

5　インフラや制度の変化

　すでにインターネットをはじめ，検索サイトや電子モールの登場などインフラともいえる変化を確認したが，以下では，取引リスクの個人情報漏洩問題に対応したインフラや制度の変化として，個人情報保護法と，セキュリティ技術やその証明について確認する。

❈ 個人情報保護法

　個人情報保護法は，誰もが安心して情報社会の便益を享受するための制度的基盤として，2003年5月に成立・公布され，2005年4月に全面施行された。この法律では，個人情報の有用性に配慮しつつ，個人の権利利益を保護することを目的として，民間事業者が，個人情報を取り扱う上でのルールが定められている。

　個人情報とは，生存する個人を識別可能とする情報であり，情報に含まれる氏名，生年月日その他の記述等により，特定個人を識別することができるものをいう。その情報によって直接的に特定個人を識別できるものだけでなく，他の情報と容易な方法で照合することで間接的に特定個人が識別できるものも含まれる。たとえば，メールアドレスのみであっても，ユーザー名やドメイン名から特定個人を識別することができる場合は，そのメールアドレスは，個人情報に該当する。さらに，たとえ映像や音声であっても，それによって特定の個人が識別できる場合には，個人情報に該当するのだ。

　こうした法律を遵守しないといけない対象者は，5000件を超える個人情報を，コンピュータなどを用いて検索することができるよう体系的に構成された「個人情報データベース等」を事業活動に利用している事業者となる。個人情報データベースには，顧客情報だけでなく従業員情報も含まれる。それは，コンピュータ上，あるいは紙上かは関係なく，個人情報を五十音順，生年月日順，勤務部署順など一定の方式によって整理し，目次，索引等を付して容易に検索できる状態に置いてあるものが対象となる。

　これに違反した場合は，「6ヶ月以下の懲役または30万円以下の罰金」の刑事罰が課せられる。加えて，漏洩した個人情報の本人から，漏洩による被害や，

実被害がなくても，漏洩したという事実による損害賠償民事訴訟のリスクが発生する。まして，大規模漏洩事件事故の場合は，巨額の賠償金支払いに直面する可能性もあるのだ。

さらに，その漏洩件数が少なく処罰の範囲とならなくとも，個人情報保護を怠り不適正な管理によって情報漏洩した場合，事件・事故の公表によって，企業は重大なダメージを受けることになるのだ。

❖ セキュリティ技術と証明

取引リスクの店舗の信頼性については，電子モールや商品評価サイトでの店舗評価だけでなく，その信頼性を確保するものとしてセキュリティ技術や，その証明サービスがある。先の個人情報保護にも関連するが，サイト上で入力する個人情報や，クレジットカード情報などを暗号化し，安全に送信するSSL (secure socket layer) というセキュリティ技術が有名である。

さらにeコマースのサイト上で，SSLを使用したサーバーであることを証明する第三者の企業が存在し，その企業の証明のマークが表示されることにより，「買い手ご用心」への対応となり，消費者はそのeコマースで安心して購入することができ，サイト自体の信頼性を担保することになる。

おわりに——さらなる新しい世界

本章では，まずインターネットの登場，そしてインターネットによって商品概念がどのように変化したのかを理解した上で，ネット経済社会の循環を阻害するリスクの前提を確認し，それを受けて取引がどのように変容したのか，さらにはインフラや制度がどのように変化したのかを見ていくことで，eコマースによって広がる商学の新しい世界を確認してきた。

こうした中で，ナビゲーション機能（あるいはインフォメディアリー）の重要性について理解してきた。そこでは，より消費者に身近であり，よくアクセスされるというアフェリエーションが高いことが重要であった。だが，アフェリエーションは変化を見せる。そもそもパソコンしかなかった時代から，携帯電話，さらにはスマートフォンというように情報端末が変遷するにつれ，より多くアクセスされる人気サイトは変化してきている。

たとえば，スマートフォンの登場によって，ソーシャル・メディアが台頭し

てきた。ソーシャル・メディアでのコメントや画像からつながる e コマースであるソーシャル・コマースが新たな可能性を持つ。なぜなら検索サイトや電子モールは，あくまでも何か購入しようと思ってサイトを探索するという「計画購買」への対応であるのに対して，ソーシャル・コマースは，そもそも購入する予定がなかったのに知人が紹介やコメントしているのを見て思わず購入してしまうという「非計画購買」をもたらすからである。いまのところ，ソーシャル・コマースの台頭は見られないが，どちらにしても，より身近なものが新たな覇者となる可能性がありうるのだ。

　さらに大事なことは，こうした e コマースと物理的な実店舗は，相互に影響を与えているということだ。なぜなら，売り手も買い手も，現実社会で活動しているからだ。たとえば，物理的店舗で商品を確認したり店員の説明を聞いたりする場所として利用し，e コマースで購入するという「ショールミング」が起こっている。あるいは，その逆も起こったりしている。e コマースで商品を確認して，物理的店舗で購入するという具合だ。さらには，e コマースで購入まで行うが，物理的店舗で商品を受け取るということも起こっている。これからの世界は，リアル経済とネット経済という両経済を分離して考えるのではなく，1つの経済として考える時代になっているのだ。

　最後に，静かに，だが着実に生まれつつある，さらなる新しい世界の片鱗を覗いて終わることにしよう。それは，商品概念，そして商業のあり様をさらに大きく変化させることになる。すでに見たように，インターネットによってモノに縛られていた情報が分離されてきたが，それに加えて，近年，登場したデジタル生産の技術が，モノ自体を情報（デジタルコンテンツ）にしつつあるのだ。つまり極端にいうと，すべてが情報となるのである。

　デジタル生産技術とは，デジタルデータをもとにして，3D プリンタ（3次元プリンタ）を使って樹脂などを重ね塗りして立体物を作ったり，レーザーカッターで革や板などを削り出したりすることによって，消費者が自宅で簡単にモノを製造できる技術のことである。デジタルデータも，自宅のパソコンで作成できたり，あるいは実際のモノを 3D スキャナーで読み込んだり，インターネットによって入手できたりするのだ。

　このように，誰もが「メーカー」になることができるのだ。このことは，従来のモノづくりの経済を大きくひっくり返すこととなる。これまでは大きな設

●コラム 13-1　デジタルコンテンツの販売

　商品にはモノだけでなく，音楽や映画のソフト，あるいはゲームやツールなどのアプリケーション，そして書籍や雑誌の電子書籍などのデジタルコンテンツがある。これらのデジタルコンテンツは，ネット上のウェブサイトからダウンロードさえすれば，簡単にすぐに利用することができるものだ。

　デジタルコンテンツは，本章で見た「情報」そのものであり，所有，複製，劣化，場所，そして移動という観点で，モノとは異なる。所有という点では，デジタルコンテンツを売る場合は，売り手はそのものを所有したままで，何度でも売ることができる。つまり，過剰在庫や欠品などの在庫の問題がない。次に，複製という観点では，デジタルコンテンツは，初期制作のために製造コストはかかるものの，その後はコストをほとんどかけずに，何度でも複製することができる。劣化という観点では，デジタルコンテンツは摩耗することはない。場所という観点では，デジタルコンテンツはあらゆる場所に存在することができる。最後に，移動という観点でも異なる。インターネットにつながってさえいれば，輸送コストはほぼゼロに近い。このように在庫や輸送などの問題がないので，同時に世界展開も可能であり，モノのeコマースよりさらに市場は拡大する可能性を持つ。

　さらに，音楽の視聴やゲームのお試し，電子書籍の一部閲覧などのサービスを提供することもでき，消費者は納得して購入することもできる。このように市場リスクや，取引リスクは大きく軽減されている。

　一方，企業も，顧客属性やその使用状況のデータを入手することができ，デジタルコンテンツや，そのサービスの改善につなげることもでき，新たな可能性が広がる。だが，違法複製コピーのリスクや，同じ条件の中での競合製品との競争は新たに生まれることにもなる。さらには，インフラを提供するサービスや，そのシステム開発が英語で行われている場合が多いため，技術者が英語を理解しないといけないという新たな課題も生まれている。

備や金型が必要であったため生じていた「規模の経済」の原理が働かないのである。大量に作っても1個作っても，簡単でも複雑でも，つど柔軟に仕様を変更しても，製造コストはほぼ同じなのである。自宅の（2次元）プリンタで，手軽に画像を印刷できることをイメージしてもらえればわかるだろう。さらに，在庫や物流，生産国のあり方も変化させる可能性を持つのだ。商品在庫を持ったり，それらを配送したり，中国などの海外生産をしたりする必要がなくなるのだ。もちろん，すべてのモノづくりがこれに置き換わるわけでない。だが，

消費者が生産者になるとき，そもそも消費者と生産者の架け橋であった商業が，新しいあり方を要請されることは間違いないだろう。

▶ 参考文献——次に読んでみよう

西川英彦［2009］「ネット型小売の革新性とその変容」石井淳蔵・向山雅夫編『小売業の業態革新』中央経済社

Anderson, C.［2006］*The Long Tail : Why the Future of Business is Selling Less of More*, Hyperion Books.（篠森ゆりこ訳［2006］『ロングテール——「売れない商品」を宝の山に変える新戦略』早川書房）

Anderson, C.［2012］*Makers: The New Industrial Revolution*, Crown Business.（関美和訳［2012］『MAKERS——21世紀の産業革命が始まる』NHK出版）

Elberse, A.［2008］"Should You Invest in the Long Tail?," *Harvard Business Review*, Jul-Aug, 86(7/8), 88-96.（編集部訳［2008］「ロング・テールの嘘」『ダイヤモンド・ハーバード・ビジネス・レビュー』12月，139-152）

Evans, P. B. and T. S. Wurster［1999］*Brown to Bits : How the New Economics of Information Transforms Strategy*, Harvard Business School Press Books.（ボストン・コンサルティング・グループ訳［1999］『ネット資本主義の企業戦略』ダイヤモンド社）

Hagel III, J. and M. Singer［1999］"Unbundling the Corporation," *Harvard Business Review*, Mar/Apr, 77(2), 133-141.（中島由利訳［2000］「アンバンドリング：大企業が解体されるとき」『ダイヤモンド・ハーバード・ビジネス』Apr/May2000, 25(3), 11-24）

Hanson, W.［2000］*Principles of Internet Marketing*, South-Western College Publishing.（上原征彦監訳［2001］『インターネットマーケティングの原理と戦略』日本経済新聞社）

『消費者庁HP 個人情報の保護』（http://www.caa.go.jp/seikatsu/kojin/index.html 2012年9月16日参照）

終 章

改めて商学の意義を考える

はじめに

　ここまで諸章を学んできて，みなさんはどんな感じを持っただろうか。商学の範囲がずいぶんと多岐にわたることを実感したことだろう。商学は経済の循環を観察し，分析する学問分野だと述べたが，その循環がまさに多岐にわたっているからにほかならない。循環は取引を通して行われるが，資金と商品が円滑に循環するために，さまざまな仕組みや制度が考え出されてきたのである。

　しかし，ただ多岐にわたる活動分野があるといっただけでは，商学は雑多な分野の寄せ集めのように思われてしまいかねない。そうであれば，あえてそれを「商学」として捉える意義も小さくなる。序章では循環とリスクという観点を強調したが，以下ではこれまでに学んできたことの大きな流れを振り返り，各章がどのように関連しているのかを整理するとともに，そこに共通する考え方を抽出することにしよう。

1　本書の構成を振り返る

　私たちの経済活動は基本的には他の行為主体との取引関係の中で成立する。自分で消費するために何かをつくったり，どこかに運んだりすることは生きていく上では大切なことではあるが，これらは経済活動とはみなされていない。しかし，同じようにものをつくったり運んだりする活動でも，それを自分の消費のためではなく，取引を通して他の行為主体に引き渡すために行う場合には，立派な経済活動とみなされる。経済活動とは取引関係そのもの，および取引関係を前提として行われるさまざまな活動と理解することができる。

取引にはさまざまなリスクがつきまとう。リスクとは一般には将来の不確定性を表現するが，ここではその結果として引き起こされる循環の阻害要因として理解してきた。経済主体は各種のリスクを回避したり，乗り越えたりしながら自らの事業を推し進め，他の主体とつながっていく。経済活動は将来の時間に向けた活動であるから，すべてが予定どおりに行われるなどということはありえない。予想以上にうまく行くこともあれば，予想に反して期待した結果が得られない場合もある。その後者がリスクであるが，多少のリスクはそれぞれの行為主体がそれを引き受けて進んでいく。
　しかし，もしある主体Aが何らかの事情で経営破綻して支払い不能の状態に陥ったとしよう。そうすると，本来であればAから支払いを受けられたはずの別の主体Bが債権を回収できなくなる。それをBが損失として処理できればいいが，場合によってはBから別の主体Cへの支払いが不可能になるかもしれない。そうすると，さらにCのDへの支払いが困難になるかもしれない。実際にはどの行為主体も多数の相手と取引しているから，その影響はもっとはるかに広い範囲に及んでいく可能性がある。こうしてAの破綻はAだけの問題に止まらず，取引関係を通して多数の主体に広がっていく。こうしてリスクが拡散すると循環そのものが阻害されかねない。そこで，こうしたリスクの拡散を最小限度にとどめるようにさまざまな仕組みが考え出されてきたのである。
　上の例示からも想像できるように，リスクが外に向かって広がるかどうかは，何よりも行為主体が直面したリスクに耐えられるかどうかに依存している。リスクの絶対的な大きさももちろん重要であるが，そのリスクが行為主体にとって持つ意味もまた重要である。個別主体にとってのリスクを小さくすること，そしてリスクに対する主体の耐性力を高めること，これが最初に重要となる。
　そのことは，たとえば私たちの身体でいえば，細菌と免疫力の関係を想像すればよりわかりやすいだろう。細菌はまわりに常に氾濫している。しかし，私たちは通常はそれを意識することなく行動する。時に強力なインフルエンザ・ウイルスなどが登場すると慎重な行動をとるが，とくに免疫力が低下していると感染し，発病しやすくなる。したがって，細菌に対する対策としては，うがいや手洗いを徹底するなど，細菌そのものをできるだけ近づけないようにするとともに，免疫力を高めることが大切になる。

本書の第1部ではこの意味でのリスクと主体の関係を取り上げた。第1章の主題である会社という組織形態は，いわば免疫力を高める工夫である。多くの資本金を準備すれば，より多くのリスクに備えることができる。そのことは，逆にいえば，より大きな事業を展開しようとすれば，それだけリスクは大きくなるのだから，より多くの資本金を準備する必要があることを意味している。より多くの資本金を準備しようとすれば，出資者の責任範囲を限定しながら，より多くの出資者を求めることが必要になる。会社の最も発達した形態としての株式会社はこうしたリスクに備える主体づくりとしての側面を持っていた。

　しかし，いくら免疫力が上がっても，細菌に対して無防備であっては感染を免れることはできない。第2章で取り上げた経営者の役割は基本的には個別主体にとってのリスクをコントロールし，小さくするための取り組みである。第7章で取り上げられたリスクマネジメントも基本的に同じ思考のものである。この側面を独立して取り出すことによって経営学が成立することは序章で述べたが，本書ではその点について必要最小限度の説明を行った。この側面の詳細はさらに経営学などの講義で学んでほしい。

　リスクは取引関係を通して広がるのだから，自社がいくらリスクに備えていたとしても，そのことを他の当事者に正確に伝えていなければ意味はない。自社の状態がどのようなものであるかを正確に把握することは，自身がリスクに備えるための前提にもなるが，同時にそれを通して初めて自社がリスクに強く，安心して取引できる主体であることを他者に伝達することができる。第3章の資金と債権の管理は，そのために開発された標準的なルールである。私たちの身体でいえば，定期検診とその記録のようなものだといえるだろう。

　いつまでも身体や健康を比喩に使うことはできない。経済上の取引は交換のかたちを通して行われる。その交換を円滑に進めるための工夫を第2部の第4章以下で説明した。第4章ではそのうちとくに貨幣について議論している。私たちは生まれたときから自然に貨幣になじんできたが，貨幣がどのようにして誕生したのか，貨幣を成り立たせているのは何なのかを理解するとともに，近年ではさまざまなかたちでの決済手段が開発され，いわば「新貨幣」ともいえるものが登場しつつあることもあわせて実感してほしい。

　貨幣は循環を媒介する重要な手段であり，すべての人々，主体にとってなくてはならないものである。しかし，ある時点で個々の主体をとってみれば，手

持ちの貨幣量と必要な貨幣量との間には差があるのが普通である。この資金需要の過不足を調整しながら，資金循環をより円滑にするために登場するのが銀行である。第5章ではこの銀行の働きに焦点を当てている。しかし，銀行は単に資金循環を媒介するだけではなく，経済主体の信用にも深く関わっている。

銀行が資金をいったんプールして第三者に融通するのに対して，より直接的に資金を準備するのが出資である。第1章で見た株式会社はその典型であるが，多くの出資者を募ろうとすれば，それを媒介する機関が必要になる。そのために開発されたのが証券市場である。そこでは出資という形態だけではなく借金として資金を集める「社債」も取り扱われる。こうした資金の直接的な調達の仕組みを扱ったのが第6章である。企業が新たに誕生して成長しようとするときにはとくに資金調達が大きな課題となるが，ベンチャー・キャピタルがそれを支えることで，全体としての企業活動を刺激することができる。

こうして資金に関する循環の仕組みが準備されても，リスクそのものが回避されるわけではない。そのリスクを処理する仕組みとして開発された代表的なものが保険である。後にも改めて確認するが，多くのリスクをまとめることによってより確実な状態をつくり出すというのはリスク処理の大原則である。第7章ではこの保険を中心としたリスクの処理方法とともに，個別主体のリスクマネジメントの問題を取り扱っている。

当事者が善意の行為者であっても取引にはリスクがつきまとうが，取引当事者は常に善意であるとは限らない。そのような中で取引を広めていくためには，取引に関するルールが社会的に共有される必要がある。その中には私的ルールと公的ルールが含まれるが，それらを包括的に取り上げたのが第8章である。私たちが日常的に行う取引がいかに多くの制度やルールに支えられ，守られているかという点を改めて確認してほしい。

こうしたさまざまな制度や仕組みに支えられながら，取引の範囲は拡大されていく。その市場の拡大を考えるのが第3部の課題であった。生産の拡大は市場の拡大を求め，市場の拡大が生産の拡大を可能にする。第9章では取引関係の中でリスクの発生を抑える仕組みとしての信頼関係の構築が取り上げられた。継続的取引を約束する店舗とブランド，さらに第三者機関によるテストや評価制度などが整備されることによって，取引における安心感が高まる。

それでも，生産者自らが市場と向き合うのでは市場のひろがりには限界があ

る。生産者と最終消費者との間に第三者が介在することによって，市場を一気に拡大することが可能になる。この役割を担うのが商業である。一見したところ，買ってきた商品を再販売するだけに見える商業の働きを解説したのが第10章である。しかし，生産者と商業者との関係は時代によって大きく変化している。

取引された商品は確実に相手の所に届けられなければならない。商品そのものを保管したり輸送したりする活動を「物流」と呼ぶが，それをさらに戦略的に配置する活動はロジスティクスと呼ばれる。第11章ではこのロジスティクスの問題を取り上げている。物流需要は一般の商品の需要とは異なった特性を持っているが，それはとくに国際物流の局面でより鮮明に表れるため，この点に解説の重きを置いている。

市場の拡大は国境を越える。とくに日本では資源が乏しく，需要も決して大きくなかったため，当初から国際取引が盛んであったが，国際取引となると国内取引とは異なるさまざまな問題が発生する。国が管理する通関業務だけではなく，取引上の信用確保のための仕組みも異なる。こうした制度的な相違とともに，貿易を専門的に担う機関として誕生した商社について解説したのが，第12章である。

商取引は今でも実際に当事者同士が直接確認し合って行われるのが普通である。といっても昔のように直接向き合って取引することは少なく，多くの場合は電話やカタログなどで行われている。それにさらにインターネットの発展が加わった。そこではネットで情報や注文，決済がやりとりされるだけではなく，取引対象となる商品そのものまでもがデジタル化されてやりとりされることもある。こうした新しい動きとしてのeコマースの意義と可能性を議論したのが，第13章である。

2　リスクを処理する仕組み

❖ 大量にまとめて処理する

以上，本書の大きな流れを振り返った。それらを通して共通する仕組みのようなものを感じ取ってもらうことはできただろうか。端的にいえば，「大量にまとめて処理する」というのが，ほぼ一貫して流れている仕組みだということ

ができる。会社は資金を直接集め，証券会社がその場を準備するのに対して，銀行はそれを間接的に代行する。保険はリスクを取りまとめてプーリング・アレンジメントの下にリスクを軽減させるが，商業が果たす役割も基本的には変わらない。多くの売り手と多くの買い手を結びつけることが商業の働きである。物流も同様で，物流会社は多数の貨物をまとめることによってより効率的な物流を可能にしている。

　もともとの取引当事者ではなく，その間に入る機関を第三者機関と呼ぶ。銀行，証券会社，保険会社，商業者（商社を含む），物流業者などは代表的な第三者機関である。本書では直接取り上げることができなかったが，市場調査会社や広告代理店，専門的な鑑定士などもこの第三者機関と考えることができる。彼らはいずれも直接何か具体的な財を生産しているわけではない。この当事者の立場に立ってみれば，第三者機関としてもともとの取引当事者の間に入ることに，自らの事業機会を見いだしたということになる。そして，それが事業機会として社会的に受け入れられ，彼らが長期にわたって存続できるのは，彼らの介在が取引をより効率化させ，リスクを軽減し，循環を円滑にするからにほかならない。

　この当事者にとっての事業機会という側面を強調すれば，彼らにとっての経営問題が浮かび上がってくる。それは限りなく経営学の見方に近づいていく。しかし，個々の事業者を超えて，彼らが全体として果たす役割，すなわち循環を円滑にするという側面を強調すれば，彼らが広い意味での制度や仕組みになり，経済活動のインフラとして機能しているという側面が浮かび上がってくる。そして，まさにこの側面に焦点を当てようとするのが商学だったのである。個々の第三者機関の活動を離れて全体としての働きがあるわけではない。だから，商学は個々の機関の活動にも関心を持つが，どこに事業機会を見いだすかというよりも，むしろそれが全体の循環にどのような役割を果たし，どのような影響を与えるかに強い関心を持っている。

　上で，「大量にまとめて処理する」のが原則だといういい方をした。しかし，これにはもう少し補足しておかなければならない点がある。商学が誕生した19世紀には，各分野でようやく大規模な取引主体が登場しようという時期であった。それに伴うように市場が拡大し，取引が広がっていく。地域における小さな循環から地域を越えた大きな循環が生まれ，それが主流となっていく。

その結果，経済における循環の役割の重要性がいっそう強く認識されるようになったのであり，それを安定的に運営するための研究分野としての商学が誕生したのであった。個々の取引主体がまだ十分に大きくない時代にあっては，第三者がまとめて処理をする必要性はきわめて大きかった。

❖ 同種と異種

しかし，「大量にまとめる」というだけなら，取引主体が大きくなると，その内部で大量を確保することができるようになる。たとえば，株式会社が内部留保を大きく蓄積することができれば，リスクに対する耐性力を高めるとともに，外部資金への依存を小さくすることもできる。あるいは，メーカーが製品を多様化してそれぞれに大量生産できるようになると，自ら十分な品揃え物を準備して市場と向き合えるようになるかもしれない。

いま例に挙げた2つのケースが微妙に異なることに気づいてもらえただろうか。前者の資金の場合には，大量に集めるものは基本的に同種であるのに対して，後者の場合には多様な製品という点にアクセントが置かれている。だからこそ，1社でも豊富な品揃えを確保することができるのである。そのことからも，リスクに向き合うのには基本的に2つの方向があることが理解できるだろう。

同種のものを集めると，分散的に発生するリスクや需要に対して，より効率的に対応することができる。資金の問題だけではなく，保険もそうだし，商業の役割として第9章で述べた取引の計画性の調整も基本的には同じ原理の上に立っている。

それに対して，**異種**のものを集めることによる処理の場合には，基本的にはリスクの分散が行われていると考えることができる。事業の安定化を図るための方法として，ポートフォリオという考え方がある。たとえば，1つの製品分野に特化していると，好調なときには問題はないが，何らかの事情で原材料が値上がりしたり需要が減少したりすると，一気に経営は悪化する。それを避けるために，さまざまな事業分野に進出しておけば，全体的な景気の後退ということでもない限り，ある分野でのマイナスを他の分野でカバーすることができる。ポートフォリオという言葉が，もともと投資家が自らの財産を複数の投資先に分散することを意味していたことを考えても，そのことはすぐに理解でき

終 章 改めて商学の意義を考える

る。
　商業の働きのうち，品揃えの重要性を強調した部分はこれに当たる。品揃え物が豊富な店に行けば，それが貧弱な店に行くよりも，自分の必要とする商品を見いだす機会は高くなる。言い換えれば，必要なものを見いだせないリスクはそれだけ小さくなる。第三者の手元で異質なものを集めることによって，主としてそこからの買い手に対してリスクを低減して購買を促進し，全体として円滑な循環を促す。資金面でいえば，多様な投資先や金融商品をパッケージにして売りに出されているが，これらも基本的にはこの原理によっている。

❖ 大企業体制と商学

　第三者機関によるリスク処理の側面を強調したが，循環を円滑にするという意味では，個々の行為主体のリスクマネジメントもきわめて重要である。それぞれの主体が健全にリスクに対応し，事前に回避することができれば，そもそも循環が阻害されることはないからである。行為主体が大きくなればなるほど，そのことの意味も大きくなる。それは，たとえば零細企業が倒産した場合と大企業が倒産した場合の経済全体に与える影響を考えてみれば，容易に理解できるであろう。リスクマネジメントが経営学的な思考を持つとすれば，大企業が支配的になるに従って，商学よりも経営学に注目が集まるようになったのは理由のないことではなかった。
　しかし，いくら大企業が支配的になったとはいえ，商学的な思考が不要になったわけではない。2つの意味でそういうことができる。第1に，大企業といえども自らの中ですべてを完結できるわけではなく，企業活動として外部との取引は絶対に避けられない。たとえ強大な企業グループを形成したとしても，取引はグループ以外に開かれなければ意味がないし，実際，第12章でも見たようにグループ内取引の比重はそれほど高くはない。そして，その外部との取引に際しては，さまざまな社会的制度や仕組みに依存せざるをえないのである。
　第2に，大企業体制下にあっても，なお多くの中小企業が経済を支えているのも事実であり，彼らを無視して経済を語ることはできない。中小企業が経済の循環の中に占める役割はきわめて大きい。今日の大企業も生まれた頃は零細企業や中小企業であり，それが事業活動を通してその規模を拡大してきた。彼ら中小企業は，大企業以上に社会的制度や仕組みに依存する。かつての中小企

業が今日の大企業にまで成長できたのは，もちろん彼らの経営努力にもよるが，さまざまな社会制度が彼らを支えたことも忘れてはならない。

むすび

　これまで「循環」という言葉を用いてきた。しかも，序章でも，この終章でも，人体に擬えて説明してきた。そのことが，あるいは引き起こすかもしれない誤解について注意を促して，本書のむすびとしたい。

　血液の循環などといえば，あらかじめ定められたルートをぐるぐると循環するというイメージをもし持ったとすれば，それは商学的な思考の重要な側面を見落とすことになる。やや難しい感じを受けるかもしれないが，われわれが取り扱うシステムは対内的には閉じて完結しているにもかかわらず，対外的には開かれていなければならない。これが社会システムが機械システムと異なる点である。人体の場合でも，それぞれの臓器は現在の身体を維持するという意味で閉じているが，体内に新たなものを摂取し，古くなったものを排出し，身体そのものをつくり変えていくという意味では開かれていなければならない。

　経済システムとなるともっとはるかにダイナミックである。どのような商品が作り出され，どこに市場が存在するのか。現在の商品や市場の状態はこれまでの活動の蓄積の上にあるのであり，将来はそれとはまったく違った状態が現れるはずである。その将来の姿は決して予定調和的に決められているわけではない。企業や消費者といった行為主体が新しい未知の世界を切り開いていく。将来はその上に初めて現れる。

　未知の世界を切り開く主体は，もちろん既存の大企業であるかもしれないが，多くの場合，中小企業やベンチャー企業である。彼らが新たな世界を切り開く活動自身は経営学が主として取り扱うが，それらの活動は現在の社会的な制度や仕組みといったインフラに支えられて初めて現実的な意味を持つ。第6章で見たベンチャー・キャピタルの仕組みがなければ，経済のダイナミックな活動は大きく減殺されるに違いない。商学は決して自己完結的な循環の世界を描こうとしているのではない。むしろ，こうした未来を切り開くためのインフラとしての制度や仕組みのあり方に強い関心を持っているのである。

索　引

○あ　行

相対取引　**223**
アウトサイダー　249, 256
アフェリエーション　**296**, 300
アマゾン・ドット・コム　**296**
アライアンス　244, 250
アンダーライター　160, 162
アンダーライティング　**149**
アンバンドリング　**290**, 291
アンビシャス　**145**
委員会設置会社　38
イギリス東インド会社　40
意思決定　**50**
　　――の連鎖　53, 54
意思決定支援　86, 88
意思決定前提　**50**, 52
異種のもの　311
委託取引（集荷）　**223**
委託売買業務　**150**
市　**198**, 202
1社独占　**257**
一手販売権　232
一般政府　119
移動販売　**204**
イノベーションの業務　**290**
岩井克人　28
インコタームズ　**261**
インセンティブ　83, 87, **130**, 232
インターコンチネンタル取引所　149
インダストリアル・キャリア　248
インターネット　**284**, 285, 300
　　――の普及　288
インタレスト・カバレッジ・レシオ　90
インテグレーター　**240**, 256
インテル　**146**
インバース・ロジスティクス　238
インフォメディアリー　**296**, 300
インフラ　**284**, 285, 299, 310, 313
インフラ管理業務　**290**
インフレーション　**110**
インベスター・バイアウト（IBO）　151

売上原価　**83**
売掛金　**81**
売り手ご用心　199, 261
売り手のリスク　199
運賃弾力性　245
運賃負担力　245
営業活動　**71**
エクイティ投資　142
円の国際化　264
エンプロイメント・バイアウト（EBO）　151
大きな循環　**207**
大口割引制　249
大阪証券取引所　145, 149
大塚久雄　40, 43
送り状　262
オフサイト・モニタリング　115
オープン価格制　**235**
オープンスカイ政策　251
オペレーショナル・リスク　169
オランダ東インド会社　40
卸売業者　223
卸売商　**222**, 224, 226

○か　行

海運業　**240**, 246
海運同盟　**247**-249
買掛金　79, 81
会　計　**70**, 180
会計監査人　180
会計記録　70
会計責任　89
外国為替相場　264, 266
外国間取引　272
外国商館　275
外国商人　275
会　社　**20**, 23, 27, 35
　　――の淵源　39
会社法　36, 37, 86, **180**
回収期間法　88
海上貿易　39
海上保険　161, 162
階層的な探索　293

315

買付集荷　223
階梯式計算法　81
買い手ご用心　12, 90, 91, 185, 196-198, 202, 204, 212-215, 261, 294, 295, 298, 300
買い手のリスク　197
外部費用　244, 258
価格カルテル　181, 183
価格競争　65, 294
価格差別　249
科学的管理法　87
価格変動　164
価格変動リスク　8, 10, 51, 98, 100, 293
価格メカニズム　4
価格リスク　169
価格.com　298
確率的需要　244
家　計　118
かけつなぎ　165
貸　方　80, 92
貸出金　126
過剰生産　231
過剰包装　197, 203
カスタマー・リレーション業務　290, 296
価　値　174
　　――の付与　141
価値尺度　100
価値評価　140
合　併　278
過当競争　248, 250
金のなる木　60
株　式　37
株式会社　33-35, 37, 40-42, 137, 151, 180, 307, 308
株式相互持ち合い　277
株式分割　147
株　主　37, 40, 41, 137
株主重視　43
株主総会　37
株主発行　147
貨　幣　3, 13, 200, 307
　　――の額面価値と実質価値の乖離　102
貨幣法　103
借　方　80, 92
カルテル　248, 249
為替取引契約　262
為替リスク　265

為替レート　266, 267
環境問題　255
関係特殊的な投資　179, 187
勧告審決　183
監　査　151
関西堂島商品取引所　164
監査役　38, 180
監査役会　38
慣　習　173, 189
勘　定　79
間接金融　117, 120
　　――から直接金融への移行　126
間接金融システム　121, 129
間接証券　120
間接流通　219
完全競争モデル　65
完全市場　203
管　理　48
管理会計　86
管理会計情報　86-88
管理可能利益　87
管理通貨制度　103
機械システム　313
機会主義的な行動　176, 187, 189
機会費用　245
機関投資家　148, 155
期間利益　74
企業間競争　65
企業組合　45
企業集団　277, 279
企業戦略　59
企業の価値観　58
企業の社会的責任　216
企業の哲学　58
企業の目的　58
企業の理念　58
議決権　31
基軸通貨　264
基準相場　268
基準割引率および基準貸付利率　113
規制緩和　250, 256
期待損失額　158
期待損失まわりの変動性　158
期待値　158
　　――まわりの変動性　159

キックバック　249
機能レベルの意思決定　64
規　範　173
希望小売価格　234
規模の経済　9, 248, **291**, 293, 297, 302
キャッシュ・フロー計算書　85
キャピタル・ゲイン　**139**, 141
キャプティブ　167
共益権　75
業界団体　24
業界秩序　45
供給側が支出する費用　221
協業組合　45
業種（店）　**228**, 230
行　商　204
強制執行　179
業績管理　86, 87
競　争　65
競争戦略　65
業態（店）　**230**
共通生産　240
協同組合　44
　――の種類　45
共謀独占　257
共謀独占体　248
業務執行権　31
業務執行社員　35
漁業協同組合　44
銀　貨　100
銀　行　125, 308
　――の銀行　**111**
　――の融資　**139**
銀行借入比率　124
銀行券　96, 102
銀行離れ　**122**
金匠宛手形　102
金匠手形　103
金本位制度　103
銀本位制度　103
金融機関　119
金融機関借入比率　**122**
金融債　128
金融システム　111
金融自由化　113
　――の進展　**126**

金融商品取引法　86, 91
金融政策　113
金融の役割　120
金　利　121, 139
空運業　240
グーグル　143, 144, 296
口コミ　295
グプタ，U.　146
組　合　29
『暮らしの手帖』　209
クーリングオフ制度　212, 213
クレジットカード　107, 109
グレシャムの法則　102
黒字倒産　85
クロスドック　243
クロスレート　268
グローバル経済　15, 16
経営学　5
経営者　31, 33, 34, 48, 84, 307
経営者支配　41, 43
経営戦略　56, 59
経営ナショナリズム　275, 283
計画経済　10
計画購買　**301**
経済学　4
経済活動　305
経済システム　313
経済資本　168
経済の循環　99, 121, 305
継続企業　5, 7, **39**, 73
景品表示法　181, 184, 210
契　約　29, 172, 179, **186**
契約自由の原則　186
決済システム　105, 111, 112
決済代行　**298**
決済リスク　104, 106
決算公告　86
原価管理　87
減価償却　84
研究開発　66
現金主義　84
現在価値法　88
現地法人　270, 271
公益法人　44
硬　貨　96, 100

索　引　317

交換手段　100
交換単位（数量）の一致　97
交換比率の一致　97
交換を保証する信頼　100
工業標準化法　214
公共法人　44
航空運送状　263
考　査　113
合資会社　36, 40
公正競争規約　182
公正取引委員会　181
口　銭　**273**, 282
公定歩合　113
合同会社　33, 35, 37
購買力平価　266
公　募　147
公募発行　154
合名会社　35
合名・合資会社　33, 35
小売業の外部性　236
小売市場　229
小売商　**222**, 224, 226
顧客第一主義　291
国際協力銀行　127
国際航空輸送　251
国際商業会議所（ICC）　261
国際通貨　114, 264
国際通貨基金（IMF）　103, 114
国際取引　259, 309
国債の買い戻し条件付きの売却　113
国際複合一貫輸送　240, 253
国際復興開発銀行（IBRD）　103
国民生活金融公庫　128
国民生活センター　211
個人事業主　26
個人情報保護法　294, 299
個人情報漏洩　295
個人投資家　148
個人保証　130
個人向け融資　127
コスト重視主義　291
コスト・リーダーシップ戦略　63
固定為替相場制度　103, 266
コーヒーハウス　162
コマーシャル・ペーパー（CP）　154

コミュニケーション　64
米問屋　164
雇用創出　145
ゴールド・スミス・ノート　102
コルレス銀行　262
コレスポンデンス　260
コンテスタブル市場理論　250
コンテナ船　247
コンテナリゼーション　253
コントロール権　31, 41, 42
コンビニエンス・ストア　235
コンメンダ　39, 40

○　さ　行

債　権　179
在　庫　**227**, 235, 286, 302
在庫調整型　235
最後の貸し手　111
在庫不可能性　244, 256
財産法　76
財政状態　75
裁定相場　268
財　閥　277, 279
財閥解体政策　277, 279
再販売価格維持（再販）制度　192, **235**
再保険　163
債　務　179
財　務　66
財務会計　86
財務会計情報　86
財務活動　71, 90
財務諸表　86
詐　欺　198, 199, 295
詐欺的商法　206
先物為替予約　265
先物商品取引所　164
先物取引　157, 164
先渡し契約　157
サードパーティ・ロジスティクス　242
サービス　2
サブプライム・ローン問題　105
サプライチェーン　236
　──・マネジメント（SCM）　243
差別化戦略　63
産業革命　206

3国間取引　272
サントリー　153
残余利益請求権　**30, 42**
シー・アンド・エア輸送　254
自益権　75
ジェネンテック　146
時価会計　168
シカゴ条約　251
時価総額　147
自家保険　167
事　業　50, 51
事業機会　310
事業協同組合　45
事業継続リスクマネジメント　**170**
事業再編　151
事業部　61, 87
事業分野　**61**
──レベルの意思決定　61
事業報告書　86
事業領域　58, 59
資金回収　141
資金循環　308
資金調達　140, 308
資金の運用形態　75
資金の源泉　75
資金の需給関係　**121**
自己資本比率　**122**, 124
──に関する国際統一基準　115
事後的損失金融　167
自己売買業務　**150**
資　産　**75**
市場競争　65
市場縮約機能　**227**
市場占有率　59
市場リスク　8-10, 12, 51, **98**, 100, 292
──への対応　296
地震リスク証券　165
事前的損失金融　167
自然独占　**248**
執行役　38
指定問屋制　**278**
シナジー効果　**290**
品揃え形成活動　**225**
品揃え物　219, **225**, 311
支配権　42

支配人　180
地場産業　16
支払意思額　257
支払完了性　106
四半期決算　151
四半期報告書　86
紙　幣　96, 102
私　募　147
私募債　123
私募発行　154
資　本　74, 75, 138
資本取引　**76**
資本利益率（法）　87, 88
社　員　35, 36
社会システム　**313**
社会制度　13
社会的厚生損失　257
社会的費用　**255**
社外取締役　38
社　債　153, 154, 308
社債比率　**123**
ジャスダック（JASDAQ）　**143**, 145
ジャストインタイム　243
社　団　25, 35
収　益　**77**
従業員中心主義　**290**
収　集　**225**
受託責任　89
受注生産　**8**, 9, 292
──における市場リスク　292
出　資　30, **137**
出資者　**25**, 29, 33, 34
──の義務　32
──の権利　30
需要と供給のミスマッチ　**244**
需要の価格弾力性　243
循　環　3, 6, 305, **306**, 310, 313
純財産　75
純粋リスク　8, 11, 13, **98**, 101, 169, 294
準通貨　108
ジョイント・ベンチャー　73
商　学　**6**, 13, 305, **310**, 313
商慣行　**202**
商　業　217, 219, 309
──の内部編成　**222**

索　引　319

商業者　3, 8, **201**, 218, **219**, 226, 227
　　──の市場拡張機能　**227**
商業集積　**229**
商　権　278
証券化　165, 167
証券会社　136, **149**
商権回復運動　**275**
証券市場　136, 147, 308
証券市場間競争　**149**
商　号　204
商工組合　45
商工組合中央金庫　127, **128**
商　社　309
上場維持費用　151
消席率　247, 253
商店街　229
商店街振興組合　45
譲渡性預金　108
使用人　35
　　──兼務取締役　**38**
商　人　219
消費財　2
消費者　202
　　──が支出する費用　**221**
　　──の権利　210, 211
消費者運動　**209**
消費者基本法　211, **213**
消費者教育　**210**
消費者契約法　**213**
消費者詐欺　185
消費者政策　210, 212
消費者団体訴訟制度　**213**
消費者調査協会　**209**
消費者同盟　**209**
消費者保護　**210**
消費者保護基本法　**210**, 213
消費者ローン　**127**
消費生活協同組合　44, **208**
商　標　204
商　品　200, 217
　　──の品質評価　**208**
商品概念　285, 301
商品学　**207**
商品テスト　209, 211
商品取扱い技術　**228**

商品評価　**298**
商　法　180
情　報　286, 302
情報収集　54
情報生産機能　**131**
情報提供機能　**89**, 90
情報伝達　54
情報ネットワーク　**234**
情報の非対称性　176, 186, 189, **200**, 288
証明サービス　**300**
職人の技　206
食品スーパー　230
所　有　286, 302
所有権　42, **178**
所有者　31
所有と経営の分離　41-43
所有と支配の分離　41-43
ショールミング　**301**
仕分け　225
仕　訳　82, 92
新貨条例　103
新規開業向け融資　**129**
新規株式公開（IPO）　141, **143**, 151
新規公開市場　136, 143
人　事　66
真正会社　39
信託銀行　125
信用金庫　125
信用組合　125
信用状　**261**
信用創造　**104**
信用取引　71, **199**
信用補完制度　**133**
信用保険　**133**
信用保証協会　**132**
信用保証制度　118, **132**
信用リスク　12, **169**
信用割当　**130**
信頼（性）　14, 160, **203**, 308
信頼関係　204
スクリーニング　**130**
鈴木商店　276
ストックからフローへ　**235**
スーパー　233
スピードの経済　**290**

スミス，アダム　5
3Dプリンタ　301
生活衛生同業組合　45
税　関　260
政策金利　112
清　算　74
生産者　8, 218
　――と消費者の隔たり　220
製造業者　8
製造物責任法　212
制　度　172
製　品　2
製品差別化　232
製品評価技術基盤機構　212
政府系金融機関　127
セカンドベスト価格設定　258
セキュリティ技術　300
セ　リ　223
全国銀行資金決済ネットワーク　112
全社的リスクマネジメント　170
全社レベルの意思決定　55, 57
全体利益　74
ゼンデーヴェ　39
セントレックス　145
専門経営者　41-43, 277
専門商社　269, 270
専用船　248
戦略的事業計画グリッド　60
戦略の基本型　63
総価値　174
創業者の内部金融　154
総合商社　269, 269
　――の金融機能　274
　――の情報力　272
　――の成立　275
　――のビジネスモデル　273
総合商社化戦略　278
総合スーパー　233
総合物流業　241, 254
総合貿易商社指定制度　281
相互会社　35, 163
倉庫業　241
相互銀行　125, 126
創発的ナビゲーション機能　298
ソキエタス　39, 40

――・マリス　39
組　織　49, 53
　――の維持　57
　――の構造　64
ソーシャル・コマース　301
ソーシャル・メディア　295, 300
措置命令　184
損益計算書　77, 85, 86
損益法　77
損害賠償　179
損　失　77
損失金融　157, 166
損失分布　158

○た　行
代位弁済　132, 133
大企業　26, 122
大企業体制　312
大規模小売商　232
代金回収　199
第三者機関　207, 310
第三者割当　147
貸借対照表　75, 76, 85, 86
貸借平均の原理　80
代替的リスク移転　157, 164
第2地方銀行　125, 126
代引き　298
代表権　31
代表社員　35
代表取締役　37
大福帳　72
大量消費　207
大量生産　207
大量生産体制　226, 227, 231, 233
大量にまとめて処理する　309
大量販売　207
大量流通　207
兌換紙幣　103
多国籍商社　281
頼母子講　125
多頻度小口配送　235
ダブルスタック・トレイン　254
タリフ　249
段階的投資　141
短期金融市場　113

索引　321

談　合　185
探索コスト　293
担　保　130
弾力的生産システム　236
地域経済　16
地域通貨　114
地域ブランド　205
蓄蔵手段　100
地方銀行　125
地方取引所　149
チャンドラー，A.D.　42, 43
中央卸売市場制度　223
中央銀行　103, 111
中期計画　88
中堅企業　122
駐在員　271, 283
中小企業　26, 122, 312, 313
中小企業金融業務への進出　126
中小企業金融公庫　128
中小企業向け融資　127
中心市街地の活性化　236
超過利潤　257
長期信用銀行　126
直接金融　117, 120
直接金融システム　122, 136
直接流通　219
陳腐化費用　246
陳腐化リスク　246
沈黙交易　173
通貨価値の変動　110
通貨供給量　108
通貨残高　108
通関業者　260
通関手続き　260
定期市　204
定期船業　246
ディストリビューティング　149
ディーリング　150
デコンストラクション　289, 291
デザイナーズ・ブランド　205
デジタルコンテンツ　301, 302
デジタル生産　301
手数料　273, 282
テスト・マーケティング　154
鉄道輸送　254

デビットカード　107, 109
デファクト・スタンダード　214
デフレーション　110
デ　ル　289, 293
転　記　82
天候デリバティブ　157, **165**
電子商取引　284
電子マネー　96, **106**, 107, 109
電子モール　296-298
店　舗　203
店舗評価　298
填補率100%　**132**
東京穀物商品取引所　164
東京証券取引所　145, 149, 164
東京商品取引所　164
当座的企業　73
投　資　140
投資家　90
投資活動　71
投資銀行　150
投資契約　140
投資収益　275
投資審査　140
投資ファンド　140
統制型の協同組合　45
闘争船　249
同　族　277
独占禁止法　**180**
　　──の適用除外　248
特定商取引法　213
特定目的会社　35
匿名性　108
都市銀行　125
トップマネジメント　42, 55
ドメイン　58
トラック輸送　254
トラック・レコード　142, 154
取扱い商品の多様性　269
トリガー　165
取締役　34, 37, 40, 180
取締役会　34, 37, 40, 180
取揃え　**225**
取り付け騒ぎ　105
取　引　3, 174, 306
　　──にまつわるリスク　197

──の計画性　227
──の反復性　203
取引関係　305, 307
取引慣行　189
取引制度　174, 308
取引総数節約の原理　219, 224
取引費用　177
取引リスク　8, 12, 13, 98, 101, 294
　──への対応　298
トレードオフ　221, 286-289

○ な 行

内国為替制度　111
内部統制　151
内部利子率法　88
内部リスク軽減　169
内部留保　125
仲卸業者　223
ナスダック（NASDAQ）　143, 149
　──・ジャパン（NASDAQ-Japan）　144
ナビゲーション機能　296, 300
ナビゲーター　296, 298
ナローバンド　285
荷為替手形　261
ニクソン・ショック　103
2国間協定　251
20対80の法則　297
ニッチ戦略　63
日本型雇用システム　191
日本銀行　103
日本銀行兌換銀券　103
日本銀行当座預金　108
日本証券取引所　145
日本政策金融公庫　127, 128
日本政策投資銀行　127
日本取引所グループ　149
入　札　223
ニューヨーク証券取引所（NYSE）　143
ネーム　163
眠り口銭　282
農業協同組合　44
農産物ブランド　205
農林物資規格法　214
のれん　203, 205

○ は 行

排除命令　183
配送コスト　295
配　当　30, 75, 89
売　買　3
売買契約　178
売買集中の原理　219, 222, 229, 237
ハイパー・インフレーション　110
ハイパワード・マネー　108
配　分　225
場　所　286, 302
派生的需要　242, 256
発券銀行　111
発行市場　147
発生主義　83, 84
パートナーシップ　29
花　形　60
花形社員　290
ハブアンドスポーク・システム　251, 253
ハブ空港　251
バーリ，A. A.　42, 43
バルク・キャリア　247
パレット　256
範囲の経済　252, 290
ハンズオフ投資家　141
ハンズオン投資家　141, 156
反トラスト法　249
バンドリング　290
販売テリトリー制　192
反復的取引　203, 204
汎用性　108
東日本大震災　257
引受業務　149
ピギーバック　240, 255
ピーク・オフピーク需要　243
ピークロード・プライシング　244
非計画購買　301
ビジネス・エンジェル　143, 154
ビジネス・エンジェル投資　155
ビジネス・ロジスティクス　242
非上場化　151
ピストン輸送　252
非接触型ICカード　107
ビッグ・ビジネス　90

費　用　77
標準偏差　159
品質の安定保証　205
ファイナリティ　106
フィーダー港　253
フェイスブック　143, 144
フォワーダー　241, 254
不確実性　158, 159
不換紙幣　103
不完備契約　188
複合一貫輸送　253, 254
複式簿記　73, 80, 85, 91
複　製　286, 302
不公正な取引方法　181
負　債　75, 138
普通法人　44
物　権　178
プッシュ戦略　232
物々交換　13
　──の世界　96, 97, 111, 115
物　流　309
物流業　239
不定期船業　247
不当な取引制限　181
不当表示　184
船積書類　262
船荷証券　262
プライベート・エクイティ　137, 151, 154
フランチャイズ契約　187
ブランド　204, 205, 231, 232
プーリング　163
プーリング・アレンジメント　164, 228, 310
フルコスト原理　249
プル戦略　232
フレイト・フォワーダー　241, 254
ブレトンウッズ体制　103
ブローカー　162
ブローカレッジ　150
プログラム　51
プロダクト・ポートフォリオ・マネジメント
　（PPM）　59
ブロードバンド　285
不渡り　199
分業社会　3
分　散　158

分散化　166
分売業務　149
ペイオフ　165, 167
ベース・マネー　108
ヘッジ　167
ヘッジファンド　267
ペーパー・カンパニー　26
ヘラクレス（HERCULES）　144, 145
ベリー輸送　240
便　益　174
ベンチマーク　141
ベンチャー　37
ベンチャー企業　313
ベンチャー・キャピタル　136, 137, 154, 155, 308, 313
　──の出資　139
　──の役割　140
ベンチャー・キャピタル投資　140, 142
変動為替相場制度　103, 266
変動性　159
返品制度　189, 191
貿易依存度　282
貿易財　266
　──ではかった購買力平価　267
貿易商社　269
貿易保険　263
俸給経営者　41
法　人　25, 28, 29, 44
法人格　28, 44
法人企業　119
法定通貨　104
訪問販売法　212, 213
簿価会計　168
保管リスク　102
保　険　167, 308
保険機能　131
保険者　162
保険証券　262
保険仲介業者　162
保険引受業者　160, 162
保険マーケット　162
保険リスク証券　157, 165
ポートフォリオ　311

324

○ま　行

マイレージ・サービス　249
マグリブ商人　185
負け犬　60
マーケットシェア　59
マーケティング　67, 231, 234
マザーズ（MOTHERS）　144, 145
マーチャント・バンク　150
マネー・サプライ　108
マネジメント　48, 49
　──の階層　55
　──の役割　53
マネジメント・バイアウト（MBO）　151, 152
マネジメント・バイイン（MBI）　151
マネー・ストック　108
マネタリー・ベース　108
マルチ商法　213
丸　紅　278
見込み生産　8-10, 292
　──における市場リスク　292
三井物産　276
三菱商事　276
ミドルクラス　42
民営化　256
民間金融機関　125
　──の補完　127
民間金融機関預金　108
ミーンズ，G.C.　42, 43
民　法　178
無限責任　33
無限責任社員　36
無償増資　147
無　尽　125
無尽会社　125
無担保コール翌日物金利　113
盟外船　249
メインバンク　131
　──・システム　118
メーカー　2, 3, 218, 226, 231, 236, 301
モーダルシフト政策　255
持株会社　277
持　分　36
持分会社　37
モニタリング　130, 141

もの言う株主　151
モラルハザード　161
問題児　60

○や　行

ヤフー　296
優越的地位の濫用　181
有価証券報告書　86
有限会社　35
有限責任　33, 37
有限責任事業組合　35
有限責任社員　36, 37
融　資　137
有償増資　147
輸出入リンク制　278
輸送コスト　302
輸送密度の経済性　248, 252
要求払預金　104
預　金　126
預金準備率　104
預金通貨　96, 103, 104
預金保険機構　112
欲望の片面一致　100
欲望の両面一致　97

○ら　行

楽天市場　296
利　益　76, 77
利益管理　87
利益計算　83, 84
利害調整機能　89
陸運業　241
リコメンド機能　297
リサイクル物流　238
リージョナル・エクイティ・ギャップ　142, 156
リスク　7, 8, 158, 291, 306
　──の再配分機能　122
　──への対応　12, 54, 55
リスク移転手法　164
リスク・キャピタル　137, 140, 144
リスク分散　163, 311
リスクヘッジ手段　164
リスクマネジメント　13, 157, 158, 165, 166, 169, 307, 308, 312
リストラクチャリング　151

索引　325

リーチ　287-289, 296
リッチネス　287-289, 296
リードタイム　**9**
リベート　232
リーマン・ショック　15, 166
流　通　219
流通革命　**232**
流通機構の再編　233
流通系列化　**232**
流通サービス水準　**221**
流通市場　**148**
流通段階の短縮化　234
流通費用　221
流動性の供給　**148**
流動比率　90
留保利益　**31**
リレーションシップ・バンキング　118, **131**
ルーティング　244
零細企業　122
レーザーカッター　**301**
劣　化　**286**, 302
ロイズ　**162**
ロイズ・アンダーライター　162
ロイズ・ブローカー　162
ロガディア　39
6大企業集団　278, **279**
ロジスティクス　238, 242, 309
ロジスティクス・サービスプロバイダ　246
ロジスティクス・システム　**241**
ロジスティクス戦略　242
ロス・コントロール　**166**
ロス・ファイナンス　157, 166, **167**
ロッチデール先駆者協同組合　**208**
ロングテール現象　**297**

○わ行

ワールド・ワイド・ウェッブ　**285**
ワンストップ・ショッピング　**229**

○アルファベット

ART　**164**
B-to-B　241
B-to-C　241
C　D　108
C　P　154
CRP　243, 244
eコマース　**284**, 309
EBO　151
ERM　170
GMS　**233**
IATA　251
IBO　151
IBRD　103
ICAO　251
ICC　261
IMF　103, 114
IPO　141, 143, 151
I　R　151
JAS規格　214
JASDAQ　143, 145
JIS規格　214
LCC　256
M&A　141
MBI　**151**
MBO　**151**, 152
NEO　145
NVOCC　241
NYSE　143
　——ユーロネクスト　149
POS　**234**
PPM　59
PPP　266
Qボード　145
SCM　243
SEC　91
SPA　230
SSL　**300**
VMI　243, 244

●編者紹介

石原　武政（いしはら たけまさ）
大阪市立大学名誉教授（専攻：商業論，流通政策論）
主著：『マーケティング競争の構造』千倉書房，1982 年；『商業組織の内部編成』千倉書房，2000 年；『小売業の外部性とまちづくり』有斐閣，2006 年；『戦時統制下の小売業と国民生活』碩学舎，2022 年

忽那　憲治（くつな けんじ）
東京大学応用資本市場研究センター特任教授・センター長，神戸大学名誉教授（専攻：アントレプレナー・ファイナンス，アントレプレナーシップ）
主著：『ベンチャーキャピタルによる新産業創造』（編者）中央経済社，2011 年；『MBA アントレプレナー・ファイナンス入門』（共編者）中央経済社，2013 年；『アトツギよ！ ベンチャー型事業承継でカベを突き破れ！』中央経済社，2019 年；『アントレプレナーシップ入門（新版）』（共著）有斐閣，2022 年

商学への招待
Commerce for Beginners　　〈有斐閣ブックス〉

2013 年 8 月 30 日　初版第 1 刷発行
2025 年 4 月 5 日　初版第 3 刷発行

編　者	石原　武政	
	忽那　憲治	
発行者	江草　貞治	
発行所	株式会社 有斐閣	

郵便番号 101-0051
東京都千代田区神田神保町 2-17
https://www.yuhikaku.co.jp/

印刷　萩原印刷株式会社
製本　牧製本印刷株式会社

© 2013, Takemasa Ishihara, Kenji Kutsuna. Printed in Japan
落丁・乱丁本はお取替えいたします
★定価はカバーに表示してあります
ISBN 978-4-641-18417-6

JCOPY　本書の無断複写（コピー）は，著作権法上での例外を除き，禁じられています。複写される場合は，そのつど事前に，(社)出版者著作権管理機構（電話03-3513-6969，FAX03-3513-6979，e-mail:info@jcopy.or.jp）の許諾を得てください。